KB273432

THOMAS SANKARA SPEAKS

일러두기

책은 『 』, 잡지는 《 》, 신문은 〈 〉으로 표시하였다.

토마 상카라 지음
김하범 옮김

검은 대륙 혁명의 목소리

상카라

THOMAS SANKARA SPEAKS

부르키나파소 혁명 1983-1987

차례

연설과 인터뷰

머리말

이 머리말은 2005년 2월 10일 쿠바 아바나에서 열린 『우리는 세계 혁명의 계승자들』(*We Are Heirs of the World's Revolutions*) 스페인어판의 출판기념회에서 패스파인더 출판사(Pathfinder Press)의 사장인 메리-앨리스 워터스Mary-Alice Waters가 한 연설에서 발췌한 내용이다. (스페인어판은 2001년에 프랑스어로, 이듬해에는 영어로 출간된 『상카라, 검은 대륙 혁명의 목소리』*Thomas Sankara Speaks*에 수록된 30편의 연설과 인터뷰 중 5편을 수록한 것이다.)

이 행사는 연례 아바나 국제 도서전의 일환으로 개최되었다. 토마 상카라가 이끄는 혁명 정부 4년 동안 부르키나파소 주재 쿠바 대사를 역임한 마누엘 아그라몬테Manuel Agramonte, 쿠바 혁명의 역사적 지도자 중 한 명이자 오랜 기간 문화부 장관을 역임한 아르만도 하트Armando Hart, 《트라이콘티넨탈》지(*Tricontinental*) 편집장이자 국제주의 투쟁가이며 오랫동안 아프리카와 라틴아메리카에서 임무를 수행해 온 울리세스 에스트라다Ulises Estrada 등이 패널로 참여했다.

1983년부터 1987년까지 부르키나파소의 대중 혁명 정부를 이끌었던 토마 상카라의 이 책자는 약 3년 전 패스파인더 출판사에서 프랑스어와 영어로 출간되었습니다. 이번 『우리는 세계 혁명의 계승자들』

(*Somos herederos de las revoluciones del mundo*)의 출간으로 이제 사상 최초로 상카라의 가장 중요한 연설 중 일부를 스페인어로도 볼 수 있게 된 것입니다. 이 책은 150여 년 전 칼 마르크스와 프리드리히 엥겔스, 그리고 그들의 동지들이 공산당 선언에서 처음 제시한 길을 따라 전진하기 위해 싸우는 사람들의 손에 쥐어진 강력하고 새로운 무기입니다.

토마 상카라는 1984년 10월, 피델 [카스트로]와 체 [게바라]가 서서 취했던 효율적 방식에 따라 유엔 총회 연단에 서서 전 세계의 억압받고 착취당하는 사람들을 대변하는 연설에 나섰습니다. 상카라는 159개국 대표단이 모인 자리에서 "더 이상 무지와 굶주림, 목마름으로 죽는 것을 거부하는 700만 명의 어린이, 여성, 남성들이 보내는 우애의 인사를 전하기 위해 이곳에 왔습니다"라고 말했습니다.

"저는 여기서 어떤 신주도 주장하지 않습니다. 저는 메시야도 예언자도 아닙니다. 저는 진리를 소유하지 않습니다. 저의 유일한 열망은… 제 민족을 대신하여 말하는 것…. 아이러니하게도 제3세계라는 이름을 갖게 된 '세상에서 상속권을 박탈당한 위대한 사람들'을 대신하여 말하는 것입니다. 그리고 비록 사람들을 이해시키지 못한다 할지라도 우리가 봉기를 일으킨 이유를 이야기하는 것입니다."

상카라는, 제국주의에 의해 황폐해진 아프리카에서 가장 가난한 나라 중 하나였고, 당시 세계에서 가장 높은 영아 사망률과 98퍼센트에 육박하는 농촌 문맹률, 평균 수명이 40세에 불과했던 나라 사람들의 결연한 의지와 존엄성을 대변했습니다. 그는 계급 사회의 경제적 속박과 그 결과들을 받아들이기를 거부하는 전 세계의 모든 사람에게 다가가 그들 편에서 대변했습니다. 거기에는 생태 파괴, 사회 붕괴, 인종차별, 자본주의가 필연적으로 초래한 정복과 약탈 전쟁이 포함되었습니다.

상카라는 이러한 상황이 "자연스러운" 현상이 아니라 오늘날 제국주의 세계 질서가 낳은 산물인 것을 알고 있었습니다.

상카라는 설명했습니다. 그러한 세계 질서는 맞서 싸울 수 있으며 반드시 파괴해야 한다고. 무엇보다도 그를 돋보이게 한 것은 평범한 인간 존재들의 혁명적 역량에 대한 확신이었습니다. 피델이나 체와 마찬가지로 상카라 역시 제국주의 세계의 지배자들이 오만하게도 무시했던 민중을 '믿었습니다'. 상카라는 피델이 체에게 한 잊지 못할 말처럼 "인간은 풀을 먹이거나 당근으로 유혹하거나 채찍으로 채찍질해야만 발전할 수 있는, 고칠 수 없는 작은 동물이 아니"라고 생각했습니다. 상카라는 체와 마찬가지로 그런 생각을 하는 사람은 "결코 혁명가가 될 수 없고, 결코 사회주의자가 될 수 없으며,… 결코 공산주의자가 될 수 없다"[*]는 것을 알고 있었습니다.

상카라는 다양한 경제적, 사회적 토대 위에 세워진 세상은 "기술관료", "금융 재주꾼", "정치가"가 아니라 자연의 풍요로움과 결합한 노동이 모든 부의 원천이 되는 노동자와 농민 대중에 의해 만들어질 수 있다고 믿었습니다. 능동적이고 의식적인 힘으로 자신을 스스로 변화시키는 평범한 사람들이 삶의 조건을 변화시켰습니다. 그리고 그가 이끄는 혁명 정부는 이 과정을 따라 농민, 노동자, 장인, 여성, 청년, 노인을 동원하여 문맹 퇴치 운동과 예방접송 운동을 벌이고 우물을 파고 나무를 심고 집을 짓고 이 땅의 억압적인 계급 관계를 없애기 시작했습니다.

---

[*] 피델 카스트로, 1987년 10월 8일. Ernesto Che Guevara and Fidel Castro, *Socialism and Man in Cuba*(『쿠바의 사회주의와 인간』) (New York: Pathfinder, 1989)에 "Che's Ideas Are Absolutely Relevant Today" (〈체의 사상은 오늘날에도 절대적으로 타당하다〉)라는 제목으로 수록되었다.

•••

상카라가 20세기 후반 아프리카 민족 해방 투쟁의 지도자 사이에서 두각을 나타낸 것은 그가 공산주의자였기 때문입니다. 다른 많은 사람과 달리 그는 마르크스주의를 아프리카의 계급 투쟁과 동떨어진 "유럽의 사상"이라며 거부하지 않았습니다. 그는 마르크스주의가 "일련의 사상"이 '아니라' 전 세계 노동 계급이 해방을 향해 나아가는 과정에서 투쟁을 통해 얻은 교훈을 일반화한 것이며, 모든 투쟁을 통해 그것이 더욱 풍부해졌다는 점을 이해했습니다. 그리고 그는 그 교훈에서 최선을 다해 자기 능력을 끌어냈습니다.

1984년 유엔 연설에서 그는 부르키나파소 사람의 자유의 투쟁을 자본주의의 탄생부터 오늘날까지 수 세기에 걸친 혁명적 투쟁과 연결 지었습니다. 그것은 18세기 말 미국과 프랑스 혁명부터 "세계를 변화시키고 프롤레타리아의 승리를 가져왔으며, 자본주의의 토대를 흔들고 파리 코뮌이 바랐던 정의의 꿈을 가능하게 한" 1917년 10월 대혁명입니다. 그는 우리가 이러한 혁명의 계승자라 말했으며, 그것이 이 작은 책의 제목이 되었습니다.

그는 우리가 "비극적인 인권 유린으로 이어진 끔찍한 실패로부터 교훈을 얻은 세계 민중들의 의지와 혁명의 모든 흐름에 열려 있습니다."라고 언급했습니다. "우리는 각 혁명의 순수한 핵심만 간직하고자 합니다. 그래야만 다른 사람들의 현실에 종속되는 것을 막을 수 있습니다."

그리고 그 행진 과정에서 상카라는 쿠바를 우리 시대 혁명적 투쟁의 탁월한 사례로 보았습니다.

상카라는 아프리카 민중의 지도자만이 아니었습니다. 반식민지(半
植民地/semicolonial) 국가에서 억압받고 수탈당한 사람의 대변자이기만
한 것도 아닙니다. 그는 제국주의 세계의 노동자에게도 지도력을 발휘
했습니다. 20세기 마지막 수십 년 동안 토마 상카라, 그레나다의 모리
스 비숍Maurice Bishop of Grenada, 미국의 말콤 엑스Malcolm X와 같
은 세계적 위상을 가진 프롤레타리아 지도자가 모든 땅(심지어 가장 경제
적으로 낙후된 나라에서도)의 억압받는 사람들 사이에서, 민족 해방과 사
회주의를 위한 국제 투쟁에 지도력을 발휘하기 위해 등장했습니다. 그
리하여 역사에서 정당하게 자리를 차지하게 되었습니다.

이 사실은 지난 세기를 특징짓는 거대한 변화, 즉 10월 혁명 승리
후 첫해에 [V. I.] 레닌과 공산주의 인터내셔널의 지도자들이 예견한 전
세계 혁명 세력의 강화라는 지난 세기를 특징짓는 거대한 변화의 척도
가 됩니다.

이것이 오늘날 우리가 단순한 희생자가 아니며, 자신의 의지와는
무관한 상황으로 미국 계급 투쟁의 최전선에 놓인, 쿠바 혁명의 전투원
으로 지금도 투쟁 중인 다섯 쿠바 형제가 보여 준 모범적 전통입니다.*

---

*　쿠바의 5인(페르난도 곤살레스Fernando Gonzalez, 레네 곤살레스Rene Gonzalez, 안토니오 게레로
Antonio Guerrero, 헤라르도 에르난데스Gerardo Hernandez, 라몬 라바니뇨Ramon Labanino)은 2001
년 "미등록 외국 요원 활동", "간첩 행위", "살인" 등의 혐의로 유죄 판결을 받았다. 선고된 형량은
15년에서 두 번의 종신형에 징역 15년을 더한 형까지였다. "쿠바공화국의 영웅"으로 명명된 5명
은 미국 내 반혁명 단체에 침투해 그들이 쿠바 국민을 대상으로 계획 중인 테러 공격에 대한 정
보를 쿠바 정부에 제공하는 임무를 맡았다. 전 세계적으로 수백만 명이 이들에 대한 유죄 판결,
형량, 가혹한 구금 조건을 규탄하고 석방을 요구하며 모여들었다.

그들은 연방 교도소에서 미국 통치자들이 부과한 가혹한 형벌을 받으며, 워싱턴이 주장하는 정의를 받아들여야 하는 또 다른 200만 명의 사람들 사이에서 정치 활동을 수행하고 있습니다. 관타나모만 해군 기지와 이라크에서 전 세계가 똑똑히 목격한 미국의 민낯이 그대로 드러난 현장입니다.*

◆◆◆

패스파인더에서 출간한 이 책은 서점이나 온라인을 통해서만 판매되는 것이 아닙니다. 대부분이 미국과 유럽의 도시와 마을의 노동자 거주 지역, 광산 입구와 공장 정문, 대학 캠퍼스와 고등학교 교문, 노동자를 위해 싸우고 나아갈 길을 모색하는 사람이 모이는 시위나 집회 등 길거리에서 판매되었습니다.

그런 자리에서 토마 상카라의 얼굴은 강력하고도 독특한 영향력을 발휘합니다. 지나가던 많은 사람이 토마 상카라가 1987년 암살당한 직후 패스파인더가 영어로 출판한 그의 연설문 중 상당 부분을 발췌한 책, 『상카라, 검은 대륙 혁명의 목소리』에 시선을 빼앗겨 말 그대로 발걸음을 멈춥니다. 이 중에는 상카라가 누군지 모르는 사람도 있습니다. 하지만 그들은 그의 얼굴에서 보이는 자신감, 인품, 성실함에 매료되어 그에

---

* 2002년 초부터 미국 정부는 쿠바 동부에 있는 관타나모 해군 기지(미국이 쿠바 국민의 반대에도 불구하고 점령한 쿠바 영토의 일부)를 제국주의의 "테러와의 전쟁"의 일환으로 주로 아프가니스탄에서 체포한 수백 명의 수감자를 수용하는 감옥으로 사용했다. "적군 전투원"으로 간주된 이 수감자들은 어떠한 범죄 혐의도 받지 않았으며 잔인한 고문과 가혹행위를 당하고 가족과의 접촉이 거부되었고 어떤 법정에서도 구금에 대한 이의를 제기할 수 없었다.

대해 더 자세히 알고 싶어 합니다.

오늘날 제국주의 중심지에서 자본의 채찍질에 밀려 노동자 계급의 대열을 넓혀가고 있는 수만 명의 서아프리카 및 중앙아프리카 출신 이주 노동자 사이에서 상카라는 가장 잘 알려져 존경받는 인물입니다. 그를 혁명적 지도자로 여기는 미국 노동자들이 편집, 인쇄, 배포한 상카라의 연설집 표지를 통해, 자신이 살거나 일하는 동네의 길거리 테이블에서 그의 얼굴을 본 많은 이들이 놀라움을 금치 못하고 있습니다. 이 사실만으로도 많은 사람이 미국의 노동자 계급에 대해 새롭게 인식하기 시작했고, 임금, 고용 조건, 노동 시간, 사회적, 정치적 기본권에 대한 직장 상사의 공격에 맞서 북미 노동자의 저항이 커지고 있는 상황에서 그들이 가져온 투쟁의 전통이 얼마나 중요한지 열린 마음으로 바라볼 수 있게 되었습니다.

그리고 그 반대의 경우도 마찬가지라는 점을 덧붙이는 것도 중요합니다. 상카라를 읽는 것은 제국주의 중심에서 태어났거나 오랫동안 살아온 사람의 역사적, 문화적 지평을 넓히는 데에도 중요한 역할을 합니다.

♦♦♦

1988년 첫 출간된 이래로 『상카라, 검은 대륙 혁명의 목소리』는 영문판만 7,000부 가까이 판매되었으며, 첫 프랑스어판인 *Oser inventer l'avenir* (『과감하게 미래를 발명하라』)는 그보다 수천 권이 더 팔렸습니다.

상카라가 싸워 온 혁명 과정의 첫 출발부터 보인 특징 중 하나는 여성 해방을 위한 투쟁에 여성을 동원한 것이었습니다. 여기에 공개된 연설 중 하나인 1983년 10월 연설에서 그는 자신이 이끌었던 정부의 프로그램을 소개하며 "혁명과 여성 해방은 함께 가야 합니다. 우리가 여성 해방을 이야기하는 것은 자선 행위나 인간적 동정심에서 나온 것이 아닙니다. 그것은 혁명의 승리를 위한 기본적인 필요조건입니다. 여성은 하늘의 나머지 절반을 지탱하고 있습니다"라고 말했습니다.

1987년 3월 8일 세계 여성의 날에 수천 명의 여성이 모인 자리에서 한 상카라의 강력한 연설은 이 책에도 수록되어 있으며, 패스파인더 출판사에서 프랑스어, 영어, 스페인어, 페르시아어 등 4개 언어로 번역된, *Women's Liberation and the African Freedom Struggle* (『여성 해방과 아프리카 자유 투쟁』)이라는 소책자로 출판되었습니다. 거의 15년 전 영어 번역본이 처음 출간된 이후 1만 2,000부 남짓 판매되었으며, 페르시아어판은 이란에서만 1,500부 이상이 판매되었습니다.

상카라의 다른 연설 중 가장 대표적인 몇 가지를 엄선하여 출간함으로써 이제 그의 목소리를 스페인어로 더 널리 들을 수 있게 됨을 자랑스럽게 생각합니다. 예를 들어 그중에는 1986년 파리에서 열린 국제 콘퍼런스에서 제국주의가 아프리카의 나무와 숲을 파괴하는 것에 대한 그의 강력한 연설도 포함되어 있습니다.

프랑스 제국주의 정부 고위 인사들 앞에서 상카라는 이렇게 단언했습니다:

사막의 침범에 맞서 싸우는 것은 인간과 자연, 사회 사이의 균형을 잡기 위한 싸움입니다. 따라서 그것은 무엇보다도 정치적 싸움이지 운명적 결과가 아닙니다. …

칼 마르크스가 말했듯이, 궁전에 사는 사람은 오두막에 사는 사람과 같은 생각을 하거나 같은 방식으로 생각하지 않습니다. 나무와 숲을 지키기 위한 이 투쟁은 무엇보다도 제국주의에 맞서 싸우는 투쟁입니다. 제국주의는 우리의 숲과 사바나에 불을 지르는 방화범입니다.

상카라의 이 연설은 최근 발행된 《뉴 인터내셔널》(*New International*) 13호에서 광범위하게 인용되었으며, 오늘 이 자리에서도 소개됩니다. 패스파인더 출판사가 발행하는 이 마르크스주의 정치 및 이론 잡지 이번 호에는 잭 반스Jack Barnes의 〈Our Politics Start with the World〉(〈우리의 정치는 세계로부터 시작된다〉)라는 제목의 첫 기사부터 뒤표지에 실린 제국주의 국가와 반식민지 국가, 거의 모든 국가 내 계급 사이에 존재하는 경제적, 문화적 불평등, 즉 진정한 심연을 포착한 '지구의 밤' 사진에 이르기까지 상카라가 주장했던 많은 정치적 이슈와 행동 방침을 깊이 있게 다루고 있습니다.

❖❖❖

마지막으로 저는 상카라가 지닌 국제주의가 얼마나 깊이 있는 것이었는지를 지적하고 싶습니다. 그에게 부르키나파소 민중의 대중적이고 민주적이며 혁명적인 투생은 남아프리카의 아파르트헤이트 정권을 무너뜨리기 위한 투쟁과 하나였고, 앙골라, 나미비아, 팔레스타인, 서사하라, 니카라과 민중의 반제국주의 투쟁과 하나였으며, 1984년 그를 따뜻하게 맞이한 할렘의 민중과 하나였고, 프랑스, 미국, 제국주의 세계 전역의 노동자와 하나였습니다.

1986년 마나과에서 저는 지도자 상카라를 만나고 알게 되는 기쁨을 누렸습니다. 우리는 산디니스타 민족해방전선(FSLN) 창설 25주년과 FSLN 지도자 카를로스 폰세카Carlos Fonseca의 전사 10주년을 기리는 국제회의에 대표로 참석하고 있었습니다. 상카라는 이 집회에 참석한 180명의 국제 대표단을 대표하는 연사로 선정되었습니다.

그는 미국 사회주의 노동자당 대표단이 참석했다는 사실을 알게 되자 곧장 우리 테이블로 와서 인사를 건넸습니다. 단순한 외교 행위가 아니라 동료 혁명가들과 정치 이야기를 나누기 위해 온 것이었습니다. 그는 주간지 〈밀리탄트〉(*Militant*)가 부르키나파소에서 전개되는 혁명 과정에 대해 정기적으로 소개하는 아프리카 외부의 몇 안 되는 신문 중 하나라는 것을 알고 있었고, 우리는 기회가 있을 때마다 상카라의 인터 뷰와 연설문을 게재했습니다.

◆◆◆

1987년 10월 8일 상카라가 체에게 헌정한 *Somos herederos de las revoluciones del mundo*(『우리는 세계 혁명의 계승자들』)를 쿠바에서 출간하는 것은 이 책에 수록된 마지막 원고 때문에 특히 적절하다고 봅 니다. 체가 전사한 지 20주년이 되던 날은 상카라 자신의 삶을 끝낸 반 혁명 쿠데타가 일어나기 불과 일주일 전이었습니다.

그 기억에 남는 행사에서 상카라가 한 말을 오늘날 우리가 들을 수 있게 된 것은 운이 좋게도 주변 상황이 잘 맞아떨어졌기 때문입니다. 상 카라가 이날 개막한 체의 혁명 과정과 사례에 초점을 맞춘 전시회는 때 마침 29개국 대표단이 참석한 가운데 와가두구에서 열린 국제 반(反)아 파르트헤이트 회의 개막과 동시에 열렸습니다. 그중에는 미국과 캐나다에서 온 동료들, 〈밀리탄트〉신문과 패스파인더 출판사의 후원자들도 있었습니다. 이들은 상카라가 체의 아들 카밀로와 다른 쿠바 동료들과 함께 도착했을 때 전시물을 구경하고 있었습니다. 상카라가 즉흥적으로 발언을 시작하자 캐나다인 동료 중 한 명이 배낭에 있던 녹음기를 꺼내어 이를 녹음했습니다. 얼마 지나지 않아 〈밀리탄트〉가 그 발언을 녹취하여 발표했고, 여기에 그 내용이 모두 포함되게 된 것입니다.

상카라는 당시를 회상하며 "체는 우리에게 우리 자신과 능력에 대해 자신감을 가질 수 있도록 가르쳤다"라고 말했습니다. 체는 우리에게 "투쟁만이 우리의 유일한 의지"라는 확신을 심어주었습니다.

상카라는 체가 "자유세계의 시민, 즉 우리가 함께 만들어 가는 자유세계의 시민이었다. 그것이 우리가 체 게바라를 아프리카인이자 부르키나베 사람이라고 부르는 이유이다"라고 주장합니다.

결론으로 이보다 더 적절한 표현이 또 어디 있을까요?

메리-앨리스 워터스

책에 관하여

1983년 8월 4일, 당시 오트볼타(오트볼타는 볼타 북부지역을 의미하는 프랑스어이다. 영어로는 "Upper Volta"-역주)로 알려진 서아프리카의 한 나라에서 일어난 민중 봉기는 아프리카 역사상 가장 심오한 혁명의 하나를 촉발했다. 프랑스의 식민지였던 오트볼타는 인구 700만 명이 넘는 세계 최빈국 중 하나였다. 혁명의 중심 지도자는 서른셋의 나이에 새 정부의 대통령이 된 토마 상카라Thomas Sankara였다. 1년 후 오트볼타 자주민들은 나라의 이름을 부르키나파소(Burkina Faso)라고 정했는데 그것은 "올곧은 사람들의 땅"이라는 뜻이다.

토마 상카라는 1949년 12월 부르키나파소 중부 야코에서 태어났다. 그의 아버지는 당시 식민지 행정부에서 일하던 몇 안 되는 주민이라 할 수 있는 경찰 보조원이었다. 그의 가족은 코트디부아르(아이보리 코스트) 남서쪽 국경 근처의 가우아로 이주했고, 그곳에서 상카라는 초등학교에 다니며 보보-디울라소에서 당시 소수의 아프리카 청년에게만 가능했던 중학교 교육을 받을 수 있었다. 그 후 그는 사하라 이남 아프리카에서 그와 같은 세대의 젊은이들이 고등 교육을 받을 수 있는 몇 안 되는 길 중 하나인 캄보인세의 카디오고 군사학교에 입학했다.

상카라가 마다가스카르에서 교육받는 동안, 1972년에 수만 명의 노동자와 학생이 대규모 시위와 파업을 조직하여 정부를 무너뜨렸다. 그 대중 동원의 범위와 성격은 그에게 깊은 영향을 미쳤다. 사실 상카라가 마르크스주의를 처음 접한 곳도 이곳 마다카스카르였는데, 프랑스에서 온 학생들과의 학습 그룹과 토론을 통한 것이었고, 그들은 1968년 5월 프랑스에서 일어난 혁명 전 봉기에 참여했었다. 이후 1970년대 후반 프랑스에 머물며 낙하산병 훈련을 받는 동안 상카라는 서점에서 혁명 관련 서적을 뒤지며 공산주의 지도자 칼 마르크스와 V. I. 레닌의 저작을 공부했다.

오트볼타 군대의 중위였던 상카라는 1974년 12월과 1975년 1월 말리와의 국경 분쟁에서 군사 지도자로서 두각을 나타냈는데, 그는 나중에 이 전쟁을 "쓸모없고 부당한 전쟁"이라고 비난했다. 이후 몇 년 동안 그는 파리와 다른 지역의 제국주의 통치자들에 의해 지속된 오트볼타의 억압적인 상황에 불만을 품은 다른 하급 장교 및 병사들과 연대하여 국내의 지주, 사업가, 부족 족장, 정치인들의 지지를 얻어냈다.

1982년 정권의 억압 정책에 항의하며 공직을 사임한 후 일시적으로 투옥된 상카라는 1983년 1월 쿠데타로 장-밥티스트 우웨드하우구 Jean-Baptiste Ouedraogo가 대통령이 된 후 총리로 임명되었다. 상카라는 그 직위를 활용하여, 오트볼타와 아프리카의 다른 지역 주민이 국내외의 부동산 착취자에 맞서 자신의 이익을 도모할 수 있도록 촉구했다. 이러한 타협 없는 행보로 인해 정부 내 제국주의 세력과의 갈등이 커지게 되었다. 5월 우웨드하우구는 상카라와 그의 지지자 일부를 체포했다. 그러나 수천 명이 운집한 거리 시위에 직면한 우웨드하우구는 상카라를 감옥에서 가택 연금으로 옮겼다. 그 후 몇 달 동안 전국적으로 사회적 긴장이 깊어 가며 정치적 대결로 치달았다.

1983년 8월 4일, 블레즈 콩파오레Blaise Compaore 대위가 이끄는 250여 명의 군인이 포(Po)의 반군 기지에서 수도 와가두구까지 행진했다. 장 밥티스트 우웨드하우구 정권은 민중 봉기로 전복되었다. 상카라는 새로운 국가혁명평의회 의장이 되었다. 이후 4년 동안 상카라가 이끄는 인민 혁명 정부는 농민, 노동자, 청년을 조직하여 이 지역의 지주 귀족과 부유한 상인들의 권리와 특권을 축소하는 경제 및 사회적 조치를 심도 있게 시행했다. 이들은 제국주의 지배에 반대하기 위해 전 세계 노동자와 연대했다. 농민, 장인, 노동자, 청년, 여성, 노인으로 구성된 대규모 조직이 출범되었다.

광범위한 대중의 지지를 바탕으로 정부는 마을 추장에 대한 공물 납부와 강제 노역을 폐지했다. 토지를 국유화하여 전체 인구의 약 90퍼센트에 달하는 농촌 노동자가 생산적인 농부로서 노동의 결실을 누릴 수 있도록 보장했다. 농민이 소출한 기본 식량 작물에 대한 정부 수매 가격도 인상되었다. 정부는 생산성을 높이고 북부 사헬 지역의 사막화를 막기 위해 나무 심기 및 관개 프로젝트를 시작했다. 또한 대규모 예방접종 캠페인을 조직하고 수백만 명에게 기본적인 의료 서비스를 제공했다. 1980년대 초만 해도 출생아 1,000명당 208명이던 영아 사망률이 1985년에 이르러 145명으로 감소했고, 기생충으로 인한 강변실명(회선사상충 감염으로 실명에 이르는 질병. 서아프리카 일부 지역, 라틴 아메리카, 예멘의 동 중부에 유행하며 강변에서 주로 발병하여 강변실명증이라 불림―역주)의 급속한 확산도 억제되었다. 문맹률이 92퍼센트에 달하고, 시골에서는 그보다도 더 높은 문맹률을 보였던 지역에서도 토착 언어로 된 문맹 퇴치 캠페인이 시작되었다. 오래된 여성의 예속과 싸우는 조치가 취해졌고, 여성은 해방을 위해 조직적으로 싸우도록 장려되었다. 정부는 도로, 학교, 주택 건설을 위한 공공사업에 자금을 지원했다. 노동자 계급과 농민의 정의감을 신뢰하여 인민 혁명법정을 설립하여, 부패 혐의로 기소된 전직 지도자와 고위 관리들을 재판했다.

상카라가 이끈 부르키나베 혁명은 아프리카와 전 세계에서 억압과 착취에 맞서 싸우는 이들과 국제주의적 연대의 길을 개척했다. 상카라는 모로코의 서사하라 점령에 반대하는 서사하라 인민의 투쟁을 지지했으며, 사하라위 대표를 아프리카단결기구(Organization of African Unity)에 가입시키기 위한 투쟁을 성공적으로 이끌었다. 남아프리카공화국의 아파르트헤이트 정권에 대항하는 투쟁과 팔레스타인의 조국 재건 투쟁을 위해 아프리카를 비롯한 전 세계에서 적극적으로 지지 세력을 조직했다. 상카라는 제국주의 정부와 은행이 반식민지 국가에 부과한 부담스러운 부채를 폐기하기 위한 캠페인도 벌였다. 그는 뉴욕 할렘에서 연설을 통해 인종차별적 억압에 맞선 아프리카계 미국인들의 투쟁과 미국 내 노동자들의 여타 투쟁에 대해 지지를 표명했다. 1984년과 1986년에는 쿠바를, 1986년에는 니카라과를 방문해 산디니스타 민족해방전선 25주년을 기념하는 20만 명 규모의 집회에서 모든 해외 참석자를 대표해 연설하는 등 중앙아메리카와 카리브해에서 일어나고 있는 혁명 투쟁에 부르키나파소의 손을 내밀었다.

1987년 8월, 4년 전 일어난 혁명 봉기 기념일에 부르키나파소에서 연설한 상카라는 "민주적이고 대중적인 혁명은 정복당한 국민이 아니라 확신에 찬 국민, 수동적으로 운명을 감내하는 복종적인 국민이 아니라 신념에 찬 국민이 필요하다"라고 강조했다. 이러한 민중의 대열에서 나온 노동자, 농민, 청년이 부르키나파소의 사회와 정치 생활에 점점 더 많이 참여하면서 내륙 국가의 국경을 넘어 서아프리카 중부 전역에 이미 반향을 일으키고 있었다. 1987년 10월 15일, 블레즈 콩파오레 대위는 이 혁명적 변화에 반대하여, 재산과 계급적 지배를 위협받는 국내외 사람들의 이익을 위한 군사 쿠데타를 주도했다. 상카라와 그의 보좌관 그리고 경호원 12명이 암살당하고 혁명 정부는 무너졌다.

죽기 일주일 전, 수도 와가두구에서 열린 특별 기념식에서 상카라는 20년 전 볼리비아에서 국제주의 임무 수행 중 전사한 아르헨티나 태생 쿠바 혁명 지도자 에르네스토 체 게바라에 대해 연설했다. 이 책에 실린 그 연설에서 상카라는 체의 유산에 대해 언급하며, 혁명가 개인은 죽일 수 있지만 "사상은 죽일 수 없다"라고 말했다. 토마 상카라는 아프리카 전역의 수백만 노동자, 농민, 청년들, 특히 부르키나베의 혁명과 그 지속적인 정치적 유산을 아프리카 대륙의 진정한 해방을 위한 투쟁의 정치적 이상이자 영감의 원천으로 이해한 사람들의 상징이 되었다.

•••

이 연설문과 인터뷰 모음집은 이전에 출간된 두 권의 책을 완전히 개정하고 확장한 신간이다. 첫째 책인 *Thomas Sankara Speaks*는 상카라 암살 직후 패스파인더에서 재빨리 영어로 출간했다. 둘째 책인 *Oser inventer l'avenir* (『과감하게 미래를 발명하라』)는 1991년 파리의 라르마땅(l'Harmattan)출판사와 프랑스어로 공동 출판되었다. 제목과 내용이 동일하게 프랑스어와 영어로 선보이는 이번 새 판은 상카라가 살해된 쿠데타 20주기를 맞아 출간되었다. 이 책은 그가 이끌었던 혁명 정부의 정치적 업적과 살아있는 유산을 기념하는 여러 국가의 행사들과 함께 선보일 예정이다.

부르키나베 혁명을 역사적, 국제적 맥락에 배치하는 데 특별히 주의를 기울였다. 새로운 서문과 함께 새로운 소개, 지도, 사진, 설명 노트, 찾아보기를 추가하여 책에 언급된 사건, 장소, 인물이 익숙하지 않은 독자가 길을 찾아가는 데 도움이 되도록 하였다. 연표와 용어집도 같은 맥락에서 갱신하고 증보했다.

이번 개정판에는 5개의 새로운 문서가 추가되었다:

- 이전에 공개되지 않았던 카메룬의 작가 몽고 베티 인터뷰에서 발췌한 상당한 부분
- 1986년 2월 파리에서 열린 제1차 프랑스어권 정상회의에 보낸 상카라의 메시지
- 1986년 11월 17일, 와가두구에서 열린 프랑수아 미테랑 프랑스 대통령을 위한 공식 리셉션에서 행한 상카라의 발언
- 1987년 7월 에티오피아 아디스아바바에서 열린 아프리카단결기구 회의에서 행한 외재에 관한 연설
- 그리고 1987년 10월 2일, 부르키나베 혁명의 프로그램 문서인 '정치방침연설'(Political Orientation Speech) 4주년을 맞아 상카라가 행한 마지막 주요 연설

이 문서의 프랑스어 버전은 초판의 오류와 오탈자를 수정하기 위

해 재검토되었다. 영어 번역은 정확성을 보장하기 위해 세심하게 다시 점검되었다. 두 문서 모두 더 크고 읽기 쉬운 활자로 재설정되었다.

◆◆◆

수많은 분의 도움과 격려가 없었다면 『상카라, 검은 대륙 혁명의 목소리』(*Thomas Sankara Speaks*)의 이 새로운 버전은 빛을 볼 수 없었을 것이다.

무엇보다도 토마 상카라의 부인 마리암 상카라Mariam Sankara와 그의 동생 폴 상카라Paul Sankara에게 감사를 표한다. 두 사람은 토마 상카라의 말과 혁명 과정의 다양한 사건에 대한 수많은 의문점을 밝히는 데 아낌없는 도움을 주었다.

혁명 당시 쿠리텡가 지방의 고등판무관이었던 제르메인 피트로이파Germaine Pitroipa에게도 감사를 표한다. 그녀는 자기 개인 사진을 여러 장 빌려주었을 뿐 아니라 각주를 준비하고, 본문의 영문 번역을 수정하고, 지도를 준비하는 동안 수많은 질문에 인내심을 갖고 답해 주었다.

파리의 장 루이 살파티Jean-Louis Salfati는 많은 시간을 할애하여 사진을 찾아내고 용어집, 연표, 각주를 조사해 주었다.

이번 새 에디션의 사진과 지도를 제작하는 데 전 세계 많은 분이 아낌없는 도움을 주었다. 특히 《*Afrique Asie*》 잡지의 아우구스타 콘치글리아Augusta Conchiglia, 오키데스Orchidees 에이전시의 투이 티엔 호Thuy Tien Ho, 파리의 디디에 야라Didier Yara, 마다가스카르의 사진작가 대니 비Dany Be, 뉴저지의 발로지 R. 하비Balozi R. Harvey, 뉴욕의 엘롬베 브라스Elombe Brath, 콰메 브라스와이트Kwame Brathwaite, 로즈마리 밀리Rosemari Mealy에게 감사의 말을 전하고 싶다.

이 책을 두 가지 언어로 제작할 수 있었던 것은 패스파인더 인쇄 프로젝트에 참여한 200여 명의 자원봉사자가 문서와 번역을 검토하고, 활자를 설정하고 교정하고, 인쇄를 위해 많은 디지털 파일을 준비하고, 마지막으로 서점, 길거리, 공장 정문 등 이 책이 필요한 노동자, 농부, 청소년이 있는 곳이라면 어디든 배포할 수 있도록 시간과 기술을 제공한 덕분이었다. "과감하게 미래를 발명하라"는 토마 상카라의 부름에 응답한 사람은 바로 이들이다.

2007년 7월

미셸 프레리

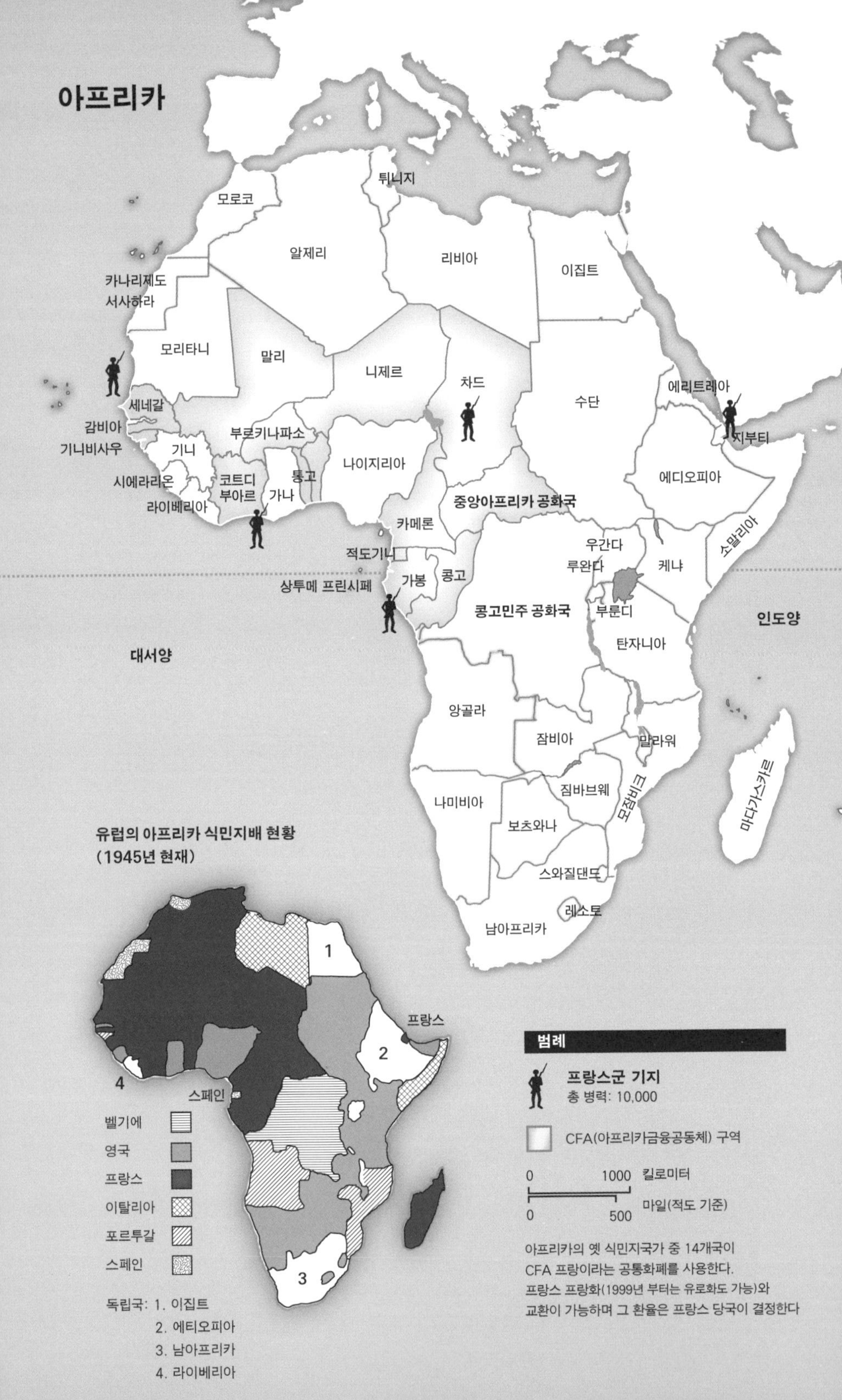

아프리카

모로코
튀니지
카나리제도
서사하라
알제리
리비아
이집트
모리타니
말리
니제르
차드
수단
에리트레아
세네갈
감비아
기니비사우
기니
부로키나파소
나이지리아
지부티
코트디부아르
통고
가나
에디오피아
시에라리온
라이베리아
카메론
중앙아프리카 공화국
소말리아
적도기니
콩고
우간다
루완다
케냐
상투메 프린시페
가봉
콩고민주 공화국
부룬디
인도양
대서양
탄자니아
앙골라
잠비아
말라위
마다가스카르
나미비아
짐바브웨
모잠비크
보츠와나
스와질랜드
레소토
남아프리카

유럽의 아프리카 식민지배 현황
(1945년 현재)

1
프랑스
2
4
스페인

범례

프랑스군 기지
총 병력: 10,000

CFA(아프리카금융공동체) 구역

0   1000   킬로미터

0   500   마일(적도 기준)

벨기에
영국
프랑스
이탈리아
포르투갈
스페인

독립국: 1. 이집트
        2. 에티오피아
        3. 남아프리카
        4. 라이베리아

아프리카의 옛 식민지국가 중 14개국이
CFA 프랑이라는 공통화폐를 사용한다.
프랑스 프랑화(1999년 부터는 유로화도 가능)와
교환이 가능하며 그 환율은 프랑스 당국이 결정한다

부르키나파소와 서아프리카

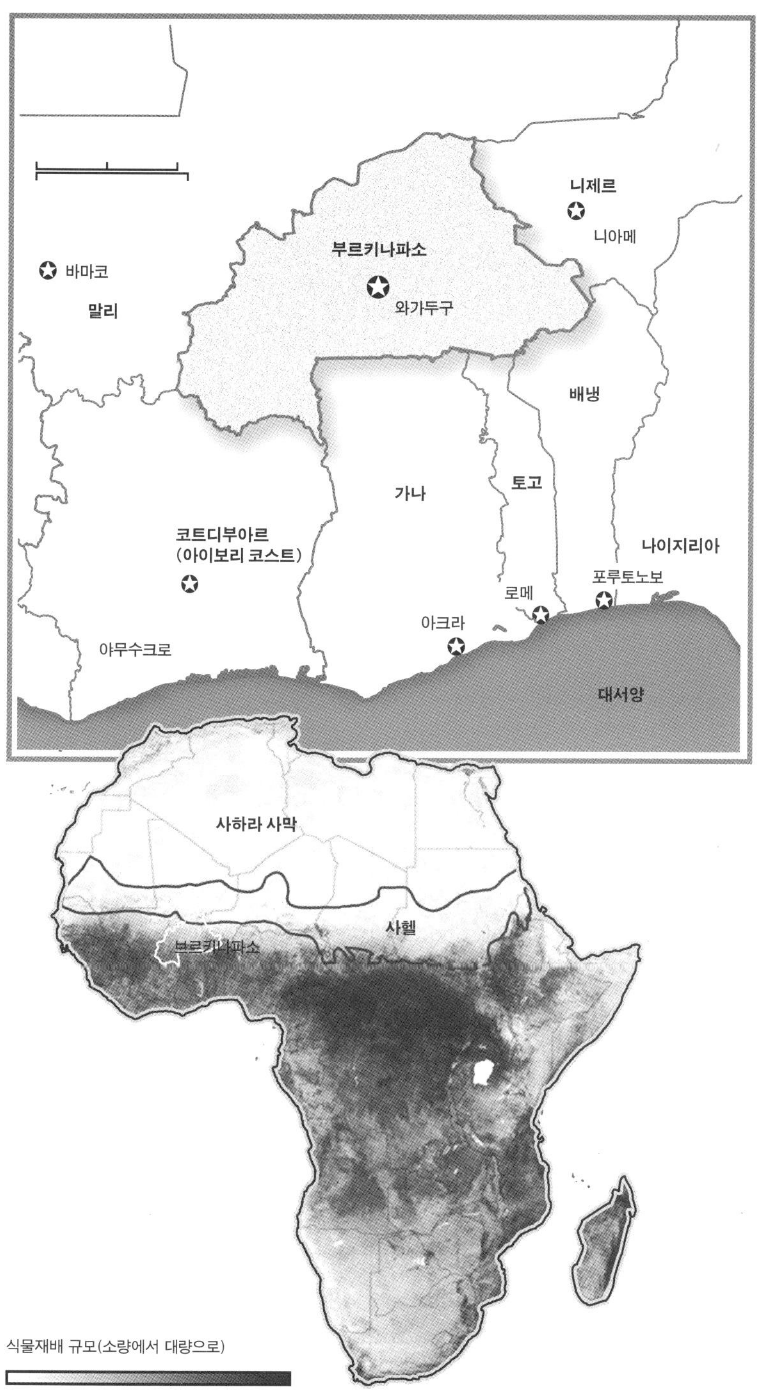

지도

부르키나파소와 서아프리카(1983~1987)

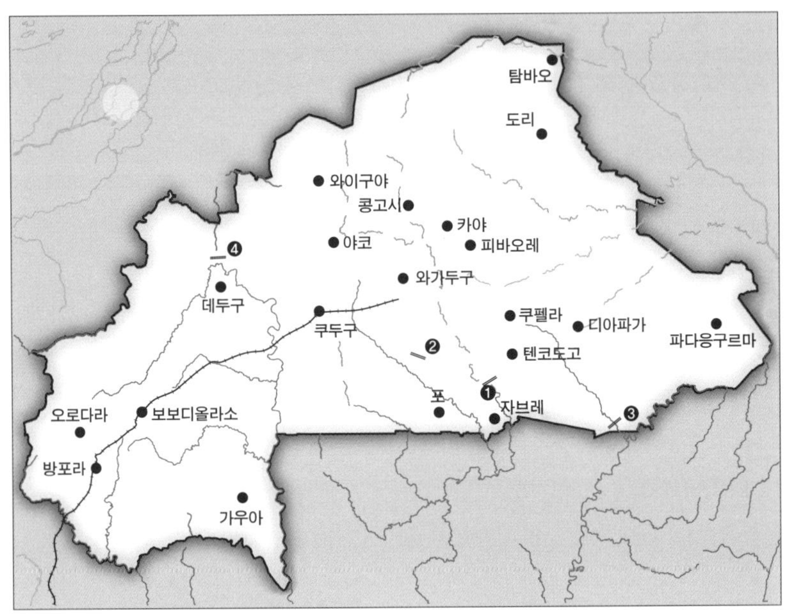

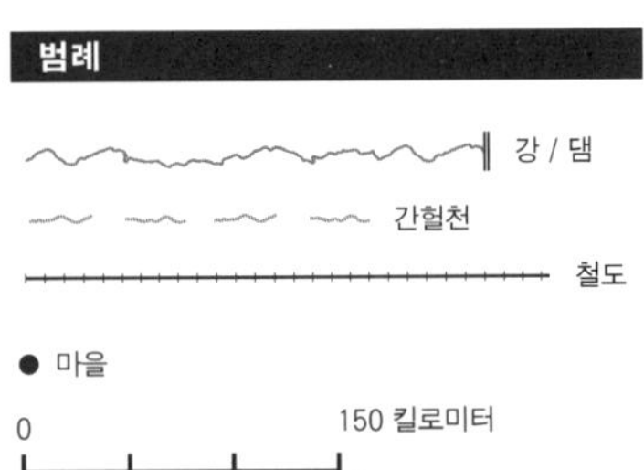

혁명기간 준공 / 착공된 주요 댐

❶ 바그레
❷ 바제가
❸ 콤피엥가
❹ 수루

주요 종족 분포

혁명 당시의 부르키나파소

인구	7,964,705 (1985)(90%가 시골 지역 거주자)
비농업 종사자	40,000 정부 20,000 산업(수공예 및 제조) 10,000 건설
표면적	105,869 평방 마일 / 274,200 평방 킬로미터
수도	와가두구
연평균 수입	US$150 (1981)
통화	CFA 프랑 1983~87년에는 미국 달러당 300~500 사이에서 변동
국가 예산	580억 CFA 프랑(1985)
주요 생산 및 수출 상품	면, 가죽 및 피혁, 가축, 시어 열매 제품, 금
소수종족 그룹	Mossi 53.0% Peul 7.8% Gourmantche 7.0% Gurunsi 6.0% Bissa 3.0% Samo 2.0% Lobi 2.5% Senufo 2.2% Marka 1.7% Bobo 1.6% 등 60개 이상
사용 언어	공식 언어: 프랑스어 Moore 53.0% Diula 8.8% Fulfulde 6.6% 등 포함, 60개 이상의 언어 사용
문맹률	92%(지방의 경우 98%)

건강		
	기대 수명	43.8세(1980년)
	유아 사망률	1,000명당 208명(1981)
	산모 사망률	100,000당 610명(1985)
	의사	37,494명당 1명(1988)
	간호사	12,366명당 1명(1988)
	산파	28,397명당 1명(1988)
	산파 보조원	31,267명당 1명(1988)

약자 및 약어

ANC 아프리카민족회의

CDR Comités de défense de la révolution_혁명수호위원회

CEAO Communauté économique de l'Afrique de l'Ouest_서아프리카 경제공동체

CMRPN Comité militaire de redressement pour le progrès national
_군정 및 국가 진보 군사 위원회

CNR Conseil national de la révolution_국가혁명평의회

CSP Conseil du salut du peuple_인민보호평의회

CSR Caisse de solidarité révolutionnaire_혁명 연대 기금

DOP Discours d'orientation politique_정치방침연설

EPI Front progressiste voltaïque_볼타 진보전선

FRELIMO Frente de Libertação de Moçambique_모잠비크해방전선

FSLN Frente Sandinista de Liberación Nacional_산디니스타 민족해방전선

IMF International Monetary Fund_국제통화기금

MNP Mouvement national des pionniers_전국 개척자 운동

NGO Non-Governmental Organizations_비정부 기구

OAU Organization of African Unity_아프리카단결 기구

OPEC Organization of Petroleum Exporting Countries_석유 수출국 기구

PAI/LIPAD Parti africain de l'indépendance-Ligue patriotique pour le développement
_아프리카 독립당-애국 개발 연맹

PLO	Palestine Liberation Organization_팔레스타인해방 기구
POLISARIO FRONT	Popular Front for the Liberation of Saguía el-Hamra and Río de Oro _폴리사리오 인민 해방 전선
PPD	Programme populaire de développement_대중 개발 프로그램
RENAMO	Resistência Nacional Moçambicana_모잠비크 민족 저항군
SADR	Saharawi Arab Democratic Republics_사하라위 아랍 민주공화국
SNEAHV	Syndica national des enseignants africains de Haute-Volta _오트볼타 아프리카 교사 전국연합
SWAPO	South West Africa People's Organisation_남서아프리카 인민 기구
TPC	Tribunaux populaires de conciliation_인민 조정 법원
TPR	Tribunaux populaires de la révolution_인민 혁명 법원
UFB	Union des femmes du Burkina_부르키나 여성연합
UN	United Nations_국제연합
UNAB	Union nationale des anciens du Brukina _부르키나 전국 장로연합
UNESCO	United Nations Educational, Scientific and Cultural Organization _유엔 교육 과학 문화 기구
UNITA	União Nacional para a Independência Total de Angola _앙골라 완전 독립을 위한 전국연합
UNPB	Union nationale des paysans du Burkina_부르키나 전국농민연합

연표

1945

8월 15일 - 제2차 세계대전 종전. 당시 유럽 열강은 독립한 4개 국가(이집트, 에티오피아, 라이베리아, 남아프리카공화국)를 제외한 모든 아프리카를 식민지로 지배하고 있었다. 이후 20년 동안 식민지 지배 국가에 대항하는 투쟁이 아프리카, 아시아, 카리브해 지역을 휩쓸었다. 초기에 프링스, 영국 및 기타 식민지 세력 정권은 이러한 투쟁을 피의 전쟁으로 몰아넣으려 했지만, 결국 아프리카 대부분과 과거 대양 제국의 다른 지역에서 독립한 정부에 직접 통치를 양도해야 했다.

1949

12월 21일 - 토마 상카라, 당시 프랑스 식민지였던 오트볼타의 야코(Yako)에서 태어남.

1953

7월 26일 - 바티스타 독재에 반대하는 민중 봉기를 촉발하기 위해 160여 명의 혁명가가 산티아고 데 쿠바의 몬카다 주둔지와 인근 바야모의 주둔지를 공격했다. 공격은 실패로 돌아갔지만, 바티스타의 폭정에 맞선 쿠바 혁명 투쟁의 시작을 알린다.

7월 27일 – 한국전쟁 종전. 북한 노동자 국가를 파괴하고 1949년 승리한 중국 혁
명을 되돌리려는 미 제국주의에 대해 조선의 노동자와 농민, 중국 인민
해방군이 최초의 군사적 패배를 안겨주었다. 미국은 유엔의 기치 아래
1945년에 강행한 한반도 강제 분할을 유지하기 위해 남한에 대한 군사
점령을 계속한다.

1954

5월 7일 – 프랑스 식민주의에 대한 역사적인 패배로 프랑스 군이 디엔 비엔 푸에
서 베트남 민족해방운동 전투원들에게 항복했다.

11월 1일 – 프랑스 식민 통치에 대한 알제리의 독립전쟁이 시작되었다.

1955

4월 18~24일 – 식민지 혁명의 영향을 받은 아프리카와 아시아 29개국 대표들이
인도네시아 반둥에서 회의를 개최했다. 6년 후인 1961년, 이들 정부를
비롯한 많은 국가가 비동맹 국가 운동을 결성했다.

12월 5일 – 앨라배마주 몽고메리에서 인종 분리 버스 보이콧이 시작된다. 미국
남부에서 인종차별적인 "짐 크로우" 법을 뒤집기 위한 대규모 시민권
운동이 시작되었다.

1956

7월 26일 – 가말 압델 나세르가 이끄는 이집트 정부가 영국과 프랑스 자본이 대
부분 소유하고 있던 수에즈 운하를 국유화했다.

1958

12월 11일 – 오트볼타가 자치령으로 선포되었다. 오트볼타는 프랑스와 프랑스
식민지 및 보호령을 포함하는 파리가 주도하는 조직인 "프랑스 공동체"
의 일원이 된다. 1959년 12월 모리스 야메오고Maurice Yameogo가 오
트볼타의 대통령으로 선출된다.

1959

1월 1일 – 쿠바에서 혁명전쟁이 승리하며 아메리카 대륙 최초의 사회주의 혁명
의 문이 열렸다.

1960

3월 21일 – 남아프리카공화국 샤프빌 대학살. 아파르트헤이트 경찰이 평화 시위
에 발포하여 69명이 사망하고 180명이 부상했다.

6월 30일 – 콩고가 벨기에로부터 독립. 파트리스 루뭄바Patrice Lumumba가 총
리가 되었다.

7월 – 소련이 중화 인민공화국으로부터 고문단을 철수, 심화되는 중-소 갈등을
드러냈다.

8월 5일 – 오트볼타 독립.

9월 14일 – 유엔군의 협력으로 조셉 모부투 대령(훗날 모부투 세세 세코)이 콩고
총리 파트리스 루뭄바를 전복. 루뭄바는 벨기에 제국주의의 직접적인
개입과 미국의 지원으로 1월 17일 살해당한다.

1961

9월 1일~6일 – 유고슬라비아 베오그라드에서 비동맹 운동(Nonaligned Movement)
이 창설되었다.

1962

7월 5일 – 8년에 걸친 해방 전쟁과 이를 분쇄하려는 파리 당국의 피비린내 나는 시도 끝에 알제리는 프랑스로부터 독립을 쟁취한다. 곧이어 아메드 벤 벨라Ahmed Ben Bella가 이끄는 노동자와 농민 정부가 집권.

1963

4월~5월 – "버밍엄 전투". 경찰의 곤봉, 개, 소방호스, 최루탄에 맞서 흑인 인권 운동가들이 앨라배마주 버밍엄에서 공공시설의 인종 분리 철폐를 위한 대규모 행진과 연좌 농성을 벌였다.

1964

6월 12일 – 1962년 체포된 넬슨 만델라, 남아프리카공화국에서 종신형을 선고받는다.

8월 7일 – 미국 정부, 북 베트남 폭격 시작. 곧이어 베트남 해방군에 대한 미국의 급속한 전쟁 확대가 벌어진다. 1969년까지 베트남에 주둔한 미군은 약 54만 명에 달했다.

1965

4월 – 쿠바의 모든 지도자직을 사임한 에르네스토 체 게바라가 콩고로 향한다. 그곳에는 100명 이상의 쿠바 자원봉사자들이 제국주의 정권에 맞서 싸우는 민중 세력을 지원하고 있었다.

4월 17일 – 워싱턴에서 베트남 전쟁에 반대하는 최초의 전국 규모 시위가 열렸다. 이후 몇 년 동안 제국주의 전쟁에 대한 반대는 전 세계 수백만 명의 청년과 노동자들의 대규모 시위로 이어진다.

6월 19일 – 알제리에서 노동자와 농민 정부가 군사 쿠데타로 무너졌다.

1966

1월 3일 – 정부의 긴축 정책에 반대하는 대규모 시위가 오트볼타의 수도 와가두
구에서 발생. 모리스 야메오고 대통령이 전복되고 아부바카르 상굴레
라미자나가 이끄는 군사정권으로 교체되었다.

10월 – 토마 상카라가 캄부인세의 군사학교에 입학, 1969년에 졸업한다.

1967

6월 5-10일 – 이스라엘과 이집트, 요르단, 시리아 간의 6일 전쟁. 텔아비브가 군
사적 승리를 거두고 웨스트 뱅크, 가자지구, 골란고원, 시나이반도를 점
령한다.

10월 8일 – 라틴 아메리카 코노 수르에서 혁명 전선을 이끌던 에르네스토 체 게
바라가 부상을 당한 채 볼리비아 군에 체포. 다음 날 워싱턴의 승인으로
암살되었다.

1968

5~6월 – 학생들의 봉기가 노동자 총파업과 공장 점거를 촉발, 프랑스에 혁명 전
야의 상황이 조성된다. 샤를 드 골 대통령 정권은 공산당과 사회당의 운
동 동력을 약화시킴으로써 살아나게 된다.

1969

10월 1일 – 상카라, 마다가스카르의 앙시라베 육군 사관학교에 입학.

1972

5월 – 상카라가 마다가스카르에 있는 동안 노동자와 학생들이 파업과 시위를 조
직하고 치라나나 대통령 정권을 무너뜨린다.

6월 – 상카라가 앙시라베에서 훈련을 마치다. 가을에는 마다가스카르에서 추가로 1년 더 "시민 봉사"를 시작한다.

1973

10월 – 상카라가 오트볼타로 돌아왔다. 보보-디울라소에 배치되어 신병 훈련을 받는다.

1974

4월 25일 – 포르투갈에서 "카네이션의 혁명"이 시작되었다. 앙골라, 기니-비사우/카보베르데, 모잠비크 등 아프리카 식민지에서 진전된 민족 해방 투쟁의 영향으로 독재 정권이 붕괴한다.

12월~1월 – 말리와 오트볼타 간의 국경 분쟁으로 상카라의 군사적 활약이 오트볼타에서 널리 알려지게 되었다.

1975

4월 30일 – 베트남 민주공화국과 민족해방전선 군대가 사이공을 점령하여 제국주의가 강요한 30년간의 베트남 분단에 마침표를 찍는다. 민족 해방 운동의 승리와 베트남 전쟁에서 워싱턴의 패배로 미 제국주의는 역사적인 파멸을 맛보게 되었디.

6월 25일 – 포르투갈 식민지 모잠비크의 독립.

11월 11일 – 앙골라 독립. 이날 이전에 남아공과 자이르 군대가 친제국주의 정권을 수립하기 위해 앙골라를 침공했다. 1976년 초, 앙골라 정부의 도움 요청에 응한 수천 명의 쿠바 자원군들이 도착하여 이들을 저지했다.

12월 17-18일 – 오트볼타에서 총파업. 공무원들은 임금 인상과 세금 공제 혜택을 받았다.

1976

중반 – 상카라가 포(Po)에 있는 새로운 국립 코만도 훈련 센터를 지휘한다.

6월 16일 – 남아프리카에서 소웨토 봉기가 시작. 앙골라에서 남아공 군대의 패배에 용기를 얻은 수천 명의 젊은이들이 아파르트헤이트 정권의 경찰과 군대에 맞섰다.

1978

1월~5월 – 모로코 라바트의 장애인 훈련소에서 상카라와 블레즈 콩파오레가 훈련. 그 후 상카라는 프랑스 포(Pau)에서 훈련에 매진했다.

1979

2월 11일 – 이란에서 대중 봉기. 노동자와 농민들이 미국의 지원을 받는 잔인한 군주제를 전복하고 미국이 지정한 대체 정권의 출범을 저지했다.

3월 13일 – 카리브해 그레나다 섬에서 무장 민중 봉기가 에릭 게리 독재 정권을 전복시켰다. 모리스 비숍을 총리로 한 노동자·농민 정부가 수립된다.

5월 24~31일 – 오트볼타에서 4개 노조 연합이 파업을 벌인다. 수감된 노조원들의 해방을 쟁취했다.

7월 19일 – 산디니스타 민족해방전선의 지도로 노동자와 농민이 니카라과에서 아나스타시오 소모자 독재 정권을 전복시켰다.

12월 25일 – 소련군이 아프가니스탄을 침공했다.

1980

9월 22일 – 미국과 프랑스의 협조로 이라크 군대가 이란을 침공하여 유전을 점령하고 이란 혁명을 공격. 향후 8년 동안 수십만 명의 이란과 이라크 군인 및 민간인이 사망하는 전쟁이 시작된다.

10월 1일~11월 22일 - 오트볼타에서 교사들이 구매력 하락에 반대하며 파업. 10월 4~5일과 11월 4~5일, 두 차례에 걸쳐 총파업이 진행되었다.

11월 25일 - 쿠데타로 라미자나 정부 전복. 사예 제르보 대령이 군정 및 국가 진보 군사 위원회(CMRPN)를 이끌게 되었다.

1981

2월 - 토마 상카라, 대위로 승진.

5월 10일 - 프랑수아 미테랑 사회당 후보가 프랑스 대통령으로 당선되었다.

중반 - 니카라과의 노동자 · 농민 정부에 대항하여 워싱턴이 일으킨 콘트라 전쟁이 시작되었다.

9월 9일 - 사예 제르보, 상카라에게 공보부 장관직 요청. 처음에는 거절했으나 나중에 수락한다.

12월 31일 - 제리 롤링스가 가나에서 쿠데타를 일으켜 젊은 장교와 민간인으로 구성된 가나 국가 임시 방위 회의 의장이 되었다.

1982

4월 - 볼타 노조 연맹이 사예 제르보 정부가 선포한 파업금지령에 맞서 3일간의 파업을 조직했다.

4월 12일 - 민주적 권리에 대한 정부의 탄압에 항의하며 상카라는 공보부 장관직을 사임. 다음 날 그는 체포되어 깅등된 후 데두구로 보내졌다. 이에 항의하여 앙리 종고와 블레즈 콩파오레는 정부에서 사임한다. 그들은 파다와 우아히구야의 외딴 지역으로 보내졌다.

11월 1일 - CMRPN 정부가 파업 금지를 확정.

11월 7일 - 소메 요리얀 대령이 이끄는 쿠데타가 CMRPN을 전복시켰다. 젊은 장교들은 참여하지 않음. 새로운 임시인민보호평의회(이후 인민보호평의회)가 장-밥티스트 우웨드하우구 사령관을 대통령으로 임명했다.

1983

1월 10일 – 인민보호평의회에서 상카라를 총리로 임명했다.

2월 28일 – 인민보호평의회에 대한 쿠데타 시도가 있었다.

3월 7~12일 – 인도 뉴델리에서 열린 비동맹 정상회의에서 상카라는 피델 카스트로 쿠바 대통령, 사모라 마셸 모잠비크 대통령, 모리스 비숍 그레나다 총리를 만난다.

3월 26일 – 상카라, 와가두구의 대중 집회에서 연설.

4월 30일 – 리비아 국가원수 무아마르 알 카다피, 와가두구 방문.

5월 15일 – 상카라는 보보-디울라소에서 프랑스가 아프리카에서 보이는 행동을 비판하는 연설을 했다.

5월 16일 – 기 펜, 프랑수아 미테랑 프랑스 대통령의 아프리카 담당 고문이 와가두구에 도착했다.

5월 17일 – 소메 요리얀 대령이 쿠데타를 주도. 상카라, 장 밥티스트 링가니, 앙리 종고 체포. 블레즈 콩파오레는 탈출하여 자신이 지휘하는 포 군사 기지에서 정부에 대항했다.

5월 20~22일 – 와가두구에서 상카라의 석방을 요구하는 대규모 거리 시위가 벌어졌다.

5월 27일 – 상카라 가택 연금.

6월 9~16일 – 상카라, 링가니, 종고가 다시 수감된다. 석방되자마자 그들은 다시 가택 연금에 처해졌다. 그러나 그들은 쿠데타 정권 출범에 반대하는 세력을 조직하기 위해 적극적으로 노력했다.

6월~8월 – 상카라 지지자들이 콩파오레의 근거지인 포에 몰려들어 군사 훈련을 받는다.

8월 4일 – 콩파오레는 250명의 병력을 이끌고 와가두구로 진군, 장 밥티스트 우웨드하우구 정부를 전복시킴. 국가혁명평의회가 정권을 장악하고 상카라를 대통령으로 지명했다. 라디오를 통해 전국에 방송된 첫 연설에서 그는 혁명수호위원회를 즉각 구성할 것을 촉구했다.

8월 5~7일 – 새 정권을 지지하는 대규모 시위가 와가두구를 휩쓸었다.

8월 24일 – 아프리카 독립당/애국 개발 연맹(PAI/iPad)의 지도자 5명을 포함한 국가혁명평의회(CNR)의 첫 정부 구성.

9월 30일 – 상카라가 포에서 가나 국가수반인 제리 롤링스를 만났다.

10월 2일 – 상카라가 CNR의 이름으로 라디오, 텔레비전을 통해 정치방침연설을 했다.

10월 13일 – 그레나다에서 쿠데타가 일어나 모리스 비숍이 이끄는 노동자 · 농민 정부가 전복된다. 6일 후, 노동자와 농민 수천 명이 이전 정부를 재수립하려 하자 비숍을 비롯한 혁명 지도자들은 처형을 당한다. 반혁명을 이용하여 미국 정부는 6일 후 섬을 침공했다.

10월 31일 – 오트볼타, 2년 임기의 유엔 안전보장이사회 비상임 이사국으로 선출됨.

11월 4~8일 – 가나와 오트볼타가 합동 군사 훈련을 시행했다.

12월 – 쿠바와 과학, 경제, 기술 협력에 관한 협정을 체결.

12월 21일 – 에두아르도 도스 산토스 앙골라 대통령이 와가두구를 방문했다.

1984

1월 3일 – 인민 혁명 법원 첫 회의 개최. 회의는 라디오로 방송되었다.

2월 – CNR은 전통 추장에 대한 모든 공물 납부와 강제 노역을 폐지했다.

2월 10~12일 – 제리 롤링스, 와가두구 공식 방문.

2월~3월 – 아파르트헤이트 정권의 공격을 막기 위해 앙골라, 모잠비크가 남아공과 불가침 조약 체결.

3월 20~21일 – 조셉 기-제르보의 민족해방운동/진보 전선과 연결되어 있던 오트볼타 아프리카 교사 전국 연합, 파업 주도.

3월 22일 – CNR이 파업 중인 교사 1,500명 해고.

3월 31일 – 상카라가 알제리, 모리타니아, 사하라위 아랍 민주공화국 공식 방문에 나서다.

4월 8일 – 와가두구에서 주거 위기 주민들을 대상으로 토지 분배.

4월 26일 – 39,500에이커(16,000헥타르)에 관개용수 공급을 목표로 하는 수로 계곡(Sourou Valley) 프로젝트 시작된다.

5월 20~21일 – 혁명 수호 국가 사무국과 PAI/Lipad가 1983년 5월 상카라 쿠데타에 항의하는 대규모 시위의 1주년을 맞아 경쟁적으로 시위 조직.

5월 26~27일 – 추방된 조셉 기-제르보와 관련된 음모가 발견되다. 음모에 가담한 7명은 6월 11일에 처형되었다.

5월 27일 – 코트디부아르를 공식 방문하려던 계획이 상카라가 아비장에 거주하는 볼타 학생과 노동자들을 만날 수 없다는 우푸에-부아니 대통령의 발언으로 취소됨.

6월 23일 – 상카라가 에티오피아, 앙골라, 콩고, 모잠비크, 가봉, 마다가스카르를 방문하는 아프리카 공식 여행을 시작했다.

7월 12일 – 징병제 도입.

8월 4일 – 와가두구에서 인민 민병대 거리 행진으로 혁명 1주년을 기념. 오트볼타는 부르키나파소에서 가장 많이 사용되는 두 언어인 무레어와 디울라어에서 따온 부르키나파소, 즉 '올곧은 사람들의 땅'이라는 뜻으로 다시 명명되었다. 토지, 광물 자원은 국유화되었다.

8월 19일 – 최초의 CNR 정부가 해산되는데, 이는 연례적인 관행이 되었다. 8월 31일, PAI/Lipad의 참여가 없는 새 정부가 구성되었다.

9월 22일 – 와가두구 주부들과 함께하는 연대의 날. 남성들이 쇼핑하고 식사를 준비하며 여성들의 생활 환경을 살펴볼 수 있도록 권장했다.

9월 25~30일 – 상카라의 첫 쿠바 방문. 호세 마르티 훈장 수여 받음.

10월 – 상카라, 서아프리카 경제공동체 회장으로 취임.

10월 1일 – CNR이 투표세를 폐지하고 1985년 12월까지 지속되는 대중 개발 프로그램을 시작했다.

10월 4일 – 상카라, 뉴욕에서 열린 제39차 유엔 총회에서 연설.

11월 5~9일 – 상카라, 중국 방문.

11월 12~15일 – 상카라, 에티오피아 아디스아바바에서 열린 OAU 정상회의에 참석. 모로코 정부의 반대에 맞서 사하라위 아랍 민주공화국의 OAU 가입을 지지했는데, 모로코는 사하라위 아랍 민주공화국의 가입과 함께 OAU에서 탈퇴한다.

11월 25일 – 15세 미만의 모든 부르키나베인에게 뇌수막염, 황열, 독일 홍역 예방접종을 시행하는 2주간의 캠페인 시작. 쿠바 자원봉사자들도 참여했다. 주변국 어린이를 포함해 250만 명의 어린이가 백신을 접종받았다.

12월 3일 – 와가두구에서 열린 국가 예산 회의에서 3,000명의 대표단이 고위직 공무원의 한 달 치 급여와 다른 공무원의 2주 치 급여를 공제하여 개발 프로젝트에 자금을 지원하기로 했다.

12월 31일 – 상카라가 1985년 주택 임대료 폐지를 발표, 주택 건설 프로그램을 시작한다.

1985

1985년 – 사헬 지역의 "사막화"를 막기 위해 한 해 동안 천만 그루의 나무를 심는 재조림 캠페인이 시작되었다.

1월 12일 – 뉴칼레도니아에서 프랑스 점령군이 남태평양 식민지의 독립운동 지도자 엘루아 마쇼로를 암살했다.

2월 1일 – 와가두구에서 북쪽의 탐 바오까지 새로운 철도 노선을 건설하는 것을 목표로 "철도를 위한 전투" 시작.

2월 12일 – 상카라, 코트디부아르 야무수크로에서 열린 앙탕트 위원회 회의에 참석. 사람들의 열광적 환영을 받았다.

3월 1일~8일 – 3,000명의 대표단이 참석한 가운데 여성 해방을 위한 전국 회의 개최.

3월 17~23일 – 가나와 합동 군사 훈련.

5월 8일 – 부르키나베 노동조합 연맹의 지도자이자 아프리카 독립당의 지도자인 수마네 투레를 CNR가 횡령 혐의로 기소하여 체포. 21개월 징역형이 선고되었다.

8월 4일 – 혁명 2주년 기념일. 와가두구에서는 여성으로만 구성된 거리 행진이 여성 평등을 향한 진전을 보여 주었다.

9월 10일 – 코트디부아르 야무수크로에서 열린 앙탕트 위원회 특별 회의에서 지역 내 제국주의 종속 정부들이 부르키나파소에 대해 적대감을 표출했다.

12월 25일 – "크리스마스 전쟁" 시작. 말리에서 온 군대와 비행기가 부르키나파소를 공격하고 폭격했다. 양측 모두 100명 가까운 사망자와 300명 이상의 부상자 발생. 12월 29일 휴전 체결.

1986

1월 3일 – 상카라, 모든 말리 전쟁 포로 석방.

2월 – 상카라가 프랑스를 방문, 제1차 나무와 숲에 관한 실바 컨퍼런스에 참석하고 제1차 불어권 정상회의에서 메시지를 발표했다.

2월~4월 – 농촌 지역 35,000명을 대상으로 국어 문맹 퇴치 캠페인 실시.

3월 31일~4월 4일 – 제1차 전국 CDR 회의.

4월 15일 – 미 공군이 리비아의 트리폴리와 벵가지 지역을 폭격. 리비아 지도자 무아마르 알 카다피의 딸을 포함해 100명 이상이 사망했다.

5월 19일 – 남아프리카공화국 전투기, 헬기, 특공대가 보츠와나 감보로네, 하라레, 짐바브웨, 잠비아 루사카를 침략, 아프리카민족회의(ANC)가 사용하던 기지를 파괴한 것으로 알려졌다.

8월 4일 – 혁명 3주년 맞아 CNR에서 5개년 개발 계획 발표.

8월 27일 – 다니엘 오르테가 니카라과 대통령, 와가두구를 공식 방문하기 위해 도착.

9월 3일 – 상카라, 짐바브웨 하라레에서 열린 제8차 비동맹 운동 정상회의에 참석.

10월 6~12일 – 상카라, 소련 방문.

10월 19일 – 남아프리카공화국에서 사모라 마셸 모잠비크 대통령이 비행기 추락 사고로 사망. 많은 아프리카와 반(反)아파르트헤이트 지도자들은 아파르트헤이트 정부가 계획적으로 암살한 것으로 보았다.

11월 8일 – 상카라는 쿠바에 들러 피델 카스트로를 만나고 니카라과로 향한다. 같은 날 상카라는 180명의 외국 대표단을 대표해 산디니스타 민족해방전선 창설 25주 년을 맞아 마나과에 20만 명이 모인 집회에서 연설했다.

11월 9일 – 상카라가 카를로스 폰세카 훈장을 받음. 귀국길에 쿠바에서 이틀 동안 국가평의회 부의장 겸 각료 회의 의장인 라울 카스트로를 만났다.

11월 17일 – 프랑수아 미테랑 프랑스 대통령이 아프리카 순방 중 와가두구에 들렀다. 그를 위한 공식 리셉션에서 상카라는 프랑스의 대(對)아프리카 정책을 비판했다.

1987

1987년 초 – 연초, 유엔의 도움으로 조직된 프로그램을 통해 오랫동안 부르키나파소의 최악의 의료 문제 중 하나였던 사상충증(강변실명증)을 박멸했다.

3월 8일 – 상카라, 세계 여성의 날을 맞아 수천 명의 여성들이 모인 자리에서 연설했다.

3월 30일~4월 3일 – 제2차 전국 CDR 회의.

4월 11일 – 상카라, 부르키나 전국 농민 연합 창설 발표.

4월 28일~5월 2일 – 전국 농민 심포지엄, 와가두구에서 개최.

5월 – 일부 CNR 지도자를 공격하는 익명의 전단지가 널리 유포되다.

5월 30일 – PAI/Lipad 및 볼타 혁명 공산당이 관련된 노조 지도자들에 대한 체포가 시작되어 체포자 수가 200명에 달했다. 체포는 이후 이어지는 쿠데타를 지지하게 될 CNR 및 CDR 내부 세력에 의해 시작되었다.

8월 4일 – 보보-디울라소에서 혁명 4주년 기념식 개최. 상카라는 연설에서 혁명과 대중 조직의 기능을 점점 더 약화시키는 CNR의 흐름에 대한 정치적 반격을 시작한다.

8월 7일 – 중앙아메리카에서 에스퀴풀라스 협정이 체결되어 니카라과에서 미국
의 지원을 받는 콘트라 반군의 전략적 패배를 기록했다.

8월 21일 – 상카라가 정부 장관들에게 혁명을 위해 해고된 교사와 공무원을 재
고용할 것을 요청하는 서한을 보낸다. 이 구상은 CNR과 그 내부의 정치
단체들로부터 강력한 반대에 부딪친다.

8월 22일 – 상카라는 자신의 업무 정리를 조언하고 지원하기 위해 6명으로 이루
어진 특별 내각을 구성한다.

10월 2일 – 텐코도고에서 혁명 4주년 기념식이 열렸고, 상카라가 연설했다. 상카
라의 연설에 앞서 블레즈 콩파오레와 연관된 학생 지도자가 상카라가
고수하는 노선의 핵심을 공개적으로 공격하는 연설을 한다.

10월 8일 – 체 게바라가 볼리비아에서 전사한 20주년을 맞아 체 게바라의 생애
를 다룬 전시회가 와가두구에서 개막된다.

10월 8~10일 – 29개국 40개 단체가 참가한 가운데 와가두구에서 아파르트헤이
트에 반대하는 밤바타 회의가 열렸다. 상카라가 폐회 연설을 했다.

10월 15일 – 오후 4시 30분경, 토마 상카라 외 12명이 블레즈 콩파오레의 측근이
이끄는 포 특공대 기지 부대원에 의해 암살당했다. 사망자 중에는 상카
라의 특별 내각 위원 6명 중 폴랭 바무니, 보나방튀르 콩파오레, 프레데
릭 키엠데, 크리스토프 사바, 파트리스 자그레 등 5명이 포함되었다. 알
로나 트라오레는 살아남았다. 군인 7명(대통령 경호원 4명, 운전기사 2
명, 경찰 1명)도 사망해 모두 13명의 희생자가 발생했다. 블레즈 콩파오
레가 정권을 장악, CNR을 해산하고 10월 15일 인민전선으로 대체한다.
쿠데타는 장 밥티스트 링가니, 앙리 종고(둘 다 1989년 콩파오레에 의
해 재판 없이 처형됨), CNR에 소속되어 있던 많은 조직, 혁명에 반대했
던 조직들의 지지를 받았다. 그 후 며칠 동안 전국적으로 많은 상카라의
지지자들은 표적 살해, 체포, 고문을 당했다. 수천 명이 그의 무덤을 찾
아 범죄와 쿠데타를 규탄했다.

1988

3월 - 국제주의 쿠바 전투원들이 앙골라 및 남서아프리카 인민기구(SWAPO)의 군대와 함께 앙골라 남부 마을 쿠이토 쿠아나발레에서 남아공 군대에 결정적인 패배를 안겨주었다. 이 패배로 인해 변화된 세력 관계에 대응하기 위해 남아프리카의 백인 우월주의 정부는 앙골라에서 군대를 철수하고 나미비아의 독립을 허용해야 했다. 이 패배는 남아공 내에서 1990년대 초반 아파르트헤이트 체제의 몰락으로 이어지는 일련의 사건들을 촉발한다.

연설과 인터뷰

인민의 적은 누구인가?

와가두구에서 열린 대중 집회에서

1983년 3월 26일

상카라는 인민보호평의회(CSP:Council of Popular Salvation)의 총리 자격으로 수도 와가두구에서 열린 수천 명이 모인 집회에서 이 연설을 했다. 이 글은 와가두구에서 발행되는 주간지 《까르푸 아프리깽》(*Carrefour africain*) 1983년 4월 1일 자에 실렸다.

오늘 여기 '1월 3일 광장'에 모여주서서 고맙습니다. 인민보호평의회의 부름에 응답해 주신 여러분께 경의를 표합니다. 이로써 여러분은 오트볼타의 민중이 성숙하였음을 보여 주고 있습니다.*

민중이 일어서면 제국주의는 두려워 떱니다. 우리를 지켜보면서 제국주의는 걱정하고 있습니다. 떨고 있습니다. 제국주의는 우리 평의회와 인민 사이의 유대를 어떻게 끊을 수 있을지 고민하고 있습니다. 제국주의가 떨고 있습니다. 두려워서 떨고 있습니다. 바로 여기 와가두구에서 우리가 그것을 묻어버릴 것이기에 떨고 있습니다.

---

*　16개월 후 오트볼타는 부르키나파소로 이름을 바꿨다.

또한 우리를 비방하는 나라 안팎의 모든 사람이 틀렸다는 것을 보여 주기 위해 오신 여러분께 경의를 표합니다. 그들은 우리를 잘못 판단했습니다. 그들은 선전과 협박으로 국민을 향한 인민보호평의회의 행진을 막을 수 있다고 생각합니다. 여러분은 여기 오셔서 사실은 그 반대라는 것을 보여 주셨습니다. 제국주의는 떨고 있고 앞으로도 계속 두려워할 것입니다.

와가두구 거주민을 대표하는 오트볼타 주민 여러분, 감사합니다. 여러분에게 진실한 정보, 사실에 입각한 정보를 제공할 기회를 주셔서 감사합니다. 우리의 목적은 무엇일까요? 우리의 목적은 우리의 적들이 무엇을 원하는지, 인민보호평의회가 무엇을 원하는지, 사람들이 어떤 권리를 가졌는지 정확히 알려 주는 것입니다. 인민은 자유를 사랑하고 민주주의를 사랑합니다. 따라서 인민은 자유와 민주주의의 모든 적과 맞서 싸울 것입니다.

하지만 인민의 적은 누구일까요?

인민의 적은 나라 안팎에 있습니다. 지금 그들은 떨고 있지만 여러분은 그들을 폭로해야 합니다. 은신처에 숨어 있는 적들과도 싸워야 합니다. 국내에 존재하는 인민의 적은 모두 자신의 사회적 지위와 관료적 지위를 이용하여 불법으로 부를 축적한 자들입니다. 이런 식으로 그들은 계략을 통해서, 이권을 통해서, 위조된 문서를 통해서 기업의 주주가 되고, 어떤 기업에 자금을 조달하고, 이 회사나 저 회사에 대한 승인을 구합니다. 그들은 오트볼타를 위해 봉사한다고 주장합니다. 이들은 인민의 적입니다. 그들은 반드시 폭로되어야 합니다. 맞서 싸워야 합니다. 우리는 여러분과 함께 그들과 싸울 것입니다.

인민의 적은 누구입니까? 민중의 적은 또한 사기와 뇌물 수수, 부패한 국가 관리를 통해 부정직하게 부를 축적하여, 가격을 10배나 부풀린 각종 제품을 오트볼타에 내놓을 수 있는 일부 부르주아입니다. 이들은 민중의 적입니다. 이 부르주아 세력과는 반드시 싸워야 하며 우리는 그들과 싸울 것입니다.

인민의 적은 누구인가요? 선거 때만 시골을 돌아다니는 정치인들도 민중의 적입니다. 자신들만이 오트볼타를 발전시킬 수 있다고 확신하는 정치인들도 마찬가지입니다. 그러나 우리 인민보호평의회는 오트볼타 700만 명의 국민이 이 나라를 운영할 수 있는 700만 명의 정치인과 다름없다고 확신합니다. 그들은 우리가 폭로하고 싸워야 하는 국민의 적입니다. 그리고 우리는 여러분과 함께 그들과 싸울 것입니다.

인민의 적들은 또한 정신적 위장과 전통의 탈을 쓰고 진정으로 도덕적 이익을 위해 봉사하는 대신, 진정으로 사회적 이익을 위해 봉사하는 대신, 인민의 이익을 착취하는 회색분자 세력입니다. 그들은 반드시 퇴치되어야 하며, 우리는 그들과 싸울 것입니다.

하나만 물어보죠: 여러분은 인민의 적을 좋아합니까?

[**청중**_ "아니요!"]

그들이 마음에 드세요?

[**청중**_ "아니요!"]

그래서 우리는 그들과 싸워야 합니다.

여러분 모두 이 나라에서 그들과 싸울 거죠?

[**청중**_ "예!"]

이제 전투를 시작합시다!

인민의 적들은 국경 밖에도 있습니다. 그들은 군인뿐만 아니라 민간인, 남성뿐만 아니라 여성, 젊은이와 노인, 마을과 국가 등 모든 사회 계층에서 우리 가운데 있는 비애국적인 사람들을 파고듭니다. 인민의 적은 바로 그곳에 있습니다. 나라 밖에도 적이 있습니다. 즉 신식민주의가 그것입니다. 제국주의가 바로 그것입니다.

따라서 이러한 비애국적인 사람들, 조국을 거부한 사람들, 오트볼타를 거부한 —사실상 오트볼타 인민들을 거부한— 사람들을 기반으로 외부의 적이 일련의 공격을 조직화하고 있습니다. 공격은 비폭력 단계와 폭력 단계로 나뉩니다.

현재 우리는 비폭력 단계에 있습니다. 나라 밖의 적, 즉 제국주의, 그리고 신식민주의는 볼타 사람들에게 혼란을 심으려고 시도하고 있습니다. 따라서 그들은 신문, 라디오, 텔레비전을 통해 오트볼타가 무력 분쟁으로 황폐해지고 있다고 믿게 할 것입니다. 하지만 오트볼타 인민 여러분, 여러분은 제국주의가 틀렸다는 것을, 그리고 제국주의의 거짓말이 통하지 않는다는 것을 증명하고 있습니다. 여러분은 이곳에 존재하고, 여러분은 일어서고 있으며, 오늘날 떨고 있는 것은 제국주의입니다.

먼 나라에 있는 한 외신 기자가 에어컨이 설치된 사무실의 회전의자에 앉아 우리 평의회의 정보 길잡이 관광 프로그램이 실패했다고 감히 보도했습니다. 실패했나요? 여기 계셨으니 대답해 주세요.

[**청중**_"아니요!"]

실패인가요?

[**청중**_"아니요!"]

제국주의가 이 자리에서 여러분이 아니요를 외치는 소리를 들을 수 있었으면 좋겠습니다.

다시 묻습니다: 실패했나요?

[**청중**_"아니요!"]

제국주의는 잘못된 것입니다. 제국주의는 정말 멍청한 학생입니다. 제국주의는 패배하여 교실 밖으로 쫓겨나고도 다시 교실로 들어옵니다. 나쁜 학생입니다. 실패에서 교훈을 얻지 못하고, 실패에서 배우지를 못합니다. 오늘날 여러분처럼 아프리카 사람들이 자유를 염원한다는 이유만으로 남아프리카에서 아프리카 민중의 목을 자르고 베고 있습니다. 제국주의는 저기 중동에서 아랍 민족을 짓밟고 있습니다. 그게 바로 시오니즘입니다.

제국주의는 어디에나 존재합니다. 제국주의가 퍼뜨리는 문화와 잘못된 정보를 통해 제국주의는 우리가 제국주의처럼 생각하고, 제국주의에 복종하고, 제국주의의 모든 책략에 따르게 합니다. 맙소사, 결국 우리는 제국주의의 길에 설 수밖에 없게 됩니다.

이미 말씀드렸듯이 제국주의는 폭력적인 단계로 나아갈 것입니다. 우리가 알고 있는 특정 국가에 조직적으로 군대를 상륙시킨 것은 제국주의입니다. 남아프리카에서 우리 형제들을 죽이는 사람들을 무장시킨 것은 제국주의입니다. 루뭄바족, 카브랄족, 콰메 응크루마족을 암살한 것도 제국주의입니다.

하지만 저는 여러분에게 말합니다. 그리고 여러분에게 약속합니다. 저는 여러분을 신뢰하고 여러분은 우리 평의회를 신뢰하기 때문에, 우리는 인민의 일부이기 때문에 제국주의가 이곳에 오면 우리는 그것을 묻어버릴 것입니다. 우리는 제국주의를 이곳에 파묻을 것입니다. 와가두구는 제국주의의 볼리바나(bolibana), 즉 그들의 종착역이 될 것입니다. 제국주의는 매우 정교한 방법을 통해 인민보호평의회 자체에 분열을 심으려고 노력했습니다. 그것은 볼타 사람들 사이에 불안과 히스테리를 불러일으켰습니다. 하지만 우리는 두렵지 않습니다.

오트볼타에서 처음으로 완전히 새로운, 근본적인 변화가 일어나고 있습니다. 볼타 주민들은 이곳에 정치적 민주주의를 확립할 힘을 가진 적이 없습니다. 군부는 언제든 권력을 잡을 가능성은 있었지만, 민주주의를 원한 적은 없었습니다. 우리는 처음으로 권력을 원하면서도 민주주의 또한 원하며 진정으로 인민과 함께하고 싶어 하는 군대를 보게 되었습니다. 또한 처음으로 대규모 민중이 군대를 향해 손을 벌려 앞으로 나서는 것을 목격했습니다. 그래서 우리는 오트볼타의 운명을 장악하고 있는 이 군대가 인민의 군대라고 믿습니다. 그래서 인민군을 대변하는 플래카드에도 경의를 표합니다.

우리를 해치기 위해 외부의 적뿐만 아니라 내부의 적도 확실한 몇몇 요인에 의존합니다. 제가 몇 가지 사례를 언급하고 여러분이 나머지 목록을 완성하도록 하겠습니다. 그들은 우리 평의회에서 고위급 공무원들에게 내린 조치가 국가기구의 정상적 기능을 중단시키려는 것이라고 믿게 만들려고 합니다.*

우리가 이러한 결정을 내린 것은, 투쟁의 현 단계에서, 보조를 맞출 수 없는 사람들이 있다고 생각했던 단순한 이유 때문입니다. 오전 9시까지도 사무실에 출근하지 않는 공무원이 있는가 하면, 10시 30분에 다시 나가서 과수원에 일하러 가거나 집안일을 보는 공무원들이 있습니다. 이게 징성인가요? 우리가 이런 부류의 공무원을 없애려 하면 적들은 인민보호평의회가 국가기구를 정지시키고 싶어 한다고 말합니다. 하지만 누가 누구를 두려워합니까?

---

* 시의회는 근무 시간 중 술집에서 시간을 보낸 공무원에 대해 첫 번째는 라디오에 실명을 공개하고, 두 번째는 공식 견책, 세 번째는 해임으로 처벌하기로 했다.

우리는 인민과 함께합니다. 그들은 인민에 맞섭니다. 따라서 우리는 인민의 적들에게 불리한 결정을 내릴 것입니다. 이러한 결정은 인민, 즉 오트볼타의 전투적 인민에게 유리할 것이기 때문입니다. 부패한 공무원을 우리 정부에 계속 두는 것에 찬성하나요?

[청중_"아니요!"]

그래서 그들을 제거해야 합니다. 우리는 그들을 제거할 것입니다.

부패한 군인을 군대에 두는 것에 찬성하나요?

[청중_"아니요!"]

그래서 그들을 제거해야 합니다. 우리는 그들을 제거할 것입니다. 어쩌면 그 일에 우리의 목숨을 걸어야 할지도 모릅니다. 그러나 우리는 위험을 무릅쓰고 이 자리에 있습니다. 도전하기 위해 여기에 있습니다. 그리고 여러분도 어떤 대가를 치르더라도 투쟁을 계속하기 위해 여기에 있습니다.

우리의 적들은 인민보호평의회가 국유화를 준비하고 있고 평의회가 재산을 몰수할 준비를 하고 있다고 말합니다. 누가 누구를 두려워합니까?

와가두구를 돌아다니며 모든 집의 목록을 작성해 보면 소수가 이 집들을 소유하고 있음을 알 수 있습니다. 이 나라의 가장 먼 곳에서 와가두구까지 온 여러분 중 세 들어 살던 집에서 쫓겨나 매일 밤 이사를 해야 했던 사람이 얼마나 많습니까? 매일 집주인은 세를 조금씩 더 올렸습니다. 정상적으로 집을 구매한 사람이라면 아무 문제가 없으니 걱정할 필요가 없습니다. 그러나 부정부패를 통해 땅과 집을 얻은 사람들에게는 이제부터 두려움에 떨어야 하리라고 말합니다. 도둑질했다면 두려워 떨라! 우리가 당신을 추적할 것이기 때문입니다. 인민보호평의회가 당신을 쫓을 뿐만 아니라 민중이 당신을 손 볼 것입니다. 그렇죠?

[**청중_**"예!"]

정직한 시민 여러분, 1,000채의 집을 소유하고 있다고 해도 두려워하지 마세요! 그러나 부정직한 시민은 0.5 스퀘어, 위생시설도 없는 앙트레쿠셰(entree-coucher)*만 소유하고 있더라도 떨기 시작하세요, 인민보호평의회가 오고 있습니다! 우리는 시작만 그럴듯하고 대충 흐지부지하기 위해 여기까지 온 것이 아닙니다.

우리가 인민을 팔아넘기거나 배신하기 위해 여기에 있는 것이 아닙니다.

그들은 우리가 국유화를 원한다고 말합니다. 평의회는, 누군가가 오트볼타로 와서 회사를 설립하고, 오트볼타에서 사업을 시작하고, 일자리 창출을 하겠다는 구실로, 경제 발전에 기여하겠다는 구실로 온갖 세금 감면 같은 특혜를 얻는 데 성공한 다음에, 일정 기간 동안 뻔뻔스럽게 착취한 후에 어떻게 인력 감축을 발표할 수 있는지 납득하지 못하며 여러분 역시 결코 납득하지 못할 것입니다.

어떤 조건으로 이러한 특혜를 받았나요? 볼타 지역에 일자리를 창출하는 조건이지요. 이제, 레몬을 다 짜고 나면 레몬을 버리고 싶을 겁니다. 안 됩니다! 우리가 거부하는 것이 바로 그것입니다!

적들은, 인민보호평의회가 표현의 자유와 언론의 자유를 선포했지만 이제 그 자유를 제한하기 시작했다고 말합니다. 장 밥티스트 링가니 Jean-Baptiste Lingani 동지가 앞서 말했고, 나중에 장-밥티스트 우웨드

---

*　0.5 스퀘어는 약 12.5제곱미터 또는 15제곱 야드에 해당한다. 앙트레쿠셰는 입구와 침실이 하나씩만 있는 작은 집을 말한다.

하우구 동지가 저보다 더 잘 설명할 것입니다. 우리는 자유를 끝장내고 싶지 않습니다. 우리는 비판할 자유가 저항할 자유도 함께 가져다준다고 말할 뿐입니다. 그리고 성실한 사람들을 위한 자유가 부정직한 사람을 위한 자유로 의미되어서도 안 될 것입니다.

우리는, 인민보호평의회가 조성한 자유를 활용하여 평의회를 공격하는 사람들로부터, 사실상 볼타 인민을 공격하는 사람들로부터 그 자유를 빼앗을 것입니다. 해롭게 할 자유를 그들로부터 빼앗고, 인민에게 봉사할 자유를 주고 있습니다. 거짓말을 할 자유, 볼타의 집단의식을 세뇌할 자유를 줄 수 없습니다. 그것은 오트볼타의 인민을 거스르는 일입니다.

또한 토마 상카라 대위와 같은 인민보호평의회의 일원이 리비아와 북한을 방문한 적이 있다고 하고, 이는 오트볼타에 위험한 행위였다고도 말합니다. 오트볼타 주민 여러분, 한 가지 의문이 있습니다: 리비아는 우리에게 아무 짓도 한 적이 없습니다. 북한은 오트볼타를 착취한 적이 없습니다. 리비아도 오트볼타를 공격한 적이 없습니다. 하지만 우리는 오트볼타를 공격한 국가들이 우리 부모님을 감옥에 가두었다는 것을 알고 있습니다. 우리 조부모님들은 그 나라들을 위해 전쟁터에서 돌아가셨습니다. 우리가 그들과 협력할 때는 아무도 불평하지 않았습니다.

상굴레 라미자나 Sangoule Lamizana는 리비아를 방문했습니다. 사예 제르보Saye Zerbo도 리비아와 북한을 다녀왔습니다. 그때는 왜 아무도 불평하지 않았을까요? 이 주장에는 뭔가 배배 꼬인 게 있습니다. 어제는 사예 제르보가 무아마르 알-카다피의 전용기에 올라 리비아 국가원수인 카다피를 공식 방문하기 위한 준비가 있었고, 이것은 공공연하게 진행되었습니다. 그런데 오늘은 우리가 리비아에 간다고 불만을 말합니다.

하지만 우리는 책임감 있고 현명한 방식으로 리비아에 갔어요! 카다피 대령이 세 차례나 특사를 보낸 후에 리비아를 방문했습니다. 리비아 지도자들에게 리비아에 반대하지 않으며 우리 나름의 입장을 유지하고 있다고 말했습니다. 이데올로기에 관해서 우리는 처녀가 아닙니다. 리비아와 협력할 준비가 되어 있지만, 리비아에 대해 비판할 것은 무엇이든 책임 있는 태도로 말할 준비가 되어 있습니다. 세 번의 제안을 받고 나서야 우리의 방문은 결정되었고, 볼타 인민들의 이익에 따라 구체적인 조건을 제시했습니다. 트리폴리에서 시멘트가 도착하기 시작하고 이를 싼 가격에 판매하면 사람들이 기뻐하겠죠?

[**청중**_ "예!"]

카다피와의 협상은 바람직하지 않은데 카다피의 시멘트는 왜 바람직할까요? 우리가 특정 국가와 200만, 300만 CFA프랑* 상당의 거래를 협상할 때 라디오에서 이야기합니다. 카다피는 우리와 35억 달러에 달하는 거래를 협상했습니다. 그렇다면 국민은 만족하겠지요?

[**청중**_ "예!"]

국민은 우리 국민을 존중하는 국가와 협력하는 것을 좋아합니다. 오트볼타 주민들은 어떤 길을 택해야 할지 강요받고 싶지 않습니다. 집안일만 하는 볼타 외교에 반대합니다! 우리는 상명하복의 볼타 외교에 반대합니다! 우리는 우리가 원하는 곳 어디든 자유롭게 살 수 있습니다. 그리고 한 가지 비밀을 말씀드리죠. 제국주의자들에게는 말하지 마십

---

*　아프리카의 많은 옛 프랑스 식민지들은 프랑스 프랑(현재는 유로화)과의 전환율이 프랑스 파리에서 결정되는 CFA(African Financial Community) 프랑이라는 공통 통화를 사용했다. 혁명 당시 1프랑은 50 CFA 프랑에 해당했다. 프랑스 프랑의 환율을 기준으로 1983~87년 동안 CFA 프랑은 미국 달러에 대해 300~500 사이에서 변동했다.

시오. 우리가 리비아에 갔다고 비판하는 사람들도 카다피의 달러를 받아 자기 나라를 발전시켰습니다. 그들이 우리보다 똑똑하다고 생각하나요? 그들도 카다피와 거래하러 갑니다. 왜지요? 누가 누구보다 똑똑한 거죠?

볼타 인민의 이익이 있는 곳이라면 어디든 갈 것입니다. 우리는 리비아에서 병원, 학교, 주택 등 모든 것을 무료로 제공하는 사회적 성과를 목격했습니다. 리비아는 어떻게 이러한 사회적 투자를 시행할 수 있었을까요? 바로 석유 덕분입니다. 이드리스 전 국왕 정권 아래에서도 석유는 존재했습니다. 하지만 이 석유는 국왕의 이익을 위해 제국주의자들에게 착취당했습니다. 국민들은 그 혜택을 전혀 누리지 못했습니다. 오늘날 리비아인들은 공짜 집과 포장된 도로를 갖게 되었습니다. 카다피가 리비아를 변화시킨 것처럼 우리가 내일 오트볼타를 변화시킬 수 있다면 좋겠죠?

[청중_"예!"]

따라서 다른 나라와의 관계에서 우리가 그들의 좋은 측면을 받아들이려 할 때, 우리는 외교적 독자성을 견지하며 인민보호평의회의 한 원칙, 즉 인민을 위해 봉사한다는 규칙에만 충실할 뿐입니다. 인민에게 이익이 된다면 무릎을 꿇는 것은 부끄러운 일이 아닙니다.

지금, 이 순간에도 우리에게 총을 쏘고 싶어 하는 사람들이 이 군중 속에 있다는 것을 알고 있습니다. 우리는 인민에게 이익이 된다는 확신 속에서 그러한 위험을 감수하고 있습니다. 그들에게 말합니다: "쏠 테면 쏘세요!" 총을 쏘면 총알이 돌아서서 당신을 맞출 것입니다. 그것이 바로 인민의 적을 이기는 인민의 승리라는 것입니다. 오늘 우리는 우리 자신의 힘이 아닌 인민의 힘으로 이야기합니다.

인민보호평의회의 적들은 평의회의 특정 파벌이 이 나라 또는 저 나라, 이쪽 또는 저쪽 진영, 친서구 진영 등에 호의적이라고 말합니다. 우리는 어떤 진영에도 반대하지 않습니다. 모든 진영을 지지합니다. 뉴델리에서 열린 비동맹국 운동 정상회의에서도 이 말을 반복했습니다.*

우리는 모든 진영을 지지합니다. 우리는 또한 자기 인민을 사랑하는 사람은 다른 인민도 사랑한다고 말합니다. 우리는 볼타 인민을 사랑하고 니카라과, 알제리, 리비아, 가나, 말리, 그리고 다른 모든 인민을 사랑합니다.

자기 인민을 사랑하지 않는 사람은 볼타 민중을 사랑하지 않습니다. 오늘날 오트볼타에서 일어나고 있는 변화를 걱정하는 사람들은 자기 인민을 사랑하지 않습니다. 그들은 독재와 국민에 대한 경찰 작전을 통해서 자신의 의지를 강요합니다. 우리는 그런 부류가 아닙니다.

인민보호평의회가 제리 롤링스Jerry John Rawlings 공군 중위를 존경한다고들 말하는 것을 들었습니다. 롤링스도 한 인간입니다. 모든 사람에게는 친구와 적이 있습니다. 오트볼타에서 롤링스를 존경하는 사람이 있다면 그건 누구 잘못 때문일까요? 바로 제국주의 탓입니다. 가나에 새로운 권력이 등장한 것은 가나 국민의 이익을 위해 싸울 수밖에 없는 상황이 만들어졌기 때문입니다. 가나가 번영했을 때 우리 볼타 사람들은 그 혜택을 톡톡히 누렸습니다! 가나가 어려움을 겪고 있는 오늘날, 왜 우리가 가나를 잊어야만 하나요?

아니, 우리는 진심입니다. 사람들은 애착을 유지하려 합니다. 인간은 배신할 수 있지만 인민은 서로를 배신하지 않습니다. 볼타 인민이 가

---

*   제7차 비동맹국 운동 정상회의는 1983년 3월 7일부터 12일까지 열렸다.

나 인민을 필요로 하는 것처럼 가나 인민은 볼타 인민을 필요로 합니다.

롤링스 중위가 국경을 폐쇄했을 때 시위가 벌어졌습니다.* 여러분은 롤링스를 좋아하지 않지요. 그가 국내에 머물기 위해 국경을 폐쇄하자 여러분도 항의했습니다!

가나는 우리에게 아무것도 강요할 수 없습니다. 우리도 가나에 아무것도 강요할 수 없어요. 롤링스는 우리를 혼낼 수 없습니다. 하지만 우리도 롤링스를 혼내줄 수 없습니다. 롤링스가 "칼라불레(kalabule)를 근절하자!" 즉 부패근절을 말할 때 그것은 가나 인민을 위한 것이었습니다. 그러나 사실 그것은 모든 사람의 이익을 위한 것이기도 합니다. 볼타 인민들도 부패에 반대하기 때문입니다.

인민보호평의회의 적들은 우리를 공산주의자, 즉 "빨갱이"라고 말하기도 합니다. 그것은 우리를 기쁘게 합니다! 우리의 적들이 혼란에 빠졌다는 것을 증명하기 때문입니다. 그들은 길을 잃었습니다. 그들은 더 이상 무엇을 해야 하고 무엇을 말해야 하는지 모릅니다. 우리는 여기서 공산주의 사업을 한 것이 아니라 생활 조건 개선, 사회 정의, 자유, 민주주의에 관해 이야기했을 뿐입니다.

우리가 특정 시간대에 술집 영업을 금지하는 군정 및 국가 진보 군사 위원회의 법령을 철회하기로 했을 때 사람들이 이렇게 말하는 것을 들었습니다: '인민보호평의회 사람들은 빨갱이든 녹색이든, 공산주의자이든 아니든, 우리에게는 우리의 이해관계가 있고 그들에게 호감이 간다.' 이것이 바로 대중과 가까워지는 것입니다. 상표가 중요한 것은 아닙니다.

---

* 가나는 1982년 11월 23일 쿠데타 시도로 국경을 폐쇄했다.

그들은 대중을 겁주기 위해 우리를 공산주의자라고 부릅니다. 그들은 우리를 공산주의자라고 비난하고 사람들에게 공산주의는 나쁘다고 말합니다. 우리는 공산주의가 좋다고 말할 생각도, 그 반대로 말할 생각도 없습니다. 우리는 여러분과 함께, 여러분을 위한 행동을 취할 것이라는 점만 말씀드리고자 합니다. 이러한 행동에 붙게 될 꼬리표는 별로 중요하지 않습니다.

인민의 적들은 우리가 외국인을 추종한다고 말합니다. 아니요. 우리는 오늘 이곳에 있는 외국인들과 앞으로 올 외국인들을 모두 사랑합니다. 우리는 그들이 볼타 사람을 사랑한다고 생각하기 때문에 그들을 사랑합니다. 우리는 그들이 우리를 착취하려는 외국인이라고 생각하지 않습니다.

인민보호평의회는 여러분과 함께 동원과 업무에 필요한 조건을 만들려고 합니다. 우리는 사람들이 우리가 벌일 전투를 위해 일할 수 있도록 조직화되기를 바랍니다. 예를 들어, 오로다라(Orodara)와 같은 오트볼타의 특정 지역이 과일과 채소를 재배하는 데 매우 성공적이라는 것을 알고 있습니다. 하지만 이 지역에서는 과일과 채소를 외부로 반출할 수단이 없어 썩어 간다는 사실도 알고 있습니다. 우리는 오로다라에 비행기가 착륙할 수 있도록 착륙장을 건설하기 위해 주민들을 동원해야 한다고 주장합니다. 망고가 와가두구에 와서 도리(Dori)보 가면 오트볼타 주민들에게도 좋은 일이 될 것입니다.

이것이 바로 우리가 말하는 일들입니다. 이제 곧 대규모 건설 프로젝트가 시작될 예정이니 여러분들이 많이 나와서 건설에 참여해 주셨으면 합니다. 와가두구에 기념비와 인민극장을 지을 것입니다. 그것을 모든 행정 구역에 똑같이 지을 것이며 청소년들과 함께 할 것입니다. 여러분은 자신의 존재를 변화시키고 자신이 살고 있는 구체적인 조건을 변화시킬 수 있음을 증명하기 위해서 건설에 임해 줄 것입니다. 외국의 재정적 후원자를 찾을 필요 없이, 인민에게 자유와 권리를 부여하기만 하면 됩니다. 우리는 그렇게 할 것입니다.

인민보호평의회는 또한 특정 관행을 중단하려고 합니다. 출혈이나 골절로 병원에 가면 기절할 것 같은 상황에서도 그저 서민, 노동자라는 이유로 무시하고, 대통령, 총리, 장관의 감기를 먼저 돌봐주는 경우가 있습니다. 그런 행위는 언제나 규탄되어야 합니다. 우리는 그것을 멈출 것입니다. 자신감을 가지세요. 우리는 투기, 자금유용, 불법적인 부의 축적을 중단시킬 것입니다. 그래서 국민의 돈을 훔치는 모든 사람을 구속하고 있으며 앞으로도 계속 구속할 것입니다.

우리는 인민에게 싸울 준비를 하고, 무기를 들 준비를 하고, 필요할 때 언제든 저항할 준비를 하라고 말합니다. 두려워 마세요, 아무 일도 일어나지 않을 겁니다. 적들은 볼타 사람들이 이제 성숙해졌다는 것을 알고 있습니다.

그래서 정상적인 헌정 생활로 돌아가는 데 2년은 너무 짧다는 말을 들었을 때, 우리는 그 정도면 충분하다고 말합니다. 국민에게 완전한 자유와 완전한 민주주의를 허용하면 국민은 30분 안에 그들이 원하는 게 무엇인지 말할 수 있을 것이기 때문입니다. 2년까지도 필요 없습니다.

인민보호평의회은 여러분이 모여주신 것에 대해 감사를 표합니다. 우리가 여러분을 신뢰한 것이 옳았고, 민중의 적인 제국주의와의 싸움에서 여러분 편에 선 것이 옳았습니다. 그래서 우리는 함께 외쳐야 합니다:

제국주의는 물러가라, 제국주의는 물러가라, 제국주의는 물러가라!

민중의 적들을 처단하라!

공금 횡령자들은 물러가라!

오트볼타의 사기꾼들은 물러가라!

가짜는 이제 끝났다!

의심스런 눈빛의 올빼미들은 내려와라!

울타리에 앉아 방관하는 카멜레온은 물러가라!

굶주린 자칼은 물러가라!

궁지에 몰린 여우들은 물러가라!

방해에만 능한 고질병 환자들은 물러가라!

인민의 피와 땀의 대가인 학위 뒤에 숨는 자들, 또 학위를 가졌으니 인민을 대변할 권리가 있다고 생각하지만 인민의 이름으로 봉사할 능력이 없는 자들은 물러가라!

군대와 인민 사이의 유대를 거스르는 자들과 싸워라!

인민과 군대의 유대를 거스르는 자들과 싸워라!

흰색이나 검은색, 갖가지 옷들 속에 숨어서 인민에게 맞서는 자들은 물러가라!

제국주의는 오트볼타에 묻힐 것이다! 그 하수인들도 오트볼타에 묻힐 것이다!

오트볼타 만세!

민주주의 만세!

자유 만세!

감사합니다, 곧 다시 뵙겠습니다!

조국의 빛나는 미래

8.4 선언
1983년 8월 4일

1983년 5월 17일, 토마 상카라, 장-밥티스트 링가니, 그리고 인민보호평의회 (CSP) 내에서 상카라의 정치적 노선을 지지하는 다른 지지자들은, 장-밥티스트 우웨드하우구 대통령과 CSP 소속 고위 장교들이 조직한 쿠데타로 체포되었다. 쿠데타는 프랑수아 미테랑 프랑스 대통령의 아프리카 특별 보좌관인 기 펜느 Guy Penne가 와가두구에 도착한 다음 날 일어났다.

수천 명이 와가두구 거리로 쏟아져 나와 상카라의 석방을 요구했다. 5월 30일 상카라와 링가니는 가택 연금에 처해졌다. 상카라의 정치 노선을 지지하는 정당과 군 장교들은 5월 17일 쿠데타를 일으킨 제국주의 세력과의 불가피한 대결에 대비하기 위해 지속적인 노력을 기울였다.

1983년 8월 4일, 블레즈 콩파오레 대위가 이끈 250명의 부대원은 와가두구로 진군하여 우웨드하우구 정권을 전복시켰다. 그날 저녁 10시, 상카라는 국가혁명평의회(CNR: National Council of Revolution) 의장이자 국가원수 자격으로 라디오 방송을 통해 국민에게 연설했다.

오트볼타 국민 여러분:

오늘 다시 한번 국군과 준-군사 조직의 군인, 부사관, 장교들은 조국의 독립과 자유, 국민의 존엄성을 회복하기 위해 국정 운영에 개입하지 않을 수 없게 되었습니다.

1982년 11월 7일 인민보호평의회의 구성을 정당화했던 애국적이고 진보적인 목표는 불과 6개월 후인 1983년 5월 17일, 볼타 국민의 이익과 민주주의와 자유를 향한 열망에 격렬하게 반대하는 개인들에 의해 배신당했습니다.

여러분은 이 사람들이 누구인지 알고 있습니다. 그들은 기만책으로 우리 국민의 역사 속에 꿈틀거리며 길을 내어왔기 때문입니다. 그들은 처음에는 두 얼굴의 정책을 통해, 나중에는 민족의 적, 외국 지배와 신식민주의의 이익에만 봉사할 모든 보수 및 반동 세력과의 공개적인 동맹을 통해 악명을 떨쳤습니다.

1983년 8월 4일 오늘, 모든 군과 모든 부대의 병사, 부사관, 장교들은 애국심의 물결 속에서 1983년 5월 17일 가브리엘 소메 요리얀 Gabriel Some Yoryan 대령과 그의 부하들 지휘 아래 의사이자 사령관이던 장-밥티스트 우웨드하우구가 세운 굴종적이고 비굴한 이 인기 없는 정권을 쓸어버리기로 했습니다.

1983년 8월 4일 오늘, 애국적이고 신보석인 병사, 부사관, 장교들은 이렇게 우리 국민과 군대의 명예를 회복하고 존엄성을 되찾았으며, 1982년 11월 7일부터 1983년 5월 17일까지 오트볼타와 해외의 모든 국민이 그들에게 부여했던 존중과 존경을 다시 한번 누릴 수 있게 되었습니다.

오트볼타와 그 국민을 위한 명예, 존엄, 진정한 독립, 발전이라는 목표를 달성하기 위해 현재 볼타 무장 전투 세력은 인민보호평의회의 쓰라린 경험에서 교훈을 얻어 1983년 8월 4일 오늘부로 국가혁명평의회를 결성했습니다. 이 기구는 이제 국가 권력을 장악한 후 스스로 해산시켰던 장-밥티스트 우웨드하우구 사령관 치하 가짜 인민보호평의회 체제를 종식시켰습니다.

오트볼타 주민 여러분, 국가혁명평의회는 남녀노소를 불문하고 모든 볼타 주민이 평의회를 적극 지지할 수 있도록 힘을 모으고 경계를 늦추지 말 것을 촉구합니다. 국가혁명평의회는 볼타 국민에게 평의회의 위대한 애국 투쟁에 동참하고 국내외 적들이 우리 인민에게 해를 끼치지 못하도록 모든 지역에서 혁명수호위원회(Committees for the Defense of the Revolution)를 구성할 것을 요청합니다. 정당들은 당연히 해산됩니다.*

국제적 차원에서 국가혁명평의회는 우리나라와 다른 국가들 사이의 기존 합의를 존중할 것을 약속합니다. 마찬가지로 지역, 대륙 및 국제 기구에서 우리나라의 회원 자격을 계속 유지합니다.

국가혁명평의회는 어떤 국가, 정부 또는 국민을 반대하지 않습니다. 모든 민중과의 연대와 모든 국가, 특히 오트볼타의 모든 이웃 국가와 평화와 우호 속에서 살겠다는 의지를 선언합니다.

국가혁명평의회의 기본 목적과 목표는 볼타 국민의 이익을 수호하고 자유, 진정한 독립, 경제 및 사회 발전에 대한 그들의 깊은 열망을 달성하는 것입니다.

---

*　이전 신식민지 정권과 관련된 정당만 해산되었다. 혁명을 지지했던 많은 단체와 조직은 공개적으로 활동할 수 있었다.

오트볼타 국민 여러분:

조국의 빛나는 미래를 위한 이 위대한 애국적 전투에서 우리 모두 국가혁명평의회와 함께 전진합시다!

조국 아니면 죽음을, 우리는 승리할 것입니다!

볼타 인민 만세!

국가혁명평의회 만세!

권력은 의식 있는 사람들의 몫

기자회견

1983년 8월 21일

1983년 8월 21일, 상카라는 오트볼타의 대통령으로서 전 세계 언론을 상대로 첫 기자회견을 가졌다. 이 기자회견은 전국 라디오를 통해 생중계되었다. 다음은 주요 내용을 발췌한 것이다.

문: 대통령님, 일부에서는 8월 4일의 사건을 5월 17일 이후 권력을 장악했던 사람들에 대한 복수 행위로 보고 있습니다. 이번 사건을 어떻게 묘사하시겠습니까?

토마 상카라: 저도 그런 분석을 들어 본 적이 있습니다. 하지만 무엇보다도 어떤 사람들에게는 볼타 민중의 문제가 오로지 파벌의 문제로만 보일 뿐이라는 점을 이해해야 합니다. 또한 어떤 사람들은 모든 행동을 복수의 행위, 빼앗고 빼앗기는 행위로 보는 것이 지극히 정상적이라고 생각한다는 점도 알아야 합니다.

8월 4일에 여러분이 이곳 오트볼타에서 목격할 수 있었던 것은 대중의 의지가 낳은 논리적 결과이자 구체화라고 우리는 믿습니다. 더욱이 우리는, 유명한 5월 17일 쿠데타 이후에 와가두구와 다른 지역에서 모여든 모든 볼타 사람이 단지 상카라 대위와 그의 동지들 때문에 동원된 것이 아니라 그들이 매우 헌신했던 과정, 즉 볼타 인민을 해방하는 과정에 모여든 것이라고 말합니다. 그들이 모여듦으로써 민중은 자신의 운명과 발전을 스스로 책임질 수 있게 되었습니다. 그들은 볼타 인민들이 주변으로 밀려나는 현실을 용납하지 않았기 때문에 싸웠습니다. 그들은 볼타 민중의 이익이 배신당했기 때문에 싸웠고, 그 배신을 받아들일 수 없었기 때문에 싸웠습니다.

만약 복수가 있었다면 그것은 몇몇 남자, 몇몇 개인을 중심으로 형성된 반동 세력에 대한 민중의 복수였습니다. 한 집단이 다른 집단에 대해 복수한 예는 없었습니다.

문: 대통령님, 국가혁명평의회(CNR)는 5월 17일 이전의 인민보호평의회(CSP)의 연장선에 있는 조직입니까?

상카라: 네. 저희는 국가혁명평의회가 5월 17일 이전의 인민보호평의회를 계승하는 동시에 그 이상의 것을 추구한다고 확신합니다. 5월 17일 이전의 인민보호평의회를 통해 볼타 인민들과 소통할 수 있었고, 민중이 자신을 스스로 표현하고 그들의 가장 깊고 진지한 열망이 무엇인지를 말하게 하여 그들을 알아갈 수 있었습니다. 이를 통해 볼타 인민들이 점점 더 권력을 장악하고 진정으로 자신들의 이익을 위해 정권을 운영할 수 있도록 하는 정책, 즉 낭시 인민보호평의회의 정책을 규정할 수 있었습니다.

아시다시피, 5월 17일 이전의 인민보호평의회는 정확히 5월 17일에 종료되었습니다. 즉, 누군가가, 어딘가에서, 인민을 배신한 것입니다. 그 배신은 5월 17일에 일어났습니다.

문: 대통령님, 총리 재임 시절 《까르푸 아프리깽》의 기자와의 인터

뷰에서 인민보호평의회가 오트볼타에서 군사 쿠데타를 종식할 전략을 모색하고 있다고 말씀했습니다. 이제 볼타 국민의 운명을 관장하게 되셨는데, 국가혁명위원회가 볼타 국가의 정치 문제에 대한 군대의 마지막 개입이 될 수 있다고 생각하십니까?

상카라: 적어도 그렇게 되길 희망합니다. 저희는 군부든 다른 집단이든 특정 개인이 권력을 찬탈하는 것을 제한하는 가장 좋은 방법은 처음부터 인민에게 책임을 맡기는 것이라고 확신합니다. 음모와 쿠데타는 파벌 간 또는 진영 사이에서 자행될 수 있습니다. 인민을 상대로 한 쿠데타는 지속될 수 없습니다. 따라서 군대가 스스로 권력을 찬탈하는 것을 방지하는 가장 좋은 방법은 볼타 민중들이 이미 소유한 권력을 함께 공유하도록 하는 것입니다. 그것이 우리의 목표입니다.

문: 대통령님, 많은 정치 관측통은 1982년 11월 7일 인민보호평의회 집권의 배후에 대통령님이 있다고 합니다. 이것이 사실이라면 왜 대통령님께서 평의회의 정치적 리더십을 맡지 않으셨나요? 그렇게 했다면 5월 17일 사건도 방지할 수 있지 않았을까요?

상카라: 정치 문제를 마치 만화영화를 구경하듯 바라보는 사람들이 있다는 것은 정말 안타까운 일입니다. 영웅(Zorro)도 있고 스타도 있어야 하지요. 아니, 오트볼타의 문제는 그보다 더 심각합니다. 무슨 수를 써서라도 한 사람, 한 스타를 찾아내고, 심지어 그 모든 배후가 상카라 대장이라고까지 말하면서 스타를 만들어 낸 것은 심각한 오류였습니다.

11월 7일에는 복잡한 역사가 있습니다. 이야기할 에피소드가 많이 있습니다. 11월 7일은 많은 구성 요소와 불가피한 모순을 가진 매우 이질적인 정부를 탄생시켰습니다. 11월 7일에 저와 제 동지들은 쿠데타가 진행되는 것을 막기 위해 모든 노력을 다했습니다. 신기하게도 그때 우리는 우연히 와가두구에 있었습니다. 그리고 신기하게도 우리는 11월 7일 쿠데타 관련자들이 포기하도록 설득하기 위해 가능한 모든 것을 다했습니다. 하지만 모든 사람의 정치적 견해가 같지 않다는 것을 잘 알고 있습니다. 어떤 사람들은 권력을 잡기 위해 무기를 가지고 몇몇 군대를 보유하는 것만으로도 충분하다고 생각합니다. 다른 사람들은 다르게 생각합니다. 무엇보다도 권력은 의식이 있는 사람이 행사하는 것이어야 합니다. 따라서 무기는 제한적이고 이따금 보완적인 해결책일 뿐입니다.

11월 7일, 숨어 있던 일부 인사들이 다른 사람들을 이용하고 악용하여 자신의 계획에 대한 지지를 얻거나 야망을 달성하려 했다는 사실을 알아야 합니다. 이들은 특정 인물을 대통령에 당선시키려는 사람들이었습니다. 저는, 그들이 오트볼타 공화국 대통령으로 세우려 했던 소메 요리얀Some Yoryan 대령을 말하고 있는 것입니다. 이들은 또한 당시 군정 및 국가 진보 군사 위원회(Military Committee for Redressment and National Progress)에 의해 구속된 제3공화국의 특정 인사들을 석방하고자 했던 사람들이기도 합니다.*

이 프로젝트가 성공하고 그 목표를 달성하기 위해 그들에게는 군부의 지원이 필요했습니다. 군대 내에서 고립되어 있던 그들이 군의 지원을 받을 수 있는 가장 좋은 방법은 제포된 장교들, 즉 블레즈 콩파오레 대위, 앙리 종고Henri Zongo 대위, 상카라 대위, 링가니Lingani 장군 등 위험에 처한 장교들을 풀어주어야 한다고 주장하고 그런 생각을 일부

---

*   상카라의 이 언급은 1980년 쿠데타로 투옥된 상굴레 라미자나Sangoule Lamizana 대통령 정부 인사들을 말한다.

군부대에 퍼뜨리는 것이었습니다.[*]

많은 군인이 이 장교들을 지지해야 한다는 도덕적 의무감을 느꼈기 때문에 이 접근 방식은 성공적이었습니다. 그들은 내가 언급한 장교들이 모두 쿠데타에 반대하는 사람들이라는 사실도 모르고 싸우는 데 동의했습니다. 그들은 캄불레Kamboule 대위와 같은 장교들, 예를 들어 의사이자 장군인 장-밥티스트 우웨드하우구와 같은 장교들에게도 그렇게 말했죠. 그들은 쿠데타에 수반되는 모든 위험에 관해 설명했고, 이는 그들에게 깊은 인상을 심어주었습니다.

하지만 정치적 견해가 달랐습니다. 우리는 장교들을 설득하기 위해 몇 시간, 밤새도록 토론하고 노력했습니다. 그런데도 그들은 행동에 나섰고 11월 7일 일이 벌어졌습니다. 물론 그들 사이에서 생긴 의견 대립으로 그들은 소메 요리안 대령을 국가수반으로 임명할 수 없었습니다. 많은 사람은 제3공화국 인사들을 석방할 수 있었다는 사실에 기뻐했지만, 동시에 같은 제3공화국의 다른 인사들도 석방되었다는 사실에 실망했습니다. 이러한 모순을 이해해야 합니다.

그들은 상카라 대위가 독재자라고 말하기를 주저하지 않았고, 쿠데타는 상카라 대위 탓이라 비난하면서 어쨌든 일단 첫걸음을 내디디면 돌이킬 수 없을 것이라고 스스로에게 말했습니다.

언론이 이 정보를 반복해서 보도했고 그로 인해 우리는 이전에도 정치적 신념 때문에 거부했던 정치적 책임을 받아들이도록 강요받았습니다. 다시 한번 우리는 순전히 정치적인 이유로 책임을 떠맡도록 압력을 받기 시작했습니다. 아시다시피 이런 식으로 다시 태어난 정권은 오

---

[*]   이 책 41쪽, 연표, 1982년 4월 12일 참조.

래 지속될 수 없습니다.

우리 사이에 존재하는 모든 모순, 차이점, 반대되는 견해에도 불구하고, 또한 군대와 정치 세력이 우리의 것이었음에도, 항상 민주적 토론을 통해 —어쩌면 감상적이거나 순진하거나 정직한 탓에— 국가전복 세력의 감언이설에 반대하여 그들이 상황을 더 잘 이해하도록 설득하려고 시도했다는 것을 알아야 합니다. 또한 우리는 폭력적인 충돌을 피하려고 노력했고, 그 결과 당연히 승리할 수 있었습니다.

장-밥티스트 우웨드하우구 장군은 우리가 훈련한 특공대원들에 의해 보호받고 경호받았다는 것을 알고 계실 겁니다. 그들은 엘리트 부대가 가질 수 있는 모든 충성심과 신뢰감을 보여 주었습니다. 그래서 우리가 마음만 먹었다면 언제든 그에게 대항하여 쿠데타를 일으킬 수 있었습니다. 그러나 우리는 심지어 그에 대항하는 쿠데타를 방지하기 위해 위험을 감수하기까지 했습니다.

11월 7일은 우리에게 매우 큰 타격이었다고 말하지 않을 수 없습니다. 한때 우리는 장-밥티스트 우웨드하우구 대통령에게 사직서를 제출하기도 했습니다. 그는 이 사실을 공개하지는 않았지만 기억하고 있습니다. 우리는 그의 정책에 동의하지 않았기 때문에 사직서를 제출했습니다. 우리는 그가 여전히 어딘가로부터 지시를 받고 있다는 것을 알고 있었습니다. 또한 그를 우리 편으로 만들 수 없다는 것도 알고 있었습니다. 하지만 쿠데타를 일으키고 싶지도 않았습니다. 그저 순수하고 간단하게 사표를 제출하는 것을 선호했습니다. 그는 이를 결코 받아들이지 않았습니다.

이것이 11월 7일의 숨겨진 이면입니다. 아직 베일에 싸인 미스터리들이 남아 있습니다. 아마도 역사는 이에 대해 더 자세히 이야기하고 책임을 더 명확하게 드러내게 될 것입니다.

문: 앞서 답변하신 것 가운데 하나로 돌아가서, 군대가 병영으로 돌아갈 날짜를 예측해 볼 수 있을까요? 또 다른 하나로, 대통령님은 이 나라에 존재했던 민간 정치 세력과 어떤 관계를 맺기를 원하는지, 그리고 더 일반적인 문제로, 과거에 개인적으로 매우 관심이 있다고 선언한 언론의 자유를 어떻게 보존할 계획인지요?

상카라: 첫째 질문은 군대의 병영 복귀에 관한 겁니다. 여러분은 그것을 원할 것이고, 그것은 여러분의 권리입니다. 하지만 우리에겐 병영 안의 혁명가와 병영 밖의 혁명가가 따로 있는 것이 아니라는 점을 이해해야 합니다. 혁명가들은 어디에나 있습니다. 군대는 볼타 인민의 한 구성 요소이며 다른 계층의 볼타 인민과 동일한 모순에 노출된 구성 요소입니다. 우리는 병영에서 권력을 제거했습니다.

여러분은 우리가 군부대 내에 본부를 세우지 않은 최초의 군사정권이라는 사실을 눈치채셨을 것입니다. 그 의미는 매우 큽니다. 더 나아가 우리가 본부를 앙탕트 위원회(Entente Council)에 설치했다는 점은 내세울 만한 일입니다.* 여러분은 이것이 무엇을 의미하는지 잘 알고 계실 겁니다.

이는 군이 하루아침에 권력을 장악했다가 다음 날 포기하는 문제가 아닙니다. 이것은 볼타 국민과 함께 생활하고, 그들과 함께 고통받고, 항상 그들 곁에서 싸우는 군대에 관한 것입니다.

따라서 여기에 종료일은 없습니다. 물론 당신의 질문은 군이 더 이

---

* 1960년대에 파리가 주도하는 지역 경제 기구인 앙탕트 위원회가 각국 정상과 귀빈을 맞이하기 위해 세운 건물들을 가리키는 말. 이 건물에는 길 건너편의 프랑스 대사관과 연결되는 터널이 있었다. 혁명 정부는 나중에 이 터널을 차단했다.

상 정치에 관여해서는 안 된다고 주장하는 사람들을 염두에 두고 있다고 생각합니다. 그 사람들은 특정 장교가 더 이상 정치에 관여해서는 안 된다고 생각하는 특정 볼타 군인들을 만족시켰습니다. 이것이 의미했던 전부입니다. 그 증거는 다른 장교들을 가택 연금하기 위해 이렇게 말한 권력층 장교들이 있었다는 것입니다.

정치 집단과의 관계에 관해서: 우리가 어떤 관계를 맺었으면 좋았을까요? 우리는 이전 정당의 전직 지도자들과 대면하여 직접 대화를 나눴습니다. 우리가 아는 한, 이 정당들은 더 이상 존재하지 않으며 해산되었습니다.

그것은 아주 분명합니다. 우리가 그들과 맺는 관계는 단순히 우리와 볼타 시민과의 관계와 마찬가지이거나 또는 만약 그들이 혁명가가 되고자 원한다면, 혁명가들 사이의 관계일 뿐입니다. 그 외에는 혁명가와 반혁명가 사이의 관계만이 남아 있을 뿐입니다.

언론의 자유에 대해서 말씀하셨는데, 저는 "애착을 갖는다"고 말씀드렸습니다. 저는 이따금 모자 하나 바꾸더라도 매우 일관성이 있다고 말하고 싶습니다. 저는 매우 일관되고 여전히 언론의 자유에 애착을 가지고 있습니다. 저는 모든 볼타 인민이 항상 자유를 수호하고 정의를 수호하며 민주주의를 수호할 수 있다고 말할 뿐입니다. 그것이 우리가 허용하는 선부입니다.

이 싸움에 헌신하고자 하는 모든 사람은 그들이 언론의 자유와 민주주의, 그리고 정의를 수호하고자 하는 한 언론과 신문 칼럼, 미디어, 심지어 거리에서까지 그 공간을 찾을 수 있을 것입니다.

그 싸움 외에는 혁명가들과 반혁명가들 사이의 싸움만 있을 뿐입니다. 즉, 우리는 전투를 벌일 것이라는 뜻입니다.

사회적 불의와 제국주의적 지배를 척결하고 새로운 사회를 건설하자

정치방침연설

1983년 10월 2일

상카라는 국가혁명평의회(CNR)의 이름으로 라디오와 텔레비전을 통해 이 연설을 했다. 이 연설은 부르키나베 혁명의 기본 강령 문서가 되어 정치방침연설(Political Orientation Speech)로 알려지게 되었다. 이 연설은 1983년 10월 오트볼타 공보부에서 팸플릿 형태로 출판되었다. 소제목들은 이 팸플릿에서 가져온 것이다.

오트볼타의 인민 여러분;

혁명의 전우들이여:

1983년 한 해 동안 우리나라는 특별히 격렬한 순간들을 거쳐 왔으며, 그 영향은 아직도 많은 국민의 뇌리에 지울 수 없이 각인되어 있습니다. 이 기간에 볼타 민중의 투쟁은 썰물과 밀물을 경험했습니다.

우리 국민은 영웅적 투쟁의 시련을 겪었고 마침내 1983년 8월 4일 역사적인 밤에 승리를 거두었습니다. 혁명은 이제 거의 두 달 동안, 이 나라에서 돌이킬 수 없는 전진을 계속하고 있습니다. 그 두 달 동안 오트볼타의 투쟁하는 인민은 자유롭고 독립적이며 번영하는 볼타 사회를 건설하기 위해서 국가혁명평의회를 중심으로 하나로 뭉쳤습니다. 그 사회는 사회적 불의와 국제 제국주의의 오랜 지배와 착취에서 벗어난 새로운 사회입니다.

지금까지 걸어온 짧은 여정의 끝에서, 저는 여러분과 함께 가까운 미래를 위해 제기된 혁명적 과제를 정확하게 평가하는 데 필요한 교훈을 도출하기 위해 현재를 되돌아보자고 초대합니다. 전개되는 사건에 대한 명확한 시각을 갖춤으로써 우리는 제국주의와 반동적 사회 세력에 대항하는 투쟁에서 더욱 힘을 얻게 될 것입니다.

요약하자면: 우리는 어디에서 왔습니까? 그리고 우리는 어디로 가고 있습니까? 우리가 더 위대하고 더 큰 승리를 향해 담대하게 전진하려면 이 질문들에 대한 명확하고 단호하며 확실한 대답이 필요한 시점입니다.

8월 혁명은 볼타 인민 투쟁의 성공적 결과

8월 혁명의 승리는 불가침 반동적 동맹에 대한 1983년 5월 17일의 혁명적 쟁취에 따른 것만이 아닙니다. 그것은 오랜 적에 맞선 볼타 인민의 투쟁 결과입니다. 국제 제국주의와 그와 손잡은 국내 세력들에 대한 승리입니다. 후진적이고 수상쩍으며 사악한 세력에 대한 승리입니다. 등 뒤에서 음모를 꾸미고 모략을 일삼는 민중의 모든 적에 대한 승리입니다.

8월 혁명은 1983년 5월 17일 이 나라의 민주화와 혁명 세력의 상승세를 저지하려는 제국주의의 음모에 맞서서 일어난 민중 봉기의 정점입니다.

이 봉기는 장-밥티스트 우웨드하우구 장군과 소메 요리얀 대령의 제국주의적이고 반민중적인 정권에 맞서 격렬하게 저항할 수 있었던 포(Po)시 특공대의 용감하고 영웅적인 모습뿐만 아니라 애국적인 군인 및 장교들과 손잡고 모범적인 저항을 벌일 수 있었던 대중, 민주 및 혁명 세력의 용기를 상징합니다.

따라서 1983년 8월 4일의 봉기와 혁명의 승리, 그리고 국가혁명 평의회의 등장은 신식민지 지배와 착취에 반대하고 조국의 예속을 반대하며 우리 민족의 독립과 자유, 존엄과 발전을 위한 볼타 인민들 투쟁의 정점이자 논리적 결과물임에 의심의 여지가 없습니다. 이 점에서 미리 정해진 패턴을 재현하는 데 국한된 단순하고 피상적인 분석은 눈앞에 드러난 사실을 어떻게도 바꿀 수 없습니다.

8월 혁명은 1966년 1월 3일의 민중 봉기를 계승하고 심화시킴으로써 승리를 거두었습니다. 그것은 최근 몇 년 동안 그 수가 늘어난 모든 위대한 대중 투쟁의 연속인 동시에 질적으로 더 높은 수준으로 발전한 것입니다. 이 투쟁들은 모두 볼타 민중, 특히 노동 계급과 노동자들이 이전처럼 스스로 통치당하기를 조직적으로 거부하는 모습을 보여 주었습니다. 1975년 12월, 1979년 5월, 1980년 10월과 11월, 1982년 4월, 1983년 5월이 이 위대한 대중 투쟁의 가장 주목할 만한 중요한 이정표입니다.[*]

1983년 5월 17일 반동적이고 제국주의적인 도발 직후 일어난 위대한 대중 저항 운동이 1983년 8월 4일의 사건에 유리한 조건을 조성했다

---

[*]   이 책 연표 참조.

는 것은 잘 알려진 사실입니다. 실제로 5월 17일의 제국주의 음모는 이 기간에 동원된 민주 및 혁명 세력과 그 조직의 대규모 재편을 촉발하여 이들은 주도권을 잡고 전례 없는 대담한 행동을 수행할 수 있었습니다. 이 기간에 부패한 정권을 둘러싼 반동 세력의 불가침 동맹은 반민중적이고 반민주적인 집권 세력에 대해 점점 더 공개적으로 공격을 강화하던 혁명 세력의 돌파구를 막지 못하며 어려움을 겪었습니다.

5월 20일, 21일, 22일의 대중 시위가 전 국민적인 호응을 얻은 것은 근본적으로 그 정치적 의미가 컸기 때문입니다. 그 일련의 사건들은 전체 국민, 특히 젊은이들이 반동 세력이 저항했던 사람들이 지켜온 혁명적 이상에 공개적으로 동조했다는 구체적인 증거를 보여 주었습니다. 이 시위는 제국주의 지배와 착취 세력에 구체적으로 맞서기 위해서 일어선 전체 인민과 모든 청년의 결의를 표현했다는 점에서 매우 실질적인 의미가 있었습니다. 민중이 일어서면 제국주의와 그와 결탁한 사회 세력도 두려워 떨게 된다는 진리를 가장 분명하게 보여 준 사건이었습니다.

대중이 정치의식을 형성해 가는 역사적 발전과정은 반동적 논리에 저항하는 변증법적 전개과정을 따릅니다. 그러므로 1983년 5월 사건은 우리나라의 정치적 명료화 과정을 가속시키는 데 크게 이바지하였는데, 그것은 대중 전체가 상황을 이해하는 데도 중요했고, 또 질적으로 도야할 수 있었던 것입니다. 5월 17일 사건은 볼타 인민의 눈을 뜨게 하는 데 크게 기여했습니다. 잔인하고도 야만적인 섬광 속에서 제국주의는 민중에게 억압과 착취의 시스템으로 민낯이 드러났습니다.

10년 전체보다 비교할 수 없을 만큼 풍부한 교훈을 담고 있는 날들이 있습니다. 그러한 날들 동안 사람들은 놀랄 만큼 빠른 속도로 심오하게 배움을 얻습니다. 이 천일 동안의 공부는 무엇과도 비교할 수가 없습니다.

1983년 5월의 사건을 통해 볼타 사람들은 적에 대해 더 잘 알 수 있었습니다. 이후 오트볼타에서는 누가 누구인지, 누가 누구와 함께하고 누구를 반대하는지, 누가 무엇을 왜 하는지 모두가 알게 되었습니다.

이러한 상황은 큰 격변의 전주곡이 되었고, 볼타 사회의 첨예한 계급 모순을 드러내는 데 도움이 되었습니다. 따라서 8월 혁명은 더 이상 타협적인 해결책으로는 억누를 수 없는 사회 모순에 대한 해결책으로 등장했습니다.

8월 혁명에 대한 광범위한 대중의 열렬한 지지는 볼타 민중이 국가혁명평의회의 등장에 거는 엄청난 희망의 구체적인 표현입니다. 그들은 23년간의 신식민주의 통치가 경멸했던 민주주의, 자유, 독립, 진정한 진보, 조국의 존엄과 위엄의 회복에 대한 열망 등 그들의 깊은 소망이 미침내 성취되기를 바라고 있습니다.

23년간의 신식민주의 유산

1983년 8월 4일 국가혁명평의회가 결성되고 이후 오트볼타에 혁명 정부가 수립되면서 우리 민족과 조국의 역사는 영광스러운 한 페이지를 열었습니다. 그러나 23년간의 제국주의 착취와 지배가 우리에게 물려준 유산은 무겁고 부담스러운 것입니다. 조국을 가난과 경제-문화적 낙후 상태로 몰아넣은 모든 병폐를 청산하고 새로운 사회를 건설해야 하는 과제는 힘들고 고된 일이 될 것입니다.

1960년 프랑스 식민주의는 디엔비엔푸에서 패배하고 알제리에서 엄청난 어려움을 겪으며*사방으로 쫓기던 중 패배의 교훈을 얻어 우리 나라에 국가 주권과 영토 보전을 인정할 수밖에 없었습니다. 이에 대해 무기력을 떨쳐내고 나아가 적절한 저항 투쟁을 전개해 온 우리 국민은 긍정적으로 환영했습니다. 프랑스 식민 제국주의의 이러한 움직임은 외세의 억압과 착취 세력에 대한 민중의 승리를 의미했습니다. 민중의 입장에서는 민주적인 개혁이었지만, 제국주의의 입장에서는 우리 민족에 대한 지배와 착취의 형태만 바뀐 것에 불과했습니다.

그런데도 이러한 변화는 계급과 사회 계층을 재편하고 새로운 계급을 형성하는 결과를 가져왔습니다. 전통 사회의 후진 세력과 동맹을 맺은 당시 소부르주아 지식인들은 권력의 발판으로 삼았던 대중을 완전히 경멸하면서 새로운 형태의 제국주의 지배와 착취를 위한 정치적, 경제적 토대를 마련하기 시작했습니다. 대중의 투쟁이 급진화되어 진짜 혁명적 해결책으로 이어질 수 있다는 두려움이 제국주의를 선택하는 근거가 되었습니다: 그 시점부터 제국주의는 우리나라에 대한 지배력을 유지하려 했고 또 볼타 중개자들을 이용하는 방식을 통해서 우리 국민을 영속적으로 착취하려 했을 것입니다. 볼타 사람들은 외국의 지배와 착취의 대리인이 될 처지에 놓였습니다. 신식민지 사회를 전체적으로 조직하는 것은 한 형태를 다른 형태로 대체하는 단순 작업에 지나지 않을 것입니다.

본질적으로 신식민지 사회와 식민지 사회는 조금도 다르지 않습니다. 따라서 우리는 식민지 행정이 모든 면에서 그것과 동일한 신식민지 행정으로 대체되는 것을 보았습니다. 식민지 군대는 제국주의와 그 동

---

*　디엔비엔푸는 프랑스 식민주의에 맞선 베트남 민족해방전쟁의 결정적인 마지막 전투였다. 1954년 5월 프랑스군의 항복으로 인도차이나에서 프랑스의 식민지 지배는 종식되었다. 1954년 11월 알제리의 민족해방전선(FLN)은 프랑스 식민지 점령에 맞서 혁명전쟁을 시작하여 1962년 독립을 이끌어냈다.

맹국의 이익을 수호하는 동일한 특성, 동일한 기능, 동일한 역할을 가진 신식민지 군대로 대체되었습니다. 식민지 학교는 신식민지 학교로 대체되어 근본적으로 제국주의의 이익에 봉사하고, 이차적으로 현지 제국주의 세력과 그 동조자에 봉사하는 사회를 재생산한다는 동일한 목표를 추구했습니다.

제국주의의 지원과 축복 아래 볼타 사람들은 조국에 대한 체계적인 약탈을 조직하기 시작했습니다. 이 약탈의 부스러기로 그들은 더 이상 탐욕스러운 식욕을 억제할 줄 모르는 기생 부르주아로 조금씩 변모했습니다. 오로지 자신의 이기적인 이익에만 몰두한 그들은 가장 부정한 수단을 동원하고, 대규모 부패, 공적 자금과 재산 횡령, 이권 개입과 부동산 투기, 편애와 연고주의 관행에 가담하는 데 더 이상 주저하지 않았습니다.

이것이 바로 노동자의 등 뒤에서 축적할 수 있었던 그들의 모든 물질적, 재정적 부를 설명해 줍니다. 그들은 부정한 방법으로 축적한 부를 이용해 막대한 수입을 올리는 데 만족하지 않고, 국가기구를 자신의 착취적이고 낭비적인 목적을 위해 사용할 수 있는 정치적 지위를 독점하기 위해 사력을 다해 싸우고 있습니다.

그들은 1년 중 한 번 이상 해외에서 호화로운 휴가를 보내지 않고는 살아갈 수 없습니다. 그들의 자녀들은 다른 나라에서 명문 교육을 받기 위해 자국 학교를 버리고 떠납니다. 조금만 아파도 국가의 모든 자원을 동원하여 외국의 고급 병원에서 값비싼 치료를 제공받습니다.

이 모든 것이 정직하고 용감하며 열심히 일하는 볼타인 사람들의 눈앞에서 펼쳐지지만, 그런데도 그들은 가장 비참한 곤궁에 빠져 있습니다. 오트볼타는 부유한 소수에게는 천국이지만, 대다수인 민중에게는 견딜 수 없는 지옥입니다.

대다수에 속하는 임금 노동자들은 정기적인 수입을 보장받지만, 자본주의 소비사회의 제약과 함정에 시달립니다. 임금을 받기도 전에 그것은 전액 소비됩니다. 그리고 이 악순환은 끊어질 기미가 보이지 않는 채 계속되고 있습니다.

노동자들은 각자의 노동조합 내에서 생활 조건 개선을 위한 요구를 중심으로 투쟁에 참여합니다. 이러한 투쟁의 폭이 넓어지면 때때로 신식민지 당국이 양보하기도 합니다. 그러나 결국 그들은 한 손으로 양보한 것을 다른 손으로 되찾을 뿐입니다.

따라서 10퍼센트의 임금 인상이 큰 팡파르를 울리며 발표되지만, 곧바로 세금이 부과되어 기대했던 혜택이 사라집니다. 5개월, 6개월, 혹은 7개월이 지나면 노동자들은 항상 속임수를 꿰뚫어 보고 새로운 투쟁을 위해 나서게 됩니다. 7개월이면 권력을 잡은 반동들이 숨을 고르고 새로운 계략을 꾸미기에 충분합니다. 이 끝없는 싸움에서 노동자는 항상 패배자입니다.

이 대다수의 사람 중에는 매일 토지를 수용당하고, 강탈당하고, 학대받고, 투옥되고, 조롱과 모욕을 당하면서도 노동으로 부를 창출하는 "땅의 비참한 사람들"인 농민이 있습니다. 이들의 생산적인 노동 덕분에 국가 경제가 취약하지만 유지되고 있습니다. 오트볼타가 모든 볼타 족의 주머니를 채우는 황금 거위가 된 것은 그들의 노동 덕분입니다.

그런데도 건물과 도로 기반 시설 부족, 의료 시설과 인력 부족으로 가장 큰 고통을 겪는 사람도 바로 농민입니다. 자녀를 위한 학교와 학용품 부족으로 가장 큰 고통을 겪는 사람은 국가의 부를 창출한 농민입니다. 이 나라의 현실을 제대로 반영하지 못한 학교의 책상에 잠시 머문 후 실업자 대열에 합류하는 것은 그들의 자녀들입니다. 문맹률이 98퍼센트로 가장 높은 것은 농민입니다. 노동 생산성을 향상시키기 위해 배움이 가장 필요한 사람은 동시에 의료, 교육, 기술에 대한 투자에서 가장 적은 혜택을 받는 사람입니다.

다른 모든 젊은이와 같은 입장, 즉 사회적 불의에 대한 민감성과 진보에 대한 열망을 가진 젊은 농민들은 결국 반발을 하고 농촌을 떠나게 되어 농촌은 가장 역동적인 요소를 잃게 됩니다.

이러한 젊은이들의 초기 충동은 그들을 대도시인 와가두구와 보보-디울라소로 이끌고 있습니다. 그곳에서 그들은 더 나은 보수를 받는 일자리를 찾고 발전의 혜택을 누리기를 희망합니다. 하지만 일자리 부족은 이들을 게으름으로 내몰고, 갖은 악습을 낳습니다. 마지막으로 감옥에 가지 않기 위해 그들은 가장 파렴치한 굴욕과 착취가 기다리고 있는 해외로 나가서 구원을 찾습니다. 과연 볼타 사회가 그들에게 제공할 다른 선택의 여지는 없을까요?

23년간의 신식민주의를 겪은 우리나라의 상황을 최대한 간결하게 표현하자면, 일부에게는 천국이고 나머지에는 지옥과도 같은 상황입니다.

23년간의 제국주의 지배와 착취를 겪은 후에도 우리나라는 노동력의 90퍼센트를 고용하는 농촌 부문이 국내 총생산(GDP)의 45퍼센트에 불과하고 전체 수출의 95퍼센트를 공급하는 후진 농업 국가로 남아 있습니다.

더 간단히 말하면, 다른 나라에서는 인구의 5퍼센트도 안 되는 농부들이 적절하게 자기가 먹고살면서 국가 전체의 기본적인 필요를 충족시킬 뿐만 아니라 막대한 양의 농산물을 수출하고 있다는 점에 주목해야 합니다. 그러나 이곳에서는 인구의 90퍼센트 이상이 고된 노력에도 불구하고 기근과 빈곤을 경험하고 있으며, 나머지 인구와 마찬가지로 국제 원조는 아니더라도 수입 농산물에 의존할 수밖에 없는 상황에 부닥쳐 있습니다.

이렇게 발생한 수출과 수입의 불균형은 외국에 대한 국가의 의존도를 더욱 심화시킵니다. 그 결과 무역 적자는 수년에 걸쳐 상당히 증가했으며, 수출액은 수입액의 약 25퍼센트에 불과합니다. 더 명확하게 말하자면, 우리는 해외에서 판매하는 것보다 해외에서 구매하는 것이 더 많습니다. 그리고 이러한 기반에서 작동하는 경제는 점점 더 파산과 재앙을 향해 가고 있습니다.

해외로부터 오는 민간 투자는 불충분할 뿐만 아니라 국가 경제에 막대한 유출을 초래하므로 부를 축적하는 능력을 강화하는 데 도움이 되지 않습니다. 외국인 투자의 도움으로 창출된 부의 상당 부분이 국가의 생산력을 높이기 위해 재투자되지 않고 해외로 유출되고 있습니다. 1973-1979년 동안 매년 17억 CFA 프랑이 해외 직접 투자로 인한 수입으로 국외로 반출됐지만, 신규 투자는 평균 13억 CFA 프랑에 그친 것으로 추산됩니다.*

생산석인 투자가 부족하므로 볼타 정부는 민간 투자 부족을 보완하기 위한 노력을 통해 국가 경제에서 근본적인 역할을 담당하게 되었습니다. 볼타의 국가 재정 수입 계정이 기본적으로 전체 세수의 85퍼센

---

* 1983년 환율로 환산하면 미화 약 680만 달러가 해외로 빠져나간 셈이며, 신규 투자액은 520만 달러에 달한다.

트를 차지하는 세금으로 구성되어 있고, 그것이 주로 수입세나 통관세라는 점을 고려하면, 이는 어려운 상황입니다.

이 수입은 국가 투자 외에도 정부 지출의 재원이 되며, 이 중 70퍼센트는 공무원의 급여를 지급하고 행정 서비스의 기능을 보장하는 데 사용됩니다. 그렇다면 사회 및 문화 투자를 위해 남는 것은 얼마일까요?

우리나라는 교육 분야에서 가장 낙후된 국가 중 하나로, 학교에 다니는 아동의 비율은 16.4퍼센트에 불과하고 문맹률은 평균 92퍼센트에 달합니다. 이는 100명 중 8명만이 언어를 읽고 쓸 줄 안다는 것을 의미합니다.

건강 측면에서도 전염성 질병의 확산과 영양 결핍으로 인한 질병 및 사망률이 하위 지역 중 가장 높은 수준입니다. 인구 1,200명당 병상이 하나, 인구 48,000명당 의사가 한 명에 불과한 우리나라가 어떻게 이러한 재앙적인 상황을 피할 수 있을까요?

이 몇 가지 요소만으로도 23년간의 신식민주의, 23년간의 총체적 국가 방치 정책이 우리에게 남긴 유산을 설명하기에 충분합니다. 조국을 사랑하고 존경하는 국민이라면 이 절망적인 상황에 무관심할 수 없습니다.

실제로 용감하고 근면한 우리 인민은 이러한 상황을 절대 용납할 수 없었습니다. 왜냐하면 그들은 이것이 불가피한 상황이 아니라 소수의 이익만을 위해 불공평하게 조직된 사회의 문제라는 것을 이해했기 때문입니다. 따라서 그들은 낡은 질서를 종식할 방법과 수단을 모색하며 다양한 유형의 투쟁을 벌여왔습니다.

그래서 그들은 국가혁명평의회와 8월 혁명을 열렬히 환영했습니다. 이는 구질서를 타도하고 볼타인의 인간상을 회복시킬 새로운 질서를 수립하며, 우리나라가 자유롭고, 번영하며 존경받는 국가 공동체 내에서 주도적인 위치를 차지하도록 그들이 쏟은 노력과 희생의 결정적인 성과입니다.

식민지 및 신식민지 오트볼타에서 항상 이익을 얻었던 기생 계급은 1983년 8월 4일에 시작된 혁명적 과정에 동반된 변화에 적대적이었으며 앞으로도 계속 그럴 것입니다. 그 이유는 그들이 국제적으로 제국주의와 탯줄로 연결되어 있고 앞으로도 그럴 것이기 때문입니다. 그들은 제국주의에 대한 충성을 통해 획득한 특권을 열렬히 옹호하고 있으며 앞으로도 그럴 것입니다.

무슨 일을 하든, 무슨 말을 하든, 그들은 자신에게 충실할 것이며 "잃어버린 왕국"을 재건하기 위해 계속해서 음모와 계략을 꾸밀 것입니다. 이 복고적 인간들이 자신의 사고방식과 태도를 바꾸리라고 기대하지 마십시오. 그들이 반응하고 알아듣는 유일한 언어는 투쟁의 언어, 즉 민중을 착취하고 억압하는 자들에 대한 혁명적 계급 투쟁뿐입니다. 그들에게 우리의 혁명은 현존하는 가장 권위주의적인 것이 될 것입니다. 필요한 경우에 무기를 포함한 모든 수단을 동원하여 민중이 자신의 의지를 강요하는 행위가 될 것입니다.

이들, 인민의 적은 누구일까요?

그들은 5.17 사건 당시 혁명 세력에 대한 악의적 행동으로 민중의 눈에 그 정체를 드러냈습니다. 인민은 혁명적 행동의 열기 속에서 이러한 인민의 적을 식별했습니다. 그들은 다음과 같습니다:

1. 볼타 부르주아로 다양한 계층의 기능에 따라 국가 부르주아, 매판 부르주아, 중간 부르주아로 나눌 수 있습니다.

국가 부르주아. 이것은 정치 관료적 부르주아라는 별칭으로 알려진 계층입니다. 이 부르주아는 정치적 독점을 통해 불법적이고 범죄적인 방식으로 자기의 부를 축적한 부르주아입니다. 산업 자본가가 노동자의 노동력을 착취하여, 잉여 가치를 축적하기 위해 생산 수단을 사용하는 것과 마찬가지로, 이들은 국가기구를 사용했습니다. 이 부르주아 계층은 결코 기꺼이 이전의 특권을 포기하지 않고 진행 중인 혁명적 변화를 수동적으로 지켜보고만 있지 않을 것입니다.

상업 부르주아. 이 계층은 사업 활동으로 인한 수많은 인맥을 통해 제국주의와 연결되어 있습니다. 이 계층에게 제국주의 지배가 제거되는 것은 "황금알을 낳는 거위"의 죽음을 의미합니다. 그러므로 현재의 혁명에 온 힘을 다해 반대할 것입니다. 예를 들어, 투기와 경제 파괴를 목적으로 식량을 시장에서 빼돌려 인민을 굶주리게 하려는 부패한 상인들이 이 범주에 속합니다.

중간 부르주아. 볼타 부르주아의 이 계층은 제국주의와 연결되어 있지만, 시장 지배를 위해 그것과 경쟁합니다. 그러나 경제적으로 약하기 때문에 제국주의가 이를 흡수합니다. 그래서 제국주의에 대한 불만이 있습니다. 그러나 그들은 또한 인민을 두려워하며, 이러한 두려움 때문에 제국주의와 블록을 만들 수 있습니다. 그런데도 이 나라를 지배하는 제국주의는 이 계층이 민족 부르주아로서 실제 역할을 하지 못하게 막기 때문에, 특정 상황에서 이들의 일부는 혁명에 호의적일 수 있으며, 객관적으로 민중 진영에 속할 수 있습니다. 그러나 우리는 혁명으로 넘어오는 이런 사람들과 인민 사이에 혁명적 불신을 구축해야 합니다. 모든 종류의 기회주의자들이 이런 모습으로 혁명에 합류할 것이기 때문입니다.

2. 우리 사회의 전통적인 봉건적 구조에 기반을 둔 반동 세력. 이 세

력은 프랑스 식민지 제국주의에 대해 완강한 저항을 할 수 있었습니다. 그러나 우리나라가 국가 주권을 획득한 이후 그들은 반동적 부르주아와 함께 볼타 민중을 억압하는 데 동참했습니다. 이 세력은 농민 대중을 최고 입찰자에게 넘겨줄 표를 모아둔 저장고로 취급했습니다.

이러한 반동 세력은 민중의 이익에 반하여 제국주의와 공유하는 자신의 이익을 지키려고 합니다. 그것을 위해서 그들은 농촌 지역에 여전히 남아있는 우리 전통문화의 쇠퇴하고 쇠락하는 가치에 가장 자주 의존합니다. 우리의 혁명이 농촌의 사회관계를 민주화하여 농민에게 더 많은 책임을 부여하며 농민 스스로 경제적, 문화적 해방을 위해 더 많은 교육과 지식을 활용하도록 하는 것을 목표로 삼는 한, 이러한 후진 세력은 혁명에 반대할 것입니다.

이들은 지금 전개되고 있는 혁명에서 인민의 적이며, 5월 사건을 통해 민중이 직접 확인한 적입니다. 이들은 고립된 행진 대열의 대부분을 차지한 사람들로, 군인의 보호를 받으며 반동적이고 제국주의적인 쿠데타로 등장한 이미 쇠약해진 정권에 대해 계급적 지지를 표명했습니다.

위에 열거한 반동적이고 반혁명적인 계급과 사회 계층으로부터 밀려난 나머지 인구가 볼타 인민을 구성합니다. 제국주의 지배와 착취를 가증스러운 것으로 긴주하고 다양한 신식민지 정권에 맞서 구체적이고 일상적인 투쟁으로 이를 계속해서 입증해 온 사람들입니다. 오늘의 혁명에서 민중은 다음과 같이 구성됩니다:

1. 볼타 노동자 계급, 젊고 수는 적지만 경영자들에 대한 끊임없는 투쟁을 통해 자신이 진정으로 혁명적 계급임을 증명할 수 있었습니다. 현재의 혁명에서 이 계급은 얻을 것은 다 얻고 잃을 것은 아무것도 없는

계급입니다. 잃을 생산 수단도 없고, 낡은 신식민지 사회의 틀 안에서 방어할 재산도 없습니다. 그러나 혁명을 통해 더 강력한 위치로 부상할 것이기 때문에 혁명이 자신의 사업이라고 확신합니다.

2. 소부르주아는 광대하고 매우 불안정한 사회 계층을 구성하며, 인민대중의 대의와 제국주의의 대의 사이에서 자주 흔들립니다. 대다수의 경우 항상 대중의 편을 드는 것으로 끝납니다. 여기에는 소규모 상점 주인, 소부르주아 지식인(공무원, 대학생, 고등학생, 민간 부문 직원 등), 장인 등 가장 다양한 구성원이 포함됩니다.

3. 대다수가 소농인 볼타 농민은 우리나라에 자본주의 생산 방식이 도입된 이후 집단적 재산 형태의 점진적인 해체로 인해 작은 토지에 묶여있는 소농들로 이루어집니다. 시장 관계는 점점 더 공동체적 유대를 해소하고 생산 수단에 따른 사유 재산으로 대체했습니다. 이렇게 자본주의가 우리 시골에 침투하여 만들어진 새로운 상황에서 소규모 생산에 묶인 볼타 농민은 부르주아 생산 관계를 구체화합니다. 이러한 모든 요소를 고려할 때 볼타 농민은 소부르주아 범주의 필수적인 부분입니다.

과거와 현재 상황으로 인해 농민은 제국주의 지배와 착취에 가장 큰 대가를 치른 사회 계층입니다. 우리 농촌을 특징짓는 경제적, 문화적 후진성은 오랫동안 농민을 진보와 근대화의 큰 흐름에서 고립시켜 반동 정당의 식수원 역할로 강등시켰습니다. 그런데도 농민은 혁명에 대한 이해관계를 가지고 있으며 수적 측면에서 혁명의 주요 세력입니다.

4. 룸펜프롤레타리아트. 이들은 직업이 없으므로 반동 및 반혁명 세력에 고용되어 후자의 더러운 일을 수행하는 경향이 있는 분류 해제된 개인 범주입니다. 혁명이 그들에게 유용한 일거리를 제공할 수 있다

면 그들은 혁명의 열렬한 수호자가 될 수 있습니다.

8월 혁명의 성격과 범위

세계 도처에서 일어나고 있는 혁명들은 전혀 비슷하지 않습니다. 각 혁명은 다른 혁명과 구별되는 독창적인 특징을 가지고 있습니다. 우리의 혁명인 8월 혁명도 예외는 아닙니다. 그것은 우리나라의 특수한 특징, 발전 수준, 세계 제국주의 자본주의 체제에 대한 예속을 반영합니다.

우리의 혁명은 봉건적 사회 조직에서 비롯된 전통과 이데올로기의 무게가 인민대중을 매우 무겁게 짓누르는 후진 농업 국가에서 전개되고 있는 혁명입니다. 국민에 대한 제국주의의 지배와 착취로 인해 식민지에서 신식민지로 진화한 나라에서 일어난 혁명입니다.

역사적 사명을 자각하는 조직된 노동자 계급이 아직 존재하지 않고, 따라서 혁명적 투쟁의 전통이 없는 나라에서 일어나는 혁명입니다. 이 혁명은, 국제적 차원에서 혁명 운동이 날로 분열되고 있고 초기 혁명 운동에 자극과 실질적인 지원을 제공할 수 있는 동질적인 블록이 출현할 가시적 전망이 없는 시기에 대륙의 한 작은 나라에서 일어난 혁명입니다. 이러한 일련의 역사적, 지리적, 사회학적 상황은 우리 혁명에 특정하고 구체적인 도장을 찍어줍니다.

8월 혁명은 이중적인 성격을 띠고 있습니다: 그것은 민주적이면서도 대중적인 혁명입니다. 그 주요 임무는 제국주의 지배와 착취를 철폐하고, 조국을 후진적인 상태로 묶어 놓는 모든 사회적, 경제적, 문화적 장애물을 제거하는 것입니다. 민주적 성격은 여기에서 비롯됩니다.

이 혁명의 대중적 성격은, 혁명에 대한 볼타 대중의 전폭적 참여에서, 그리고 제국주의와 동맹을 맺은 반동 계급의 이익에 반하여 자신의 이익을 구체적으로 표현하는 민주주의적이고 혁명적인 구호를 중심으로 동원되는 그들의 일관성에서 나타납니다. 8월 혁명의 대중적 성격은 또한 낡은 국가 조직 대신 인민에 의한, 인민을 위한 민주적 권력 행사를 보장할 수 있는 새로운 기구가 건설되고 있다는 사실에 있습니다.

위에서 살펴본 바와 같이 현재의 혁명은 반제국주의 혁명이지만 여전히 부르주아 경제 및 사회 질서의 한계라는 틀 안에서 전개되고 있습니다. 볼타 사회의 계급을 분석함으로써 우리는 볼타 부르주아가 단일하고 동질적인 반동적이고 반혁명적인 대중을 구성하지 않는다는 생각을 제시했습니다. 실제로, 자본주의 관계 아래에 있는 저개발국에서 부르주아 계급의 특징은, 유럽 국가들의 부르주아 계급이 1780년대에, 즉 아직 신흥 계급으로 분류되던 시기에 행사할 수 있었던 것과 같은 사회를 혁명적으로 변화시킬 능력을 선천적으로 갖지 못했다는 것입니다.

이것이 1983년 8월 4일 오트볼타에서 시작된 현재 혁명의 특징이자 한계입니다. 그 내용에 대한 명확한 견해와 정확한 정의를 가진다면 혁명 승리의 행진에 해가 될 수 있는 일탈과 과잉의 위험으로부터 우리를 보호할 수 있습니다. 8월 혁명의 대의에 동참한 모든 사람은 여기에 제시된 강령을 마음속에 굳게 새겨야 합니다. 그렇게 함으로써 그들은 의식 있는 혁명가로 자신의 역할을 다할 수 있습니다. 그리고 진정성 있고 대담하며 지칠 줄 모르는 선전가로 대중에게 이러한 원칙을 전파할 수 있습니다.

더 이상 스스로를 혁명가라고 부르는 것만으로는 충분하지 않습니다. 우리가 열렬히 수호하는 혁명의 심오한 의미에 대해서도 명확히 알아야 합니다. 이것이 반혁명 세력의 공격과 왜곡으로부터 혁명을 방어할 수 있는 최고의 방법입니다. 혁명 이론과 혁명적 실천을 연결하는 방법을 아는 것은, 이제부터 일관된 혁명가와 혁명적 대의와 동떨어진 동기로 혁명에 몰려드는 모든 다른 사람을 구별하는 데 결정적인 기준이 될 것입니다.

혁명적 권력 행사에서 인민의 주권에 대하여

앞서 말했듯이, 8월 혁명의 특징 중 하나로 구별할 수 있고 또 거기에 대중적 성격을 부여할 수 있는 것은 그것이 대다수 이익을 위한 대다수의 운동이라는 점입니다.

볼타 대중이 스스로 자신들의 구호와 열망으로 만든 혁명입니다. 이 혁명의 목표는 민중이 권력을 장악하는 것입니다. 그러므로 8월 4일 선언 이후 혁명의 첫 행동은 혁명수호위원회[CDR]를 만들자고 국민에게 호소하는 것이었습니다. 국가혁명평의회는 이 혁명이 진정한 대중 혁명이 되기 위해서는 신식민지 국가기구를 파괴하고 인민 주권을 보장할 수 있는 새로운 기구를 조직해야 한다고 확신했습니다. 이 인민의 권력을 어떻게 행사할 것인가, 이 권력을 어떻게 조직할 것인가 하는 문제는 우리 혁명의 미래를 위한 필수적인 질문입니다.

오늘날까지 우리나라의 역사는 본질적으로 착취 계급과 보수 계급에 의해 지배됐으며, 이들은 정치, 경제, 이념, 문화, 행정 및 사법 제도를 장악하여 반민주적이고 반민중적인 독재를 행사해 왔습니다.

혁명의 주요 목표는 제국주의와 동맹을 맺은 볼타 부르주아의 손에서 인민을 구성하는 대중 계급 동맹의 손으로 권력을 이전하는 것입니다. 이것은 이제부터 권력을 장악한 민중이 제국주의를 선호하는 반동적 사회 계급 동맹의 반민주적, 반민중적 독재에 맞서 민주적이고 대중적인 권력을 행사해야 함을 의미합니다.

이 민주적이고 대중적인 권력은 오트볼타에서 혁명적 권력의 토대이자 견고한 기반이 될 것입니다. 그 주요 임무는 반동적 사회 계급과 계층의 이기적 이익을 위해 봉사하고 방어하도록 만들어진 법, 행정, 법원, 경찰, 군대를 포함한 전체 국가기구를 전면적으로 개조하는 것입니다. 그 임무는 과거를 그리워하는 반동들의 저항을 완전히 분쇄하는 길에서 "실낙원"을 되찾으려는 반혁명적 음모에 맞서 투쟁을 조직하는 것입니다. 여기에는 반동과 반혁명의 성채를 습격하는 대중을 위한 작전 기지로서 혁명수호위원회의 필요성과 역할이 있습니다.

혁명수호위원회의 성격, 역할 및 기능의 정확한 이해를 위해

8월 혁명의 궁극적 목표인 인민 민주주의 국가 건설은 하루아침에 이루어질 수 없고, 이루어지지도 않을 것입니다. 그것은 우리의 엄청난 희생을 요구하는 고된 작업입니다. 이 혁명의 민주적 성격은 공공 문제를 모든 사람의 관심사로 만들기 위해 행정 권력을 분권화하고 분산시켜 행정부가 국민에게 더 가깝게 다가가도록 요구합니다. 이 거대하고 장기적인 노력에서 우리는 효율성을 높이기 위해 국가의 행정지도를 수정하기 시작했습니다.

또한 행정 서비스를 더 혁신적인 방향으로 이끌기 위해 행정 서비스를 관리하는 사람들을 교체하기 시작했습니다. 동시에 여러 가지 이유로 오늘날의 혁명에 보조를 맞추지 못하는 공무원과 군 장교를 해임했습니다. 우리가 해야 할 일이 많이 남아 있으며, 우리는 그것을 알고 있습니다.

8월 4일 출범한 혁명 과정에서 국가 차원의 정치, 경제, 사회생활을 계획하고 이끌며 감독하는 권력인 국가혁명평의회는 국민 생활의 다양한 부문에 지역 기구를 두어야 합니다. 마을, 도시, 직장에서 혁명적 권력을 대표하는 혁명수호위원회의 창설이 갖는 깊은 의미는 바로 여기에 있습니다.

혁명수호위원회는 혁명적 권력을 행사하기 위한 인민들의 진정한 조직입니다. 인민이 자신의 운명을 진정으로 장악하고 사회의 모든 영역으로 통제력을 확대하기 위해 만든 도구입니다. 인민의 무기, 인민의 권력, 인민의 부를 관리하는 것은 바로 인민이 될 것입니다. CDR은 바로 이러한 목적을 위해 존재합니다.

혁명수호위원회의 기능은 방대하고 다양합니다. 그들의 주요 임무는 볼타 인민을 전체적으로 조직하고 혁명 투쟁에 참여시키는 것입니다. 혁명수호위원회로 조직된 사람들은 자신의 미래 문제에 대해 발언권을 가질 뿐만 아니라 미래에 관한 결정을 내리고 실행하는 데 참여할 권리를 얻게 됩니다. 혁명은 구질서를 파괴하고 그 자리에 새로운 유형의 사회를 건설하기 위한 정확한 이론으로서, 이해관계가 있는 사람만이 주도할 수 있습니다.

따라서 혁명수호위원회는 모든 서항의 거점을 공격하는 충격 부대가 될 것입니다. 그들은 오트볼타 혁명의 건설자입니다. 그들은 모든 지방, 모든 마을, 모든 공공 및 민간 직장, 모든 가정, 모든 군대에 혁명을 전파할 씨앗입니다. 그러기 위해 혁명수호위원회 내의 혁명적 전투원은 다음과 같은 중요한 임무를 수행하기 위해 서로를 열렬히 뛰어넘어야 합니다:

1. 혁명수호위원회 대원을 위한 행동. 혁명적 무장 전투원은 동지들을 정치적으로 교육할 책임이 있습니다. 혁명수호위원회는 정치 교육의 학교가 되어야 합니다. 혁명수호위원회는 전투원들이 혁명의 상위 기관인 국가혁명평의회와 정부의 결정에 대해 논의할 수 있는 적절한 틀입니다.

2. 대중을 대상으로 한 행동은 대담하고 지속적인 선전과 선동을 통해 국가혁명평의회의 목표에 대한 대중의 압도적인 지지를 창출하는 것을 목표로 합니다. 혁명수호위원회는 진실만이 혁명적이라는 원칙에 따라 적절한 혁명적 선전과 설명으로 반동의 선전과 거짓 중상모략에 대응할 수 있어야 합니다.

혁명수호위원회는 적시에 국가혁명평의회에 전달하고 그에 상응하는 구체적 제안을 위해 대중의 분위기와 요구를 이해할 수 있도록 대중의 말에 귀를 기울여야 합니다. 대중이 스스로 쥔 주도권을 지원함으로써 대중의 상황 개선에 관한 질문을 살펴볼 것을 촉구합니다.

대중의 관심사를 논의할 수 있는 공개회의를 주기적으로 개최하여 대중과 직접 접촉하는 것은 혁명수호위원회에 매우 중요합니다. 이 위원회가 국가혁명평의회의 지침을 올바르게 적용하는 데 도움이 되려면 이것은 필수적입니다. 평의회의 결정은 이런 방식의 홍보 활동을 통해 대중에게 설명됩니다. 그들의 생활 조건을 개선하기 위한 모든 조치도 설명될 것입니다. 국가혁명평의회는 도시 및 시골의 대중과 함께 적과 자연의 역경에 맞서고 물질적, 도덕적 존재의 변화를 위해 싸워야 합니다.

3. 혁명수호위원회는 합리적인 방식으로 작동해야 하며, 이를 통해 우리 혁명의 특징 중 하나인 엄격함을 보여 줘야 합니다. 따라서 모든 구

성원이 따라야 할 일관되고 야심 찬 행동 계획을 갖추어야 합니다.

이제 우리 인민에게 역사적인 날이 된 8월 4일 이후, 국가혁명평의회의 호소에 따라 볼타 인민은 혁명수호위원회를 주도적으로 갖추기 위해 나섰습니다. 따라서 마을과 도시 지역에 혁명수호위원회가 설치되었으며 곧 직장, 공공 서비스, 공장, 군대에도 설치될 예정입니다. 이 모든 것은 인민의 자발적인 행동의 결과입니다. 이제 이를 내부적으로 명확하게 구조화하고 전국적인 규모로 조직화하기 위한 작업이 이루어져야 합니다. 현재 혁명수호위원회의 국가사무국이 이 작업을 수행하고 있습니다. 축적된 경험을 바탕으로 현재 진행 중인 연구의 최종 결과가 나오기까지는 혁명수호위원회의 기능에 대한 계획과 일반적인 지침 원칙을 개괄적으로 설명하는 데 그칠 것입니다.

혁명수호위원회 설립의 핵심 배경은 권력을 민주화하는 것입니다. 혁명수호위원회는 인민들이 국가혁명평의회에 부여된 중앙 권력으로부터 파생되는 지방 권력을 행사하는 기관이 될 것입니다. 국가혁명평의회는 국회 회기 중을 제외하고는 최고의 권력 기관입니다. 국가혁명평의회는 민주적 중앙 집권주의를 기본 원칙으로 하는 이 전체 구조의 주도적 기관입니다.

한편, 민주적 중앙 집권주의는 하부 기관이 상위 기관에 종속되는 것을 기빈으로 하며, 그중 국가혁명평의회가 가장 높고 모든 조직이 이에 종속됩니다. 그러나 선거의 원칙이 모든 수준에서 규칙으로 준용되고, 관할하는 모든 문제에 대해 상위 기관이 작성한 일반 지침의 한도 내에서 지방 기관의 자율성이 인정되기 때문에 이 중앙 집권주의는 민주적으로 유지됩니다.

혁명수호위원회 내부의 혁명적 도덕성에 대해

혁명은 경제, 사회, 문화 등 사회의 모든 측면을 변화시키는 것을 목표로 합니다. 대중의 존경과 신뢰를 불러일으키는 모범적인 도덕성과 사회적 행동을 갖춘 새로운 볼타인을 만드는 것을 목표로 합니다. 신식민지 지배는 우리 사회의 악화를 낳았고, 이를 정화하기 위해서는 수년이 걸릴 것입니다.

그렇지만 혁명수호위원회 구성원은 대중에게 좋은 본보기가 될 수 있도록 새로운 의식과 새로운 행동을 만들어야 합니다. 혁명을 이루는 동시에 우리 자신의 질적 변화에도 주의를 기울여야 합니다. 혁명의 설계자가 되어야 할 바로 그 사람들의 질적 변화 없이는 부패, 도둑질, 거짓말, 개인주의가 없는 새로운 사회를 만드는 것은 사실상 불가능합니다.

우리는 우리의 행동이 우리의 말과 일치하도록 노력하고 사회적 행동을 조심하여 호시탐탐 때를 저울질하는 반혁명 세력의 공격에 노출되지 않도록 노력해야 합니다. 대중의 이익이 개인의 이익보다 우선한다는 것을 항상 명심한다면 우리는 길을 잃지 않을 수 있을 것입니다.

혁명수호위원회를 통해 재산과 이익을 축적하려는 반혁명적 꿈을 품고 있는 일부 무장 세력의 활동을 규탄하고 맞서 싸워야 합니다. 프리마돈나 의식은 제거되어야 합니다. 이러한 부적절함이 빨리 퇴치될수록 혁명에 더 유리할 것입니다.

우리가 볼 때 혁명가는 겸손할 줄 아는 동시에 자신에게 맡겨진 임무를 가장 단호하게 수행할 줄 아는 사람입니다. 그는 자랑하지 않으며 보상을 기대하지 않고 임무를 완수합니다.

우리는 최근 혁명에 적극적으로 참여하여 특권적인 대우, 명예, 중요한 직책을 얻을 수 있을 것으로 기대했던 일부 개인을 발견했습니다.

이들은 자신이 원하는 것을 얻지 못하자 불만을 품고 혁명을 훼손하는 데 투신합니다. 이는 그들이 혁명의 진정한 목표를 이해하지 못한 채 혁명에 참여했음을 증명합니다.

단순히 축출된 독재자의 자리를 대신하기 위해 혁명을 일으킨 것이 아닙니다. 특권적 지위에 대한 욕망에 이끌려 보복적인 이유로 혁명에 참여한 것도 아닙니다: "저리 비켜, 내 자리 좀 만들어!" 이런 동기는 8월 혁명의 이상과는 거리가 멉니다. 이런 동기를 가진 사람은 위험한 반혁명적 기회주의는 아니더라도 소부르주아적 출세주의적 결함을 드러냅니다.

국가혁명평의회가 모든 사람의 의식에 각인시키고자 하는 혁명가의 이미지는 대중과 하나가 되고, 대중에 대한 믿음을 가지고, 대중을 존중하는 활동가의 이미지입니다. 그는 대중에 대한 경멸적인 태도를 버립니다. 그는 자신을 대중이 순종하고 복종해야 할 스승이라 여기지 않습니다. 오히려 대중으로부터 배우고, 그들의 말에 귀를 기울이며, 그들의 의견을 주의 깊게 경청합니다. 그는 반동적 관료에게나 어울리는 모든 권위주의적 방법을 버립니다.

혁명은 파괴적인 무정부 상태가 아닙니다. 혁명은 모범적인 행동과 규율을 요구합니다. 모든 종류의 기물 파손 행위와 모험주의적 행동은 대중의 지지를 얻어 혁명을 상화하기보다는 오히려 약화시키고 수많은 대중을 밀어내게 됩니다. 그러므로 혁명수호위원회 구성원은 인민에 대한 책임감을 높이고 존경과 찬사를 불러오려 노력해야 합니다.

이와 같은 부적절함은 대부분 혁명의 성격과 목표에 대한 무지를 반영합니다. 이를 방지하기 위해서 우리는 혁명 이론 연구에 몰두해야 합니다. 이론 연구는 현상에 대한 이해를 깊게 하고, 우리의 행동을 명확하게 하며, 많은 추측으로부터 우리를 보호합니다. 이제부터 이러한 측면을 특별히 중요시하고, 다른 사람이 우리를 따르도록 영감을 주는 모범을 보이기 위해 노력해야 합니다.

볼타 사회 모든 부문의 혁신을 위해

지금까지 역대 모든 정치 정권은 신식민지 사회를 더 잘 운영하기 위한 조치를 도입하려 노력해 왔습니다. 이러한 정권이 도입한 변화는 신식민지 권력의 연속성 내에서 새로운 팀을 설치하는 것에 불과했습니다. 이 정권 중 누구도 볼타 사회의 사회경제적 토대에 의문을 제기하거나 의문을 제기할 수 없었습니다. 그래서 모두 실패했습니다.

8월 혁명은 오트볼타에 또 하나의 정권을 세우는 것을 목표로 하지 않습니다. 그것은 이전에 알려진 모든 정권과의 단절을 의미합니다. 그 궁극적인 목표는 볼타 시민이 혁명적 의식에 의해 주도되는 새로운 볼타 사회를 건설하는 것이며, 그 안에서 볼타 시민이 자기 행복을 설계하고, 자신이 노력한 만큼의 행복을 누릴 수 있도록 하는 것입니다.

이를 위해 혁명은 보수적이고 후진적인 세력이 좋아하든 싫어하든 경제, 사회, 문화 활동의 어떤 영역, 어떤 분야도 가리지 않는 깊고 총체적인 격변을 낳을 것입니다.

모든 영역과 모든 활동 부문을 혁신하는 것이 이 시대의 슬로건입니다. 여기에 제시된 기본 원칙에 따라 각 시민은 자신이 어디에 있든 자신의 활동 분야를 혁신하기 위해 노력해야 합니다.

혁명적 변화의 철학은 이미 다음 부문에 영향을 미치고 있습니다:
(1) 국군, (2) 여성 정책, (3) 경제 개발.

(1) 국군: 민주적이고 대중적인 혁명에서 국군이 차지하는 위치

혁명적 오트볼타의 국방 교리에 따르면, 의식 있는 인민은 그들이 아무리 유능하다 하더라도 조국의 국방을 한 집단에 맡기지 않습니다. 의식 있는 인민은 조국의 방위를 스스로 책임집니다. 이를 위해 우리 군대는 오트볼타의 내부 및 외부의 안보 사항에 대해 다른 국민보다 더 전문화된 부대로 구성됩니다. 마찬가지로 볼타 국민의 건강은 국민과 볼타 국민 개개인에 대한 사안이지만, 공중 보건 문제에 더 많은 시간을 할애하는 더 전문화된 의료 부대가 존재하고 계속 존재할 것입니다.

혁명은 국군에게 세 가지 임무를 부과합니다:

1. 모든 내외부의 적과 싸울 수 있어야 하며 나머지 국민을 군사적으로 훈련시키는 데 참여해야 합니다. 이는 단순한 직원에 불과했던 과거 군대와 달리 각 병사를 유능한 전사로 만드는 작전 능력 향상의 전제가 됩니다.

2. 국가 생산에 참여하기. 실제로 새로운 군인은 그가 속한 사람들 사이에서 살고 함께 고통을 겪어야 합니다. 공짜로 소비하는 군대의 시대는 끝났습니다. 이제부터 군대는 무기를 다루는 것 외에도 들판에서 일하고 소, 양, 가금류를 키울 것입니다. 학교와 보건소를 짓고 그것들이 기능하도록 보장할 것입니다. 도로를 정비하고 우편물, 환자, 농산물을 지역 간 항공으로 운송할 것입니다.

3. 각 병사를 혁명적 전투원으로 훈련합니다. 군대가 중립적이고 비정치적이라고 선언되었지만 실제로는 반동의 보루이자 제국주의 이익의 수호자 역할을 하던 시대는 지났습니다. 우리 국군이 정복한 영토에서 외국 용병의 군단처럼 행동하던 시대는 지났습니다. 그 시절은 영원히 사라졌습니다. 정치 및 사상 훈련으로 무장한 우리 군인, 부사관

및 혁명 과정에 참여하는 장교는 더 이상 잠재적인 범죄자가 아니라 물 속의 물고기처럼 인민 사이에서 친숙한 혁명가가 될 것입니다.

혁명을 위해 복무하는 군대인 인민군에는 인민을 업신여기거나 경멸하거나 잔인하게 대하는 군인이 설 자리가 없을 것입니다. 인민을 위해 봉사하는 인민의 군대, 이것이 바로 반동 부르주아의 손에 억압과 탄압의 진정한 도구로 인민을 지배하는 데 이용되었던 신식민지 군대를 대신하여 우리가 건설하고 있는 새로운 군대입니다. 이러한 군대는 내부 조직과 기능 원리 측면에서도 기존 군대와 근본적으로 다를 것입니다. 따라서 장교에 대한 병사들의 맹목적인 복종과 상급자에 대한 부하들의 맹목적인 복종 대신, 엄격하지만 병사와 군대의 의식적인 수용을 기반으로 하는 건강한 규율이 개발될 것입니다.

식민지적 태도로 육성된 반동적 장교들의 의견과는 달리 군대의 정치화, 혁명화는 규율의 종말을 의미하지 않습니다. 정치화된 군대의 규율은 새로운 내용을 갖게 될 것입니다. 그것은 혁명적인 규율이 될 것입니다. 즉, 장교와 병사, 위임된 사람과 위임되지 않은 사람의 인간적 존엄성은 동등한 가치를 지니며, 구체적인 임무와 각자의 책임에 대해서만 서로 다르다는 사실에 그 힘을 둔 규율입니다. 이러한 인간관계에 대한 이해로 무장된 군 간부는 부하를 존중하고 사랑하며 동등하게 대우해야 합니다.

여기서도 혁명수호위원회는 근본적인 역할을 수행해야 합니다. 군대 내 혁명수호위원회는 내부적으로는 인민의 권익을 수호하고 혁명 질서를 유지하며 민주적이고 대중적인 권력을 수호하는 것이 핵심 임무이고, 외부적으로는 영토의 보존과 수호를 임무로 하는 민주적이고 대중적인 국가의 인민군 건설에 지칠 줄 모르는 선구자가 되어야 합니다.

(2) 볼타 여성: 민주적이고 대중적 혁명에서 그 역할

우리 사회의 오랜 전통의 무게로 인해 여성은 짐승과 같은 존재로 전락했습니다. 여성은 신식민지 사회의 모든 재앙으로 인해 이중으로 고통을 겪습니다. 첫째, 여성은 남성과 똑같은 고통을 경험합니다. 둘째, 그들은 남성으로부터 추가적인 고통을 겪습니다.

우리의 혁명은 오늘날 사회에서 억압받는 모든 사람과 착취당하는 모든 사람의 이익을 위한 것입니다. 여성에 대한 남성 지배의 근거는 사회의 정치 및 경제생활이 조직되는 시스템에 있으므로 혁명은 여성의 이익에도 부합합니다. 여성을 억압하는 사회 질서를 변화시킴으로써 혁명은 여성의 진정한 해방을 위한 조건을 만들어냅니다.

우리 사회의 여성과 남성은 모두 제국주의 억압과 지배의 희생자입니다. 그래서 그들은 같은 싸움을 벌입니다. 혁명과 여성 해방은 함께 가야 합니다. 우리는 여성 해방을 자선 행위나 인간적 동정심의 발로에서 이야기하지 않습니다. 그것은 혁명이 승리하기 위한 기본적인 필요조건입니다. 여성은 하늘의 나머지 절반을 지탱하고 있습니다.

볼타 여성이 남성과 함께 국가의 운명을 책임질 수 있도록 새로운 사고방식을 형성하는 것은 혁명의 필수 과제 중 하나입니다. 여성에 대한 남성의 태도 변화도 마찬가지입니다.

지금까지 여성은 의사 결정의 영역에서 배제되었습니다. 혁명은 여성에게 책임을 맡김으로써 여성의 투쟁 주도권을 발휘할 수 있는 여건을 조성하고 있습니다. 혁명 정책의 하나로 CNR은 국가의 모든 역동적인 힘을 동원하고 조직하고 통합하기 위해 노력할 것이며, 여성은 뒤처지지 않을 것입니다. 그들은 우리가 다양한 족쇄에 맞서 싸워야 할 모든 전투에 참여할 것입니다. 그들은 프로젝트를 구상하고, 결정을 내리고, 실행하는 모든 단계에서 국가 전체의 삶을 조직하는 데 관여하게 될 것입니다. 이 위대한 사업의 최종 목표는 여성이 모든 영역에서 남성과 동등한 자유롭고 번영하는 사회를 건설하는 것입니다.

그러나 우리는 여성 해방의 문제를 올바르게 이해해야 합니다. 여성 해방은 음주, 흡연, 바지 입기 등 남성의 것으로 인식되는 습관을 몸에 익히는 기계적인 남녀 평등이 아닙니다. 그것은 여성 해방이 아닙니다. 졸업장을 취득한다고 해서 여성이 남성과 동등해지거나 더 해방되는 것도 아닙니다. 졸업장은 해방을 위한 무료 입장권이 아닙니다.

진정한 여성 해방은 여성에게 책임을 맡기고, 생산적인 활동과 사람들이 직면하는 다양한 싸움에 여성을 참여시키는 것입니다. 진정한 여성 해방은 남성이 여성을 존중하고 배려하도록 만드는 것입니다. 해방은 자유와 마찬가지로 주어지는 것이 아니라 싸워 얻는 것입니다. 여성이 스스로 자신의 요구를 제시하고 이를 쟁취하기 위해 힘을 모아야 합니다.

이를 위해 민주적이고 대중적인 혁명은 볼타 여성이 완전하고 완벽한 성취를 이룰 수 있도록 필요한 조건을 조성할 것입니다. 우리 사회의 절반 이상을 차지하는 여성에 대한 착취를 여전히 유지하면서 어떻게 착취 시스템을 제거할 수 있을까요?

(3) 국가 경제: 독립적이고 자급자족하며 민주적이고 대중적인 사회에 봉사하기 위해 계획된 국가 경제

8월 4일부터 시작된 혁명적 변화의 과정은 민주적이고 대중적인 주요 개혁을 의제로 삼고 있습니다. 국가혁명평의회는 따라서 독립적이고 자족적이며 계획적인 국가 경제를 건설하기 위해서는 현 사회의

근본적인 변화가 필요하며, 그 변화에는 다음과 같은 주요 개혁이 필요하다는 것을 인식하고 있습니다:

- 농업 개혁
- 행정 개혁
- 교육 개혁
- 현대 부문의 생산 및 유통구조 개혁

농업 개혁의 목표는 다음과 같습니다:

- 농민 조직 개선과 현대 농업 기술 도입으로 노동 생산성 제고
- 지역 특화와 함께 다각화된 농업 개발
- 농민을 억압하는 전통적인 사회경제적 구조의 일부인 모든 족쇄 철폐
- 마지막으로, 농업을 산업 발전의 기반으로 삼는다.

이 모든 것은 식량 자급자족이라는 슬로건에 진정한 의미를 부여함으로써 가능합니다. 지금은 확신 없이 너무 자주 선포되어 시대에 뒤떨어진 것처럼 보이는 구호입니다. 첫째, 이것은 농업 수준에서 자연을 훌륭히게 정복한 다른 사람에게보다 우리에 세 너 냉혹한 자연과 맞서는 쓰라린 투쟁이 될 것입니다. 국가혁명평의회는 거대하고 정교한 프로젝트에 환상을 품지 않을 것입니다. 오히려 농업 시스템에서 수많은 작은 성취를 통해 우리의 영토를 하나의 광활한 들판, 끝없는 일련의 농장으로 변화시킬 수 있을 것입니다.

둘째, 이것은 국민을 굶주리게 하는 사람들, 모든 유형의 농업 투기

꾼과 자본가들에 대한 투쟁이 될 것입니다. 마지막으로, 그것은 제국주의의 지배, 우리 자원의 약탈, 우리 지역 제품에 대한 수입품과의 불공정 경쟁, 속물근성에 시달리는 부르주아를 겨냥한 포장만이 유일한 장점인 수입품으로부터 우리 농업을 보호하는 것을 의미할 것입니다. 농민들에게는 충분히 높은 가격과 산업화된 식품 가공 시설이 계절과 관계없는 농산물 판로를 보장할 것입니다.

행정 개혁은 식민주의로부터 물려받은 행정을 운영 가능한 것으로 만드는 것을 목표로 합니다. 그러기 위해서는 관료제를 특징짓는 모든 악습, 즉 무능하고 까다로운 관료제와 그로 인한 폐해를 없애고 공무원 법령을 전면적으로 개편해야 합니다. 개혁을 통해 더 적은 비용으로 더 효과적이고 유연한 행정을 구현할 수 있어야 합니다.

교육 개혁은 교육과 문화에 대한 새로운 방향을 촉진하는 것을 목표로 합니다. 학교가 혁명을 위해 봉사하는 도구로 변모하는 결과를 낳아야 합니다. 이 제도를 거친 졸업생들은 자신의 이익이나 착취 계급이 아니라 대중을 위해 봉사해야 합니다. 새로운 학교에서 가르칠 혁명적 교육은 모든 사람에게 볼타의 이념, 즉 맹목적인 모방을 없애는 볼타적 인격을 심어주어야 합니다. 민주적이고 대중적인 사회에서 수행되는 교육의 임무 중 하나는 학생들이 다른 사람의 생각과 경험을 비판적이고 긍정적인 방식으로 수용하도록 가르치는 것입니다.

문맹과 반계몽주의를 종식하기 위해서는 대중을 조직한다는 생각으로 모든 에너지를 동원하여 대중의 인식을 높이고 무지의 단점을 보여 줌으로써 지식에 대한 갈증을 유발하는 데 중점을 두어야 합니다. 가장 관심 있는 사람의 참여 없이 문맹 퇴치를 위한 모든 정책은 실패할 수밖에 없습니다.

민주적이고 대중적인 사회에서 문화란 국가적, 혁명적, 대중적이라는 세 가지 성격을 가져야 합니다. 반국가적, 반혁명적, 반대중적인 것은 모두 추방되어야 합니다. 반대로 우리 문화는 존엄성, 용기, 민족주의, 위대한 인간의 미덕을 찬양합니다.

민주적이고 대중적인 혁명은 새로운 문화의 꽃을 피우는 데 유리한 조건을 만들어낼 것입니다. 우리 예술가들은 대담하게 앞으로 나아갈 수 있는 자유를 얻게 될 것입니다. 그들은 우리 문화를 세계 수준으로 끌어올릴 기회를 잡아야 합니다. 작가들이 혁명을 위해 펜을 들게 하십시오. 음악가들은 우리 인민의 영광스러운 과거뿐만 아니라 찬란하고 희망찬 미래를 노래합시다.

이 혁명은 우리 예술가들이 현실을 묘사하고, 생생한 이미지로 그리며, 선율로 표현하는 동시에 우리 인민에게 더 나은 미래로 나아가는 진정한 길을 보여 줄 수 있기를 기대합니다. 또한 국가적이고 혁명적이며 대중적인 볼타 문화를 위해 그들의 창의적인 천재성을 발휘할 수 있기를 기대합니다.

우리 문화에 새로운 차원을 부여하기 위해서는 과거의 긍정적인 것, 즉 우리의 전통과 외국 문화에서 긍정적인 것을 끌어올 수 있어야 합니다. 창조적 영감의 무궁무진한 원천은 대중 속에 있습니다. 대중과 함께 사는 법을 알고, 내중 운동에 잠여하고, 대중의 기쁨과 고통을 함께 나누고, 그들과 함께 일하고 투쟁하는 것, 이 모든 것이 우리 예술가들의 주요 관심사가 되어야 합니다. 제작에 앞서 예술가들은 스스로에게 물어야 합니다. 우리의 창작물은 누구를 위한 것인가? 우리가 인민을 위해 창작하고 있다고 확신한다면, 인민이 누구인지, 그들의 다양한 구성 요소가 무엇인지, 그들의 가장 깊은 열망이 무엇인지 명확하게 이해해야 합니다.

우리 경제의 생산과 유통 구조 개혁은 생산과 유통 채널에 대한 볼타 인민의 효과적인 통제를 강화하기 위한 것입니다. 이러한 채널에 대한 진정한 통제 없이는 국민을 위한 독립 경제를 구축하기란 사실상 불가능하기 때문입니다.

오트볼타의 인민 여러분;

혁명의 전우들이여:

우리 인민의 요구는 엄청납니다. 이러한 요구를 충족시키기 위해서는 모든 분야에서 혁명적 변혁이 이루어져야 합니다.

대중을 위한 의료 및 사회 지원 분야에서 달성해야 할 목표는 다음과 같이 요약할 수 있습니다:

- 모든 사람이 이용할 수 있는 의료 서비스
- 산모와 영유아 지원 및 돌봄 구축
- 예방접종 캠페인 확대로 전염병에 대한 접종 정책 수립
- 좋은 위생 습관 습득의 필요성에 대한 대중의 인식 제고

이러한 모든 목표는 보건 서비스의 혁명적 인식 아래 대중이 이 싸움에 의식적으로 참여해야만 달성할 수 있습니다.

매우 중요한 분야인 주택 분야에서 우리는 부동산 투기와 임대료 폭등을 통한 노동자 착취를 종식하기 위한 강력한 정책을 추진해야 합니다. 이 분야에서 다음과 같은 중요한 조치를 취해야 합니다:

- 합리적인 임대료 책정

- 신속한 지역구획

- 노동자들이 충분히 이용할 현대식 주거의 대규모 건설

국가혁명평의회의 본질적인 관심사 중 하나는 우리 혁명의 적에 대항하는 공동 투쟁에서 오트볼타에 존재하는 다양한 민족들을 단결시키는 것입니다. 실제로 우리나라에는 언어와 관습이 서로 다른 다양한 민족이 존재합니다. 볼타국은 이러한 민족들의 총합으로 구성되어 있습니다. 제국주의는 분열과 통치 정책을 통해 이들 사이의 모순을 악화시키고 서로를 대립시키기 위해 노력했습니다.

국가혁명평의회의 정책은 다양한 민족이 평등하게 살면서 동등한 성공의 기회를 누릴 수 있도록 통합하는 것을 목표로 합니다. 이를 위해 특별히 다음에 중점을 둘 것입니다:

- 다양한 지역의 경제 발전 촉진

- 지역 간의 경제 교류 장려

- 민족 간의 편견에 맞서고 통합의 정신으로 차이 해소

- 분열 조장에 대한 처벌

우리나라가 직면한 모든 문제를 고려할 때 혁명은 우리가 반드시 극복해야 할 과제라고 할 수 있습니다. 우리는 승리에 대한 의지와 CDR을 통해 동원된 대중의 적극적인 참여를 통해 그렇게 할 수 있습니다.

가까운 장래에 다양한 부문에 대한 프로그램이 정교해지면 오트볼타의 전체 영토가 하나의 광대한 건설 현장이 될 것입니다. 이 나라를

번영된 빛나는 나라, 인민이 국가의 물질적, 정신적 부의 유일한 주인이 되는 나라로 바꾸기 위해서, 우리가 벌일 무자비한 싸움에 능력 있고 나이 있는 모든 볼타인의 참여가 필요할 것입니다.

마지막으로, 우리는 세계 혁명 과정에서 볼타 혁명이 차지하는 위치를 정의해야 합니다. 우리의 혁명은 제국주의와 모든 형태의 패권주의에 반대하는, 평화와 민주주의를 위한 세계 운동의 필수적인 부분입니다. 그러므로 우리는 정치 및 경제 체제와 관계없이 다음 원칙에 따라 다른 국가와 외교 관계를 수립하기 위해 노력할 것입니다:

- 독립성, 영토 주권, 국가 주권의 상호 존중
- 상호 불가침
- 내정에 대한 불간섭
- 모든 국가와 동등한 상호 이익에 기초한 무역

우리는 자국의 독립과 민족의 해방을 위해 싸우는 민족 해방 운동에 적극적인 연대와 지원을 아끼지 않을 것입니다. 이러한 지원은 특히 다음과 같은 대상을 향합니다:

- 남서아프리카인민기구(SWAPO)의 지도력 아래 있는 나미비아 인민
- 국토를 되찾기 위해 투쟁 중인 사하라위 인민
- 팔레스타인 인민들의 국가적 권리를 위해

객관적으로 볼 때 반제국주의 아프리카 국가들은 우리 투쟁의 동맹국입니다. 아프리카 대륙에서 작동되는 신식민주의 동맹에 맞서려면

이들 국가와의 긴밀한 유대가 필요합니다.

민주적이고 대중적인 혁명 만세!

국가혁명평의회 만세!

조국 아니면 죽음을, 우리는 승리할 것이다!

인민 혁명 법원

개회 연설

1984년 1월 3일

1984년 1월 3일, 와가두구의 인민 의회에서 새로운 인민 혁명 법원의 첫 공판이 열렸다. 1980년 군사 쿠데타로 전복된 후 공금횡령 혐의로 기소된 상굴레 라미자나Sangoule Lamizana 전 대통령의 재판이었다. 라미자나는 나중에 무죄 판결을 받았다. 개회식에서 행한 다음 연설은 법무부에서 팸플릿으로 발간했다.

기관장 동지들;

국가혁명평의회 동지들;

혁명 정부 동지들;

인민 혁명 법원 동지들;

민주 인민 혁명의 무장 동지들;

그리고 신사 숙녀 내빈 여러분: 볼타 인민들이 항상 재갈을 물리고 착취하고 억압하던 자들을 향해 "공금 횡령자는 물러가라!", "인민을 굶기는 자는 물러가라!" 등의 구호를 외치며 혁명적으로 거리로 쏟아져 나온 지 정확히 17년이 되는 날입니다.* 17년 전 오늘 볼타 인민은 "빵과 물, 민주주의!"를 요구하며 거리로 나섰습니다.

1966년 1월 3일, 볼타 민중은 집단적인 에너지의 폭발로 반동적이고 부패한 부르주아 계급을 하역장에 가두어 버렸습니다. 민중을 발판 삼아 권력을 잡은 부르주아 계급은 부당한 부를 축적하기 위해 광란의 경쟁을 벌이다 민중에게 등을 돌렸죠. 오늘날 볼타 민중은 다시 고발합니다. 볼타 민중은 고발하고 민중의 심판을 요구합니다.

오늘, 볼타 인민의 오랜 열망을 이루기 위해 볼타 인민이 직접 인민 혁명 법원이라는 적절한 도구를 만들었습니다. 우리는 우리의 선택을 했고, 이제부터는 그 어떤 것도 인민의 판결을 막을 수 없습니다. 이제부터 기근을 이용해 먹고 사는 모든 정치 쓰레기와 항상 인민을 경멸하고 천시하여 천인공노할 모욕을 가한 모든 범죄자에게 모범적인 처벌을 내리는 것을 막을 수 있는 것은 아무것도 없을 것입니다.

볼타 인민이 고발하고 세계가 떨고 있습니다.

착취자, 약탈자, 신식민지 체제로부터 이익을 얻는 모든 사람의 세계는 볼타 민중이 이제 운명의 주인이 되어 스스로 정의를 구현하려 하기 때문에 두려움을 금치 못하고 있습니다.

인민 혁명 법원 동지 여러분:

1984년 1월 3일을 여러분의 엄숙한 심의 개회일로 선택함으로써, 여러분은 제국주의의 진정한 현지 동조자인 반동적 사회 계층과 계급에 의한 지배와 착취에 대항해 발현된 우리 인민의 노골적 저항의 결정적인 순간이 된 최근의 과거를 되살리고 있는 것입니다.

인민 혁명 법원의 창설은 전통적인 법원을 대신하여 이제부터 볼타 인민이 모든 영역과 사회의 모든 부문에서 국정의 행정과 관리에 봉

---

*   실제로는 18년. 연표 참조.

사하고, 착취당한 계급이 실질적으로 참여한다는 원칙을 실천하고자 한다는 점에 의해 정당화됩니다.

인민 혁명 법원의 판사들은 인민의 뜻을 수행한다는 사명을 가지고 노동자 중에서 그리고 노동자에 의해서만 선출되었습니다. 이 일을 위해 그들은 옛 법을 알 필요가 없습니다. 민중 속에서 태어난 그들은 민중의 정의감에 따라 자신을 인도하기만 하면 됩니다.

성문화된 텍스트가 없는 상황에서 그들은 신식민지 사회의 법을 거부하고 혁명의 법에 기초하기만 하면 됩니다. 관료적 국가기구의 철거를 목표로 삼고, 민중이 그들의 대표자에게 훨씬 쉽게 접근할 수 있도록 함으로써 우리의 혁명, 즉 8월 혁명은 우리가 수립한 정권이 가장 민주적인 부르주아 공화국보다 더 민주적이라는 것을 증명하고 있습니다. 아직도 증명이 필요하다면 말입니다.

그러나 우리는 인민 혁명 법원의 설립이 나라 안팎의 적들로부터 공격을 받을 것으로 예상해야 합니다. 의심할 여지 없이 그들은 이 법원을 정치적 심문을 넘어선 탄압의 도구로 간주할 것입니다. 그들은 분명히 인권이 침해당하고 있다고 비명을 지를 것입니다. 그러나 그들이 그냥 비명을 지르게 놔두세요.

우리의 대중 사법 제도는 착취자와 억압자가 국가기구를 통제하는 사회의 사법 제도와는 달리, 인민에게 저지른 범죄의 숨겨진 사회적, 정치적 측면을 모두 밝혀 공개적으로 드러내고, 그 결과를 이해하도록 도와 사회도덕과 현실 정치의 교훈을 도출하기 위해 노력할 것이기 때문입니다. 인민 혁명 법원의 판결은 비판적 분석을 위한 자료를 제공하고 새로운 사회 건설에 필요한 요소를 도출함으로써 신식민지 정권의 상처를 전 세계가 볼 수 있도록 드러낼 것입니다.

결과적으로 사회경제적, 도덕적 범죄에 대해 판결함으로써 신식민지 사회의 정치 체제에 의문을 제기하는 사실상 정치적 재판이 될 것입니다. 재판을 받는 사람들을 통해 실제 심판받는 것은 바로 사회입니다. 그래서 사법 절차는 재판과 언론을 통해 대중에게 설명함으로써 교육적 성격을 갖게 됩니다. 판결은 충분히 생각을 자극할 수 있어야 합니다. 반동적이고 부르주아적인 도덕의 위선은 일부 개인에게 내려진 유죄 평결에 대한 분노와 가난과 굶주림, 외면 속에 죽어 가는 사람들의 대량 학살에 대한 침묵의 공모로 나타납니다.

우리는 수백만 명에게 권리를 주기 위해 한 사람을 심판합니다. 따라서 우리는 한 사람의 권리가 아니라 인간의 권리를 열렬히 옹호합니다. 착취하고 부패한 소수의 부도덕한 "도덕성"에 맞서서 우리는 사회정의를 위해 행동하는 전체 인민의 혁명적 도덕성을 표방합니다.

이러한 혁명적 정당성으로 무장한 국가혁명평의회는 우리 혁명의 이익을 지키기 위해 혁명적 의식을 가지고 냉정하게 행동하되 과하지 않게, 열정보다는 냉정으로, 분별력이 있지만 느슨하지 않게 행동하여 우리 혁명의 이익을 보호할 것을 인민 혁명 법원의 동지 여러분에게 촉구합니다.

우리는 두 가지 형태의 법에서, 즉 한편으로는 혁명적인 인민의 법과 다른 한편으로는 낡은 반동적인 소수 부르주아의 법 중에서 하나를 선택했습니다. 여러분에게 요구되는 정의는 우리 혁명의 민주적 원칙에서 영감을 받았습니다. 인민을 위한 민주주의, 착취자와 억압자에 대한 민주주의, 이것이 인민 혁명 법원 과업의 토대입니다.

여러분은 자랑스러워해야 합니다. 모든 관점에서 혁신적인 사업의 설계자로 선택되고 부름을 받았다는 사실이 자랑스럽습니다.

소위 순수 민주주의를 지지하는 사람들은 그들의 징징거림과 우유부단에 맡겨둡시다. 법관들과 다른 학자들은 분노와 추문에 휘말리도록 내버려 둡시다. 그들은 모두 형식주의자들로 절차와 의전에 집착하는데, 그것이 민중을 속이고 판사를 —법복을 걸치고, 장식을 두르고, 때로는 가발까지 쓴— 광대로 만드는 데 목적이 있다는 사실도 아직 깨닫지 못하고 있으며, 우리는 혁명가로서 그런 판사들에게 연민을 느끼는데, 특히 그가 자신의 직업을 포기하고 싶어 할 정도로 민중과 근거리에 있을 때 더욱 그렇습니다.

사실 반동적인 정권은 반동적인 정의를 낳습니다. 우리는 진보적이거나 심지어 혁명적인 판사가 자기 내면의 정치적 신념을 조롱하는 법을 적용해야만 할 때 겪는 고통을 이해합니다. 이런 딜레마는 다른 직업군 ─ 예를 들어 군대— 에서도 관찰되었습니다. 그러나 다행히도 민주적이고 대중적인 혁명인 8월 4일 혁명은 의식적으로 인민 진영을 선택한 모든 사람의 양심을 해방하고 동원하기 위해 도래했습니다.

오트볼타의 대중은, 착취자가 대다수 국민을 지배하는 사회에서 정의란 의심할 여지 없이 착취자를 위한 정의를 의미한다는 사실을 깨달은 날, 반동 정치인들의 꼭두각시 놀음을 멈췄습니다. 민중 혁명의 목표 중 하나는 민주 국가를 수립하는 것이기 때문에 이 국가는 착취자들의 국가와는 근본적으로 달라야 합니다.

따라서 민주 국가의 정의 체계는 착취자의 정의 체계와 다릅니다. 우리나라에는 묻혀 버리고 다른 곳에서는 화석이 된, 반동 정치 정권들은 이런 정치 깡패들을 재판에 회부할 엄두도 내지 못하고 있습니다. 바로 그들의 반동 체제에서는 인민 혁명 법원을 설치할 수 없는데, 인민이 직접 나서서 목소리를 내면 자기들이 휩쓸려 나갈 수밖에 없다는 사실

을 알고 있기 때문입니다. 목소리 없는 사람의 정당한 분노를 불러일으
킬 뿐인 판결을 하는 기존 법원에 이 문제를 맡길 수 없는 것처럼 인민들
의 목소리도 마찬가지입니다.

이것이 바로 발명가이자 역사학자이며 반체제 인사인 조셉 기-제
르보Joseph Ki-Zerbo의 고매한 지도에 따라 군정 및 국가 진보 군사 위
원회(Military Committee for Redressment and National Progress)의 문외한들
이 행정 구금과 같은 거칠고 피상적인 해결책을 내놓은 이유였습니다.

다른 곳에서는 종신형과 영구 가택 연금이 있는데, 당국은 지도자
들이 해결해야 할 정치적 문제, 즉 인민과 정의에 대한 권리의 문제를 마
주하고 있다는 사실을 사람들이 시간이 지나며 잊게 만들려고 합니다.

인민 혁명 법원을 설립함으로써 국가혁명평의회와 혁명 정부, 그
리고 민주 민중 혁명의 전투적인 인민은 대중의 정의가 비록 그들 자신
의 계급 내에서 발견되는 타락한 요소를 안고 있더라도 모든 엄격함을
충족시켜야 한다는 것을 알고 있습니다. 동시에 모든 무장 전투원은 자
신의 정치 활동, 일상적인 행동, 사회 활동의 공개적인 성격이 밤이나
음지가 아닌 대낮에 깨끗한 양심으로 할 수 있도록 보장한다는 것을 알
고 있습니다. 사실, 사회와 국민에 의해 부과되고 진정으로 통제되는 것
이외의 미덕은 존재하지 않습니다.

우리처럼 인구의 95퍼센트가 문맹이고 지배 계급이 모호함과 무
지에 사로잡혀 있는 사회에서 부르주아의 법은 모든 상식을 무시한 채
"법을 몰랐다는 것은 변명이 될 수 없다"고 감히 주장합니다. 이러한 속
임수를 통해 유산 계급은 광범위한 대중, 즉 시골의 농민과 도시의 노동
자를 억압합니다.

동일한 법 제도의 이름으로 "법만이 강제력을 행사할 수 있다"고

주장할 때도 마찬가지입니다. 법은 지배 계급의 이익을 보호하고 옹호하기 위해 제정되었기 때문에, 소수의 이익이 위협받을 때마다 무력에 대한 이러한 주장이 다시 제기되곤 합니다. "법으로만 강제력을 행사할 수 있다"는 말은 착취자들이 정의에 대한 대중의 생각을 배제하기 위한 속 빈 표현일 뿐입니다.

이렇게 하여 난해하고 엘리트주의적인 언어를 사용해 의도적으로 혼란스러운 문구를 해석할 책임이 있는 변호사와 판사를 살 돈이 모자란 경우를 제외하고는 모든 것이 허용되는 것입니다.

실제로는 결국 힘을 가지게 되는 것은 법이기에, 부유한 자의 법, 최고 입찰자에게 팔린 법, 그리고 웅변적 재능은 유명 변호사를 고용할 능력이 없거나 가난하고 무지하고 배우지 못한 사람의 "보편적 권리"를 이기게 됩니다.

우리는 매일 우리 눈앞에서 "법만이 강제력을 행사할 수 있다"는 확신 가운데 군중에게 쫓기는 도둑이 경찰서로 피신하는 것을 보고 있으며, 그들의 보호가 보장될 것이라고 확신합니다. 이와 대조적으로, 와가두구를 지나가던 농부는 사소한 일로 혐의를 받는 상황에서 추격자와 경찰서를 모두 피해야 합니다. 대도시 어느 세계에서도 그가 정의를 찾을 가망은 없기 때문입니다. 실제로 그는 경찰서가 법의 이름으로 처벌하는 곳이라고 믿습니다. 그리고 그는 모든 시민이 법 앞에 평등하며, 법은 누구도 거스를 수 없고 피할 수 없는 것이라고 순진하게 믿습니다.

민주적이고 대중적인 혁명은 반민주적이고 반민중적인 사법 시스템을 부숴야 합니다. 1965년 12월 반동적 과대망상증 환자 모리스 야메오고Maurice Yameogo가 99.99퍼센트의 득표율로 "민주적으로" 승리했다고 주장한 조작된 선거의 판결을 우리 국민이 부숴버린 것처럼 말입니다. 며칠 후인 1966년 1월 3일, 우리 국민은 —조작된 투표함과 투표용지에 항거하여— 사기꾼을 퇴진시킴으로써 스스로 불가항력적이고 혁명적인 판결을 내렸습니다. 로마법의 어떤 해석가도, 판사도, 변호사도, 법정도 감히 이 강력하고 침범할 수 없으며 진정한 대중적 민주주의를 가로막을 수 없었습니다. 그럴 만한 이유가 있었죠!

더 최근에는 1983년 5월 17일 반혁명 쿠데타 이후 블레즈 콩파오레 동지가 그의 군대와 포 마을의 혁명적 인민들과 함께 찬탈자에 대한 혁명적 반격을 준비했을 때, 아무도 감히 그러한 대응의 정당성에 이의를 제기하지 않았습니다. 분명히 적법성, 성문법, 신식민지 군대의 군사 규정 등은 그 행위에 의문을 제기했습니다. 콩파오레 동지는 특공대와 포 인민들이 우리 국민 모두의 정의, 명예, 존엄에 대한 가장 깊은 감정을 진정으로 구현했다는 것을 알았습니다. 이러한 관점에서 볼 때 그의 행동은 수천 번도 더 민주적이고 합법적이었습니다. 어떤 군사 규정도, 신식민지 볼타 사법 체계의 어떤 법도 그러한 태도를 뒷받침해 줄 수 없었습니다. 그러나 1983년 5월 17일의 반동적 배신으로 굴욕과 모욕을 당한 대다수 혁명적 인민의 눈에는 이러한 태도가 정당하고 합법적이었습니다.

이 두 가지 사례를 통해 보여 준 우리 인민의 행동은, 불문율적인 인민의 도덕성에 완전히 일치하지 않는다면, 소수의 부르주아적 합법성에 부합하는 정도로는 아무런 의미가 없다는 사실을 가르쳐 줍니다.

볼타 인민은 자신의 경험을 세계의 다른 민족과 공유할 것을 제안합니다. 어떤 사법적-정치적 계략도, 금융 봉건주의의 부패한 마법도, 양심에 대한 위반도, 선거주의적 서커스도 민중의 정의가 승리하는 것을 막을 수 없습니다.

동지 여러분, 억압과 착취가 존재하는 한, 억압자의 정의와 피억압자의 정의, 착취자의 정의와 피착취자의 정의라는 두 가지 정의 체계와 두 가지 민주주의 체계는 항상 존재할 것입니다. 민주적이고 대중적인 혁명의 정의는 억압자와 착취자의 정의였던 어제의 신식민지 정의에 반대되는 정의로서 항상 억압받고 착취당하는 자를 위한 정의가 될 것입니다. 동지 여러분, 민중은 스스로 정의를, 그들의 정의를 적용해야 합니다.

민중과 그들의 이익에 대해 가장 봉건적인 경멸 외에는 어떤 감정도 없는 무능력을 보여 주는 사람에게 무거운 타격을 가하는 일에 엄살이나 악어의 눈물은 어떤 식으로든 영향을 주지 않아야 합니다. 그러나 혹여나 가혹한 처벌을 받음으로써 자신의 범죄를 깨달을 기회가 주어졌기 때문에 국민에게 감사하는 마음을 갖게 된 사람이 있다면 그들에게 도움의 손길을 내밀어 주십시오.

그들이 우리에 대해 알아가게 합시다. 국민이 정당하게 요구한 마지막 한 푼까지 모두 갚도록 한 후, 그들이 부당하게 얻은 막대한 부를 박탈당하면 진정한 행복을 찾을 수 있다는 것을 이해할 수 있도록 여건을 우리가 조성할 것입니다. 우리 혁명 사회에서 이 행복은 다름 아닌 정직한 임금을 받는 정직한 노동이 될 것입니다. 이 정직한 임금은 스위스나 다른 곳의 비밀 은행 계좌나 가장 유명한 증권 거래소의 투기성 증권으로 계산할 수 없는 존엄성과 자유를 가져다주며, 이는 굶주림과 질병, 무지로 죽어 가는 사람들 앞에서 공격적이고 충격적인 사치 행진을 벌이는 것으로도 계산할 수 없는 행복입니다. 가능한 모든 참회자를 초대하는 이 행복은 사회에 대한 당신의 유용성이 입증되었다는 만족감과 당신을 받아들이고 당신을 포함하는 사람들의 열망을 정의하고 실제로 성취하는 데 참여할 권리를 누리는 데 있을 것입니다.

동지 여러분, 인민 혁명 법원은 낡은 로마법에 조종을 울리고 있습니다. 그것은 수많은 우리 인민을 소외시키고 소수 계급에 불법적이고 추악한 특권을 봉헌했던 외래 나폴레옹 사회법이 부르는 백조의 노래입니다. 와가두구에서 열리는 다음 회의에서 밝게 빛나는 길이 열리고, 그 길 끝에는 보편적 혁명의 하늘에 위대한 정의의 태양이 비추어, 희망하지만 감히 시도하지 않는 모든 사람, 시도하지만 거의 이해하지 못하는 모든 사람, 이해하지만 감히 시도하지 않는 모든 사람의 마음에 그 강력한 빛을 비추어 주기를 바랍니다.

조국이 아니면 죽음을, 우리는 승리할 것입니다!

단 하나의 색, 단결한 아프리카

1984년 여름 상카라는 에티오피아, 앙골라, 콩고(브라자빌), 모잠비크, 가봉, 마다가스카르를 방문했다. 순방에서 돌아와 그는 와가두구에서 혁명 1주년 기념식 직후 기자회견을 열었는데, 이날 오트볼타의 국호가 부르키나파소로 바뀌었다. 아래는 1984년 8월 10일 자 《까르푸 아프리깽》에 실린 주요 발췌문이다.

문: 보수적이면서 상대적으로 부유한 이웃 나라 코트디부아르와의 관계는 지금 어떤 상태인가요?

상카라: 코트디부아르가 어떤 점에서 보수적이라는 거죠? 무슨 뜻인지는 알겠는데, 코트디부아르가 어떤 이념을 지키고 있는지 좀 더 명확하게 알고 싶어요. 우리의 이념과 그들의 이념 사이에 어떤 대비가 있는지 더 잘 판단하기 위해서요.

오트볼타는 코트디부아르와 국교를 맺었으므로 우리의 관계는 좋습니다. 제가 1주년 메시지에서 말했듯이 부르키나파소는 모든 사람에게 열려 있고 모든 사람에게 다가갈 것입니다. 이런 맥락에서, 이런 정신에서 저는 우리의 관계가 좋다고 생각합니다. 물론 관계 개선을 위해 더 할 수 있는 일은 항상 있습니다. 하지만 현재 상황은 우리에겐 괜찮습니다. 그리고 코트디부아르의 형제들이 원한다면 우리는 지금처럼 계속할 수도 있고 더 잘할 수도 있습니다. 그렇지만 지금도 코트디부아르와 부르키나파소 사이에 특별한 문제는 없는 것으로 알고 있습니다.

물론 코트디부아르에는 많은 반대자들이 있습니다. 하지만 우리는 혁명가로서, 즉 스스로를 혁명가라고 생각하기 시작하자마자 우리가 살고 있는 세상이 그다지 혁명적이지 않다는 것을 잘 알게 되었습니다. 항상 우리 마음에 들지는 않는 현실과 함께 살아야 합니다. 전혀 혁명을 일으키지 않거나 심지어 우리의 혁명을 공격하는 정부와 함께 살아갈 대비를 해야 합니다. 이것은 혁명가에게 매우 큰 책임입니다. 어쩌면 우리 뒤에 오는 사람, 즉 혁명가들은 더 나은 세상에서 살게 될 것이고 훨씬 더 쉬운 일을 하게 될지도 모릅니다.

어쨌든 우리가 이 현실, 즉 코트디부아르는 혁명을 하고 있지 않지만, 우리는 혁명을 하고 있다는 사실을 받아들이는 순간 모든 것이 단순해집니다. 어려움, 복잡함, 우려는 혁명가인데도 낭만적으로 모든 사람이 혁명가처럼 행동해야 한다고 바라는 사람의 마음속에만 있는 것입니다. 하지만 우리는 놀랍지 않습니다. 그래서 신경 쓰지 않습니다. 이미 예상했던 현실이니까요.

문: 부르키나파소와 코트디부아르 사이에는 역사적 유대가 존재합니다. 지역 및 하위 지역 조직 차원에서 주기적으로 서로 방문해 왔다는 사실이 이를 확인해 줍니다. 하지만 구체적으로 대통령 동지, 국가혁명평의회가 집권한 이후 아비장-와가두구를 잇는 축은 어떤 상태입니까? 일부에서는 일종의 냉기가 감도는 듯 이야기하고 심지어 당신

이 야무수크로(Yamoussoukro)*에서 열린 마지막 앙탕트 위원회(Entente Council) 정상 회담에 불참하고 코트디부아르 실무 방문이 취소된 것이 의미하는 바가 있다고 주장하기 때문입니다.

상카라: 아비장-와가두구 연결축이 어떤 상황인지 질문하셨습니다. 아이보아르 항공과 볼타 항공(곧 에어 부르키나가 될)의 노선은 직선입니다. 아비장-와가두구 철도를 보자면 이 축은 뒤틀어지고 구불구불합니다. 아비장-와가두구 도로로 대표되는 축은 어두운 지역, 삼림 지대, 사바나를 통과하며 바다에서 메마른 사헬의 중심부까지 뻗어 있는 축으로, 기복이 심하고 혼란스럽고 매우 어렵습니다. 이는 우리 각자가 파악해야 하는 복합적 현실 관계의 집합입니다. 그 축이 바로 이것입니다. 설명을 원하셨으니 말씀드립니다.

두 번째 질문을 하셨군요. 어떤 사람은 냉기가 존재한다고 말합니다. 누가 그렇게 말하는지 명시하지 않으셔서 저희의 대답이 쉽지 않네요. 아비장과 와가두구 사이에 어떤 서늘함이 있다고 말하는 사람이나 신문이 있다고 하셨는데요.

우리는 혁명의 온기 속에서 살고 있으며, 떨고 있는 사람들은 자신을 보호하고 필요한 예방 조치를 취해야 합니다. 코트디부아르와 부르키나파소 사이에는 지리적, 역사적, 경제적, 사회적 등 모든 종류의 관계가 존재합니다. 이러한 관계는 우리가 종을 한번 친다고 해서 지워질 수 없는 관계이며, 코트디부아르인들도 부정할 수 없는 관계입니다.

오늘날 부르키나파소는 사회를 변화시키고, 우리가 익히 알고 있

---

* 1983년 코트디부아르의 수도가 아비장에서 야무수크로로 바뀌었지만, 아비장은 사실상의 수도로 남아 있다.

는 여러 가지 병폐와 재앙에 맞서 싸우기 위한 혁명의 길에 들어섰고, 오직 부르키나파소의 적들만이 이에 대해 불평하고 있다고 생각합니다. 부르키나베 인민을 사랑하는 모든 코트디부아르인은 부르키나베 혁명에 박수를 보내야 합니다. 부르키나베 혁명을 사랑하지 않는 모든 코트디부아르인은 부르키나베 인민을 사랑하지 않는 것입니다. 어디가 추운지, 누가 추위에 떨고 있는지 파악하는 것부터 시작해야 합니다.

반동적인 오트볼타와 코트디부아르 사이의 좋았던 관계가 오트볼타가 혁명을 일으켰다고 해서 갑자기 냉각되고 있다는 의미일까요? 그것은 코트디부아르 사람에게만 물어볼 수 있는 질문입니다. 우리는 혁명의 따뜻함, 혁명을 스스로 받아들이는 누구와도 기꺼이 나눌 수 있는 따뜻함 속에 살고 있습니다. 그러나 우리는 누구에게도 그것을 강요할 수 없으며, 형제 민족, 이웃 민족이 같은 기쁨을 나누지 못하거나 같은 따뜻함의 혜택을 누리지 못한다면 그것은 정말 안타까운 일일 것입니다.

문: 코트디부아르와 달리 부르키나파소에서는 가나와 가나 대통령이 환영받고 있습니다. 심지어 혁명 기념식에서 가나 군대가 시가행진하는 모습도 보았습니다. 지원은 어디에서 끝나고 간섭은 어디에서 시작될까요? 한마디로 가나는 당신의 젊은 국가에 골칫거리가 될 수도 있을까요?

상키리: 누구를 지원하나요? 누구의 업부에 대한 간섭이죠? 간섭은 한 민족이 자신에 대한 배신이 자행되고 있다고 느낄 때 시작됩니다. 그렇지 않은 한 어떤 지원도 충분하다고 할 수 없을 것입니다.

가나는 기쁜 일이 있을 때나 좋지 않은 일이 있을 때나 필요할 때마다 부르키나파소를 찾아옵니다. 저희도 의심할 여지가 없고 여러분도 의심할 여지가 없다고 생각합니다. 부르키나베와 가나 인민들은 깊은 유대감을 가지고 있기 때문입니다. 이 친밀감이 지속되는 한, 우리는 더 많은 지원을 위해 충분히 노력하지 못했다는 사실을 개탄할 수밖에 없습니다.

우리는 우월주의적 시각을 갖고 있지 않으며, 종파주의를 반대합니다. 이러한 이유로 우리는 국경을 각 국가의 활동 영역을 제한하고 사물을 명확히 파악하기 위해 필요한 행정적 구분선으로 간주합니다. 그러나 자유와 존엄성, 자신의 자원에 의존하는 독립적이며 일관된 반제국주의 투쟁의 정신은 국경을 넘어 북쪽에서 남쪽으로, 남쪽에서 북쪽으로 쉽게 불어와야 합니다. 우리는 부르키나파소와 가나 사이에 이러한 바람이 불고 있으며, 앞으로도 계속 불어야 한다고 생각합니다.

우리나라와 다른 모든 나라에 이런 바람이 불면 관계에 어떤 문제나 어려움이 있을 것으로 생각하나요? 이 같은 바람이 전 세계 모든 나라에 불었다면 오늘날 국가들이 서로를 말살하려 위협하는 지경에 이르렀을 것으로 생각합니까? 지금 우리는 이란과 이라크에 관해 이야기하는 겁니다. 가나 사람이 부르키나베를 방문하고 그 반대의 경우도 마찬가지인 것처럼, 이란 사람이 이라크 사람을 방문할 수 있다면 좋지 않을까요?*

이러한 사례가 반복되기를 바랍니다. 우리는 이것이 전 세계 사람의 이익에 부합한다고 생각합니다. 패배하는 사람은 가나를 부르키나파소에 대립시켜 자신의 불순한 동기로 가나를 세우고자 하는 사람

---

*   1980년 9월, 사담 후세인 이라크 정부는 워싱턴, 런던, 파리, 도쿄의 지원을 받아 이란을 침공했다. 후세인은 이란의 유전을 장악하려 했으며 수백만 명의 도시와 농촌 노동자와 젊은이들이 친미 군주제를 전복시킨 '1979년 혁명'을 되돌리려고 했다. 이란-이라크 전쟁은 8년 동안 지속되었고 수십만 명의 사망자가 발생했다.

일 것입니다.

문: 부르키나파소는 현재 아프리카 단결 기구(OAU) 내부의 위기에 대해 어떻게 생각하나요?

상카라: OAU의 목표에 의문을 제기하고 재정의해야 하는 혁명적인 과정이 진행 중이기 때문에 이는 지극히 정상적이고 환영할 만한 위기라고 생각합니다.

OAU는 지금처럼 계속 존재할 수 없습니다. 단결을 방해하려는 욕구가 단결을 실현하려는 욕구보다 너무 빨리 승리했습니다. 단결이라는 이름으로, 그리고 그 단결을 부추기는 과정에서 많은 것들이 희생되었습니다. 오늘날 아프리카 사람들은 점점 더 힘들어지고 있습니다. 그리고 그들은 절대 실행되지 않을 결의안을 채택하거나 오랫동안 기다려 온 결의안이 채택되지 않도록 기능하는 회의와 컨퍼런스를 거부하고 있습니다.

아프리카는 OAU가 항상 내일로 미루며 성공적으로 기피해 온 문제와 직면하고 있습니다. 그 내일이 바로 오늘입니다. 우리는 더 이상 이 모든 문제를 내일로 미룰 수 없습니다. 그래서 우리는 이 위기가 지극히 정상적이라고 생각합니다. 어쩌면 조금 늦은 감이 있는지도 모릅니다.

문: 서사하라 분쟁에 대한 부르키나파소의 입장을 말씀해 주시겠습니까?

상카라: 우리는 사하라위 아랍 민주공화국(SADR)을 인정했고, 한 국민이 어떤 조직을 선택하기로 결정했다면 그 조직을 인정하는 것은 의무라고 생각하기 때문에 이 문제에 대해 주저할 이유가 없다고 생각합니다. 그래서 우리는 SADR이 없는 OAU 정상회의는 있을 수 없다고 생각합니다. 누군가가 사라졌습니다. 누군가가 불참했는데 그 사유가 정

당하지 않다면 부르키나파소는 함께 하지 않을 것입니다.*

문: 아프리카든 비아프리카든 원조와 협력에 대해 여러 번 말씀했지만, 모든 종류의 원조는 아니라고 말하셨습니다. 무슨 뜻인가요?

상카라: 원조는 우리의 주권을 훼손하는 것이 아니라 강화하는 방향으로 진행되어야 합니다. 원조는 원조를 종식하는 방향으로 나아가야 합니다. 부르키나파소에서는 원조를 죽이는 모든 원조를 환영합니다. 그러나 우리는 복지 의존증을 일으키는 모든 원조를 포기할 수밖에 없습니다. 그래서 누군가 우리에게 원조를 약속하거나 제안할 때, 심지어 우리가 주도적으로 원조를 요청할 때도 매우 신중하고 엄격합니다.

어느 정도의 금욕주의와 희생 없이는 혁명을 이루거나 독립을 쟁취할 수 없습니다. 부르키나 인민들이 스스로에게 금욕주의를 요구하는 것은 유혹을 피하기 위해서, 일부 원조 단체가 부추기는 것처럼 쉬운 길을 택하지 않기 위해서입니다. 이러한 신기루는 우리나라와 다른 나라에 많은 해를 끼쳤습니다. 우리는 그것을 멈추고 싶습니다.

문: 대통령 동지, 쿠펠라(Koupela)**에 머무는 중 국제사법재판소 재판관을 접견하셨죠. 두 분은 부르키나파소-말리 문제에 관해 이야기를 나눴을 것입니다. 심의는 어떻게 진행되고 있나요? 결과에 대해 낙관적인가요?

상카라: 부르키나파소에서 정권을 잡은 지 45일 만에 우리는 말리 국민에게 이 문제에 대한 공정한 해결책을 찾기 위해 노력하겠다는 의지를

---

* 이 책 33쪽, 약자 및 약어 목록 중 사하라위 아랍 민주공화국(SADR) 참조. 1984년 11월 아프리카단결기구 정상회의에서 토마 상카라가 이끄는 부르키나베 대표단의 적극적인 지지를 받아 SADR이 정회원으로 가입했다. 그 후 모로코는 이에 항의하여 OAU에서 탈퇴했다.

** 쿠펠라는 부르키나파소 동쪽 중앙부에 있다.

표명했습니다. 우리는 이 문제에 관한 솔직하고 건설적인 대화를 방해하는 모든 거부권, 모든 금지 조치, 모든 장애물을 해제했습니다.* 자발적인 태도가 일반적으로 가장 진정성이 있다고 말씀드리고 싶습니다.

말리 국민에게 우리의 의지, 진정성, 그리고 그들과 평화롭게 살고자 하는 깊은 열망을 확신시키는 것이 중요하다고 생각합니다. 그래서 우리는 부르키나의 운동장으로 넘어온 이 공을 치워버렸습니다. 이제 그 문제는 끝났습니다. 국제사법재판소든 말리든 다른 파트너의 결정을 주시하고 있습니다. 우리는 그들에게 행동하거나 대응할 시간을 주고 있습니다. 우리는 걱정하지 않습니다.

문: 최근 자이르의 협상 상대가 흑인 아프리카 국가들의 동맹을 설립할 것을 요청했습니다. 모부투 대통령의 이 구상에 대해 어떻게 생각하시나요? 구체적으로 이러한 동맹이 흑인 아프리카가 직면하고 있는 문제를 해결할 수 있다고 생각하시나요? 그리고 서사하라와 차드**의 분쟁이 OAU의 현 상황의 원인이라고 생각하시나요?

상카라: 흑인 아프리카 국가의 연맹에 대한 잘 알려진 제안에 대해 국가수반들이 서로 협의했는지 재확인하시는 것 같아서 질문이 매우 혼란스러워요. 질문이 암시하는 바가 바로 그것인 것 같습니다. 어쨌든 저는 운 좋게도 협의 요청을 받지 않았습니다! 아마도 "기여"할 무언가

---

* 오트볼타의 역대 정부는 말리와의 오랜 국경 분쟁으로 인해 말리의 서아프리카 통화 연합 가입을 거부했다. 1983년 10월부터 12월까지 오트볼타의 새로운 혁명 정부는 이 거부권을 해제하고 분쟁을 국제사법재판소에 회부했다.

** 중앙아프리카의 옛 프랑스 식민지였던 차드는 남부의 프랑스와 북부의 리비아가 지원하는 세력 간의 반복되는 내전으로 혼란에 휩싸여 있었다. 프랑스는 1968-72년, 1977-79년, 1983-84년, 1986년부터 현재까지 군사적으로 개입했다. 리비아 군대는 1983년부터 1987년까지 북부를 점령했다.

가 있는 사람들만 이 요청을 받았을 것입니다.

현실적으로 흑인 아프리카인과 백인 아프리카인이 존재하기 때문에 흑인 아프리카인이 함께 모이는 것에 반대하지는 않지만, 이것이 정확히 무엇을 충족시킬 수 있을지는 모르겠습니다. 우리가 흑인이라는 것을 계속 반복하는 것이 어떤 목적에 도움이 될지 모르겠습니다. 마치 OAU의 당면한 문제들이 OAU에 두 색깔이 있기 때문에 생긴 것이라도 되는 것처럼 말이죠. 그래서 우리가 한 가지 색으로 된 OAU의 구성을 고려해야 하는 것처럼 말입니다. 이것은 우리가 그릴 수 있는 그다지 매력적이지 않은 초현실주의적 그림입니다.

당신과 《쥔 아프리끄》(*Jeune Afrique*)는 서사하라 분쟁 —우리는 쌍방을 분명히 하기 위해 SADR과 모로코 간의 분쟁이라고 부릅니다— 과 치드의 분쟁이 OAU가 분열되기 시작한 이유를 설명할 수 있다고 말하는 것 같습니다. 마치 이 두 가지 문제, 즉 차드와 SADR은 비흑인 아프리카인과 연관된 문제이며, 이들을 OAU에서 쫓아내면 흑인 아프리카인들이 다시 조화롭게 살 수 있다고 생각하는 것 같기도 합니다. 나는 백인 아프리카인이 대부분인 SADR과 특정 흑인 아프리카 국가 간의 관계가 일부 흑인 아프리카 국가와 다른 흑인 아프리카 국가 간의 관계보다 더 나쁘다고 믿지 않습니다. 따라서 이것은 피부색의 문제가 아닙니다. 우리가 OAU를 어떻게 생각하는지에 관해 색에 민감한 사람이 끼어들 여지는 없습니다. 단 하나의 색, 즉 단결한 아프리카라는 빛깔만 있을 뿐입니다.

문: 브라자빌 회의의 진화 과정, 특히 그 실패에 대해 어떻게 생각하시나요?*

상카라: 잘 아시다시피 우리는 브라자빌에서 진행된 노력들을 지지했습니다. 우리는 브라자빌 회의가 헤비급 챔피언을 뽑는 권투 링이

되어서는 안 된다고 말했습니다. 우리는 (콩고의) 사수 응게소Sassou Nguesso 대통령이 차드 국민이 스스로 문제를 해결할 수 있도록 대화 여건을 조성하려는 노력을 전폭적으로 지지했습니다. 그러나 우리는 또한 유용한 회의가 되기 위해서는 차드 국민이 적을 성공적으로 격퇴했다는 사실도 인정해야 한다고 말했습니다.

문: 리비아와의 관계와 관련하여 부르키나파소에 대한 리비아의 원조 사례를 말씀해 주시겠습니까?

상카라: 매우 섬세하고 어려운 질문을 하셨습니다. 아주 많은 사례가 있습니다. 몇 시간, 아니 몇 날 며칠이라도 그 원조에 관해 이야기할 수 있을 것 같습니다. 우리는 매우 좋은 관계를 맺고 있으며, 쌍방이 각자의 개성을 주장하고 각국이 각자의 독립성을 주장함에 따라 관계가 더욱 깊어졌습니다. 리비아가 우리의 독립을 존중해 주어서 매우 만족스럽고 기쁘게 생각합니다.

우리는 리비아를 자주 방문합니다. 얼마 전 카다피 대령을 만났습니다. 우리는 많은 현안에 대해 논의하고 상호 비판을 했습니다. 우리는 또한 그 비판이 근거가 있고 우리의 견해를 바꾸도록 유도한다면 자기비판에 참여할 준비가 되어 있습니다. 리비아에도 그렇게 하도록 권유하는 것처럼요. 혁명가 사이에서 우리는 비판과 자기비판에 참여해야 합니다. 그렇다고 해서 리비아가 완벽하나는 의미는 아닙니다. 전 세계 어느 나라에도 완벽한 것은 없기 때문입니다. 그리고 이것은 토론을 불러일으킵니다. 그래서 우리의 관계는 지금까지 그랬던 것처럼 계속되

---

* 몇몇 아프리카 정부가 콩고공화국 브라자빌에서 열린 회의에 참여하여 차드 내전 종식과 프랑스 및 리비아 군대 철수를 위한 협상을 진행했다.

고 있으며 이러한 형태의 상호 비판과 유익한 토론을 통해 오히려 새로운 측면으로 나아가고 있습니다.

문: 아프리카 순방 중에 모잠비크와 앙골라를 방문하셨습니다. 하지만 이들 국가는 남아공과 언뜻 보기에 부자연스러워 보이는 협정을 체결한 것으로 알고 있습니다.[*]

이러한 협정에 대한 부르키나파소의 입장은 무엇인가요?

상카라: 저희는 이미 견해를 밝혔습니다. 여기에는 기본적인 문제가 있습니다. 인종차별적인 남아공은 모든 아프리카인의 옆구리를 찌르는 독이자 가시가 될 것입니다. 이 가시, 이 야만적이고 후진적이며 시대착오적 이데올로기인 아파르트헤이트가 제거되지 않는 한 인종주의는 멈추지 않을 것입니다. 따라서 이 문제에 대해 입장을 바꿀 여지는 없습니다.

이 문제를 해결하는 방법과 수단은 국가마다 전술적인 문제입니다. 하지만 근본적으로 인종차별과의 싸움은 계속되어야 합니다. 또한 전술과 전략이 서로 혼동되어서는 안 됩니다. 그래서 앙골라와 모잠비크 동지들에게 교훈을 주거나 비판하는 것은 피하면서, 인종차별에 맞서 싸워야 할 의무와 어떤 전술을 사용하든 인종차별에 맞서 영구적인 싸움을 벌여야 한다는 점을 상기시켜야 합니다. 다른 입장은

---

[*] 1984년 2월 앙골라와 남서아프리카 정부는 루사카 협정을 체결하여 아파르트헤이트 정부는 남부 앙골라에서 침략군을 철수하고, 앙골라 정부는 1915년부터 1990년까지 남아공이 통치한 나미비아에서 독립 투쟁을 주도했던 SWAPO(서남아프리카 인민기구)의 영토 내 활동을 제한하기로 약속했다. 이 협정에 이어 1984년 3월에는 모잠비크와 남아프리카공화국 간의 응코마티(Nkomati) 협정이 체결되었는데, 아파르트헤이트 정부는 모잠비크의 제국주의 레나모 세력에 대한 지원을 철회하고 모잠비크 정부는 남아프리카공화국 아프리카민족회의가 자국 영토에서 활동하는 것을 더 이상 허용하지 않겠다고 약속했다.

아프리카 순교자들의 희생을 부정하는 것이기 때문입니다. 또한 오늘날 이뤄지고 있는 모든 일과 어제 이뤄진 모든 일을 부정하는 것이기도 합니다.

동시에, 우리는 인종주의와 관련하여 모든 사람의 안전을 지켜온 최전선에 있는 이들 국가에 효과적이고 진정성 있는 구체적 지원을 제공하지 못한 다른 아프리카 국가들을 비판하는 데 주저하지 않습니다. 모잠비크가 과감하게 다른 투쟁을 지원했기 때문에 과거 로디지아는 오늘날 다른 현실을 살아가고 있습니다.*

앙골라가 남아공을 지켜보고 있기 때문에 서아프리카나 북아프리카의 나머지 국가들이 인종차별의 직접적인 위협에서 벗어날 수 있는 것입니다. 하지만 두 나라가 무너지면, 즉 최전선 국가가 무너지면** 인종차별주의자들의 실제 국경이 꾸준히, 위험하고 침략적으로 진격해 올 것입니다.

따라서 우리는 두 나라가 인종차별주의에 맞서, 인종차별주의자인 남아프리카공화국에 맞서 치열한 투쟁을 계속하도록 격려할 수밖에 없습니다. 그리고 그 과정에서 필요한 모든 경계를 늦추지 않기를 바랄 뿐입니다. 악마를 상대할 때는 손잡이가 매우 긴 숟가락을 사용해야 한다는 사실을 명심해야 합니다.

문: 니미비아 독립을 위해 남아공이 제기한 전제 조건, 즉 앙골라에서 쿠바군이 철수하는 안에 대해 부르키나파소는 어떻게 생각하나요?*

---

* 1980년 로디지아의 인종차별적 백인 소수 정권은 민족 해방 전쟁이 격화되고 국제적 고립이 심화되자 다수 지배를 막으려는 노력을 포기해야 했다. 로디지아는 짐바브웨 공화국이 되었다.

** 이 책 498쪽, 용어집 참조: 최전선 국가(Frontline States).

상카라: 남아공이 제기한 전제 조건은 마치 붉은 청어와도 같은 형용 모순인데, 자신들도 자국 영토에 외국군이 주둔하고 있는 아프리카 국가들과 거래하고 있기 때문이죠. 이런 경우는 왜 문제가 없나요? 앙골라가 자기들에게 유용한 기여를 하고 유용한 지원을 제공하는 군대를 요청하는 것을 왜 막으려 할까요? 그것은 그들의 권리입니다. 쿠바 군대를 요청하는 것은 앙골라의 주권과 관련된 문제입니다. 쿠바인들이 자신들의 문 앞과 해안선에도 위험이 도사리고 있는데 다른 나라를 위해 죽으러 가는 것에 기꺼이 동의한 것은 인정해 주어야 할 일입니다.

이 나라 또는 저 나라에 외국군이 주둔하는 문제에 관한 한, 우리는 문제를 제기할 권리가 있는 국가와 그렇지 않은 국가가 있다고 생각합니다. 특히 자국에 외국군이 주둔하고 있는 경우에는 더욱 그렇습니다. 쿠바 군대는 지배 정책을 연장하려는 국가보다 덜 합법적이지 않습니다.

문: 연설에서 유다의 입맞춤으로 당신을 맞이하는 나라들, 또는 당신 국민의 적을 지지하는 나라들을 언급하셨습니다. 프랑스도 그러한 국가에 포함되는지, 그리고 프랑스와 부르키나파소의 관계를 어떻게 구상하고 있습니까?

상카라: 아마도 당시에는 예수님만이 유다를 알아보았을 겁니다. 다른 열한 명의 제자들은 몰랐을 겁니다. 너무 앞서 나가지 맙시다. 우리

---

* 1975년 11월부터 1991년 5월까지 쿠바 자원군 37만 5천여 명이 미국의 지원을 받으며 자이르의 제국주의 정권과 동맹을 맺은 남아프리카 군대의 침략을 격퇴하기 위한 앙골라 정부의 연대 호소에 응답했다. 이러한 국제주의적 노력은 1988년 쿠이토 쿠아나발레(Cuito Cuanavale) 전투에서 인종차별주의 세력이 패배하면서 절정에 달했고, 남아공은 앙골라에서 철수하고 나미비아는 독립하게 된다.

는 다른 사람의 말을 함부로 평가하지 않습니다. 그러나 우리는 유다들이 자신이 누구인지 알고 있으며, 아마도 우리를 반대하는 음모를 꾸미다가 들키면 어떤 식으로든 서로를 배신하리라는 것도 알고 있습니다. 이 주제로 이야기하고 있으니 말이지만, 그들은 모든 것을 부인하겠지만 결국에는 자신의 깊은 의도가 드러날 것입니다. 열두 제자 중 첫째 제자인 베드로는 스스로 잡혔습니다. 베드로가 대중의 비난 대상이 된 사람과 함께 있지 않은 척하자 "네 말투가 너를 배신했다"라는 말을 들었습니다. 글쎄요, 당신도 다른 사람처럼 성경을 읽었으니 더 이상 말하지 않겠습니다.

프랑스는 우리와 의외의 관계를 맺고 있습니다. 우리는 이 관계가 더 좋아질 수 있다고 생각합니다. 우리는 관계를 개선하고 싶습니다. 우리는 이 말을 여러 번 반복했습니다. 그러나 이러한 관계가 개선되려면 프랑스는 적어도 우리를 포함해서, 아프리카 국가들을 대하는 새로운 방법을 배워야 합니다. 여러분만이 이해하겠지만, 1981년 5월이 프랑스를 변화시킬 수 없었다는 사실을 깊이 유감스럽게 생각합니다. 프랑스와 아프리카의 관계에 관한 한, 어쨌든 1981년 5월은 아무것도 바꾸지 못했습니다.*

1981년 5월의 프랑스는 이전 정부와 거의 똑같은 과정을 밟고 있습니다. 또한 다양한 아프리카 그룹을 대표하는 똑같은 대변인을 상대하고 있습니다. 오늘날의 프랑스는 어제의 프랑스와 다르지 않습니다. 그래서 새로운 아프리카의 현실을 표현하고 전달하는 우리가 이해받지 못하고 있는 것입니다. 어쩌면 우리는 프랑스와 아프리카 관계의 고요

---

* 1981년 5월 사회당의 프랑수아 미테랑Francois Mitterrand이 프랑스 대통령으로 선출되었다.

한 연못을 조금 휘젓고 있는지도 모릅니다.

우리는 진실의 언어, 즉 직설적이고 다소 솔직하지만, 다른 곳에서는 찾아볼 수 없는 진실과 진정성이 결합된 언어를 사용합니다. 너무 오랫동안 프랑스는—그들이 사이코패스라는 것은 아니지만— 신식민주의의 현지 하수인들이 사용하는 언어에 익숙해져 있었습니다. 이러한 상황에 줄을 서고 싶지 않은 일부가 있다는 것을 이해하지 못합니다.

만약 프랑스가 부르키나파소에서 다른 아프리카 여러 국가가 현실이라고 공유하는 이 새로운 현실을 있는 그대로 받아들이려고 노력한다면 많은 것이 달라질 것입니다. 하지만 안타깝게도 사람들은 부르키나파소를 사소한 결함이나 우연, 일시적인 현상으로 치부하고 싶어합니다. 아니요, 이것이 아프리카의 현실이므로 아프리카와 다른 파트너 간의 관계도 그에 따라 발전해야 합니다.

문: 이념이 다른 나라에도 개방적이라고 하셨는데요. 1981년 5월 프랑스에서 사회당이 정권을 잡았습니다. 하지만 당신 나라의 이념은 프랑스와 반대됩니다. 두 나라가 조건부로 우호 관계를 맺는 것이 옳을까요? 그렇다면 그 조건은 무엇일까요?

상카라: 무조건적인 우정이라는 것은 없다고 생각합니다. 첫눈에 반한 사랑에도 조건이 있기 마련이고, 그 조건이 사라지면 인간은 놀랍도록 냉정한 현실로 돌아오게 되죠.

부르키나파소와 다른 국가 간의 우정은 우리의 주권과 이익을 존중하는 조건부 우정이며, 이는 다시 상대방을 존중하도록 강요합니다. 이러한 조건은 일방통행이 아닙니다. 우리는 프랑스와의 대화가 솔직해야 한다고 생각합니다. 두 파트너가 진정으로 그것을 지키고자 하는 의지가 있다면 진실성은 우리를 우정의 프로그램으로 이끌 수 있습니다.

프랑스를 대표하는 대사가 1983년 8월 4일부터 오늘날까지 프랑스와 옛 오트볼타 간의 외교 수지 균형이 우리에게 크게 불리한 적자를 나타내는 것으로 계산했습니다. 이는 많은 것을 시사합니다. 프랑스는 부르키나파소의 입장이 이러저러한 거물 인사들이 임의로 추측하거나 해석하거나 표현할 수 있는 것인 양 계속 믿고 있습니다. 즉, 프랑스는 부르키나파소를 아프리카의 특정 현실을 반영하는 새로운 무언가로 간주하지 않았습니다.

문: 오트볼타는 [1984년 로스앤젤레스 하계] 올림픽에 참가하지 않기로 했습니다. 왜 그랬나요? 다른 아프리카 국가들이 참석을 결정한 것은 어떻게 설명할 수 있을까요?

상카라: 오트볼타는 불참을 결정했고 부르키나파소도 그 결정을 지지합니다. 우리가 메달을 가져올 가능성이 별로 없어서가 아닙니다. 아니에요! 그보다 원칙의 문제이지요. 우리는 다른 플랫폼과 마찬가지로 이러한 게임을 우리의 적과 남아프리카의 인종차별을 비난하는 데 활용해야 합니다. 남아공의 인종차별 정책을 지지하는 사람들과 함께 올림픽에 참가할 수는 없습니다. 또한 인종차별적인 남아프리카공화국을 약화시키기 위해서 아프리카인이 발표한 경고와 비난을 거부하는 사람들과도 함께할 수 없습니다. 우리는 이에 동의하지 않으며, 앞으로 올림픽에 절대 참가하지 않는 한이 있더라도 불참하기로 결정했습니다.

우리의 입장은 누구의 지시에 따른 것이 아닙니다. 참가를 거부한 나라마다 이유가 있습니다. 우리 이유도 영국 스포츠 당국과 남아프리카공화국의 관계와 관련이 있습니다. 영국은 다양한 경고와 수많은 항의를 받아들인 적이 없습니다. 영국은 꿈쩍도 하지 않았고 우리도 마찬가지입니다. 우리는 그들 편에 서서 축하하지 않을 것입니다. 우리는 그

축하 행사에 갈 수 없습니다! 우리는 축하하고 싶지 않습니다.

문: 서방과 유럽, 그리고 프랑스가 가장 두려워하는 것이 "혁명"이라는 용어라는 것을 알고 계실 겁니다. 연설에서 "혁명은 수출할 수 없다"라고 말씀하셨죠. 이는 두려움에 떨고 있는 국가들을 안심시키기 위한 말씀인가요? 국경이 단순히 행정적인 선에 불과하다면 혁명을 수출하지 않을 수 있을까요?

상카라: 혁명은 수출할 수 없습니다. 어떤 이데올로기적 선택도 어떤 사람에게도 강요할 수 없습니다. 혁명을 수출한다는 것은 우리 부르키나베가 다른 사람에게 접근해 그들의 문제를 해결하기 위해 무엇을 해야 하는지 가르칠 수 있다고 생각한다는 뜻이기도 합니다. 이것은 반혁명적 관점입니다. 이것이 바로 사이비 혁명가들, 즉 책에 집착하고 독단적인 소부르주아들이 주장하는 것입니다. 우리가 혁명을 수입해 왔으니 이제 우리가 그 고리를 이어 가야 한다고 말하는 것이죠.

그렇지 않습니다.

우리는 우리의 혁명이 다른 사람들의 경험, 그들의 투쟁, 성공, 좌절을 도외시하는 것이 아니라고 말했습니다. 따라서 부르키나파소의 혁명은 그것이 무엇이든 간에 세계의 모든 혁명을 고려한다는 뜻입니다. 예를 들어 1917년의 혁명은 우리에게 많은 것을 가르쳐 주었고, 1789년의 혁명은 우리에게 많은 교훈을 줍니다. 먼로의 "미국인을 위한 미국"이라는 이론은 우리에게 많은 것을 가르쳐줍니다. 우리는 이 모든 것에 관심이 있습니다.*

---

*　1917년 러시아 혁명과 1789년 프랑스 혁명에 대한 언급. 1823년 제임스 먼로 미국 대통령이 발표한 먼로 독트린은 신생 미국 공화국이 반동적인 유럽 군주국과 식민지 개척자들의 아메리카 대륙 간섭을 막기 위해 행동할 것이라고 선언한 것이었다.

또한 국경이 단순히 행정적인 선에 불과하다고 해서 우리의 이념이 다른 나라를 침략할 수 있는 것은 아니라고 생각합니다. 왜냐하면 상대방이 받아들이지 않는다면, 다시 국경선을 쳐도 별다른 진전이 없을 것이기 때문입니다. 국경이 이념의 장벽이 되지 않으려면 양쪽 모두 국경선을 단순히 행정적인 선으로만 인식해야 합니다. 부르키나파소에서는 이 국경이나 저 국경을 단지 행정적인 선으로만 보는 반면, 다른 쪽에서는 보호용 성벽으로 본다면 가나와 부르키나파소 사이에 어떤 일이 벌어질지 알 수 없습니다.

혁명이 더 잘 알려질수록 혁명은 위험하지 않고 전 세계 사람에게 유익하다는 사실을 더 잘 이해하게 될 것입니다. 많은 사람이 혁명을 두려워하는 이유는 혁명에 대해 잘 알지 못하기 때문이거나, 선정적인 것을 추구하는 칼럼니스트와 신문 특파원들이 보도하는 과도한 부분에만 익숙해져 있기 때문입니다.

분명히 말씀드리겠습니다. 우리의 혁명은 수출용으로 만들어진 것이 아니지만, 우리는 부르키나베 혁명을 난공불락의 요새 안에 가두기 위해 노력할 생각은 없습니다. 우리의 혁명은 자유롭게 퍼져나가는 이데올로기이며, 이를 이용하고자 하는 모든 사람이 자유롭게 이용할 수 있습니다.

❶ 1984년 9월 25일 쿠바 아바나에서 피델 카스트로 쿠바 대통령으로부터 호세 마르티 훈장을 받는 상카라.
❷ 시상식에 참석 한 카스트로와 상카라가 상카라를 수행한 부르키나베 어린이 합창단에게 둘러싸여 있다. (ⓒManuel Agramonte)

우리의 투쟁은 쿠바의 사례와 지원에서 힘을 얻습니다

호세 마르티 훈장 수여식, 아바나

1984년 9월 25일

상카라는 1984년 9월 25일부터 30일까지 공식 대표단을 이끌고 쿠바를 방문했다. 그는 피델 카스트로 대통령을 비롯한 혁명정부 지도자들과 만났다. 상카라가 쿠바에 도착한 날 쿠바 국가평의회는 그에게 쿠바 정부가 수여하는 최고 영예인 호세 마르티 훈장(Order of Jose Marti)을 수여했다. 쿠바 공산당 정치국 위원이자 문화부 장관인 아르만도 하트Armando Hart가 수여식에서 연설했다. 다음은 스페인어로 진행된 하트 장관의 연설과 상카라의 답사이다. 영어 원문은 아바나에서 발행되는 《그란마 위클리 리뷰》(Granma Weekly Review) 1984년 10월 7일 자에 처음 게재되었다.

아르만도 하트

피델 동지;

부르키나파소 국가혁명평의회 의장이자 국가 및 정부 수반인 토마 상카라 대위 동지;

친애하는 방문단 동지 여러분:

동지 여러분;

우리는 오늘 저녁 상카라 대통령님께 고귀하고도 특별한 호세 마르티 훈장을 수여한다는 국가평의회의 결의안을 이행하는 영광을 누리고 있습니다. 우리 혁명은 민족의 대의, 양국 간의 국제 관계, 존엄과 명예, 또는 제국주의, 식민지 및 신식민지 지배에 대항하고 진정한 민족 해방을 위한 투쟁에 뛰어난 공헌을 한 사람들에게 매우 선별적으로 이 훈장을 수여합니다. 토마 상카라 동지께서는 이 모든 공로를 동시에 보여 주셨습니다.

먼저 우리 당 지도부와 정부, 그리고 쿠바 인민 전체가 오늘날 부르키나파소라는 새로운 이름으로 알려진 오트볼타 공화국에서 벌어지고 있는 혁명적 사건들을 지켜보면서 느낀 우정과 연대의 깊은 감정을 강조하고 싶습니다.

독립, 존엄, 발전을 위한 고된 투쟁을 경험한 혁명적 인민은 다른 형제자매 인민의 노력과 투쟁을 이해하는 데 어려움이 없습니다. 그들은 정치적 지지와 연대를 지속적으로 확대해야 할 필요성을 느끼는데, 이 두 가지 모두 항상 중요하지만, 혁명 초기에는 더욱 그렇습니다. 이것이 바로 부르키나파소 인민, 그리고 그들의 나라에서 일어나고 있는 쇄신과 변화의 과정, 아울러 그들의 뛰어난 지도자인 토마 상카라 대위에 대한 우리의 마음입니다.

상카라 대통령은 애국적인 젊은 군인들이 조국의 해방과 발전을 위한 투쟁에서 선진적 아이디어와 인민에 대한 깊은 헌신으로 어떤 역할을 할 수 있는지, 그리고 어떤 역할을 하고 있는지를 보여 주는 빛나는 본보기입니다. 상카라 대위 동지는 존경할 만한 끈기와 지성, 용기로 진보적 군대, 노동자, 조국의 젊은 세력을 이끌었습니다. 그리고 혁명 과정을 방해하려는 반동 세력의 책동을 좌절시켰습니다. 당신은 인민들과 함께 부르키나파소의 새로운 지도부가 맞서 싸우고 있는 문제인 빈곤, 억압, 부패를 동반한 신식민주의 질서가 재구축되는 것을 막았습니다.

우리는 이러한 목표와 부르키나파소의 적극적인 외교 정책, 즉 아파르트헤이트와 남아프리카 인종차별주의자들의 폭압, 그리고 반동과 제국주의 세력의 지배에 맞서는 아프리카 민중과의 연대 정책, 민족 해방 운동을 지원하고 비동맹 운동의 원칙을 고수하는 정책, 결론적으로 반제국주의 단결과 평화를 위한 투쟁 정책과 깊이 공감하고 있습니다.

친애하는 상카라 동지, 우리는 당신과 당신 대표단의 이번 방문과 피델 동지 및 쿠바 혁명의 다른 지도자들과의 대화가 우리의 우애에 기반한 유대를 더욱 강화하고 그동안 만족스럽게 발전해 온 양국 간의 우호와 협력을 더 높은 단계로 끌어올리는 데 도움이 될 것이라고 확신합니다.

부르키나파소와 쿠바는 매우 최근에 관계를 수립했습니다. 제국주의와 식민주의는 오랫동안 우리를 갈라놓았습니다. 그러나 사실 우리의 관계는 수 세기 전으로 거슬러 올라가며, 혁명의 시대인 지금에야 비로소 그들에게 정의를 실현할 수 있게 되었습니다. 과거 여러분 나라의 수많은 아들과 딸들은 고국에서 뿌리 뽑혀 사슬에 묶인 채 파렴치한 약탈자들의 노예로 쿠바에 끌려왔습니다. 그들은 이마에 흘린 땀과 목숨으로 새로운 국가를 건설하는 데 이바지했으며, 훗날 독립을 위해 숭고한 영웅 정신으로 싸웠습니다. 지난 세기 쿠바와 아메리카 대륙에서 혁명적 사상과 행동의 전형을 보여 준 비범한 쿠바인이자 이 소중한 상의 이름이 된 호세 마르티는 어린 시절 아프리카 노예제도의 끔찍한 광경을 목격하고 잊을 수 없는 감정을 가슴 뭉클한 문장으로 표현했습니다. 그는 고통 속에서 울부짖는 사람들을 향한 열정으로 가슴 떨었고, 자신의 피로 그 범죄를 심판하리라고 다짐했습니다. 오늘날 피델은 마르티가 끝내지 못한 일을 완수하고 있습니다. 쿠바와 부르키나파소 두 곳 혁명은 이러한 꿈을 현실로 만들었습니다.

오늘날 두 나라를 방문하는 사람들은 더 이상 노예의 사슬을 걸지 않고 자유의 별을 달고 있습니다. 이러한 정신에 따라, 우정, 인정, 존경의 표현으로 친애하는 상카라 동지, 피델 카스트로 최고사령관의 손에서 호세 마르티 훈장을 받아 주십시오.

토마 상카라

동지들:

혁명가들은 반동들 사이에서나 흔히 볼 수 있는 위선적인 칭찬에 시간을 낭비하지 않습니다.

쿠바 인민들이 저에게 쿠바 혁명의 최고 훈장을 수여한 것은 단순한 상징적 제스처가 아니라 우리 인민에게 바치는 경의입니다. 그것은 내 조국 부르키나파소와 민주적이고 대중적인 혁명에 대한 정치적 지지 서약입니다. 쿠바와 라틴 아메리카뿐만 아니라 전 세계 곳곳에서 자유와 독립을 위해 싸우고 있는 가장 위대한 애국자들 중 한 사람에 대한 기억에 기반한 확고한 서약입니다.

이러한 차별성은 쿠바 인민이 부르키나베 인민에 대해 얼마나 깊은 애정을 가졌는지 보여 줍니다. 호세 마르티도 자신의 잊을 수 없는 작품에 "사랑은 사랑으로 갚는다"는 제목을 붙이지 않았던가요? 열여섯 살의 어린 나이에 혁명적 정치사상을 이유로 조국에서 추방당한 호세 마르티는 전 세계 민중이 전투적으로 연대하는 현실을 피와 뼛속 깊이 느꼈습니다.

전 세계 사람들은 서로를 사랑하고, 사랑하는 방법을 알고 있습니다. 마르티는 9년 동안 미국, 멕시코, 과테말라에서 살면서 인민들의 일원이 되어 그들의 사랑을 받았습니다. 그 깊은 사랑이 없었다면 1869년과 1879년, 짧은 생애에 두 번이나 추방당했을 때 그의 사기는 땅에 떨어져 낙담했을지도 모릅니다. 하지만 1895년 호세 마르티는 고국으로 돌아와 식민지 압제자들에 맞서 무기를 들었습니다. 도스 리오스(Dos Rios)에서 사망한 그는 전 세계 모든 사람의 자유를 위해 그렇게 했습니다. 그는 쿠바와 부르키나파소, 그리고 우리 모두에 속해 있습니다.

그와 같은 영웅들의 귀중한 피는 전 세계 사람들의 젖줄이 되어 더 중요한 전투를 치를 수 있는 힘을 줍니다. 1956년 시에라 마에스트라에서 피델 카스트로 동지와 그의 동지들은 쿠바 민중이 완전한 자유를 위해 벌인 혁명적 전투를 그대로 이어가고 있었을 뿐이었습니다.*

부르키나파소의 반동적 제국주의 정권에 맞서 수년간 싸워온 혁명가들과 부르키나베 민중은 호세 마르티가 싸운 전투의 발자취를 따르고 있었으며, 오늘날에도 그것을 계속하고 있습니다.

쿠바와 부르키나파소는 너무 멀지만 그러나 매우 가깝고, 너무 다르지만 그러나 매우 비슷하기 때문에 혁명가들만이 거부할 수 없을 정도로 서로를 가깝게 밀어붙이는 진심 어린 사랑을 이해할 수 있습니다.

우리나라는 작습니다. 면적은 27만 4,000제곱킬로미터에 인구는

---

*　미국의 지원을 받는 바티스타 독재 정권에 맞선 쿠바의 혁명전쟁은 1956년 12월에 시작되었다.

700만 명, 수 세기 동안 파시스트 바티스타 독재 치하에서 여러분의 인민이 겪은 것과 같은, 혹은 그보다 더한 환경에서 살아온 농민 남녀가 700만 명에 이릅니다. 안전한 식수, 하루 세 끼 식사, 병원, 학교, 간단한 쟁기 등은 혁명 집권 1년이 지난 지금도 수백만 부르키나베인들이 아직 이루지 못한 삶의 이상입니다. 저는 국가혁명평의회와 부르키나파소 인민들이 과거의 무거운 유산을 짊어진 채 국가 권력을 정복하고 오늘날 그 권력을 행사하고 있다는 점을 설명드릴 수밖에 없습니다.

그러나 여러분과 같은 긍정적 사례는 낙담한 사람들의 사기를 되살리고, 다른 사람들의 혁명적 신념을 강화하며, 우리나라에 여전히 존재하는 기아와 질병, 무지의 중심과 맞서 투쟁하도록 사람들을 자극합니다.

우리는 우리의 행복을 위한 물질적 토대를 우리 손으로 만들기 위해 싸워왔고, 싸우고 있으며, 앞으로도 계속 싸울 것입니다. 이 싸움에서 우리는 쿠바의 혁명적 인민과 호세 마르티의 이상을 받아들인 모든 사람의 확고한 지지를 믿고 의지할 수 있다는 것을 알고 있습니다.

호세 마르티여, 들으소서!

이 훈장이 저와 동지들이 행복을 요구하는 인민을 위한 우리 혁명을 승리로 이끌도록 인도하기를!

우리의 국가 슬로건이 여러분이 이미 잘 알고 있는 슬로건에서 빌어왔다는 것은 우연이 아닙니다.

조국이 아니면 죽음을, 우리는 승리한다!*

*   이것은 쿠바 혁명의 슬로건이기도 하다.

우리의 정체성, 우리의 문화

할렘의 부르키나베 미술 전시회에서
1984년 10월 2일

유엔 총회 연설을 위해 뉴욕을 방문한 상카라는 할렘의 제3세계 무역 센터에서 부르키나베 미술 전시회를 개막했다.

친애하는 동지 여러분, 감사합니다.

부르키나파소를 소개할 수 있는 기회를 주셔서 감사합니다. 방금 우리 형제가 훌륭하게 설명했듯이 우리는 이름을 변경하기로 결정했습니다. 이것은 우리에게 다시 태어나는 시기입니다. 우리는 부르키나파소가 다시 태어날 수 있도록 오트볼타를 없애고 싶었습니다. 우리에게 오트볼타라는 이름은 식민 지배를 상징합니다. 우리는 오트볼타에 대해 로어(lower) 볼타, 웨스틴(western) 볼타, 이스턴(eastern) 볼타만큼이나 더 이상 아무 흥미도 없습니다. 이번 전시회를 통해 우리가 선택한 진짜 이름인 부르키나파소를 전 세계에 알릴 수 있게 되었습니다. 이것은 우리에게 매우 큰 기회입니다.

왜 할렘에서 전시를 시작하기로 했는지 여러분은 궁금하실 겁니다. 우리가 아프리카, 주로 부르키나파소에서 벌이고 있는 싸움과 여러분이 할렘에서 벌이고 있는 싸움이 같다고 생각하기 때문입니다. 우리는 아프리카에 있는 우리 형제가 할렘에 있는 형제에게 필요한 모든 지원을 제공하여 그들의 싸움도 알려질 수 있도록 해야 한다고 생각합니다. 할렘이 아프리카의 리듬에 맞춰 뛰는 살아 있는 심장이 되었다는 사실을 전 세계 사람들이 알게 된다면, 모두가 할렘을 존중하게 될 것입니다. 뉴욕에 오는 모든 아프리카 국가 원수들은 할렘에 먼저 들러야 합니다. 우리는 백악관이 흑인 할렘에 있다고 생각하기 때문입니다.

오늘 저녁 여러분이 보러 오신 전시회는 우리에게 깊은 의미가 있습니다. 우리의 과거와 현재를 모두 담고 있습니다. 동시에 이 전시회는 우리의 미래로 향하는 문을 열어줍니다. 이 전시는 우리와 조상, 우리와 자녀들 사이의 살아있는 연결고리를 구성합니다. 이곳에서 볼 수 있는 모든 작품은 아프리카의 아픔을 표현합니다. 또한, 이 작품들은 자연의 재앙뿐만 아니라 우리를 정복하기 위해 온 적들에 맞서 싸우고 있는 우리의 투쟁을 표현합니다.

여기에 있는 모든 전시물은 우리가 싸우는 과정에서 의존하는 에너지의 원천을 표현합니다. 조상들의 스타일이든 현대적인 스타일이든, 우리는 이러한 예술품에 우리의 미래가 그려져 있고 구현되어 있다고 생각합니다.

이들 작품과 가면 속에 숨겨진 마법은, 아마도 다른 사람들에게 미래에 대한 확신을 가지게 하고, 하늘을 탐험하게 하며, 달에 로켓을 보낼 수 있게 해 준 것과 같은 마법일 것입니다. 우리는 우리의 문화와 마법에 온전한 의미를 부여할 수 있는 자유를 누리고 싶습니다. 스위치를 올리면 갑자기 빛이 켜지는 것도 결국 마법과도 같은 현상입니다. 만약 쥘 베른이 자신의 발걸음을 멈추었다면, 오늘날 우주에서 이러한 모든 발전이 이루어지지 않았을 것입니다.

아프리카의 조상들은 특정 형태의 발전 과정을 보였습니다. 우리는 아프리카의 위대한 현인들이 평가절하되는 것을 원치 않습니다. 그래서 부르키나파소에 흑인에 관한 연구 센터를 설립하기로 했습니다.*

이 센터에서는 흑인의 기원에 대해 연구할 것입니다. 또한 흑인 문화의 진화, 전 세계의 아프리카 음악, 전 세계의 복식 예술, 전 세계의 아프리카 요리 예술, 전 세계의 아프리카 언어에 대해 연구할 것입니다. 요컨대, 우리의 정체성을 주장할 수 있는 모든 것이 이 센터에서 연구될 것입니다.

연구 센터는 폐쇄적인 곳이 아닙니다. 우리는 모든 아프리카인에게 이곳에 공부하러 오기를 요청합니다. 아프리카에서 온 아프리카인도, 아프리카 밖에서 온 아프리카인도, 할렘에서 온 아프리카인도 마찬가지입니다. 아프리카인의 발전과 성취를 위해 모두가 각자의 수준에서 함께 참여할 수 있습니다. 이번 전시가 우리 앞에 놓인 거대한 과업의 서막이 되기를 바랍니다.

친애하는 형제자매, 동지 여러분, 다음 세대로부터 우리가 흑인을 희생시키거나 침묵시켰다고 비난받지 않도록 합시다.

여러분의 시간을 더 이상 뺏고 싶지 않습니다. 다른 예술품들, 특히 브론즈 작품들이 이 진시회를 완성해 줄 것으로 보이며, 내일이나 모레 이곳 할렘에 다시 들러 여러분과 이 전시회에 대해 논의할 기회가 있기를 바랍니다.

아프리카 국가인 부르키나파소를 알릴 수 있게 해 주셔서 감사합

---

* 흑인 민족 연구소(The Institute of Black Peoples)는 혁명이 전복된 후인 1990년에 문을 열었다.

니다. 부르키나파소 인민의 이름으로, 그리고 이곳 할렘에 있는 우리 형
제들의 이름으로 이 전시회의 개막을 선언하고 싶습니다.

　　감사합니다.

1984년 10월 2일, 할렘의 제3세계 무역 센터에서 열린 부르키나베 미술 전시회에서.
(ⓒKwame Brathwaite)

우리의 백악관은 검은 할렘에 있습니다

뉴욕을 방문하는 동안 상카라는 할렘의 해리엇 터브먼 학교에 모인 500여 명 앞에서 연설했다. 이 행사는 패트리스 루뭄바 연합(Patrice Lumumba Coalition)이 주최했다.

제국주의!

[**청중**_ "물러가라!" 외침]

제국주의!

[**청중**_ "물러가라!" 외침]

신식민주의!

[**청중**_ "물러가라!" 외침]

인종차별!

[**청중**_ "물러가라!" 외침]

괴뢰 정권!

[**청중**_ "다 물러가라!" 외침]

영광을!

1984년 10월 3일, 뉴욕 할렘의 집회에서.
(ⓒErnest Harsch/*Militant*)

[**청중**_ "인민에게!" 외침]

존엄을!

[**청중**_ "인민에게!" 외침]

권력을!

[**청중**_ "민중에게!" 외침]

조국 아니면 죽음을, 우리는 승리한다!

조국 아니면 죽음을, 우리는 승리한다!

동지 여러분 감사합니다. [긴 박수]

혁명이 무엇인지 앞서 연설하신 분들이 말씀해 주셨기 때문에 오래 걸리지 않을 것입니다. [전 아프리카 인민 혁명당 All-African Peoples Revolutionary Party] 중앙위원회 위원인 동지는 혁명이 무엇이어야 하고 우리의 헌신이 어떤 것인지 잘 설명해 주셨습니다. 목사 동지는 혁명이 무엇인지 매우 아이러니한 용어로 말했습니다. 대륙의 다른 지역과 대륙 밖에서 온 동지들도 혁명이 무엇이어야 하는지를 설명했습니다. 가수, 무용수, 음악가들이 혁명이 무엇이어야 하는지를 말했습니다.

이제 우리에게 남은 것은 혁명을 이루는 것입니다! [박수]

조금 전 발레를 보면서 정말 우리가 아프리카에 와 있는 줄 알았어요. [박수]그래서 제가 항상 말했고, 다시 말하지만, 우리의 백악관은 블랙 할렘에 있습니다. [긴 박수]

할렘을 쓰레기장이라고 생각하는 사람들이 많습니다. 할렘을 질식할 것 같은 곳이라고 생각하는 사람도 많습니다. 하지만 할렘이 아프리카 영혼을 더 풍부하게 해 줄 것이라고 믿는 사람들도 많습니다. [박수] 아프리카의 이름을 되찾기 위한 투쟁에 우리의 존재를 바쳐야 한다는 것을 이해해야 할 많은 아프리카인이 있습니다. 우리는 다른 사람의 지배와 억압으로부터 자유로워지기 위해 싸워야 합니다.

일부 흑인들은 두려움에 싸여 차라리 백인에게 충성을 맹세하기를 원합니다. 그들은 비난받아야 합니다. 그리고 싸워야 합니다. 우리는 흑인임을 자랑스러워해야 합니다. [긴 박수] 기억하십시오, 많은 정치인이 선거 전날에만 흑인을 생각합니다. 우리는 밤낮으로 다른 흑인들과 함께 흑인이 되어야 합니다. [긴 박수]

우리는 우리의 투쟁이 건설을 위한 부름이라는 것을 알고 있습니다. 우리가 다른 모든 사람에 맞서는, 흑인만을 위한 세상을 만들자고 요구하는 것이 아닙니다. 흑인으로서 우리는 다른 사람들에게 서로 사랑하는 법을 가르치고 싶습니다. 우리를 향한 그들의 비열함에도 불구하고 우리는 저항할 수 있고 그들에게 연대의 의미를 가르칠 수 있을 것입니다. 또한 우리는 조직적이고 단호해야 한다는 것도 알고 있습니다. [박수] 우리 형제들이 남아공에 있습니다. 그들은 반드시 자유로워져야 합니다. [긴 박수]

작년에 저는 [그레나다 총리] 모리스 비숍Maurice Bishop을 만났습니다. 우리는 긴 대화를 나눴습니다. 우리는 서로에게 조언을 해 주었습니다. 제가 고국으로 돌아왔을 때 제국주의는 저를 체포했습니다. 저는 모리스 비숍을 생각했습니다. 얼마 후 저는 인민들이 몰려나와 준 덕분에 감옥에서 풀려났습니다. 다시 모리스 비숍이 떠올랐어요. 그에게 편지를 썼습니다. 하지만 그 편지를 그에게 보낼 기회가 없었습니다. 이번에도 제국주의 때문에요. 그래서 우리는 지금부터 제국주의와 끈질기게 싸워야 한다는 것을 배웠습니다. 내일 또 다른 모리스 비숍이 암살당하지 않으려면 오늘부터 움직이기 시작해야 합니다. [박수]

그래서 저는 제국주의에 맞설 준비가 되어 있다는 걸 보여 드리고 싫어요. [허리띠를 풀고 권총집의 권총을 과시한다. 환호성과 긴 박수] 믿어주세요, 이건 장난감이 아닙니다. 이 총알은 진짜입니다. 그리고 우리가 이 총알을 발사할 때, 그것은 제국주의를 향한 것이 될 것입니다. 모든 흑인을 대신해 쏠 것입니다. 지배당하는 모든 사람을 대신할 것입니다. 또한 흑인의 진정한 형제인 백인들을 대신할 것입니다. 또한 가나는 형제 국가이기에 가나를 대신할 것입니다.

우리가 가나와 함께 "대담한 연합" 작전을 수행한 이유를 아십니까?* 아프리카에서 우리가 할 수 있는 일이 무엇인지 제국주의에 보여주기 위해서였습니다. 다른 많은 아프리카 나라들은 외세와 공동으로 군사 작전을 조직하는 것을 선호합니다. 다음 기동작전에는 할렘의 전사들도 우리와 함께 참여해야 합니다. [환호성과 긴 박수]

우리의 혁명은 우리의 깃발로 상징됩니다. 우리나라의 새로운 국기입니다. 우리나라 이름도 바뀌었습니다. 보시다시피 이 깃발은 여러분 당의 깃발과 닮았습니다. 우리도 그 당에 속해있기 때문입니다. 우리도 그 당과 같은 대의를 위해 일하고 있기 때문입니다. 그래서 자연스럽게 두 깃발의 색이 서로 닮은 것입니다. 그리고 이 색들은 같은 의미를 지닙니다. 우리는 이미 아프리카에 있기 때문에 검은색은 사용하지 않았습니다. [박수, 환호, "제국주의는 물러가라!"라는 외침] 그래도 두 깃발은 동일하다고 생각하시면 됩니다.**

여러분 각자가 매일 한 가지 점을 기억하는 것이 중요합니다. 우리

---

* 부르키나파소와 가나는 1983년 11월 4일부터 8일까지 가나에서 합동 군사 작전을 수행했다.

** 부르키나파소의 국기는 빨간색과 초록색에 노란색 별이 그려져 있다. 빨간색은 혁명 투쟁을, 녹색은 농업, 풍요와 희망을, 노란색은 국가의 부를 상징한다. 1920년 세계흑인진보협회(Universal Negro Improvement Association)와 기타 단체에서 채택한 흑인해방기는 빨강, 검정, 초록색이다.

가 여기서 토론하고 아프리카 사람으로서 서로 이야기하는 동안 내일 아침 올릴 보고서를 작성하려는 스파이들이 여기 있습니다. 우리는 그들에게 텔레비전 카메라가 이곳에 오너라도 우리는 같은 내용을 반복할 것이니 마이크를 숨겨올 필요가 없다고 말합니다. [박수]

그래서 저는 우리 안에 제국주의와 싸울 힘과 역량이 있다는 것을 말씀드리고 싶습니다. 여러분이 기억해야 할 것은 민중이 일어설 때 제국주의는 떨게 된다는 것입니다. [박수]

저는 발레 공연에 매우 감탄했습니다. 그래서 12월에 부르키나파소에서 열리는 다음번 국가 문화 주간에 여러분을 초대하고 싶습니다. 한 명이라도 좋으니 한 명이라도 꼭 보내주세요. [박수] 2월에 와가두구에서 열리는 범아프리카 영화제에도 여러분을 초대합니다. 모든 아프리카 국가들이 대표로 참석할 것입니다. 남아공은 아프리카 해방 운동으로 대표될 것입니다. 할렘도 대표되어야 합니다. [박수]

우리는 부르키나파소에서 이곳 할렘으로 공연단을 보내 이곳에 있는 아프리카 형제자매들을 대표하여 공연할 수 있도록 최선을 다할 것입니다. 여러분께서도 이들을 격려하고 지원해 주시고, 이들이 미국의 다른 도시로 가서 그 도시에 있는 다른 아프리카 사람들을 만날 수 있도록 해 주시기를 부탁드립니다.

여러분이 제리 존 롤링스*Jerry John Rawlings 동지를 높이 평가한다는 것을 알았기 때문에 그의 사진이 인쇄된 아프리카 랩어라운드 의류를 보내드리겠습니다. 그리고 이 옷에는 "가나-부르키나파소: 같은 투쟁"이라는 문구도 새겨 넣었습니다. 이 옷은 출근할 때, 길거리에서, 쇼핑할 때, 어디에서나 입어야 합니다. 이 옷을 자랑스럽게 입고 아프리카인임을 보여 주세요. 아프리카인임을 부끄러워하지 마세요. [박수]

오래 걸리지 않을 거라고 말씀드렸습니다. 끝내기 전에 여러분 모두 일어나 주십사 요청하고 싶습니다. 내일 유엔 연설에서 빈민가에 대해 연설할 것이기 때문입니다. 저는 반드시 석방되어야 할 넬슨 만델라에 대해 연설할 것입니다. [박수] 저는 불의에 대해 말할 것입니다. 인종차별에 대해 말하겠습니다. 그리고 전 세계 지도자들의 위선에 대해 말할 것입니다. 저와 여러분, 우리는 모두 투쟁을 벌이고 있으며 그들이 관심을 기울여야 한다고 말할 것입니다. [박수] 여러분은 인민을 대표하기 때문입니다.

여러분이 서 있는 곳마다 제국주의는 떨고 있습니다. 이것이 제가 여러분에게 반복해 외쳐달라고 요청하는 이유입니다:

민중이 일어서면 제국주의가 떤다!

[**청중**_ "민중이 일어서면 제국주의가 떤다!"]

다시 한번!

[**청중**_ "민중이 일어서면 제국주의가 떤다!"]

다시!

[**청중**_ "민중이 일어서면 제국주의가 떤다!"][박수]

제국주의!

[**청중**_ "물러가라!"]

제국주의!

[**청중**_ "물러가라!"]

꼭두각시 정권!

[**청중**_ "다 물러가라!"]

인종차별!

[**청중**_ "물러가라!"]

시오니즘!

[**청중**_“물러가라!”]

신식민주의!

[**청중**_“물러가라!”]

영광을!

[**청중**_“인민에게!”]

존엄을!

[**청중**_“민중에게!”]

음악을!

[**청중**_“인민에게!”]

건강을!

[**청중**_“인민에게!”]

교육을!

[**청중**_“민중에게!”]

권력을!

[**청중**_“인민에게!”]

모든 권력을!

[**청중**_“민중에게!”]

조국 아니면 죽음을, 우리는 승리한다!

조국 아니면 죽음을, 우리는 승리한다!

고맙습니다, 동지들.

[긴 박수]

자유는 쟁취하는 것

유엔 총회에서

1984년 10월 4일

상카라가 뉴욕에서 열린 제39차 유엔 총회에서 한 연설. 그의 연설문은 유엔 주재 부르키나파소 대표부에서 팸플릿으로 발간되었다.

의장님;

사무총장님;

존경하는 국제 사회 대표 여러분:

저는 27만 4,000제곱킬로미터의 나라에서, 더 이상 무지와 굶주림, 목마름으로 죽는 것을 거부하는 700만 명의 어린이, 여성, 남성들이 보내는 우애의 인사를 전하기 위해 이곳에 왔습니다. 유엔에 주권 국가로 가입한 지난 25년 동안, 이 나라에는 진정한 삶이 없었습니다.

저는 이번 제39차 회의에서 조상들의 땅에서 이제부터 자신들의 역사를 긍정적이든 부정적이든 조금의 콤플렉스도 없이 스스로 주장하고 받아들이기로 한, 한 민족을 대표하여 여러분에게 연설하러 왔습니다.

저는 부르키나파소혁명국가평의회의 위임을 받아 우리 국민의 견해를 밝히기 위해 이 자리에 섰습니다. 20세기 말 우리 세계의 근간을 고통스럽게 무너뜨리고 있는 비극적인 사건들로 구성된 의제들에 대해서 말입니다. 인류가 서커스 판으로 변모하고, 강대국과 준-강대국 간의 투쟁으로 분열되고, 무장 단체의 공격을 받고, 폭력과 약탈에 시달리는 세상. 국제법을 피해 무법자 무리를 지휘하는 국가들이 총을 들고 약탈과 더러운 인신매매를 도모하는 세상입니다.

의장님:

저는 여기서 어떤 신조도 주장하지 않습니다. 저는 메시아도 예언자도 아닙니다. 저는 진리를 소유하지 않습니다. 저의 유일한 열망은 두 가지입니다. 첫째, 제 민족인 부르키나파소 국민을 대신하여 간단하고 분명하며 사실에 입각한 말을 할 수 있기를 바랍니다. 둘째, 아이러니하게도 제3세계라는 이름을 갖게 된 "세상에서 상속권을 박탈당한 위대한 사람들"을 대신하여 말하는 것입니다. 그리고 비록 제가 사람들을 이해시키지 못한다고 할지라도, 우리가 봉기를 일으킨 이유를 이야기하는 것입니다.

이 모든 것이 유엔에 대한 우리의 관심을 나타냅니다. 우리는 권리를 요구하려면 의무에 대한 적극적이고 엄격한 인식이 필요하다는 것을 잘 알고 있습니다.

많은 나라들이 우리를 보며 오늘날 부르키나파소의 전신인 오트볼타를 떠올리는 것은 놀라운 일이 아닙니다. 지적, 문화적, 경제적, 정치적 소외를 개선하기 위해 공식적으로 독립하면서 다른 세계로부터 경멸의 대상이 된 제3세계였죠.

우리는 이 거대한 역사의 사기극에 어떠한 공신력도 부여하지 않고, "만족스러운 서구의 배후지"라는 지위도 받아들이지 않으며, 이 세계 안에 자리 잡고자 합니다. 오히려 우리는 3개 대륙 전체에 속해 있다는 인식을 확고히 하고, 깊은 신념의 힘으로 비동맹 국가로서 아시아, 라틴 아메리카, 아프리카의 3개 대륙이 동일한 정치적 협잡과 동일한 경제적 착취자에 대항하는 하나의 투쟁으로 결합하는 특별한 연대의 관계가 있음을 선언하고자 합니다.

따라서 우리가 제3세계의 일원임을 인정한다는 것은 호세 마르티의 표현을 빌리자면 "세상의 모든 사람으로부터 뺨을 맞은 듯한 기분"을 의미합니다. 지금까지 우리는 다른 뺨도 내주었습니다. 타격은 더 커졌습니다. 그러나 만족하지 않았습니다. 그들은 의인의 진실을 짓밟았습니다. 그리스도의 말씀은 배신당했습니다. 그의 십자가는 몽둥이로 변했습니다. 그들은 그분의 옷을 입고 우리의 몸과 영혼을 베었습니다. 그들은 그분의 메시지를 애매하게 만들었습니다. 그들은 그것을 서구화하고 우리는 그것을 보편적 해방이라 이해했습니다. 그때 우리는 계급투쟁에 눈을 떴습니다. 더 이상 뺨 맞을 일은 없을 것입니다.

지난 20년 동안 온갖 협잡꾼들이 우리에게 팔려고 했던 모든 디자인에 단호하게 등을 돌리지 않는 한 우리 민족을 위한 구원은 있을 수 없다고 선언해야 합니다. 이를 거부하지 않고서는 구원이 있을 수 없습니다. 그것과 결별하지 않고는 발전도 없습니다.

게다가 잠에서 깨어난 새로운 "지적 지도자"들이 자신들의 발언을 수정하기 시작했습니다. 누추하게 차려입은 수십억 명의 사람들이 어지럽게 일어나는 것에 깨어나 굶주린 대중이 자신의 입맛에 가하는 위협에 기겁하고 있습니다. 그들은 불안한 마음으로 국가 발전을 위한 기적에 가까운 개념과 새로운 형태를 향한 우리의 전진을 다시 한번 주시하고 있습니다. 이를 확인하려면 수많은 심포지엄과 세미나의 흐름을 살펴보는 것으로 충분합니다.

소위 제3세계 개발 전문가들이 저지른 파괴의 끔찍한 결과를 발견하고 있는, 최소한 보는 눈을 지닌 정직한 지식인들의 인내심 있는 노력을 조롱하는 것은 제 의도와 거리가 멉니다. 저를 괴롭히는 두려움은 그 많은 노력의 결실을 온갖 프로스페로들이 마술 지팡이를 이용해 옛 방식으로 우리를 다시 노예의 세계로 되돌리는 데 동원할지도 모른다는 것입니다.*

이 두려움은 굳이 제3세계는 아니더라도 아프리카의 교육받은 소부르주아가 지적 게으름이나 혹은 단순히 서구식 삶의 방식을 맛보았다는 이유로 특권을 포기하려 하지 않기 때문에 이 두려움은 더욱 강화됩니다. 따라서 진정한 정치적 투쟁에는 엄격하고 이론적인 논쟁이 필요하다는 사실을 잊어버리고, 우리를 기다리고 있는 살인적인 투쟁에 걸맞은 새로운 개념을 생각하고 발명하려는 노력을 거부합니다. 수동적이고 한심한 소비자인 소부르주아에게는 그들이 라운지 바에서 즐기는 서양 위스키와 샴페인의 불분명한 맛만큼이나 서구에 의해 물신화된 용어가 풍부합니다.

지금은 한물간 것이지만, 흑인특질(Negritude)과 아프리카인의 특성(African Personality)이라는 개념이 등장한 이래로 우리는 "위대한" 지성들의 미음에서 나온 진징으로 새로운 사상을 헛뇌이 찾고 있습니다.* 그 어휘와 사상은 어딘가 다른 곳에서 우리에게 왔습니다. 우리의 교수, 엔지니어, 경제학자들은 거기에 단순히 덧칠하는 것으로 만족합니다. 그

---

* 윌리엄 셰익스피어의 희곡 '템페스트'에서 프로스페로는 자신의 힘으로 다른 사람의 운명을 조종하는 마법사이다. 20세기 많은 반식민주의 투사들에게 프로스페로는 압제자들을 상징하는 존재로 여겨졌다.

들이 유럽 대학에서 얻어온 것은 학위와 번지르르한 형용사나 최상급 최고급 단어들뿐인 경우가 많기 때문입니다!

우리의 훈련된 인재들과 문필가들이 세상에 편견 없는 글쓰기는 존재하지 않는다는 사실을 배우는 것은 필요하고도 시급한 일입니다. 이 폭풍 같은 시대에 우리는 어제와 오늘의 적들이 생각과 상상력, 창의성을 독점하도록 내버려 둘 수 없습니다.

너무 늦기 전에 ―이미 늦었기 때문에― 아프리카와 제3세계의 엘리트들은 진정한 자기 자신, 즉 자신이 속한 사회와 우리가 물려받은 불행으로 돌아와야 합니다. 그들은 물려받은 것이 없는 민중들의 사상 체계를 위한 싸움이 헛되지 않다는 것을 깨달아야 합니다. 그들은 또한 진정으로 창의적이어야만, 즉 인민에 대해 충실한 그림을 그려야만 국제적인 수준에서 신뢰를 얻을 수 있다는 것을 이해해야 합니다. 이 그림은 인민들이 정치 및 사회 상황의 근본적인 변화, 즉 우리나라에 파산 외에는 그 어떤 다른 전망도 남기지 않는 외국 지배와 착취를 깨부수는 변화를 달성하게 해야 합니다.

이것이 바로 1983년 8월 4일 저녁, 조국의 하늘에 첫 별이 반짝이기 시작했을 때 우리 부르키나베 인민들이 엿본 것입니다. 우리는 농민 봉기의 주도권을 잡아야 했습니다. 그 징후는 사막화로 공황 상태에 빠지고, 굶주림과 갈증에 지친, 버림받은 농촌에서 뚜렷하게 나타났습니다. 우리는 할 일 없는 도시 대중의 봉기에 의미를 부여해야 했습니다.

---

*　　Negritude는 1930년대 파리에 거주하는 프랑스어권 아프리카 및 카리브해 작가들 사이에서 시작된 문학 운동이다. 프랑스의 지배와 문화 동화 정책에 대한 항의로 형성된 이 운동은 아프리카 문화 전통의 가치를 강조했다. African Personality는 아프리카 문화에 고유한 특성을 부여하는 개념으로, 그들은 아프리카인들이 사회주의에 빠지기 쉬운 성향을 지녔다고 주장했다.

그들은 엘리트들이 리무진을 몰고 다니는 모습에 좌절하고 맥이 빠져 있었습니다. 반면에 엘리트들은, 속수무책으로, 도시 대중에게는 다른 이들이 만들고 고안한 거짓된 해결책만을 제시하면서 주도권을 이어가고 있었습니다. 우리는 제국주의라는 괴물에 대항하는 대중의 정당한 투쟁에 이념적 영혼을 부여해야 했습니다. 지나가는 반란, 단순한 봉기는 모든 형태의 지배에 대항하는 항구적 투쟁인 혁명으로 영원히 대체되어야 했습니다.

배불리 먹고, 갈증을 해소하고, 생존하고, 존엄성을 지키려 열망하는 사람들과 부유한 사람들 사이의 간격이 얼마나 벌어졌는지는 다른 분들이 앞서 설명했고, 제 뒤를 잇는 또 다른 분들이 설명할 것입니다. 그러나 우리나라에서 "가난한 사람의 곡식"이 "부자의 소를 살찌게" 하는 상황이 어느 정도나 되는지 아무도 상상할 수 없을 것입니다!

과거 오트볼타 시절에 그 과정은 훨씬 더 놀라웠습니다. 우리는 소위 개발도상국에 닥친 모든 재난의 전형이 경이롭게 농축된 상황을 대표했습니다. 만병통치약처럼 제시되고, 종종 맥락이나 이유도 없이 예고되는 외국의 원조 사례는 이 사실을 설득력 있게 증언합니다. 우리나라처럼 온갖 종류의 원조가 넘쳐나는 나라는 거의 없습니다. 이론적으로 이러한 원조는 우리의 발전을 위해 작동해야 합니다. 과거 오트볼타의 경우 그것이 개발과 관련된 것이라는 어떤 근거도 찾을 수 없습니다. 권력자들은 순진하거나 계급적 이기심 때문에, 해외에서 기인하는 유입을 통제할 수 없었거나, 하지 않았습니다. 그 중요성을 이해하지 못했거나 하지 않았으며, 우리 국민의 이익을 요구하지 못했거나 하지 않았습니다.

자크 지리Jacques Giri는 그의 저서 『내일의 사헬』(*Le Sahel demain*)에서 사헬 클럽이 1983년에 발표한 표를 분석해, 사헬의 성격과 메커니즘으로 인해 사헬에 대한 원조가 겨우 생존에 도움이 되는 수준이라는 결론을 도출합니다. 그는 이 원조의 30퍼센트는 사헬의 단순한 생존만 유지하는 데 도움이 될 뿐이라고 강조합니다. 자크 지리에 따르면, 이러한 해외 원조의 유일한 목표는 비생산적인 부문을 계속 개발하여 감당할 수 없을 정도로 과중한 지출로 예산을 빈약하게 만들고, 농촌의 무질서를 조성하며, 무역수지 적자를 확대하고, 부채를 가속화하는 것입니다.

몇몇 사실만으로도 이전 오트볼타를 그려볼 수 있습니다. 600만 명 이상이 농민인 700만의 인구, 1,000명당 180명으로 추정되는 영아 사망률, 40년에 불과한 평균 기대 수명, 읽고 쓰고 말할 수 있는 사람을 비문맹이라 정의할 경우 최대 98퍼센트에 달하는 문맹률, 인구 5만 명 당 의사 1명, 학령기 청소년의 16퍼센트만이 학교에 다니고, 마지막으로 1인당 국내 총생산이 5만 3,356CFA 프랑, 즉 미화 100달러를 겨우 넘는 수준이라는 점만 보아도 그렇습니다.

진단은 분명히 암울했습니다. 질환의 근원은 정치적이었습니다. 치료법도 정치적일 수밖에 없었습니다.

물론 우리는 원조를 없애는 데 도움이 되는 원조를 권장합니다. 그러나 일반적으로, 복지와 원조 정책은 결국 우리를 비조직화하고, 예속시키고, 우리 자신의 경제적, 정치적, 문화적 책임감을 빼앗아 갔을 뿐입니다.

우리는 더 나은 복지를 달성하기 위해 새로운 길을 선택했습니다. 우리는 새로운 기술을 적용하기로 했습니다. 우리는 우리 문명에 더 적합한 조직 형태를 찾고, 모든 형태의 외부 간섭을 단호하고 확실하게 거부하여 우리의 비전에 걸맞은 수준의 발전을 달성하기 위한 토대를 마런하기로 했습니다. 단지 목숨 연장에만 순응하기를 거부하고, 압력을 완화하고, 중세적 침체나 퇴보로부터 우리 농촌을 해방하고, 우리 사회를 민주화하고, 감히 미래를 발명하기 위해 집단적 책임의 세계로 마음을 열었습니다. 행정 기구를 혁파한 후 새로운 공무원으로 다시 채우고, 생산적인 노동을 통해 군대를 국민에게 빠져들게 하고, 애국적 정치 교육 없이는 군인은 잠재적 범죄자일 뿐이라는 사실을 끊임없이 상기시킵니다. 이것이 우리의 정치 프로그램입니다.

경제 관리 차원에서 우리는 야심 찬 프로젝트를 수행하기 위해 검소하게 살고, 스스로 긴축을 받아들이고 감내하는 법을 배우고 있습니다.

자발적인 기부로 자금을 조달하는 국가연대기금(National Solidarity Fund) 덕분에 우리는 이미 가혹한 가뭄이 낳은 문제에 대한 해답을 찾기 시작했습니다. 우리는 일차 의료 서비스의 범위를 넓혀 알마아타 원칙을 지원하고 적용했습니다. 유니세프가 권장하는 GOBI FFF 전략을 우리만의 전략으로 채택하여 정부 정책으로 만들었습니다.*

유엔 사헬 사무소(UNSO)를 통해 가뭄으로 피해당한 국가들이 식량 자급자족을 위한 중장기 계획을 수립하도록 유엔이 지원해야 한다고 믿습니다.

21세기를 대비하기 위해 우리는 "우리 아이들을 가르치자"는 이름의 복권으로 특별 기금을 조성하여 새롭게 바뀐 학교에서 아이들을

---

* 세계보건기구(WHO)와 유엔아동기금(UNICEF)의 알마아타 원칙은 적절한 영양, 안전한 물, 위생 시스템, 모자보건, 예방접종, 기초 의약품 비축을 강조했다. 여성과 어린이에 초점을 맞춘 유니세프의 GOBI FFF 전략에는 설사로 인한 탈수증을 깨끗한 물, 포도당, 소금으로 만든 저렴한 용액으로 치료하는 것, 모유 수유, 6대 전염병 예방접종, 교육 등이 포함된다.

교육하고 훈련하는 대규모 캠페인을 시작했습니다. 혁명수호위원회를 통해 공공주택(3개월 내에 500가구), 도로, 소규모 저수지 등을 건설하는 방대한 프로그램을 시작했습니다. 우리의 경제적 열망은 모든 부르키나인이 최소한 하루 두 끼 식사와 식수를 보장할 수 있을 만큼 자기 머리와 손을 사용해 발명하고 창조할 수 있는 상황을 만드는 것입니다.

우리는 지금부터 부르키나파소에서 부르키나인의 참여 없이는 아무것도 할 수 없음을 맹세하고 선언합니다. 우리가 먼저 결정하고 스스로 해결하지 않는 것은 아무것도 없습니다. 우리의 품위와 존엄성에 대한 더 이상의 공격은 없을 것입니다.

이러한 신념으로 무장한 우리의 말이 육체적으로 고통받는 모든 이들과 소수자들이나 그들을 짓밟는 시스템에 의해 존엄성을 침해당하는 모든 이들을 포용할 수 있기를 바랍니다. 제 말을 듣고 계신 모든 분께 말씀드리겠습니다: 저는 제가 사랑하는 부르키나파소뿐만 아니라 어딘가에서 고통받고 있는 모든 사람을 대신하여 말합니다.

저는 피부가 검다는 이유로, 또는 다른 문화권에서 왔다는 이유로 게토에 갇혀 동물에 불과한 생활을 하는 수백만 명의 사람들을 대신하여 말합니다.

저는 침략자의 문화를 포함하여, 다른 문화와 행복한 결합을 통해 자신의 문화를 풍요롭게 하는 것을 막고 그 권리를 열망하지 못하도록 수 세기 동안 보호구역에서 학살당하고 짓밟히고 굴욕과 감금을 당한 인디언들과 함께 아파합니다.

저는 구조적으로 불공정하고 주기적으로 불안정한 시스템에 의해 직장에서 쫓겨난 사람들, 부유한 사람들의 생활을 훔끔대기나 하는 삶으로 전락한 사람들을 대신하여 외칩니다.

저는 남성이 강요하는 착취 시스템에서 고통받는 전 세계 여성들을 대변하여 말합니다. 저희는 부르키나베인 여성들이 완전한 성취를 이룰 수 있도록 전 세계 어디서의 제안이든 환영할 준비가 되어 있습니다. 그 대가로 우리는 부르키나파소의 모든 국가 기구와 사회생활에 여성이 참여하면서 우리가 시작한 긍정적인 경험을 다른 모든 국가와 공유할 것을 제안합니다. 자신의 반란을 책임질 수 없는 노예는 동정받을 자격이 없다고 투쟁하는 여성들이 우리와 함께 선언합니다. 노예가 자신을 자유롭게 해 주는 척하는 주인의 기만적 관대함에 환상을 품는다면 그 노예는 혼자서 자신의 불행에 대한 책임을 져야 할 것입니다. 자유는 투쟁을 통해서만 얻을 수 있으며, 우리는 모든 종족의 모든 자매가 자신의 권리를 쟁취하기 위해 투쟁에 나설 것을 촉구합니다.

저는 아이들을 구할 수 있는 간단한 방법이 있다는 사실조차 알지 못한 채 말라리아나 설사병으로 죽어 가는 아이들을 지켜보는 빈곤층 어머니들을 대신하여 말합니다. 다국적 기업의 과학은 이런 수단을 제공하지 않습니다. 그들은 오로지 과도하게 기름진 식사로 칼로리가 차고 넘쳐 세련된 외모가 위협받는 일부 남녀들의 변덕을 만족시키기 위해 화장품연구소와 플라스틱 성형외과에만 투자하려 합니다. 그 일관성은 여러분을 —아니 사헬 출신 우리들이라 해야겠네요— 현기증 나게 합니다. 우리는 WHO와 유니세프가 권장하는 간단한 방법을 채택하고 대중화하기로 했습니다.

저는 아이들을 대신하여서도 말합니다. 가난한 사람의 배고픈 아이는 부자들을 위한 가게에 쌓여 있는 풍요로움을 슬며시 훔쳐봅니다. 두꺼운 판유리 창문으로 보호되는 상점. 난공불락의 셔터로 보호되는 창문. 헬멧과 장갑을 끼고 곤봉으로 무장한 경찰이 셔터를 지키고 있습니다. 다른 아이의 아버지가 그곳에 배치한 경찰관은 해당 시스템의 자본주의적 규범을 대변하는 존재라는 보증 아래 그 아이의 아버지에게 봉사하게 될 것입니다. 사실은 오히려 대접받게 될 것입니다.

저는 쇼 비즈니스의 연금술에 따라 자신의 예술이 매춘되는 것을 보아야 하는 시인, 화가, 조각가, 음악가, 배우 등 선량한 예술가들을 대신하여 말합니다.

고용불안의 가혹한 법칙을 겪지 않기 위해 침묵이나 거짓말로 내몰리는 언론인들을 대신해 외칩니다.

저는 정치 체제나 현대판 노예 상인들에 의해 근육을 착취당하는 전 세계 운동선수들을 대신해 항의합니다.

내 나라는 전 세계 사람들의 모든 불행, 모든 인류가 겪는 아픔의 고통스러운 종합체이기도 하지만, 무엇보다 이곳에는 우리 투쟁의 약속으로 가득 차 있습니다. 그렇기에 무기 상인들이 독점한 과학의 지평을 불안하게 훑고 있는 환자들을 대신해 제 심장이 저절로 뛰는 것입니다.

자연 파괴로 인해 피해를 당한 모든 사람과 매년 굶주림이라는 강력한 무기에 의해 죽어 가는 3,000만 명의 사람들을 생각하면 마음이 아픕니다. 군인으로서 저는 명령에 복종하는 군인, 발사될 총알이 곧 죽음의 메시지라는 것을 알면서도 방아쇠에 손가락을 얹고 있는 군인을 잊을 수 없습니다.

마지막으로, 비인간적인 한 인류가 이들을 다른 민족으로 대체하기로 결정한 팔레스타인 사람들, 바로 어제 순교한 사람들을 생각하면 분노가 치밀어 오릅니다. 저는 이 용감한 팔레스타인 사람들, 즉 피난처를 찾아 전 세계를 떠돌아다니는 산산조각 난 가족들을 생각합니다. 용감하고 단호하며 금욕적이며 지치지 않는 팔레스타인 사람들은 한 민족의 권리를 존중해야 할 도덕적 필요성과 의무를 모든 인류에게 일깨워 줍니다. 그들은 유대인 형제들과 더불어 반시오니스트입니다.

형제 살해와 자살 전쟁 가운데 죽어 가는 이란과 이라크의 형제 병사들 곁에 있고자 하며, 저는 항구가 지뢰밭이 되고 마을이 폭격당해도 용기와 냉철함으로 자신의 운명에 맞서고 있는 니카라과의 동지들과도 함께하고 싶습니다. 저는 제국주의의 억압으로 고통받는 라틴 아메리카의 모든 사람과 함께 고통받습니다.

저는 각자의 존엄성과 자기 문화의 법칙에 따라 행복을 찾고자 하는 아프가니스탄과 아일랜드 사람들의 편에, 그레나다와 동티모르 사람들의 편에 서려고 합니다.*

저는 이 세상에서 자신의 목소리가 들려지고 진지하게 받아들여질 수 있는 공론장을 헛되이 찾는 모든 사람을 대신하여 이 자리에서 항의합니다. 많은 사람이 저보다 먼저 이 연단에 섰고 다른 사람들도 그 뒤를 따를 것입니다. 하지만 결정을 내릴 사람은 소수에 불과합니다. 그런데도 우리는 공식적으로 동등한 위치에 있다고 소개됩니다. 저는 이 세상에서 자신의 목소리를 낼 수 있는 공론의 장을 헛되이 찾는 모든 사람의 대변인 역할을 하고 있습니다. 그래서 저는 모든 "남겨진 사람들"을 대신하여 "나는 인간이고, 인간적인 것은 나에게 낯선 것이 아니다"라고 말하고 싶습니다.

부르키나파소에서 일으킨 우리의 혁명은 모든 인간의 불행을 포

---

* 이 연설이 이루어질 당시 이들 국가는 모두 군사 점령 아래 있었다. 아프가니스탄은 1979년부터 소련군이 점령했고, 북아일랜드는 영국이 잔인하게 탄압하는 영국 식민지로 남아 있었으며, 카리브해의 그레나다 섬은 1983년 10월 미군이 침공했고, 태평양의 옛 포르투갈 식민지였던 동티모르는 1975년 인도네시아가 침공하여 강제 병합했다.

용합니다. 또한 인류가 처음 숨을 쉬기 시작한 이래의 모든 경험에서 영감을 얻습니다. 우리는 세계의 모든 혁명과 제3세계 민중들의 모든 해방 투쟁의 계승자가 되고자 합니다. 우리는 세상을 변화시킨 심오한 격변에 주목합니다. 우리는 미국 혁명의 교훈, 식민지 지배에 대한 승리의 교훈, 그리고 그 승리의 결과에서 교훈을 얻습니다. 유럽인은 미국 문제에, 미국인은 유럽 문제에 개입해서는 안 된다는 원칙을 우리의 신조로 채택합니다. 1823년 먼로가 "미국은 미국인에게"라고 선언한 것처럼, 오늘날 우리는 "아프리카는 아프리카인에게", "부르키나는 부르키나인에게"라는 메아리로 돌려줍니다.

절대주의의 근간을 뒤엎은 1789년 프랑스 혁명은 인간의 권리와 민중의 자유권 사이의 연관성을 가르쳐주었습니다. 1917년 10월 러시아 대혁명은 세계를 변화시키고 프롤레타리아의 승리를 가져왔으며 자본주의의 근간을 흔들고 파리 코뮌이 지녔던 정의에 대한 꿈을 실현했습니다.*

전 세계 민중과 그들의 혁명 의지를 향해 부는 모든 바람에 문을 활짝 열면서, 비극적인 인권 침해로 이어진 끔찍한 실패로부터 교훈을 얻은 우리는 각 혁명에서 순수한 핵심만을 유지하고자 합니다. 그래야만 우리가 같은 생각을 공유하더라도 다른 사람들의 현실에 종속되는 것을 막을 수 있습니다.

의장님:

더 이상 기만을 계속할 수 없습니다. 우리가 구현하기 위하여 싸우

---

* 1871년 파리에서 봉기를 일으킨 노동자와 장인들은 역사상 최초의 노동자 정부인 파리 코뮌을 설립했다. 하지만 프랑스 부르주아 군대에 의해 유혈 진압되었다.

고 있고 앞으로도 계속 싸워나갈 새로운 국제 경제질서는 우리를 무시해 온 낡은 질서를 성공적으로 제거하고, 세계 정치 조직에서 우리의 정당한 위치를 확보하며, 세계에서 우리의 중요성을 인식하고 세계 무역과 경제를 지배하는 메커니즘에 대한 논의와 결정에 참여할 권리를 획득할 때만 달성될 수 있습니다,

새로운 국제 경제질서는 독립할 권리, 정부 형태와 구조를 자유롭게 선택할 권리, 발전할 권리 등 민중의 다른 모든 권리와 함께 새겨져야 합니다. 모든 민중의 권리와 마찬가지로 이 권리도 민중의 투쟁 속에서, 투쟁에 의해 획득됩니다. 결코 강대국의 관대함의 결과로 얻어지는 것이 아닙니다.

저는 개인적으로 비동맹 국가들의 거대한 공동체가 공유하는 흔들리지 않는 자신감, 즉 우리 인민의 울부짖는 고뇌의 난타 속에서도 우리 그룹이 결속력을 유지하고, 집단적 협상력을 강화하고, 모든 나라들 사이에서 동맹을 찾고, 여전히 우리의 목소리를 들을 수 있는 사람들과 함께 진정으로 새로운 국제 경제 관계 시스템을 조직하기 시작할 것이라는 확고한 자신감을 느끼고 있습니다.

의장님:

제가 이 훌륭한 총회에 참석하여 연설하기로 동의한 이유는 유엔에 대한 일부 기물급 후원 세력들의 비판에도 불구하고 유엔은 여전히 우리의 요구를 대변하는 이상적인 포럼, 즉 목소리를 잃은 국가의 목소리마저도 정당하게 받아들여지는 곳이기 때문입니다.

우리의 [하비에르 페레즈 데 쿠에야르Javier Perez de Cuellar] 사무총장은 이를 다음과 같이 정확하게 표현했습니다:

"유엔은 전 세계 수많은 국가와 단체의 열망과 좌절을 반영한다는

점에서 독특하다. 유엔의 가장 큰 장점 중 하나는 약하고 억압받고 불의의 희생자가 된 국가 — 바로 우리 같은 나라를 말하죠 — 를 포함한 모든 국가가 가혹한 권력 현실에 직면했을 때도 그들의 목소리를 들을 수 있는 재판소를 찾을 수 있다는 점이다. 정의로운 대의가 불행이나 무관심에 부딪힐 수 있지만, 그럼에도 유엔에서 그 반향을 들을 수 있다. 우리 기구의 이러한 특성이 항상 높이 평가되지는 않았지만, 이는 필수적인 것이다."

우리 기구의 의미와 중요성에 대해 이보다 더 잘 정의될 수는 없습니다.

그렇기 때문에 우리 각자가 이 기구의 기반을 공고히 하고 행동할 수 있는 수단을 제공하는 것이 절실히 필요합니다. 따라서 우리는 여론 앞에서 유엔의 신용을 떨어뜨리기 위한 거대 권력 책략에 의해 신중하게 조장된 수많은 함정에서 이 기구를 구출하기 위한 사무총장의 제안을 승인합니다.

의장님:

비록 제한적이지만 우리 기구의 장점을 인정하는 저는 새로운 회원국을 기쁜 마음으로 환영합니다. 이것이 바로 부르키나베 대표단이 우리 기구의 159번째 회원국으로 브루나이 다루살람(Brunei Darussalam)의 가입을 경축하는 이유입니다.

운명의 장난으로 세계의 주도권을 손에 쥔 자들의 어리석음으로 인해 (브루나이도 곧 회원국이 되기를 기대하는) 비동맹 국가 운동은 군축을 위한 투쟁을 영구적인 목표 중 하나로 간주할 수밖에 없습니다. 이는 우리의 개발 권리의 필수적인 측면이자 기본 조건입니다.

우리는 전 세계에 재앙을 초래한 모든 요소를 고려하는 진지한 연구가 필요하다고 생각합니다. 이와 관련하여 피델 카스트로 대통령은 1979년 제6차 비동맹 국가 정상회의 개막식에서 다음과 같이 선언함으로써 우리의 관점을 훌륭하게 표현했습니다:

"3,000억 달러면 연간 4억 명의 어린이를 수용할 수 있는 학교 60만 개, 3억 명을 수용할 수 있는 쾌적한 주택 6,000만 채, 1,800만 병상을 갖춘 병원 5만 개, 2천만 명 이상의 노동자에게 일자리를 제공할 공장 2만 개, 또는 10억 명에게 식량을 제공할 수 있는 1억 5천만 헥타르의 토지에 적절한 기술 수준의 관개를 가능하게 할 수 있습니다."[*]

오늘날, 이 수치에 10을 곱하면 — 물론 비현실적인 이야기지만 — 인류가 매년 군사 분야에서, 즉 평화에 반하여 낭비하는 것이 얼마나 큰지 알 수 있습니다.

때로는 솔직히 비열한 조건에 묶여 약간의 원조라는 타락한 형태로 던져진 부스러기를 보면 대중의 분노가 반란과 혁명으로 빠르게 전환되는 이유를 쉽게 알 수 있습니다. 따라서 개발을 위한 투쟁에서 우리가 스스로를 지칠 줄 모르는 평화의 투사라고 부르는 이유는 분명합니다.

우리는 긴장을 완화하고 문명화된 삶의 원칙을 국제 관계에 도입하고 이를 전 세계 모든 지역으로 확대하기 위해 싸울 것이라 단언합니다. 이는 우리가 더 이상 이러저러한 개념들이 난무하는 것을 수동적으로 지켜볼 수 없다는 것을 의미합니다. 우리는 평화를 적극적으로 지지하고, 군축을 위한 투쟁에서 우리의 자리를 지키며, 마지막으로 강대국

---

[*] 1979년 9월 3일 비동맹 정상회의에서 행한 피델 카스트로의 연설은 『피델 카스트로 연설: 쿠바의 국제주의 외교 정책 1975-80(*Fidel Castro Speeches: Cuba's Internationalist Foreign Policy 1975-80*)』(New York: Pathfinder, 1981)에 수록됨.

이 무슨 생각을 하든 상관없이 국제 정치에서 결정적인 역할을 하겠다는 우리의 결의를 다시 한번 강조합니다.

그러나 평화를 추구하는 것은 국가의 독립권, 인민의 자유권, 민족의 자주권을 확고하게 추구하는 것과 함께 진행되어야 합니다. 이 점에서 오만과 무례함, 그리고 놀라운 고집이라는 측면에서 가장 불쌍하고 끔찍한, 그렇습니다, 진정으로 끔찍한 기록은 중동의 작은 나라 이스라엘이 보유하고 있습니다. 이스라엘은 형언할 수 없이 강력한 보호자인 미국의 비호 아래 20년이 넘도록 국제 사회를 무시하는 행태를 보여 왔습니다.

불과 어제까지만 해도 모든 유대인을 가스실의 공포로 몰아넣었던 역사를 경멸하던 이스라엘은 이제 한때 자신들이 겪었던 시련을 다른 사람들에게 가하는 모습을 보이고 있습니다. 어쨌든 과거 용기와 희생을 통해 우리가 사랑하게 된 이스라엘 국민은 외국의 자금을 조달하여 이룬 군사력만으로는 자국의 평화를 이룰 수 없다는 사실을 깨달아야 합니다. 이스라엘은 다른 국가들과 같은 국가로 그들과 함께 사는 법을 배워야 합니다.

우리는 고통이 영원히 지속되지 않는다는 것을 알기 때문에, 지금, 이 연단에서 팔레스타인의 위대한 사람들, 여성과 남성 전투원들에 대한 우리의 투쟁적이고 적극적인 연대를 밝히는 바입니다.

의장님:

아프리카의 지배적인 경제 및 정치 상황을 분석할 때, 우리는 동맹에 안주하여 국제도덕 기준을 공개적으로 경멸하는 특정 국가들이 국민의 권리에 위험한 도전을 하는 데 우리가 품고 있는 깊은 우려를 강조하지 않을 수 없습니다.

물론 우리는 차드에서 외국 군대를 철수하기로 한 결정에 기뻐할 권리가 있으며, 그로 인해 중개자 없이 차드 민중이 이 처절한 전쟁을 끝내고 마침내 많은 겨울을 거쳐 통곡해 온 인민들에게 그 눈물을 닦을 방법을 스스로 찾게 할 것입니다.*

경제적 해방을 위한 아프리카 민중의 투쟁으로 여기저기서 일부 진전이 있었지만, 우리 대륙은 여전히 강대국 간의 갈등이라는 기본적인 현실을 그대로 반영하고 있습니다. 우리는 현대 세계의 견딜 수 없는 어려움을 계속 견뎌내고 있습니다.

그렇기 때문에 우리는 모로코 왕국이 서사하라 주민들에게 가한 운명을 용납할 수 없으며 무조건 규탄합니다. 모로코는 어떠한 경우에서든 사하라위 사람들의 의지에 따라 내려져야 할 결정을 늦추기 위해 지연 전술을 사용하고 있습니다. 사하라위 족이 해방된 지역을 직접 방문한 저는 폴리사리오 전선(Polisario Front)의 전투적이고 계몽된 지도력 아래 조국의 완전한 해방을 향한 그들의 행진을 더 이상 방해할 것은 아무것도 없을 것이라고 확신합니다.

의장님:

마요트와 마다가스카르 군도에 대한 문제는 너무 오래 설명하고 싶지 않습니다. 상황이 명확하고 원칙이 분명하면 자세히 설명할 필요가 없습니다. 마요트는 코모로에 속합니다. 군도의 섬들은 마다가스카르에 속합니다.**

마다가스카르 연안의 프랑스 지배 섬에는 유로파(Europa), 바사스

---

*　133쪽의 각주 ** 참조.
**　모잠비크 인근 인도양에 있는 코모로 군도를 구성하는 4개 섬 중 3개 섬이 1975년 프랑스로부터 독립했다. 네 번째 섬인 마요트는 여전히 프랑스의 식민지로 남아 있다.

다 인디아(Bassas da India), 후안 데 노바(Juan de Nova), 일 글로리에우스
(Iles Glorieuses), 트로멜린(Tromelin) 등이 있습니다.

라틴 아메리카 문제에 대해 우리는 콘타도라 그룹(Contadora
Group)의 제안에 경의를 표합니다. 그 제안은 현재의 폭발적인 상황에
대해 합당한 해결책을 찾는 과정에서 얻을 수 있는 긍정적인 단계로 나
타나기 때문입니다. 니카라과의 혁명적 인민을 대표하여 다니엘 오르
테가Daniel Ortega 장군은 여기서 구체적인 제안을 하고 적절한 사람들
에게 근본적인 질문을 던졌습니다. 우리는 10월 15일과 그 이후에 그의
나라와 중앙아메리카에 평화가 정착되기를 기대하며, 세계 여론이 이
를 지켜볼 것을 촉구합니다.*

그레나다 섬에 대한 외국의 침략을 규탄했던 것처럼, 우리는 모든
외국의 개입을 규탄합니다. 따라서 우리는 아프가니스탄에 대한 외국
의 군사 개입에 대해 침묵할 수 없습니다.

그러나 우리 각자에게 솔직하고 단호한 대답을 요구할 만큼 중대
한 질문이 하나 있습니다. 여러분이 상상할 수 있듯이 이 질문은 다름 아
닌 남아프리카공화국에 관한 질문입니다. 전 세계 모든 국가에 대한, 심
지어 남아공의 흑인 다수를 물리적으로 제거하기 위한 테러를 지지하
는 국가에 대해서조차, 남아공이 보이고 있는 놀라운 오만과 우리의 모
든 결의안을 경멸하는 태도는 오늘날 세계에서 가장 심각한 우려 사항
중 하나입니다.

그러나 가장 비극적인 것은 남아공이 아파르트헤이트 법의 비열한

성격 때문에 국제 사회에서 소외되었다는 것이 아닙니다. 나미비아를 식민주의와 인종차별의 굴레 아래 불법적으로 계속 가두고 있다는 사실은 더더욱 아닙니다. 또는 이웃 국가에 대해 조직폭력배처럼 무자비하게 행동한다는 것도 아닙니다. 아니, 인간 양심에 비춰 가장 비열하고 가장 굴욕적인 것은, 맨가슴 맨손으로 자신을 방어할 용기밖에 없는 수백만 인간의 불행을 "일상"으로 만드는 데 성공했다는 점입니다. 강대국과의 공모로 안전을 담보 삼고 그들의 적극적 개입을 기대하며, 심지어 일부 아프리카 국가의 몇몇 악랄한 지도자들의 불법적인 협력에 의존하여 소수 백인들은 그들의 야만적 수단을 참을 수 없다고 여기는 전 세계 모든 사람의 감정을 조롱하는 데 추호의 망설임도 없었습니다.

존엄성을 공격당한 국가들의 명예를 지키기 위해 국제여단이 결성되던 시절이 있었습니다. 오늘, 우리는 모두 곪아 터진 상처에도 불구하고, "우박이 꽃을 죽이듯 미소를 파괴하는" 이 해적 국가가 정신을 차리게 하는 것이 유일한 목적이라고 할 결의안에 찬성할 것입니다.

의장님:

우리는 곧 대영제국의 노예 해방 150주년을 기념하게 될 것입니다. 우리 대표단은 아프리카 국가들과 흑인 세계에 매우 중요한 의미를 지닌 이 행사를 대대적으로 기념하자는 안티과와 바베이도스 국가들의 제인을 지지합니다. 기념식의 일환으로 전 세계에서 행해지거나, 말하거나, 조직되는 모든 행사는 인류 문명의 발전을 위해 아프리카와 흑인 세계가 지불한 끔찍한 대가를 강조해야 한다고 생각합니다. 아무것도 받은 것 없이 지불한 대가이며, 이는 현재 아프리카 대륙에서 벌어지고 있는 비극의 원인을 의심 없이 설명해 줍니다.

자본주의의 급속한 발전을 가능케 하고 현재의 의존 상태를 만들어낸 우리의 저개발을 고착시킨 것은 바로 우리의 피입니다. 진실은 더 이상 회피할 수 없고, 수치는 더 이상 조작할 수 없습니다. 흑인 한 명이 식민지에 도착할 때까지 최소 다른 5명이 사망하거나 신체가 절단되는 고통을 겪었습니다. 저는 아프리카 대륙의 황폐화와 그 결과에 대해서는 굳이 언급하지 않으려고 합니다.

의장님:

당신과 사무총장의 도움으로 이 기념일을 맞아 전 세계가 그 진실을 확신할 수 있다면, 우리가 왜 국가 간의 평화를 온몸으로 갈망하는지 이해할 수 있을 것입니다. 그리고 우리가 인적 자원의 조직과 재분배를 통해 완전한 평등에 기초한 개발 권리를 요구하고 주장하는 이유도 이해하게 될 것입니다.

모든 인류 종족 중에서 우리는 가장 많은 고통을 겪은 인종에 속합니다. 그래서 우리 부르키나베인들은 다시는 이 땅에서 정의가 조금이라도 훼손되는 것을 용납하지 않겠다고 엄숙히 약속했습니다. 이 고통의 기억이 우리를 이스라엘의 무장 세력에 맞서 PLO의 편에 서게 합니다. 이 고통의 기억은 우리가 한편으로는 아프리카민족회의(ANC)와 남서아프리카 인민기구(SWAPO)를 지지하도록 이끌고, 다른 한편으로는 남아공이 백인이라는 이름으로 세계를 불사르는 사람들을 껴안고 있다는 것을 견딜 수 없게 만듭니다. 마지막으로, 공동의 의무, 공동의 노력, 공동의 희망에 대한 우리의 모든 믿음을 유엔에 두는 것도 바로 이 같은 기억 때문입니다.

우리는 넬슨 만델라를 석방하고 다음 유엔 총회 회기에 그의 실제 참석을 보장하기 위한 캠페인을 전 세계적으로 강화할 것을 촉구합니다. 이것은 우리가 함께 자랑스러워할 승리가 될 것입니다. 우리의 고통을 기억하고 그에 대한 집단적 사면의 의미로 인류 화해를 위한 국제상을 만들어 인권 수호에 이바지한 모든 연구자에게 수여해야 합니다. 모든 우주 연구 예산을 1퍼센트 삭감하고, 생태계에 해로운 이 모든 불꽃놀이로 인해 교란된 건강과 환경 복원을 위한 연구에 예산을 투입해야 합니다.

우리는 또한 유엔의 구조를 재검토하고 물의를 빚고 있는 거부권이라고 알려진 제도를 중단할 것을 제안합니다. 거부권을 가진 일부 국가들의 경각심 덕분에 거부권 오용의 폐해가 어느 정도 완화되고 있는 것은 사실입니다. 그러나 거부권을 보유한 국가의 규모나 부를 포함한 그 어떤 것도 거부권을 정당화할 수 없습니다.

지난 세계대전에서 지불한 대가를 들어 그러한 부당한 조치를 정당화하는 사람들이 있습니다. 이러한 권리를 부여한 국가들은 우리 각자에게도 수천 명의 다른 무고한 사람들과 마찬가지로 히틀러의 무리가 침해한 권리를 지키기 위해 제3세계에서 찢겨 나간 삼촌이나 아버지가 있다는 사실을 알아야 합니다. 우리의 육신에도 나치 총탄의 상처가 남아 있습니다. 따라서 전 세계 사람들의 권리에 도전할 기회를 놓치지 않는 강대국들의 오만은 멈춰야 합니다. 거부권을 가진 국가들의 클럽에서 아프리카가 빠진 것은 부당하며 중단되어야 합니다.

마지막으로, 우리 내표난이 이스라엘의 회원권 정지와 남아프리카공화국의 완전한 제명을 요구하지 않는다면 우리의 모든 의무를 다하지 않는 것이 될 것입니다. 시간이 흘러 이들 국가가 국제 사회로 복귀할 만한 변화를 이루었을 때, 우리나라를 시작으로 우리는 모두 친절하게 그들을 환영하고 그들의 첫걸음을 안내해야 할 것입니다.

우리는 유엔에 대한 신뢰를 재확인하고자 합니다. 우리는 부르키나파소에서 이 기구가 수행한 작업과 우리가 겪고 있는 어려운 시기에 우리 편에 서 주었던 것에 대해 유엔에 빚을 지고 있습니다. 올해 두 번이나 안보리 업무를 주재할 수 있게 해 주신 안보리 회원국에도 감사드립니다. 우리는 안보리가 오늘날 핵무기보다 더 큰 피해를 주는 기아라는 무기로 매년 3,000만 명의 인명을 살상하는 것에 맞서 싸울 원칙을 채택하고 적용하기를 바랄 뿐입니다.

이 기구에 대한 이러한 확신과 믿음은 우리의 가혹한 현실을 직접 보고 사헬의 척박함과 침탈해 오는 사막의 비극을 정확히 파악하기 위해 우리를 방문해 주신 하비에르 페레즈 데 쿠에야르 사무총장님께 감사의 말씀을 드리지 않을 수 없게 합니다.

우리가 이미 잘 알고 있는 통찰력으로 이번 제39차 회의의 업무를 훌륭하게 이끌어갈 우리 [잠비아의 폴 루사카Paul Lusaka of Zambia] 대통령의 탁월한 자질에 경의를 표하지 않고는 제 말씀을 마칠 수 없습니다.

의장님:

저는 수천 킬로미터를 여행해 왔습니다. 저는 잘못된 사람들의 오만이 멈추도록 하기 위해서, 굶주림으로 죽어 가는 아이들의 슬픈 모습이 자취를 감추도록 하기 위해서, 무지가 사라지도록 하기 위해서, 민중의 정당한 봉기가 승리하도록 하기 위해서, 무기 소리가 잠잠해지도록 하기 위해서, 마침내 인류의 생존을 위해 싸우면서 하나의 뜻으로 뭉쳐 위대한 시인 노발리스Novalis와 더불어 노래할 수 있도록 하기 위해서 여러분 각자가 함께 노력해 달라고 요청하기 위해 이 자리에 왔습니다:

"곧 별들은 어둠의 시대에 떠났던 지구를 다시 방문하게 될 것입니다. 태양은 그 가혹한 망령을 내려놓고 다시 한번 수많은 별 중 하나의 별이 될 것입니다. 세상의 모든 종족은 오랜 분열 끝에 새롭게 하나가 될 것입니다. 고아가 된 가족들이 재회하고 하루하루가 재회와 새로운 포옹의 날이 될 것입니다. 그러면 옛 주민들이 땅으로 돌아오고, 모든 무덤에서 꺼진 불씨가 다시 피어오르며, 모든 곳에서 생명의 불꽃이 다시 타오를 것입니다. 오래된 주거지가 재건되고, 지나간 시대가 다시 태어나며, 역사는 무한대로 뻗어나가는 현재의 꿈이 될 것입니다."

조국 아니면 죽음을, 우리는 승리할 것입니다!

고맙습니다.

1987년 10월, 피보레(Pibaore)에서 열린 농민 집회.
무레어로 "부르키나파소의 농민들, 어제는 괭이, 오늘도 괭이, 내일은 기계"라고 적힌 현수막.
(ⓒErnest Harsch)

"인민대중에게 독립은 외세의 억압과 착취에
대한 승리였습니다."

1941년 프랑스 식민지 카메룬의 코코아 농장에서 일하는 노동자들.
(ⓒManuel Agramonte)

❶ 1945년 5월 8일, 알제리 세티프(Setif). 유럽에서 제2차 세계대전이 종전되던 날, 프랑스군은 알제리 독립 시위를 잔인하게 진압하여 6주 동안 최대 45,000명을 학살했다.

❷ 1954년 5월, 베트남 디엔비엔푸(Dien Bien Phu). 베트남 해방 전사들이 포로로 잡힌 프랑스 군인들을 호위하고 있다. 이 전투에서 프랑스의 패배는 식민지 정권의 붕괴를 앞당기고 다른 프랑스 식민지에서도 독립운동을 강화하는 계기가 되었다.

"가장 놀랍고 대담한 행동 덕분에 인간은 식민주의의 야만성에
맞서 싸워 승리할 수 있었습니다."

❶ 1956년 7월 수에즈 운하 국유화를 축하하는 이집트인들. 중앙은 가말 압델 나세르Gamal
Abdel Nasser 대통령.(©*United Nations*)
❷ 식민지 혁명은 미국에서 인종 차별적인 짐 크로우(Jim Crow) 법에 맞서 싸우는 데 영감을
주었다. 사진은 1966년 미시시피주 캔톤에서 열린 민권 시위. (©*Dan Styron/Militant*)

❶ 1962년 7월, 알제리 독립 기념식. 승리한 노동자와 농민의 혁명 정부가 집권에 성공했다.
❷ 1959년 1월 8일, 피델 카스트로(오른쪽, 손을 흔드는)가 이끄는 반군이 쿠바 아바나에 입성하는 모습. 미국의 지원을 받은 바티스타의 폭정에 대한 승리로 아메리카 대륙에서 최초의 사회주의 혁명이 시작되었다.(ⓒ*Granma*)

"상카라의 마다가스카르 체류는 그에게 깊은 영향을 미쳤다.
대중 봉기로 정부가 전복되었고, 그는 1968년 5월 프랑스에서
일어난 혁명 전 봉기에 참여했던 학생들을 만났다."

—「책에 관하여」에서

❶ 1972년 5월 14일, 마다가스카르 안타나나리보(Antananarivo) 노동자와 청년들이 제국주의
  정권에 대항해 반란을 일으킨 군인들과 함께 경찰서를 공격하러 가고 있다. (ⓒDany Be)
❷ 1969년부터 1973년까지 복무한 마다가스카르의 젊은 생도 시절의 상카라.
  (ⓒPaul Sankara)

❶ 1968년 5월 29일, 파리. 학교를 점거한 고등학생들이 노동자들의 시위를 지지하는 구호를 외치고 있다. (ⓒFlax Hermes/*Militant*)

❷ 마다가스카르와 프랑스에서 상카라는 혁명적 사상을 처음 접했다. "독서의 도움도 있었지만, 무엇보다도 마르크스주의자들과 조국의 현실에 대해 토론한 덕분에 마르크스주의에 입문하게 되었다."라고 상카라는 훗날 설명한다.

"안전한 식수, 하루 세 끼 식사, 진료소, 학교, 간단한 쟁기.
이는 여전히 수백만 명의 부르키나베 사람들이 아직 이루지 못한
삶의 이상입니다."

❶ 와가두구 지역의 전통적인 농민 주거지, 1987년 10월.(©Margaret Manwaring/*Militant*)
❷ 식사를 준비하는 여성, 오트볼타, 1979.(©Rafi/*La documentation francaise*)

1987년 10월 와가두구 시장의 제화공들. (ⓒMargaret Manwaring/*Militant*)

❶ 1983년 8월 봉기의 세 지도자: 상카라(앞쪽), 블레즈 콩파오레(맨 왼쪽), 에티엔 종고(맨 오른쪽).(ⒸCoumbite)

❷ 밥티스트 우웨드라우구, 1983년 8월 봉기로 정권이 전복된 인민보호평의회 의장.(ⒸAFP)

*H*AUTE VOLTA: UN CAPITAINE «ANTI-IMPERIALISTE» DE 33 ANS PREND LE POUVOIR

❶ 1983년 5월과 8월, 각각 와가두구에서 친제국주의 정권을 무너뜨린 혁명적 봉기의 장면

❷ 프랑스 신문의 헤드라인: "오트볼타: 33세의 '반제국주의' 선장이 정권을 잡다." (©*Afrique Asie*)

"우리는 학교, 진료소, 도로, 댐을 건설하고, 경작지를 넓히고, 조림을 하고, 주택을 제공했습니다. 이제 부르키나베 사람들은 권력을 행사하는 것이 자기 일이라고 생각합니다."

❶

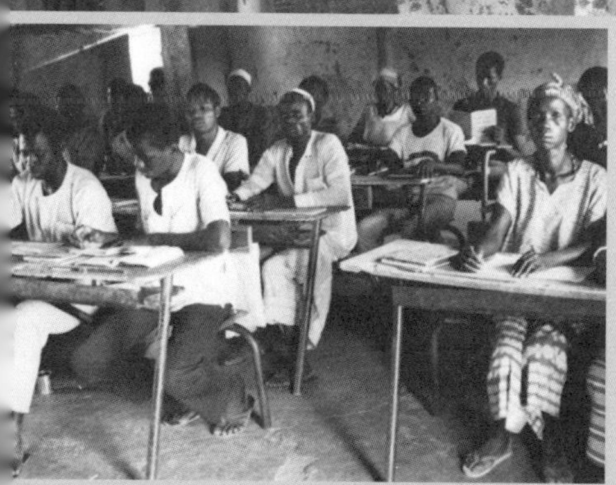

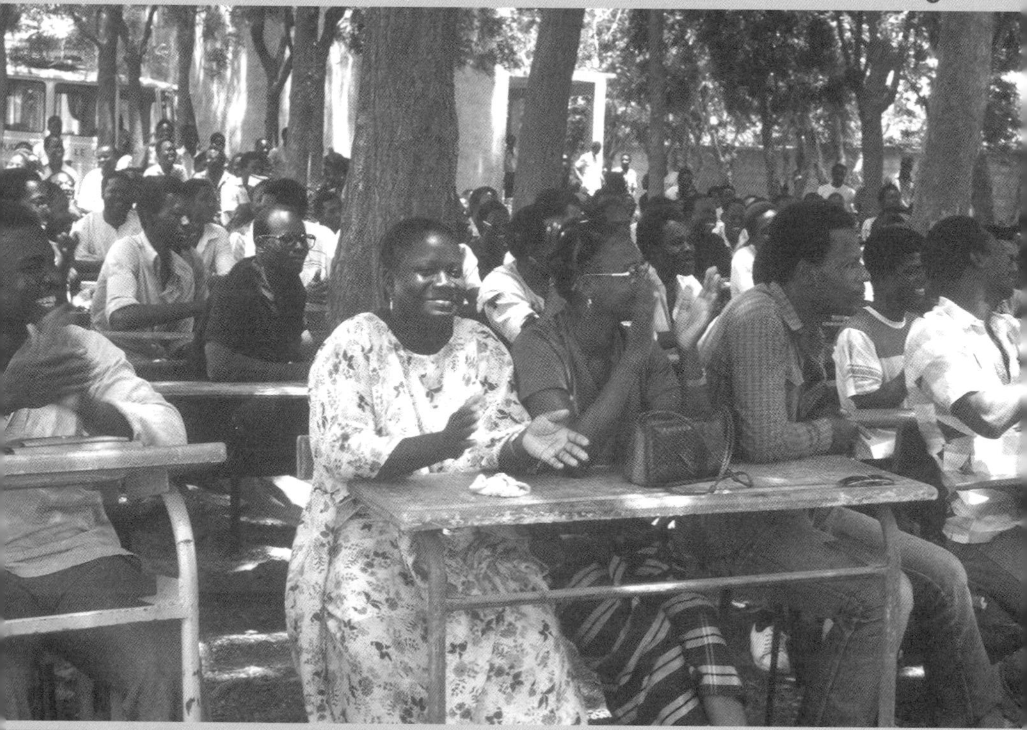

❷

❶ 1985년 8월 와가두구 인근에서 열린 혁명수호위원회 회의. 위원회는 노동자, 농민, 청년을 동원하여 새로운 사회를 건설하기 위해 함께 노력하는 것을 목표로 했다.
(ⓒMarla Puziss/*Militant*)

❷ 1986년 3월, 캄보앙세(Kamboince)에서 열린 문해 수업. 92퍼센트의 문맹률을 퇴치하기 위해 이 혁명은 이 나라에서 사용되는 주요 언어로 읽기와 쓰기를 가르치는 캠페인을 시작했다.
(ⓒMargaret A. Novicki/*Africa Report*)

❶ 1985년 와가두구 중심가에 건설 중인 아파트 건물. (ⓒCharaffi El/*La documentation francaise*)
❷ 1984년 10월 2일, 뉴욕 할렘에서. (ⓒBalozi R. Harvey 제공)

“더 이상 무지와 굶주림, 목마름으로 죽는 것을 거부하는
700만 명의 어린이, 여성, 남성들이 보내는 우애의 인사를 전합니다.”

1984년 10월 4일, 뉴욕. 유엔 총회 연설.

1984년 9월 25일, 쿠바 대통령 피델 카스트로가 아바나에서
상카라를 환영하는 모습.

제국주의에 맞서 함께 싸워야 합니다

〈인터콘티넨탈 프레스〉와 인터뷰

1985년 3월 17일

다음 인터뷰는 뉴욕에서 발행되는 사회주의 주간지 <밀리탄트>의 자매지인 〈인터콘티넨탈 프레스〉와 와가두구에서 진행한 인터뷰이다. 에른스트 하르시Ernest Harsch가 진행한 이 인터뷰의 번역본은 1985년 4월 29일자에 실렸다.

인터콘티넨탈 프레스: 혁명 세력이 집권한 지 1년 반이 지났습니다. 가장 큰 성과는 무엇이라고 생각하시나요?

토마 상카라: 혁명이 일어난 지 1년 반이 지난 지금, 우리가 보는 것은 물질적 변혁에 성공하지 못했거나 적어도 완성하지 못했다는 것입니다. 하지만 학교, 병원, 도로, 댐을 건설하고, 경작지를 넓히고, 조림을 했다는 것에 자부심을 가질 수 있습니다. 또한 주민들에게 주택을 제공한 것에 대해서도 자부심을 가질 수 있습니다. 그것만으로는 충분하지 않습니다. 아직 해야 할 일이 많이 남아 있습니다.

하지만 우리에게 가장 중요한 것은 그런 것이 아닙니다. 가장 중요한 것은 우리가 주력해 온 사람들의 태도 변화입니다. 이러한 태도의 변화는 우리 각자가 권력을 행사하는 것이 이제 자기의 일이고, 부르키나파소의 운명은 일부가 아닌 모든 부르키나베인의 일이며, 모두가 할말이 있다고 느끼는 것을 의미합니다. 우리 각자는 서로에게 책임을 물을 것을 요구합니다. 다시는 이전과 같은 일이 일어나지 않을 것입니다. 다시는 우리나라의 부를 소수의 것으로 두지 않을 것입니다. 그것은 다수, 즉 자기 생각을 말하는 다수의 소유입니다.

아마도 그다지 유쾌하지 않은 방식이 따를 수 있습니다. 하지만 그것은 당연한 일입니다. 사람들이 오랜 세월, 수십 년 동안 지배를 받다가 어느 날 자신을 표현할 자유가 생기면 자연스럽게 극단으로 치닫게 됩니다. 우리는 이를 이해하고 조금 더 관대하게 바라봐야 합니다. 당연한 일입니다.

따라서 우리 혁명의 가장 중요한 측면은 이러한 변화입니다. 나머지는 뒤따를 것입니다.

인터콘티넨탈 프레스: 지금까지 직면한 가장 큰 문제와 어려움은 무엇이라고 생각하시나요?

상카라: 우리가 직면한 가장 큰 어려움은 이 나라에 존재하는 신식민주의적 사고방식입니다. 우리는 프랑스라는 나라의 식민 지배를 받았기 때문에 특정한 습관을 갖게 되었습니다. 우리에게 인생에서 성공하고 행복하다는 것은 프랑스에서 가장 부유한 프랑스인들처럼 살려하는 것을 의미했습니다. 그래서 우리가 하고자 하는 변화는 상애불과 제동에 부딪히게 됩니다. 즉 최소한의 사회 정의도 받아들이지 않고 다른 사람들을 희생해서라도 자신의 모든 특권을 지키려는 사람들입니다. 당연히 우리는 투쟁에 나서게 됩니다.

우리의 첫 번째 싸움은 부르주아와의 싸움이었습니다. 그리고 무엇보다도 혁명가들을 경외하면서도 동시에 부르주아에 기울어진 매우 위험한 소부르주아에 맞서 싸웠습니다. 소부르주아는 부동층입니다. 소부르주아가 혁명에 대규모로 참여하지 않는 한 우리는 어려움을 겪을 것으로 생각합니다. 시끄럽게 떠들고, 마음에 독을 풀고, 남을 깎아내리는 것이 소부르주아입니다. 수치상으로는 아무것도 아닙니다. 하지만 우리 사회는 지식인이 지배적인 역할을 하는 신식민지 사회이기 때문에 이들이 지배적인 역할을 하고 여론을 형성합니다. 다른 어려움은 자연적이든 그렇지 않든 심각하지 않습니다.

또 다른 큰 어려움은 제국주의입니다. 제국주의는 나라 안팎에서 우리를 지배하려고 합니다. 다국적 기업, 거대 자본, 경제력을 통해 제국주의는 우리의 논의에 영향을 미치고 국민 생활에 영향을 미치고 어려움을 만들어 우리를 통제하려고 합니다. 경제 봉쇄로 우리의 목을 조르려고 합니다. 동시에 우리의 내부 안보를 위협하는 음모를 꾸미려고 합니다. 제국주의와 싸우기 위해 우리는 여전히 많은 전투를 치러야 합니다.

인터콘티넨탈 프레스: 제국주의의 반대가 예상만큼 심각했나요? 제국주의에 얼마나 잘 저항할 수 있었다고 생각하시나요?

상카라: 솔직히 말해서 혁명가로서 이론적으로는 제국주의가 무엇인지 이해했습니다. 하지만 권력을 잡은 후에는 제가 몰랐던 제국주의의 다른 측면을 발견했습니다. 저는 제국주의의 다른 측면을 배웠고, 아직도 발견해야 할 제국주의의 다른 측면이 남아 있다고 생각합니다. 이론과 실천에는 상당한 차이가 있습니다. 제국주의는 발톱과 뿔, 송곳니가 있고 독이 있으며 무자비한 괴물이라는 것을 실제로 경험하면서 알 수 있었습니다. 연설만으로는 제국주의를 두렵게 할 수 없습니다. 제국주의는 확고하고, 양심도 없고, 마음도 없습니다.

다행히도 우리는 적 제국주의가 얼마나 위험한지 더 많이 알게 될수록 제국주의에 맞서 싸우고 물리치겠다는 결의를 더욱 굳건히 다지게 되었습니다. 그리고 매번 우리는 제국주의에 맞설 준비가 된 새로운 세력을 발견합니다.

인터콘티넨탈 프레스: 민병대와 혁명수호위원회의 조직과 훈련은 어떻게 진행되고 있습니까?

상카라: 저희는 만족하고 있습니다. 물론 처음에는 어떤 희생이 요구되는지 모르고 참여한 사람들이 많았습니다. 조금 힘들다는 것을 알게 되자 그들은 뒤로 빠지기 시작했습니다. 하지만 우리는 이것이 자연스러운 현상이라고 생각합니다. 혁명은 마치 버스처럼 덜컹대는 길을 거쳐 가며 전진합니다. 속도가 바뀌면 떨어지는 사람들이 있습니다. 그것은 자연스러운 일입니다. 하지만 이제 의식을 높이는 것이 행복감을 추월했습니다. 의식을 고양함으로써 우리는 큰 도약을 할 수 있었습니다.

인터콘티넨탈 프레스: 젊은이들이 혁명의 편에 서는 것은 당연합니다. 여러분이 하고자 하는 일에 사회 기성세대를 끌어들이는 데에는 어떤 성공을 거두었나요?

상카라: 혁명이 자신들이 감히 꿈도 꾸지 못했던 것들을 가져다 주었다는 것을 인식하고 있기 때문에 그들과도 몇 가시 성공을 거두었습니다. 물론 그들은 종종 혁명의 방식과 언어에 겁을 먹고 더 이상 혁명을 따라갈 에너지나 힘이 없다고 생각하기도 합니다. 그러나 우리는 정치적, 이념적 리더십을 우리에게 맡기면서 자신만의 방식과 속도로 혁명에 참여하고자 하는 원로들을 위한 틀을 마련했습니다. 우리는 원로 조직을 설립하는 중이며 이는 우리에게 매우 유용할 것입니다. 실제로 이

미 중요한 일을 하는 원로들이 있습니다.

인터콘티넨탈 프레스: 지난주에는 3월 8일 전국 여성의 날로 마무리되는 여성 주간이 있었습니다. 이는 혁명 과정에서 여성의 참여에 대해 무엇을 시사하나요?

상카라: 이전 정권에서 이곳 여성들은 민속 집단에 편입되었어요. 그들은 유니폼을 꿰매고 노래하고 춤을 췄지요. 하지만 그들 자신이 어디로 가는지는 몰랐어요. 1983년 8월 4일 직후에는 여성들의 독자성 때문에 여성들을 동원하는 데 문제가 있었습니다. 여성들은 매우 독자적이었고 혁명이 그들에게 무엇을 가져다줄지, 그리고 그들 자신이 혁명에서 어떤 역할을 할 수 있는지 늘 알지는 못했습니다.

우리는 그들에게 혁명적 역할에 대해 생각할 시간을 주었습니다. 이 시간은 유익했는데 이제 여성들은 회의나 모임에서 다른 언어를 사용합니다. 그들은 여성들이 단지 요구만 하기 위해 존재하는 것이 아니라고 생각합니다. 여성은 무엇보다도 억압과 지배의 근거를 명확하고 객관적으로 설명해야 합니다.

여성들은 점점 더 잘 해내고 있습니다. 여성들은 자신의 적이 누구인지 정의할 수 있게 되었습니다. 남자들, 남성들 같은 국가 내부의 적뿐만 아니라 제국주의와 제국주의가 가져온 문화 시스템 같은 적도 있습니다. 식민주의가 도래하기 전부터 존재했던 과거의 봉건 제도도 적입니다. 이제 여성들은 이 모든 것을 이해하게 되었고, 이들과 싸울 수 있게 되었습니다.

우리가 여성들에게 주목한 긍정적인 점은 여성들이 이제 자신을 해방할 준비가 되었다는 것입니다. 노예라는 의식, 노예라는 상황을 자각하지 못하는 노예를 해방시킬 수는 없습니다. 우리는 이제 여성들이 의식을 갖게 되었다는 것을 알아차렸습니다. 앞으로의 일은 그들 자신의 해방을 위한 것이며, 혁명에 대한 그들의 기여가 될 것입니다. 그들은 혁명이, 그리고 혁명만이 그들을 해방할 수 있다는 것을 이해했습니다. 그동안 부족했던 것은 바로 이러한 질적 변화였습니다. 이런 변화 없이 수천, 수만 명의 여성을 한데 모으는 일은 언제든지 쉽게 할 수 있는 일이었습니다. 그러나 우리는 어느 순간 이것이 생산적이지 않고 유용하지 않다는 것을 이해했고, 더 이상 하지 않게 되었습니다. 이제 우리는 매우 겸손한 방식으로 기본으로 돌아왔고, 이것이 바로 우리가 여성 주간을 조직할 수 있었던 이유이며, 매우 긍정적인 주간이었습니다.

인터콘티넨탈 프레스: 농업 개혁과 혁명수호위원회(CDR)의 구성은 전통적인 추장의 역할을 포함하여 시골의 사회적 관계를 어떻게 변화시킬까요?

상카라: 이 나라의 전통적인 조직 형태가 공격받고 있으며 이는 자연스러운 현상입니다. 그것은 발전을 허용하지 않고 대중이 성장하고 꽃을 피울 수 있는 최소한의 사회 정의나 공간조차도 부정하는 봉건적 시스템입니다. 이 봉건 제도는 일부 남성들이 단순히 태어난 환경만으로 수 헥타르, 수 제곱킬로미터에 달하는 상당한 양의 토지를 통제할 수 있도록 작동했습니다. 그들은 자의적로 땅을 분배했습니다. 다른 사람들은 땅을 경작할 수만 있었고 그늘에게 돈을 지불해야 했습니다. 그들의 통치가 끝나가고 있습니다. 일부 지역에서는 이미 끝났다고 말할 수도 있습니다.

이제부터 한 조각 땅에 자리 잡은 농부는 그 땅이 자신에게 위탁되었다는 것을 알고 안심하고 일할 수 있기 때문에 우리 시골에서 봉건 제도가 무너지는 것이 그에게 유리할 것입니다. 오늘날, 이 땅은 부르키나베 국가에 속해 있습니다. 더 이상 개인의 소유가 아닙니다. 그러나 부르키나베 국가는 토지의 사용, 관리 및 경작을 그것을 위해 일하는 사람에게 위탁할 수 있습니다.*

농민은 자신이 경작하는 땅을 개선하도록 장려받게 될 것입니다. 기존 제도 하에서처럼, 땅을 얻어 유기질 비료나 거름을 사용해 토양을 비옥하게 만들다가 1~2년 후 땅이 비옥해지기 시작할 때쯤 주인한테서 "당신은 떠나라"는 말을 듣는 저주스러운 상황이 되지는 않을 겁니다. 농업이 발전하려면 농지를 경작하는 노동자에 대한 보장이 필요합니다. 봉건적 조직 형태는 사람들이 자기의 뜻을 표현할 수 있는 새로운 형태의 조직으로 바뀌고 있습니다.

인터콘티넨탈 프레스: 몇 주 전 파리에서 발행되는 〈르몽드〉와《쥔 아프리끄》가 정부 정책을 비판하는 여러 노동조합 지도자의 성명을 보도했습니다. 그들은 이를 국가혁명위원회와 노동자 계급 사이의 큰 분열로 표현했습니다. 정말 그런가요? 노동자와의 갈등인가요, 아니면 노동조합 간부들만의 갈등인가요?

상카라: 기본적으로 이들 조직의 지도력에 문제가 있습니다. 이 지도부들은 소부르주아입니다. 소부르주아로서 그들은 혁명이 반동 계급과 부르주아 계급을 쓸어버리고 자신들이 권력을 잡았다고 생각했죠. 그래서 당연히 갈등이 생깁니다.

그러나 노동자는 우리가 내리는 결정에 완전히 만족합니다. 임대

---

*   국가혁명평의회는 혁명 1주년인 1984년 8월 4일에 모든 토지 및 광물 재산의 국유화를 선언했다.

료를 더 이상 지불하지 않아도 된다고 하면 노동자에게 이익이 됩니다.*
하지만 노조 지도자들은 세를 놓은 집이 있기 때문에 불만이었습니다.
이 점을 이해하는 것이 매우 중요합니다.

질문을 아주 잘 제기하셨습니다. 이것은 노동자들, 즉 노동자 계급
과의 갈등입니까, 아니면 지도부와의 갈등입니까? 노동자와의 갈등이
아니라 지도부와의 갈등입니다. 그 증거로, 혹시 여기서 파업을 본 적이
있나요? 파업은 없습니다. 노동자들은 CDR과 노조 양쪽에 소속되어 있
습니다. 하지만 지도부는 전혀 만족하지 않습니다. 당연한 일이죠. 그들
의 소부르주아적 관점 때문이죠.

아프리카의 혁명은 매번 소부르주아에 의해 시작되기 때문에 큰
위험에 직면해 있습니다. 소부르주아는 일반적으로 지식인들로 구성
되어 있습니다. 혁명이 시작될 때 대부르주아는 공격받습니다. 쉬운 일
이죠. 그들은 큰 차, 큰 집, 많은 여자 등을 거느린 매우 부유하고, 크고,
뚱뚱한 대자본가들입니다. 사람들은 그들을 알아보고 그들을 쫓아갑
니다. 하지만 1년, 2년, 3년이 지나면 소부르주아를 상대해야 합니다.
그리고 우리가 소부르주아를 잡을 때, 우리는 혁명의 리더십을 갖게 됩
니다.

노조는 이곳 혁명에 많은 기여를 해왔습니다. 그들은 우리나라의
내충 두생에 기여했습니다. 그러나 그들은 부르주아를 쓸어버리고 그
들의 자리를 차지하려는 소부르주아로서 그렇게 했습니다. 이제 혁명
이 일어나니, 그들은 혁명을 두려워하고 있습니다.

---

* 1984년 12월 31일, 정부는 이듬해부터 주택 임대료를 지불하지 않아도 된다고 발표하고 이 조
치를 준수하기 위한 국가 조직을 설립했다. 상업 및 산업 임대료는 계속해서 국가에 직접 납
부했다.

사람들이 "혁명, 혁명, 혁명!"을 외치는 일부 아프리카 국가에서는 이런 일이 벌어지고 있습니다. 하지만 그들은 금목걸이와 고급 넥타이를 차고 있죠. 그들은 항상 프랑스에서 비싼 옷과 큰 차를 사죠. 그들은 은행 계좌를 가지고 있습니다. 그런데도 그들은 "혁명"에 대해 이야기합니다.

왜 그럴까요? 대부르주아에 대한 공격이 끝나고 소부르주아를 공격하려고 하면 소부르주아가 발톱을 드러내고 겁을 먹기 때문이죠. 그들은 무엇을 할까요? 그들은 군대, 정부 장관 또는 근위대에게 큰 봉급을 줍니다. 그들은 모든 노조 지도자 등을 고위직에 임명합니다. 장관, 총리, 이런저런 큰 직책을 맡기기도 합니다. 그들은 행복해하고 조용하게 지냅니다. 장관들은 스스로 사업가, 즉 인신매매범이 되기 시작합니다. 그들은 아이들을 유럽이나 미국에 있는 학교에 보냅니다. 혁명에 대해 이야기했던 기니의 전 대통령 세쿠 투레 시대의 상황을 살펴보면, 미국에서 프랑스어를 사용하는 사람 중 가장 많은 수가 기니인이었습니다. 하버드, 영국 케임브리지 등 모든 곳에서 말이죠. 그것이 바로 소부르주아입니다.

소부르주아에서 시작된 모든 혁명은 어떤 길을 택할지 선택의 기로에 서게 됩니다. 소부르주아에 맞상대한다는 것은 혁명을 급진적으로 유지한다는 것을 의미하며, 거기서 많은 어려움에 직면하게 됩니다. 아니면 순순히 소부르주아에 따를 수도 있습니다. 어려움은 없을 것입니다. 하지만 그러면 그것은 혁명이 아니라 유사 혁명이 될 것입니다.

그래서 이곳의 소부르주아들은 우리가 급여를 다시 삭감하는 것에 반대하는 겁니다. 하지만 시골의 농민들에게 세금을 부과하는 것은 찬성하죠. 그들은 한 달에 20만 프랑을 벌죠. 그들은 월급을 5,000프랑,

10,000프랑, 15,000프랑, 20,000프랑 인상해야 한다고 생각합니다. 우리가 급여를 올리면 그들은 지지 행진을 조직합니다. 삭감하면 항의합니다. 하지만 그들은 농민에게 어떤 이익이 있는지는 보지 못합니다. 그들은 그걸 보지 못하죠. 우리는 소부르주아들이 끊임없이 두 가지 이해관계 사이에서 갈등한다고 말합니다. 그들에게는 두 권의 책이 있습니다: 칼 마르크스의 『자본』과 수표책이죠. 그들은 흔들립니다: 체 게바라냐, 아니면 오나시스냐? 그들은 선택해야 합니다.

인터콘티넨탈 프레스: 방금 말씀하신 이 문제는 이곳의 여러 좌파 정치 단체와 관련된 갈등에도 반영되어 있습니다. 이 문제를 어떻게 극복할 수 있다고 보시나요?

상카라: 각 조직은 대중 사이에서 영향력과 중요성을 통해 스스로를 유지하고 투쟁합니다. 조직은 지금처럼 계속 활동하면서 대중의 눈에 자신을 차별화할 수 있어야 합니다. 대중이 모든 조직을 알게 되면 어떤 조직은 선택해서 가입하고 어떤 조직은 싸우게 될 것입니다. 그래서 사무실에 갇혀서 "나는 이런저런 조직 출신입니다. 여러분은 저에게 이런저런 중요성을 부여해야 합니다"라고 선언하는 소수 사람들로는 결코 혁명을 이룰 수 없습니다.

이것이 일부 국가에서 발견되는 문제입니다. 정치적 성향이 강한 치드를 예로 들어 보겠습니다. 시노사들이 토론을 위해 한 사무실에 모이면 각자 자신이 어떤 노선을 대표한다고 말합니다. "저는 한 노선을 대표합니다." "나도! 나도!" 하지만 대중에게 맡기면 대중은 제거해야 할 사람은 제거하고 유지해야 할 사람은 유지하게 됩니다.

여기서 우리의 문제는 이 소부르주아가 해외 언론과의 연결 덕분에 많은 소음을 만들어내려고 한다는 것입니다. 여기 국내에서는 아무 문제가 없다는 것을 알 수 있습니다. 하지만 〈르몽드〉나 《쥔 아프리끄》를 읽거나 〈미국의 소리〉나 라디오 〈프랑스 앵테르나시오날〉을 들으면 "부르키나파소의 상황이 좋지 않다"는 등의 이야기를 듣게 됩니다. 하지만 이곳은 '잘 돌아가고' 있습니다. 해외에서는 "일이 잘 안 풀리고 있다"고 하죠. 이런 인상을 주는 것은 이곳의 소부르주아들에게 인맥이 있기 때문입니다. 그들은 지식인입니다. 그들은 여행 경험이 있습니다. 그들은 모든 나라에 인맥이 있고 그것을 활용할 수 있습니다. 그러나 여기에서는 그들의 실체가 드러났고 더 이상 문제가 되지 않습니다. 그들은 심지어 우리와 논의할 준비가 되어 있습니다. 감옥에 있던 아르바 디알로 전 외무부 장관이 석방된 것을 보셨을 겁니다. 그들은 우리와 논의할 준비가 되어 있지만, 그것은 그들이 더 이상 영향력이 없기 때문입니다. 그들이 비틸 수 있는 유일한 힘은 해외의 지원, 즉 매일 우리에게 불리한 기사를 쓰는 외신과 모든 신문에 실리는 메시지뿐입니다. 돈이 많아 신문사에 돈을 주면 우리를 지지하는 기사를 쓸 수 있겠죠. 하지만 저희는 그럴 돈은 없습니다.

인터콘티넨탈 프레스: 혁명을 지지하는 다양한 그룹을 통합할 가능성이 있나요?

상카라: 가능합니다. 저희는 가능하다고 확신합니다. 물론 그러한 단결은 조직이 아닌 개인의 희생으로 이루어질 것입니다. 반제국주의 투쟁, 혁명적 투쟁에서 플랫폼을 채택하는 것은 조직이기 때문입니다. 개인은 "아니, 나한테는 아무 이득이 없어"라고 말할 것입니다. 도시에서 2등보다는 마을에서 1등이 되는 것을 선호하는 개인이 있습니다. 그리고 도시에서 2인자가 되고 싶지 않기 때문에 자기 조직을 스스로 유지하는 것을 선호합니다. 그들은 조직이 통일을 위한 것임에도 불구하

고 통일을 거부합니다. 그런 개인은 조직을 위해 하나씩 제거되어 조직을 위한 길을 만들 것입니다.

인터콘티넨탈 프레스: 지난 10월 미국을 방문하셨을 때 쿠바에 들르셨습니다. 쿠바에서 호세 마르티 훈장을 받으셨죠. 쿠바 혁명의 의미는 무엇이라고 생각하시나요?

상카라: 쿠바 혁명은 용기와 결단력의 상징이라고 생각합니다. 훌륭한 교훈이죠.

아주 일부 제한된 자원을 제외하고는 특별한 자원이 없는 작은 농업 국가 쿠바는 바로 옆에 있는 대국 미국의 직간접적인 압력에도 불구하고 굳건히 버틸 수 있었습니다. 이는 큰 교훈을 줍니다. 우리는 쿠바가 혼자서 저항하지 않았다는 것을 알고 있습니다. 쿠바를 지원하고 도와준 소련의 국제주의적 지원이 필요했습니다. 그러나 우리는 지원만으로는 충분하지 않다는 것도 알고 있습니다. 그렇기 때문에 우리는 쿠바인들을 존경스럽게 바라봅니다.

피델 카스트로를 만났을 때 저는 그에게 "25년이 지났지만, 여전히 시에라 마에스트라에서 막 내려온 혁명가처럼 보인다"고 말했죠. 우리는 쿠바 혁명에 대해 매우 큰 존경심을 가지고 있습니다.

물론 우리의 두 혁명은 같지 않습니다. 조건도 같지 않습니다. 하지만 용기와 결단력, 그리고 항상 국민, 즉 민중의 끊임없는 참여라는 측면에서 쿠바는 매우 흥미로운 교훈을 제공합니다.

인터콘티넨탈 프레스: 미국의 노동계급이 부르키나파소 같은 다른 나라의 혁명적 투쟁에 대해 더 많이 배우는 것은 중요합니다. 그것이 연대를 향한 첫걸음입니다. 우리에게는 미 제국주의라는 공동의 적이 있습니다. 투쟁의 형태는 다를 수 있지만 적은 같습니다. 노동자들이 그런

의식을 갖게 되면 자연스럽게 미 제국주의에 맞서는 여러분의 투쟁에 연대감을 느끼게 될 것입니다. 국제주의 의식을 키우는 것은 미국 노동자들이 자국 내부의 적이 누구인지 이해하는 데도 중요합니다. 이에 대해 한 말씀 해 주시겠어요?

상카라: 소통의 문제입니다. 우리가 싸우고 있는 제국주의는 고립된 것이 아닙니다. 그것은 시스템입니다. 혁명가로서 변증법적 관점에서 볼 때 우리도 시스템을 가지고 있어야 한다는 점을 이해해야 합니다. 단순히 선의, 선한 감정, 정직, 용기, 관대함으로 가득 찬 개인이 아니라 시스템과 시스템, 조직과 조직으로 맞서야 합니다.

제국주의 체제는 단순히 이 나라, 저 나라에 국한된 것이 아니라 전 세계에 존재하며, 우리가 함께 만들어갈 전체 시스템과 싸워야 합니다. 따라서 우리는 서로를 알아가고, 서로를 이해하고, 우리 사이에 플랫폼, 이해의 영역을 구축해야 제국주의와 진지하게 싸울 수 있고 성공할 가능성이 높습니다.

그렇기 때문에 서로를 알아가기 위한 소통의 필요성에 동의합니다. 당신은 언론인이고, 그것이 당신의 일이며, 저는 당신을 도울 것입니다. 그래서 오늘 제가 매우 바쁘고 테이블 위에 많은 파일이 쌓여 있더라도 최소한 5분이라도 시간을 내서 우리가 하는 일에 관해 설명할 의무가 있습니다. 혁명가로서 우리는 설명하는 데 지쳤다고 말할 권리가 없습니다. 우리는 항상 설명해야 합니다. 사람들이 이해할 때 우리를 따를 수밖에 없다는 것도 알고 있기 때문입니다. 어쨌든 국가나 민족에 관한 한 우리 인민에게는 적이 없습니다. 우리의 유일한 적은 제국주의 정권과 조직뿐입니다.

인터콘티넨탈 프레스: 미국의 노동자들에게 몇 분간 연설할 시간이 주

어진다면 어떤 말씀을 하시겠습니까?

상카라: 우선, 미국의 노동자들과 미국 국민은 부르키나파소 국민이 미국의 적이 아니라는 점을 이해하길 바랍니다.

부르키나파소 국민은 미국인들이 독립을 위해 싸웠던 것처럼 자신의 정체성에 자부심을 느끼고, 독립을 자랑스러워하며, 독립을 지키기 위해 애쓰는 국민입니다. "미국인을 위한 미국"이라고 하셨죠? 여러분은 확실히 유럽의 참견을 원하지 않았습니다. 여러분은 대영제국과 싸웠고 독립을 위해 영국과 싸웠습니다. 저는 그것이 당연하다고 생각하며 우리도 똑같은 기본 권리를 가져야 한다고 생각합니다.

여러분은 우리가 고통받는 미국인들과 연대하고 있다는 사실을 알아야 합니다. 여러분은 우리보다 더 큰 물질적 부를 가지고 있더라도 마음속에는 비참함이 있으며, 우리도 여러분처럼 이 비참함의 원인이 무엇인지 알고 있습니다. 여기서 말하는 비참함이란 예를 들어 할렘의 빈민가를 의미합니다. 또한 미국인은 재산의 많고 적음에 상관없이 체스판의 졸처럼, 이리저리 옮겨 다니며 조종당하는 졸처럼 살아간다는 것도 사실입니다. 이 비참한 삶은 또한 돈의 힘, 자본의 힘으로 미국에서 만들어지는 침략과 야만의 삶, 비인간적인 삶입니다.

우리는 여러분과 마찬가지로 제국주의가 이 모든 것을 조직하고 배후에 있다는 것을 알고 있습니다. 우리는 함께 싸워야 합니다. 우리는 미국 국민에게 우리를 이해하고 우리의 투쟁을 도와줄 것을 호소합니다. 그러나 우리가 미국 국민의 적이라는 말은 절대로 하지 말아야 합니다. 그것은 사실이 아닙니다. 우리는 미국 국민의 완전한 성공을 기원합니다. 그들의 모든 투쟁은 우리의 투쟁입니다.

안타깝게도 그들은 세계의 현실에 대한 진실의 10분의 1도 듣지 못했습니다. 우리는 미국 국민이 "양키 고 홈. 양키 고 홈"이라는 구호로 전 세계에서 모욕당하는 국민이 되지 않기를 바랍니다. 미국 국민은 그 것을 자랑스러워할 수 없습니다. 어느 나라, 어떤 국민이든지, [미국인 들이] 어디를 가든지 그들을 보고 그들 뒤에 CIA가 있고, 그들 뒤에 공 격 무기들이나 그 밖의 것들이 있다는 사실을 아는 데 대해서 자랑스러 워할 수 없습니다. 미국 국민은 또한 사랑하고 연대하며 진실한 우정을 나눌 수 있는 국민입니다.

우리는 이 모든 것을 바로잡고 싶습니다. 우리는 여러분이 차지해 야 할 내일의 자리를 갖도록 돕고 싶습니다. 여러분의 지도자들을 통해 서든 국민인 여러분 자신을 통해서든, 여러분이 미국인에 대해 일반화 된 전 세계적인 불신의 원인과 해악에 대한 우리의 고발을 받아들인다 는 조건히에 말입니다.

과감하게 미래를 발명하라

장 필립 랩Jean-Philippe Rapp과 인터뷰

1985

1985년 스위스 저널리스트 장 필립 랩은 와가두구에서 상카라와 여러 차례 인터뷰했고, 이 인터뷰는 『상카라: 새로운 아프리카의 힘』(*Sankara: Un nouveau pouvoir africain*)이라는 제목으로 장 지글러Jean Ziegler에 의해 출판되었는데 아래는 그 발췌본이다. 각주는 나중에 추가된 것이다.

장 필립 랩: 국가 원수가 되기로 한 결정은 매우 확실한 상황에서 내려진 결정이 아니었나요?

토마 상카라: 인생에는 국민과의 만남, 랑데뷰와 같은 사건과 순간이 있습니다. 이를 이해하려면 각 개인의 과거와 배경을 거슬러 올라가야 합니다. 국가 원수가 되겠냐고 결심하는 것이 아닙니다. 이런저런 형태의 괴롭힘이나 굴욕, 이런저런 유형의 착취나 지배를 종식시키기로 결심하는 것이죠. 그게 전부입니다.

말라리아라는 심각한 질병에 걸린 사람이 백신 연구에 전념하기로 결심하고, 그 과정에서 실험실을 책임지는 저명한 과학자나 최첨단 의료팀의 수장이 되는 것과 비슷하다고 할 수 있습니다.

어쨌든 저는 매우 분명한 신념을 가지고 시작했습니다. 자신이 잘 알고 있는 것에 대해서만 효과적으로 싸울 수 있고, 자신의 싸움이 정당하다는 확신이 없으면 이길 수 없습니다. 일반적으로 가면은 매우 빨리 벗겨지기 때문에 권력을 얻기 위한 구실이나 지렛대로 투쟁을 벌여서는 안 됩니다. 국가 원수가 되기 위해 대중과 함께 투쟁에 참여하는 것은 아닙니다. 싸우는 거죠. 그런 다음 조직이 필요하다는 것은 주어진 직책에 누군가가 필요하다는 것을 의미합니다.

랩: 그런데 그 사람이 왜 당신이라 생각했나요?

상카라: 자신이 싸울 수 있고, 자신을 위해 싸울 수 있을 만큼 용기가 있으며, 무엇보다도 다른 사람을 위해 싸울 의지가 충분하다는 것을 스스로 확신해야 합니다. 싸우기로 결심하고 싸우는 방법을 아는 사람들을 찾을 수는 있습니다. 하지만 그들은 자신만을 위해 싸울 뿐 더 나아가지 못합니다.

랩: 그들의 출신 배경 때문이라고 생각하시나요?

상카라: 네. 자연적인 뿌리를 가진 리더와 인위적으로 만든 뿌리를 가진 리더가 있습니다. 인위적이라는 것은 스스로 벽을 세워서 만들어진 리더를 의미합니다. 그런 사람들은 대중과 확실히 단절되어 있습니다. 그들은 어느 정도까지는 관대할 수 있지만 그렇다고 해서 혁명가가 되지는 못합니다. 각계각층에서 헌신적으로 일하지만 아무도 자신을 이해해 주지 않아 불행해 하는 공무원들도 만날 것입니다. 그들은 정직하게 희생하고 있지만 아무도 그들이 무엇을 하고 있는지 이해하지 못합니다.

마치 유럽에서 이곳으로 오는 국제 구호 자원봉사자들과 비슷합니다. 그들도 매우 성실하지만, 아프리카에 대한 무지로 인해 때로는 사소하지만 시간이 지날수록 결정적인 실수나 실책을 저지르기도 합니다. 그래서 몇 년을 머물고 나면 그들은 아프리카에 대해 완전히 혐오감을 느끼고 돌아갑니다. 하지만 고귀한 목적이 없는 것은 아닙니다. 그들은 그저 시혜적인 태도로 이곳에 왔을 뿐입니다. 그들은 우리에게 교훈을 주었습니다.

랩: 현실을 살아본 경험이 있어야 한다는 건가요?

상카라: 다른 지도자들도 민중들의 일상생활에 깊이 빠져들 기회를 가졌습니다. 거기서 필요한 에너지를 찾을 수 있습니다. 그들은 이런저런 결정을 내림으로써 이런저런 문제를 해결할 수 있고, 자신이 찾은 해결책이 수천 명에서 심지어 수백만 명의 사람들에게 도움이 될 수 있다는 것을 알고 있습니다. 그들은 사회학과에서 공부하지 않아도 이 문제를 완벽하게 이해하고 있습니다. 이것은 사물에 대한 인식을 변화시킵니다.

랩: 하지만 이러한 현실을 직접 발견하게 된 구체적이고 개인적인 경험이 있었나요?

상카라: 몇 가지가 있었습니다. 예를 들어 제가 잘 아는 한 남자를 기억합니다. 당시는 가뭄이 한창일 때였습니다. 굶주림을 면하려고 마을의 여러 가족이 남은 돈을 모아 그에게 와가두구로 가서 식량을 사 오는 일을 맡겼습니다. 그는 사선서를 타고 수도로 향했습니다. 도착하자마자 그는 마을 사람들과 잔인하고 고통스러운 만남을 가졌습니다. 그는 필요한 것을 얻기 위해 줄을 섰지만 성공하지 못했습니다. 그는 프랑스어를 할 줄 아는 많은 사람이 자신보다 먼저 수수를 사려고 뛰어가는 것을 지켜보았습니다. 설상가상으로 마을 사람들이 그에게 맡긴 돈과 함께 자전거까지 도둑맞았습니다.

절망에 빠진 그는 자살했습니다. 와가두구 주민들은 그의 죽음에도 잠을 잘 잤습니다. 그는 그저 또 하나의 시체였을 뿐이었으니까요. 그들은 구덩이를 파고 시신을 쓸모없는 짐 덩어리처럼 던져 버렸습니다. 도시는 이 드라마에 무관심하고 심지어 무지한 채로 즐겁게 생업에 종사했습니다. 그 사이에, 멀리 떨어진 곳에서는 수십 명의 사람들이, 온 가족이, 그들에게 또 다른 삶을 살게 해 줄 이 남자의 행복한 귀환을 기다렸지만 끝내 돌아오지 않았습니다. 우리는 스스로에게 물어봐야 합니다: 우리는 이런 사람들에게 등을 돌릴 권리가 있는 걸까요?

랩: 충격적이었나요?

상카라: 네. 지금도 자주 생각나곤 합니다.

랩: 그러면 불평등을 직접 경험했나요, 아니면 다른 사람들에게 미치는 영향을 지켜본 것이 전부인가요?

상카라: 네, 직접 경험한 적이 있습니다. 어렸을 때 저는 가우아에 있는 초등학교에 다녔어요. 그곳의 교장 선생님은 유럽인이었고, 그의 자식 자녀들은 자전거를 가지고 있었어요. 다른 아이들은 몇 달 동안 이 자전거를 꿈에 그렸어요. 자고 일어나면 자전거에 대해 생각하고, 자전거 그림을 그리고, 마음속에서 계속 올라오는 그리움을 억누르려고 애썼죠. 자전거를 빌려달라고 설득하기 위해 거의 모든 방법을 동원했습니다. 교장 선생님의 아이들이 모래성을 쌓기 위해 모래를 원하면 모래를 가져다주었습니다. 아이들이 원하는 다른 부탁이 있으면 서둘러 들어주었습니다. 그리고 이 모든 것은 그저 그 놀이기구를 타고 싶다는 희망에서 비롯된 것이었습니다. 우리는 모두 같은 나이였지만 할 수 있는 일이 없었습니다.

어느 날 저는 그동안의 노력이 헛된 것이었음을 깨달았습니다. 저는 자전거를 잡고 스스로에게 말했습니다: "안타깝지만, 결과가 어떻게 되든 난 이 즐거움을 만끽해야겠어"라고요.

랩: 결과는 어땠나요?

상카라: 아버지가 체포되어 감옥에 갇혔어요. 저는 학교에서 퇴학당했고요. 제 형제자매들은 감히 학교로 돌아갈 엄두를 내지 못했어요. 정말 끔찍했어요. 그 또래의 아이들에게 어떻게 이런 일이 불의에 대한 감정을 일으키지 않을 수 있겠어요?

그들은 제 누이 중 한 명이 돌을 던져 야생 열매를 채취했다는 이유로 아버지를 또다시 감옥에 넣었습니다. 돌멩이 몇 개가 교장 선생님 집 지붕에 떨어졌어요. 그것이 그의 아내 낮잠을 방해했습니다. 맛있고 상쾌한 식사를 마치고 쉬고 싶은데 이런 식으로 방해를 받아서 짜증이 났다는 것은 이해합니다. 하지만 우리는 먹고 싶었습니다. 그리고 그들은 아버지를 감옥에 넣는 데서 멈추지 않았습니다. 그들은 누구라도 이 과일을 따는 것을 금지한다고 공표했어요.

랩: 오늘 만약 아버지가 여기 계시고 아버지가 당신의 변화된 모습과 당신이 시작한 일을 볼 수 있다면, 아버지는 당신에게 뭐라고 말씀하실까요?

상카라: 아버지는 전직 군인이셨어요. 2차 세계대전에 참전하셨고 독일군에게 포로로 잡히기도 하셨죠. 선식 군인이셨던 아버지는 우리가 아직 접해 보지 못한 견해를 가지고 계시는데, 그때가 그들에게는 훨씬 더 끔찍한 상황이었다는 것이죠. 우리의 토론은 대결에 가깝다고 할 수 있죠. [웃음]

랩: 전통 사회에서 중요한 역할을 담당하며 오늘날 일어나는 일을 이해하고 무엇보다도 그것을 받아들이는 데 엄청난 어려움을 겪고 있

을 노인들에 관한 질문으로 넘어가 보죠.

상카라: 많은 노인들이 있고, 우리는 항상 그들을 인정하는 한 두 마디의 말에 인색하지 말아야 합니다. 그들은 우리가 각종 연설에서 그들을 언급하는 것에 놀라워합니다. 노인들은 자신들이 배제되고 있다는 느낌을 받습니다. 그분들이 우리 또래였을 때는 존경할 만한 용기를 보여 주셨기 때문에 오늘날 더욱 실망할 수밖에 없습니다. 지금은 그분들이 과거의 명예에 안주하고 있습니다. 하지만 말 한마디로 영감을 줄 수 있는 역동적인 에너지를 끌어내기 위해서는 그들의 과거 업적을 인정하는 것이 공정합니다.

랩: 하지만 그들을 어떻게 하나로 끌어넣을 생각인가요?

상카라: 이를 위한 조직을 만들기로 결정했습니다. 아직 이름은 정해지지 않았지만 누가 책임자가 될지는 알고 있습니다. 모든 주에서 임시 위원회가 구성되고 있으며, 곧 전국 대회를 개최하여 장로들이 전국 사무소를 설립할 것입니다. 다양한 위원회와 리더십 단체에서 참여 방법을 마련할 것입니다.*

랩: 정말 열린 마음으로 임할 의향이 있나요?

상카라: 우리는 넓은 의미에서 봉건주의가 매우 강력한 사회인 아프리카에 살고 있습니다. 가부장인 연장자가 말을 하면 모두가 따릅니다. 그래서 우리는 "젊은 혁명가가 젊은 반동 세력과 싸워야 하듯이 늙은 반동 세력은 늙은 혁명가가 싸워야 한다"라고 말합니다. 물론 여기에는 이념적 한계가 있습니다. 하지만 원로들이 각자의 분야에서 싸워야 할 적들과 싸운다면 우리는 그 한계를 받아들일 수 있습니다.

---

* 1986년 2월 부르키나 전국장로연합(UNAB: The National Union of Elders of Burkina)이 설립되었다.

랩: 어린 시절로 돌아가 봅시다. 당신의 성격을 보여 주고 행동의 특정 측면을 설명하는 데 도움이 될 만한 어떤 기억이 있나요?

상카라: 저는 보보-디울라소의 고등학교에 진학했습니다. 제 가족은 가우아에 살았고 제가 도착했을 때 아는 사람이 아무도 없었습니다. 수업이 시작되기로 되어 있던 날, 경영상의 이유로 학교가 다음 날까지 문을 열지 않는다는 소식을 들었습니다. 기숙사 시설도 문을 닫았기 때문에 잠자리를 스스로 구해야 했습니다.

여행 가방을 머리에 이고 —다른 방법으로 들고 다니기에는 체구가 너무 작았는데— 제게는 너무나도 큰 마을을 헤매고 다녔어요. 점점 더 피곤해지는데 마침내 어느 부르주아 집 앞에 도착했습니다. 마당에는 자동차와 큰 개 한 마리가 있었어요. 저는 벨을 눌렀습니다. 한 신사가 문으로 와서 저를 업신여기는 눈빛으로 쳐다봤어요. "너 같은 꼬맹이가 우리 집에 무슨 볼일이 있는 거야?" 그가 물었습니다. "이 집을 보고 여기서 하룻밤을 보내야겠다고 생각했어요." 저는 그에게 말했습니다. 그러자 그는 자기 귀를 믿을 수 없다는 듯 큰 한숨을 내쉬더니 저를 데리고 들어갔습니다. 그는 저를 앉히고 먹을 것을 준 다음 아내가 산부인과 병원에서 기다리고 있기 때문에 외출해야 한다고 설명했습니다. 다음 날 저는 짐을 챙겨서 작별 인사를 하고 떠났어요.

제가 장관이 된 후 어느 날 공보부 사무총장 자리에 한 사람을 지명했습니다. 저는 그에게 "저 기억 안 나세요?"라고 물었습니다. 그는 모른다고 대답했습니다. 한 달 후 같은 질문을 했고, 같은 대답이 돌아왔어요. 그가 자리를 떠나던 날 저는 그에게 전화를 걸었습니다. "당신은 보보에 있는 라디오 방송국에서 일했죠. 이러저러한 동네에 살았고 당신 차는 '아미 6' 모델이었죠. 제가 고등학생일 때 문을 열어주고 밥도 먹여 주셨죠."

"그게 당신이었소?" 그가 물었습니다.

"네, 저였어요."

그의 이름은 피에르 바리였습니다. 저는 그의 집을 떠나면서 언젠가 이 사람을 위해 무언가를 해줘서 그의 친절이 헛되지 않았다는 것을 알게 해줘야겠다고 다짐했습니다. 저는 그를 찾아보았습니다. 운명은 친절했습니다. 우린 서로를 만났어요. 그는 오늘 은퇴했습니다.

랩: 부르키나파소는 유엔 안전보장이사회 회원국이었습니다. 총회에서 직접 연설하셨죠. 이에 대해 어떻게 생각하시나요?

상카라: 모든 구름에는 은빛 안감이 있다는 말처럼, 제가 그곳에 가지 않았다면 그런 경험을 할 수 없었을 것입니다. 하지만 솔직히 말해서 유엔 복도의 쥐새끼가 되는 것은 피해야 합니다. 사람들이 직면한 문제를 이론가들끼리 일종의 무균실에서 벌이는 스파링 경기로 축소하고 묵인하는 국제적 공모에 급격히 빠질 수 있기 때문입니다.

그곳 사람들을 보면 진지하다는 인상을 받지만, 저는 그들과 함께 있는 것을 별로 좋아하지 않습니다. 그곳에 갈 필요가 있다고 느꼈던 적은 초기뿐이었습니다.

하지만 말씀하신 것처럼 우리는 안보리 회원국이었습니다. 유엔에서 우리의 역할이 단순히 우리의 자리를 채우는 데 머무르지 않으려면 우리를 신뢰하는 인민들을 대신해 목소리를 낼 용기를 가져야 한다고 생각했습니다. 부르키나파소는 104개국 이상의 표를 얻어 당선되었습니다. 우리는 그들의 이익, 특히 비동맹 국가들의 이익을 대변해야 했습니다. 그들의 이익뿐만 아니라 반란을 겪고 있는 다른 사람들의 이익도 매일, 끊임없이, 용기 있게 지켜야 합니다. 그렇지 않으면 유엔은 소수의 강력한 드럼 연주자들의 조종으로 그들만의 메아리만 울리는 방이 될 것입니다.

랩: 이런 상황에서 압박받지는 않았나요? 특정 원조를 중단하겠다는 위협은 있지 않았나요?

상카라: 예를 들어 당시 미국 대사가 이런 식으로 압력을 가하려고 했습니다. 푸에르토리코, 니카라과, 그레나다 및 기타 여러 문제와 관련된 것이었습니다. 우리는 그에게 우리가 미국 국민에게 느끼는 진심 어린 우정을 설명하며 다른 나라에 고통을 주는 것은 그들의 이익에 부합하지 않는다고 말했습니다. 우리는 우정에 너무 진지해서 미국에 대해 공허하고 근거 없는 공격을 하는 그 누구와도 연대할 수 없다고 덧붙였습니다.

지적 정직성을 위해 덧붙이자면, 미국 대사는 대화 후 한 발 물러서서 자국 정부에 우리의 입장을 설명했습니다.

랩: 그런 압박은 안보리 이사국이었기 때문이었나요?

상카라: 실제로는 여러 그룹의 사람들이 다양한 형태로 다양한 종류의 압력을 가했습니다. 하지만 강대국이 약소국을 공격하거나 한 국가가 다른 국가를 침략할 때 가만히 있을 수 있을까요? 우리는 우리를 신뢰하는 모든 사람과도, 마찬가지로 우리를 아직 잘 몰라서 신뢰하지 않는 모든 사람을 위하여서도 싸워야 한다고 생각했습니다.

랩: 결과에 만족하시나요?

상카라: 우리는 우리가 취해야 마땅한 입장을 취했습니다. 이런 식으로 많은 사람에게 우리 자신을 알렸습니다. 적도 많이 만들었죠. 좌와 우, 동과 서를 향해 공격했습니다. 모두가 약간의 타격을 입었습니다. 그렇게 많은 적을 만들 가치가 있었을까요? 한 번에 그렇게 많은 전선

을 열어야만 했을까요? 글쎄요.

랩: 여러분의 상황을 살펴보면, 강대국이 원조를 철회하면 심각한 문제가 발생할 수 있습니다. 예를 들어 프랑스, 미국, 소련 및 기타 서방 국가들의 경우입니다.

상카라: 바로 그런 이유로 우리는 제국주의와 그와 관련된 모든 것에 맞서 싸워야 합니다. 제국주의의 입장에서는 우리를 군사적으로 지배하는 것보다 문화적으로 지배하는 것이 더 중요합니다. 문화적 지배는 더 유연하고 효과적이며 비용이 적게 듭니다. 그래서 부르키나베 정권을 전복하기 위해 중무장한 용병을 투입할 필요가 없다고 말하는 것입니다. 샴페인, 립스틱, 매니큐어의 수입을 금지하기만 하면 됩니다.

랩: 하지만 그런 제품들은 부르키나베에서 자주 사용하는 제품이 이니죠.

상카라: 부르주아들만이 이 제품들 없이는 살 수 없다고 확신하고 있습니다. 우리는 우리의 사고방식을 탈식민화하고 우리가 기꺼이 받아들일 수 있는 희생의 한계 내에서 행복을 달성하기 위해 노력해야 합니다. 우리는 사람들이 자신을 있는 그대로 받아들이고, 자신의 실제 상황을 부끄러워하지 않고, 그것에 만족하고, 심지어 그 안에서 영광을 누릴 수 있도록 재조정해야 합니다.

우리는 일관성을 유지해야 합니다. 우리는 우리의 기대에 미치지 못하는 소련의 원조를 주저하지 않고 거절했습니다.* 우리는 소련과 솔직한 대화를 나눴고 서로를 이해했다고 생각합니다. 우리에게는 지켜

---

* 심각한 가뭄과 15만 톤의 식량 부족에 직면했던 1984년, 부르키나파소 정부는 소련의 5,000톤 식량 지원 제안을 "품위를 이유로" 거절했다.

야 할 존엄성이 있습니다.

랩: 580억 CFA 프랑의 예산이 있고 120억 프랑이 부채에 할당되어 있는데, 재정 계획이나 전략이 있습니까?

상카라: 네, 샴페인과 물 중 하나를 선택하라고 단순하고도 극명하게 제시하면 됩니다. 저희는 불평등한 배분을 거부하기 위해 모든 노력을 기울이고 있습니다. 그래서 우리가 무엇을 찾아냈을까요? 580억 예산 중 3만 명의 공무원이 300억을 독식하고 나면 다른 사람들에게는 아무것도 남지 않습니다. 이것은 정상이 아닙니다. 더 큰 정의를 원한다면 국민 개개인이 처한 현실을 인식하고 정의 실현을 위해서는 각자의 희생을 감수해야 합니다. 3만 명의 공무원은 누구일까요? 저와 같은 사람들입니다.

제 경우를 예로 들어 보겠습니다. 저와 같은 해에 태어난 1,000명의 아이 중 절반이 첫 3개월 안에 사망했습니다. 저는 죽음을 피할 수 있는 큰 행운을 누렸고, 그 이후에도 같은 해에 태어난 사람 중 더 많은 사람을 죽인 아프리카의 질병 중 하나로 죽지 않은 큰 행운을 누렸습니다.

저는 학교에 갈 수 있었던 100명 중 16명의 아이 가운데 하나입니다. 이것도 또 다른 특별한 행운입니다. 저는 고등학교 졸업장을 취득한 100명 중 18명 가운데 하나이고, 해외로 나가 학업을 계속할 수 있었고 귀국 후 일자리를 보장받은 전국 300명 중 한 사람입니다. 저는, 군대 장교라는 계급이 무언가를 상징하기 때문에, 사회적으로 안정적이고 보수가 좋은 직업을 가진 100명 가운데 2명의 군인 중 하나입니다.

인구 700만 명의 나라에서 이런 행운을 조금이라도 누린 사람은 3만 명에 불과합니다. 그리고 우리에게만 300억 이상 예산이 투여됩니다! 이대로는 안 됩니다.

랩: 다른 특권은 말할 것도 없고 말이죠!

상카라: 사실 분위기를 조성하고, 세계 여론에 무엇이 순조롭게 진행되고 있고 무엇이 그렇지 않은지, 이곳 상황을 어떻게 해석해야 하는지 설명하는 것은 바로 이곳에 있는 우리들입니다. 인권, 구매력 하락, 공포의 분위기에 관해 이야기하는 것은 바로 우리입니다. 우리는 작은 의료소 하나를 짓기 위해 월급을 조금 삭감하는 데 동의하지 않았기 때문에 수천 명의 어린이를 죽음으로 내몰았다는 사실을 잊고 있습니다. 그리고 우리는 그러한 죽음이 상징하는 스캔들에 대해 국제 여론에 호소하지도 않았습니다. 우리는 선한 양심을 가진 사람들끼리 나누는 국제적 공모의 한 부분입니다: "당신이 내 실수를 용서해 준다면 당신의 실수도 용서할게요. 당신이 내 잘못에 대해 침묵하면 나도 당신의 더러운 행위에 대해 침묵할 것이고 우리 모두 함께 깨끗해질 수 있습니다." 양심이 있는 사람들 사이의 진정한 "신사협정"이죠.

랩: 이런 일에 분노하는 것도 중요하지요. 그런데 우리가 무엇을 할 수 있을까요?

상카라: 현실을 직시하고 오랫동안 지속되어 온 특권, 사실 너무 오랫동안 지속되어 의심의 여지가 없이 당연한 것처럼 보이는 특권에 과감히 일격을 가해야 합니다. 물론 언론을 통해 거센 공격을 받을 위험이 있습니다. 하지만 그렇지 않으면 아무도 700만 명의 목소리 없는 농민들에게 도로, 작은 학교, 병원, 우물 하나에 만족하는지 물어보지 않을 것입니다.

랩: 하지만 국제 원조와 구조조정 대출이 없었다면 어떻게 하셨을까요?*

상카라: 1983년 우리가 정권을 잡았을 때 국고는 텅 비어 있었습니

다. 우리가 뒤집은 정권은 프랑스와 협상을 통해 30억 프랑의 구조조정 대출을 받아냈습니다. 어느 정도 밀고 당기기를 한끝에 이 대출금은 현 정부로 재배정되었습니다. 쉽지 않은 일이었고 그 이후로 프랑스는 물론 다른 어떤 나라도 우리에게 돈을 빌려주지 않았다고 장담할 수 있습니다. 우리는 어떤 재정 지원도 받지 못했습니다.

랩: 이러한 상황에서 재정 적자를 피하려면 어떻게 해야 할까요?

상카라: 우리는 구멍이 생기지 않도록, 즉 적자를 허용하지 않음으로써 구멍을 메웁니다. 우리는 급여를 낮췄습니다. 정부 공무원들은 최대 한 달 치 수입을 잃었습니다. 공무원들은 혜택의 일부를 포기해야 했는데, 아시다시피 이는 누구도 환영하지 않는 일입니다. 이러한 희생은 우리가 극도로 겸손한 생활 방식을 요구하는 정부 구성원에게 부과하는 일종의 희생입니다. 학교 교사인 장관은 학교 교사 월급을 받습니다. 대위인 대통령은 대위의 월급을 받을 뿐 그 이상은 받지 않습니다.

랩: 본보기의 힘일까요?

상카라: 네. 과거에 이 나라에서 연 13개월, 심지어 14개월 월급제 도입에 대해 논의하고 있었다는 사실이 믿어지나요? 그동안에도 사람들은 작은 키니네 한 캡슐을 살 돈도 없어 죽어 가고 있었습니다.**

따라서 납세자들이 낸 돈으로 자동차를 사고 저택을 짓는 흑인 왕들을 겨냥해 프랑스에서 까르띠에주의가 등장했다는 사실은 놀랄 일이 아닙니다. 까르띠에주의는 우리 자신의 실수와 오류의 산물이었습

---

* 세계은행과 국제통화기금(IMF)이 식민지 및 반(半)식민지 국가에 제공한 단기 대출로, 매우 불리한 조건으로 제공되었다.

** 말라리아 치료제.

니다.*

뜨거운 햇볕에 대한 추가 보상으로 자국에서 해외 근무 혜택을 받는 부르키나베 사람들이 있었다는 사실도 알고 계셨나요? 노조를 이끌고 있다는 이유만으로 20만~30만 CFA프랑의 급여를 받는 사람들도 있었습니다. 그리고 그들은 이미 엄청난 액수의 급여를 받고 있음에도 불구하고 급여 인상을 요구했습니다! 우리는 희생을 요구해야 했습니다. 이것이 바로 사람들의 사고방식을 바꾼다는 것이죠. 그리고 우리는 가능성의 한계에 다다르지 않았습니다. 이것은 앞으로 나아갈 많은 단계 중 하나에 불과합니다.

랩: 이런 상황에서 어떤 투자를 예측할 수 있을까요?

상카라: 급여를 낮추고, 더 검소한 생활 방식을 채택하고, 보유한 자금을 더 잘 관리하고, 자금의 오용을 방지함으로써 약간의 잉여금을 창출하여 적당한 투자를 할 수 있게 되었습니다. 하지만 이는 이러한 노력을 계속해야 할 필요성을 증명할 뿐입니다. 우리는 1년에 한 번 예산을 세우고 분기마다 현재 상황을 파악하여 목표치와 비교합니다. 이것만 보아도 우리가 얼마나 신중하게 예산을 관리하는지 알 수 있습니다.

원하신다면 몇 가지 수치를 보여 드리겠습니다. 1983년 1분기에는 우리가 CSP 위원으로 참여했지만, 최종 결정권은 없던 예산이 6억 9,500만 프랑의 적자를 기록했습니다. 1984년 1분기에는 우리가 직접 예산을 지시하고 집행할 수 있었던 까닭에 적자 폭을 100만 CFA 프랑으로 줄였습니다. 1985년 1분기에는 더 이상 적자가 아닌 10억 9,500만 CFA 프랑의 흑자를 기록했고, 앞으로도 이런 추세는 계속될 것입니다.

---

*   이 책 490쪽, 용어집, 까르띠에주의(Cartierism) 참조.

랩: 네, 하지만 그 대가는 어느 정도였나요?

상카라: 모든 분야에서 긴축을 단행했습니다. 여기서는 종이를 한 면만 쓰는 것도 허용되지 않습니다. 우리 장관들은 이코노미 클래스로 여행하며 하루에 15,000프랑의 경비 수당만 받습니다. 저 역시 마찬가지입니다만, 국가 원수로서 해외에서 영접받을 때 제공되는 혜택이 있다는 점을 제외하면요.

얼마 전 우리 노동부 장관이 국제회의 참석차 제네바에 갔어요. 그의 하루 수당 15,000프랑(CFA)으로는 제네바에서 방을 구할 수 없다는 것을 여러분도 잘 알고 계실 겁니다. 그는 이웃 프랑스로 가서 동료들과 허름한 호텔 방을 나눠 써야 했습니다. 이것은 부끄러워할 일이 아닙니다. 아마도 그의 생활 환경 덕분에 궁전에 머물렀을 때보다 더 임무를 잘 수행할 수 있었을 것입니다. 이것은 많은 사례 중 하나에 불과합니다.

랩: 몇 달 전, 〈시드와야〉(*Sidwaya*)는 이런 헤드라인을 내걸었습니다: "레닌이 우리가 하는 일을 알았다면 우리를 도와줬을 것이다."라는 제목이었죠. 이는 소련과 다른 국가들에 대한 실망감을 반영하는 말인가요?

상카라: 우리가 아프리카에서 진정한 혁명을 이끌고 있기 때문에 감수하는 위험을 고려할 때, 그리고 그런 면에서 —겸손하지 않을 수도 있지만— 우리가 아프리가를 대표할 수 있나고 생각하는 것을 고려할 때, 우리는 이러한 관망 정책, 관심 부족, 가장 논리적으로 우리를 도와야 하는 사람들의 도움에 대한 시급성 부족을 이해하지 못합니다. 이념적 성향의 관점에서 보면 그들은 우리와 같은 진영에 속해 있습니다.

500만 프랑이 부족해서 우리가 목 졸려 죽을 수도 있다는 점을 감안하면, 더더욱 이해하기 어렵습니다. 이 정도의 금액이 부족해서 정상적인 운영을 중단하고 사람들을 해고해야 할 뻔한 적이 여러 번 있었습니다. 만약 더 교활한 사람들이 이 상황을 악용했다면 파업과 시위, 심지어는 정부의 완전한 몰락으로 이어질 수도 있었을 것입니다. "한 번 물리면 두 번 부끄럽다!"는 말이 있듯이 말이죠. 우리 정부와 같은 정부가 다시는 나오지 않도록 끔찍한 조치가 취해졌을 것입니다.

랩: 정말 실망스러운 일이었나요?

상카라: 〈시드와야〉의 기사에서 그렇게 표현한 것은 타당합니다. 하지만 다른 한편으로, 자신의 문제와 비교할 수 없을 정도로 사소하다고 해서 다른 사람의 문제를 무시할 정도로 그 사람에게 희생을 요구할 수는 없다고 생각합니다. 마실 물이 없어서 이곳 사람이 슬퍼하는 것이 당연하듯이, 와인 품질이 좋지 않다고 당신 나라 사람이 슬퍼하는 것도 당연합니다.

세계 다른 곳에서는 정부가 제3, 제4, 또는 25번째 텔레비전 채널을 만들지 않는다고 국민이 정부에 불만을 품고 있습니다. 하나밖에 없는, 때로는 하나도 없는 우리에게 시간을 정해놓고 기다려 달라고 부탁할 이유는 없습니다. 다른 나라들도 각자의 짐을 지고 있습니다.

또한 우리는 혁명을 만들어 가는 주체라는 점도 덧붙여야 합니다. 우리에게 좋든 나쁘든, 우리는 그 결과를 받아들여야 합니다. 사실, 아무도 우리에게 이렇게 만들라고 요구하지 않았으니까요! 우리가 나라를 저당 잡혀서 임대할 수도 있었겠지만, 누군가 대가를 지불했을 것입니다. 모든 형태의 외부 통제를 거부해야 한다고 결정한 것은 바로 우리입니다. 대가를 치러야 할 사람도 바로 우리입니다.

랩: 복지 의존증을 버리는 방법을 배워야 한다는 말인가요?

상카라: 네. 우리는 이런 사고방식을 버려야 합니다. 만약 우리가 식

민지가 아니었고, 그래서 프랑스와 처음부터 관계를 맺지 않았다면, 우리가 프랑스에 무언가를 기대할 권리가 있다는 생각을 어떻게 가질 수 있었을까요? 왜 그럴까요? 코레즈와 라자크에는 여전히 행복하지 않은 사람들이 있습니다.* 따라서 우리는 이런 사고방식을 버려야 합니다. 비록 우리가, 국제주의의 명분 아래 필요한 곳에는 원조를 하는 것이 좋다고 여기더라도 말입니다.

하지만 마조히스트거나 자살 성향이 있는 사람이 아니라면 적을 도와서는 안 된다는 사실을 잊지 말아야 합니다. 그가 살아남아 영향력을 발휘하고 주변인들에게 자기를 본보기로 삼도록 무기를 제공하면 안 되는 것입니다. 우리가 성공하는 것을 두려워하는 사람들이 많습니다. 그들은 온갖 종류의 도전으로 우리를 쫓아옵니다.

랩: 시간이 부족하지 않을까요?

상카라: 예를 들어 금고가 비어 더 이상 공무원에게 급여를 지급할 수 없고 국제통화기금이나 다른 기관에 도움을 요청해야 할 때까지 1년도 채 남지 않았다고 합시다. 하지만 좋든 나쁘든 우리는 이 폭풍우를 이겨내고 고개를 들고 반대편으로 나올 것입니다. 그러면 그들은 또 다른 기한을 정할 것이고, 그들이 보기에는 그때가 되면 우리가 실패할 것이 분명해 보입니다. 하지만 우리는 고비를 넘길 것입니다. 우리는 장기적으로 그리고 실제 생활에서 금고에 돈을 채우는 고전적인 방법을 우회할 수 있는 다른 게임 계획이 있다는 것을 증명하고 있습니다.

랩: 하지만 부르키나베 사람들은 무엇을 더 할 수 있을까요? 너무 많은 희생을 요구하면 역효과가 나지 않을까요?

---

* 코레즈(Correze)와 라자크(Larzac)는 프랑스 중부의 두 저소득 농업 지역이다.

상카라: 모범을 보일 줄 안다면 그렇지 않아요. 우리는 수천 명의 부르키나베 사람들이 기부하는 혁명 연대 기금을 설립했습니다. 그들의 기부금은 개별적으로는 적지만, 우리 국민이 식량 원조를 구걸할 필요성을 덜어주기 위한 상당한 노력의 결과물입니다. 이 기금을 통해 우리는 가장 시급한 문제, 특히 사헬 지역 주민들이 직면한 생존 문제를 해결할 수 있었습니다.

랩: 이와 관련된 질문은 외채 문제입니다. 아디스아바바에서 열린 아프리카단결기구(OAU) 회의에서 참가자들은 이 부채 상환 문제를 어떻게 처리할 것인지에 대해 의견이 상당히 분분했습니다.

상카라: 저희는 외채를 상환해서는 안 된다는 점을 분명히 말씀드립니다. 부당합니다. 전쟁 배상금을 두 번 지불하는 것과 같습니다. 어쨌든 이 부채의 출처는 어디일까요? 다른 나라에서 우리에게 부과한 요구에서 비롯된 것입니다. 우리가 저택을 짓거나 의사들에게 월말에 엄청난 월급을 받을 수 있다고 말했나요? 아니면 장교들이 고액 연봉을 원하도록 조장했나요? 우리는 강제로 막대한 빚을 지게 되었고, 이러한 대출로 가능해진 경제 사업이 항상 순조롭게 운영되지는 않았습니다. 우리는 종종 우리에게 돈을 빌려준 바로 그 사람들이 권하고, 제안하고, 조직하고, 설정한 대로 그들의 계좌에 대한 막대한 재정적 약정을 체결했습니다.

그들은 상당한 시스템을 갖추고 있습니다. 먼저 무엇을 제안할지 정확히 알고 있는 돌격대원들이 등장합니다. 그런 다음 그들은 중화기를 꺼내 들고 가격은 계속 올라갑니다. 투자자들에게는 훌륭한 투자처입니다. 그들은 수익률이 낮은 자신의 은행에는 돈을 넣지 않습니다. 그들은 다른 곳에서 자본의 필요성을 창출하고 다른 사람들이 돈을 지불하도록 만들어야 합니다.

우리가 정말 이 담배를 피워야 할까요, 아니면 저 담배를 피워야 할까요? 그들은 "이런저런 브랜드를 피우면 어떤 여자라도 유혹할 수 있는 지구상에서 가장 강력한 남자가 될 수 있다"라고 우리를 설득했습니다. 그래서 우리는 담배를 피웠고 보너스로 암에 걸렸습니다. 우리 중 가장 특권을 누리는 사람들은 치료를 받기 위해 유럽으로 갔습니다. 그리고 이 모든 것이 담배 시장에 새로운 바람을 불어넣기 위해서였죠.

랩: 하지만 한두 나라만 채무 상환을 거부하는 것이 의미가 있을까요?

상카라: 빚을 갚으라는 압박은 고립된 은행가 한 사람의 고금리 대출에서 오는 것이 아닙니다. 빚을 갚지 않으면 비행기를 공항에 억류하거나 절대적으로 필요한 예비 부품을 보내지 않을 수 있도록 전체가 조직화된 시스템에서 비롯됩니다. 따라서 빚을 갚지 않기로 결정하려면 단합된 전선을 형성해야 합니다. 물론 우리 각자가 이러한 자금을 관리하는 방식을 비판적으로 바라볼 수 있다는 전제하에 모든 국가가 함께 행동해야 합니다. 사치스러운 개인 지출로 인해 막대한 빚을 진 사람들은 우리의 지원을 받을 자격이 없습니다. 우리는 OAU에 전달한 메시지에서 "우리가 집단적으로 저항하고 부채 상환을 단호하게 거부하거나, 그렇지 않으면 한 명씩 홀로 죽어 나가야 할 것입니다"*라고 분명히 말했습니다.

랩: 하지만 모두가 이 관점에 동의한 것은 아니죠?

상카라: 똑똑하고 약다고 생각하죠. 특정 정부는 대금업자를 대적하

---

* 1984년 11월 12일과 15일 아디스아바바에서 열린 아프리카단결기구(OAU) 정상회의 참조.

기 위한 집단행동의 필요성을 회피할 것입니다. 그렇게 되면 이 나라는 즉시 가장 조직적이고, 가장 현대적이며, 서면 계약을 가장 존중하는 나라로 묘사됩니다. 더 많은 대출이 주어지므로 더 많은 조건이 부과될 수 있습니다. 불만이 거리로 쏟아져 나오게 되고, 그들은 '강경파'를 투입해 순응하지 않는 사람들을 때려눕히고 자신들이 원하는 사람을 왕좌에 앉히자고 제안합니다.

랩: 국내 경제 조치에 대한 대중의 격렬한 반응이 두렵지는 않나요?

상카라: 그다지 인기가 없는 조치를 시행하면서 우리가 발견하고 있는 일반적인 지지는 우리 혁명의 본질을 보여 줍니다. 이 혁명은 어떤 국민이나 국가를 겨냥한 것이 아니라 부르키나베 국민의 존엄성을 회복하고 그들이 정의한 행복을 실현하기 위한 혁명입니다.

다른 나라에서는 행복과 발전이 인구당 몇 파운드의 강철, 몇 톤의 시멘트, 몇 개의 전화선 등 비율로 정의됩니다. 우리는 다른 가치를 가지고 있습니다. 우리는 가난한 나라라고 말하는 것이 조금도 부끄럽지 않습니다. 국제기구 내에서 우리는 각국이 납부해야 하는 회비나 분담금을 한두 달러라도 줄여보려고 일어나서 발언하고 토론을 막는 것을 전혀 두려워하지 않습니다. 우리는 이것이 수백만 달러는 아니더라도 수천 달러 정도는 창밖으로 던져 버릴 수 있는 많은 대표단을 짜증 나게 한다는 것을 잘 알고 있습니다.

우리는 신임장을 제시하러 온 외국 대사를 맞이할 때 더 이상 대통령실에서 맞이하지 않습니다. 우리는 그를 농민들과 함께 수풀 지대로 데리고 나갑니다. 그는 우리의 혼란스러운 길을 여행하며 먼지와 갈증을 견뎌냅니다. 그 후 우리는 그를 영접하며 "존경하는 대사님, 방금 부르키나파소를 있는 그대로 보셨습니다. 편안한 사무실에서 일하는 저희가 아니라 이곳이 대사님이 직접 상대해야 할 나라입니다"라고 말합니다.

우리에게는 특정한 삶의 방식을 형성할 수 있는 현명하고 경험이 풍부한 국민이 있습니다. 다른 곳에서는 사람들이 너무 잘 먹어서 죽어 가지만, 이곳에서는 식량이 부족해서 죽습니다. 이 두 극단 사이에는 우리 각자가 서로를 중간에서 만날 때 발견할 수 있는 삶의 방식이 있습니다.

랩: 고려해야 할 또 하나의 경제적 요인은 비정부기구(NGO)의 성장입니다. 부르키나에는 약 600개의 비정부기구가 있으며, 그중 400개가 프랑스 계통입니다. 이러한 성장을 어떻게 설명할 수 있을까요?

상카라: 비정부기구는 좋은 면과 나쁜 면이 모두 있다고 생각합니다. 무엇보다도 국가 대 국가 관계의 실패를 반영하기 때문에 사람들은 접촉과 대화를 위한 다른 채널을 찾아야 합니다. 다른 나라에는 협력부, 외교부 또는 외무부가 있지만 그들은 다른 수단을 찾습니다. 이는 정치적으로 이러한 부처가 제 기능을 하지 못한다는 것을 의미합니다.

물론 우리는 제국주의의 스파이 기구 역할을 하는 비정부기구가 있다는 것을 알고 있습니다. 그렇지 않다고 생각한다면 우리는 완전히 순진하거나 현실에 눈을 감고 있는 것입니다. 하지만 모든 비정부기구가 그런 것은 아닙니다. 많은 단체가 이것이 자신을 표현하고 무엇인가 기여할 수 있는 이상적인 방법이라고 생각하는 남녀로 구성된 조직입니다. 그들은 다른 나라에서 고통받는 사람들의 이야기를 들었고, 고칼로리와 사치품에 대한 부담감으로 마음이 편치 않습니다. 그들은 그것에 대해 무언가를 해야 할 필요성을 느끼고 있으며, 이는 좋은 일입니다.

랩: 하지만 단순히 선한 의지만으로는 해결할 수 없는 문제가 생길 수도 있지 않을까요?

상카라: 우리는 "NGO가 왔으니 그들을 조직해야겠다"라고 스스로 다짐했죠. 그렇지 않으면 매우 위험해질 수 있습니다. 이전에는 이러한 조직이 국가의 선거구 지도에 따라 설립되었습니다. 특정 부족에 정치적으로 중요한 인물이 있으면 25센티미터마다 우물을 파는 한이 있더라도 그곳에 우물을 파는 것이었습니다. 반면 다른 곳에서는 정말 도움이 필요한데도 이 지역에는 우리나라의 시민이 공개적으로 존재하지 않았기 때문에 아무것도 할 수 없었습니다.

우물은 영국, 독일, 프랑스식으로 지어졌어도 물은 부르키나베 식으로 마신다는 점도 NGO의 활동을 방해하고 있습니다. NGO들은 필요한 정보 공유를 거부하고, "이 사람들은 정말 아무것도 이해하지 못하네"라고 말하기 위해 각자가 같은 실수를 반복하도록 내버려두는 쪽을 택합니다.

랩: 하지만 이런 단체들은 다소 어렵고 미묘한 위치에 있지 않나요?

상카라: 사실 이들은 현지 지도자들에게 "여러분, 우리는 정확히 이런저런 이유로 왔습니다. 동의해 주시면 사업을 시작하겠습니다. 동의하지 않는다면 짐을 싸서 다른 곳으로 가겠습니다"라고 당당하게 주장하지 못하는 실수를 종종 저질렀습니다.

상대방을 기쁘게 하려는 의지가 때때로 공모로 이어지기도 합니다. 어떤 사람들에게 가장 중요한 것은 유럽에서 그럴듯한 언론 스크랩을 돌리며 "선량한 여러분, 우리는 저곳에서 영혼을 구하고 있습니다. 여러분의 동전을 주시면 하느님께서 갚아주실 것입니다"라고 하는 것입니다. 하지만 실제로는 그들의 사업을 자신의 영향력 확대에 이용하는 이러저러한 의원이나 대표자의 정책을 지원하는 것일 뿐입니다.

랩: 그들이 지역 정치권을 혼란시켰다고 생각하시나요?

상카라: 중요한 것은 그들이 잘못된 행동을 하는 사람들에게 맞설 용기가 없었다는 것입니다. 그 결과 그들은 이곳에 도착해서 "당신은 유럽에서 왔으니 아주 훌륭합니다. 돈도 있고 이 나라를 돕고 싶고, 여기 사람들이 굶주리고 있으니 도와야죠, 브라보. 하지만 사무실이 필요하실 테니 제 건물을 빌리세요. 연속성을 보장해야 하기 위해 전국 책임자가 필요하실 테죠. 제 사촌이 그 일을 할 준비가 되어 있습니다. 안내원으로는 사촌이 있어요. 그리고 청소부로는 제 조카가 있습니다"라는 제안을 듣습니다. 간단히 말하자면, 마을 전체를 끌어들여 보조 관리인까지 모든 것을 제공한다는 것입니다. 물론 프랑스나 스위스에서 자기 사업이 회자되기 때문에 매우 만족하지요. 자기 마을에 가서 "똑똑한 저에게 투표해 주시면 분유를 가져다드리겠다"고 말할 수 있으니 행복해합니다. 분유가 도착하면 모두가 기적을 만들어내는 놀라운 성과에 황홀경에 빠집니다.

랩: 하지만 그런 상황을 어떻게 방지할 수 있나요?

상카라: 이것도 전쟁을 치러야 합니다. 그래서 저희는 "비정부기구 감독 사무소"를 만들었습니다. 비정부기구의 존재나 정상적인 기능을 막을 생각은 없습니다. 비정부기구는 자금의 성격과 업무수행 방식에 따라 어느 정도 유연성이 필요합니다. 그러나 우리는 이들이 모두 앞서 온 사람늘의 경험으로부터 배울 수 있도록 해야 합니다. 또한 그들이 가장 효과적이고 유용하게 활용할 수 있는 영역과 업무수행 방법을 제시해야 합니다.

랩: 당신 정부는 어떤 조건에서 국제 원조를 허용하나요?

상카라: 우리는 원조가 우리의 독립성과 존엄성을 존중할 때 이를 받아들입니다. 우리는 양심을 매수하고 지도자들에게만 혜택을 제공하

는 원조를 거부합니다. 우리가 당신네 제품을 쉽게 구매할 수 있도록 원조를 제공하거나 우리 중 일부가 당신네 나라에서 은행 계좌를 개설할 수 있도록 원조를 제공한다면 우리는 거절할 것입니다.

랩: 당신 나라에서 식량은 매우 극적인 문제입니다. 영양실조는 어린이의 50퍼센트 이상에게 영향을 미칩니다. 하루 평균 칼로리 섭취량은 1,875칼로리로 권장 섭취 열량의 79퍼센트에 불과합니다. 이에 대해 무엇을 할 수 있을까요?

상카라: 사실 부르키나파소에서는 수년 전부터 기아 문제가 주기적으로 발생하고 있습니다. 이는 농촌 인구에 대한 우리의 조직과 관심 부족을 반영하는 것입니다. 이 문제는 또한 토양의 비옥도가 점점 떨어지고 인구 증가로 인한 부적절한 생산 수준과 예측할 수 없고 적은 강우량에서도 비롯됩니다. 막연한 추측도 이 목록에 추가해야 합니다.

우리는 물리적, 사회적, 정치적 문제를 동시에 해결해야 하는 복합적인 상황에 직면해 있습니다. 우리는 여러 가지 기술적, 정치적 조치를 통해 농업 생산을 무작위적인 사업에서 부의 원천으로 전환하게 될 것으로 기대합니다. 우리는 식량 안정에서 자급자족으로, 나아가 언젠가는 식량 생산 강국이 되는 것을 목표로 하고 있습니다.

랩: 야심 찬 프로그램이군요. 어떻게 실행할 계획인가요?

상카라: 먼저 기술 및 조직적 지원을 제공하면서 농촌 인구의 관심을 유도하고 생산을 위해 조직화하는 방법을 찾아야 합니다. 한 가지 예를 들어 보겠습니다. 곡물 유통의 완전한 무정부 상태는 투기꾼들에게는 기쁨이었지만 소비자들에게는 비참한 일이었습니다. 우리는 추수와 추수 사이의 어려운 시기에 강제로 자신의 토지를 약탈자와 온갖 종류의 자본가에게 넘겨야 했던 수천, 수만 명의 농민들을 알고 있습니다.

자본가들은 나중에 이 땅을 투기에 이용할 수 있었습니다. 그래서 우리는 토지를 국유화하여 이를 방지하는 조처를 했습니다.

랩: 인구의 90퍼센트 이상이 농지에 살고 있습니다. 열악한 토양, 농경지 부족, 물 공급 장소 부족 등 매우 어려운 여건을 고려할 때 농촌 개발을 위한 계획은 무엇인가요?

상카라: 개발을 위해서는 여러 가지 문제를 해결해야 합니다. 먼저 물 문제를 해결해야 합니다. 현재 우리는 물을 저장하기 위해 여러 개의 작은 댐을 건설하고 있습니다. 하지만 생산의 다양한 측면도 통달해야 합니다. 생산된 농작물을 소화하고 보존할 수 있는 농식품 산업뿐만 아니라 그 조성책으로서 판매처를 만들어야 합니다. 또한 계절적, 지리적 약점을 피할 수 있도록 전국적으로 더 나은 유통이 필요합니다. 마지막으로, 다른 시장으로의 수출을 늘리지 못할 이유도 없습니다.

자동화는 일자리를 없애고 막대한 자본이 필요하기 때문에 우리는 대규모 산업 설비를 선호하지 않습니다. 그 기술을 유지 관리하는 문제도 있습니다. 부품 하나가 고장나면 유럽에서만 교체 부품을 구할 수 있기 때문에 비행기를 유럽으로 보내야 할 수도 있습니다.

랩: 그럼 식량 생산량이 증가할 것으로 예상하시나요?

상카라: 감귤, 시장 농업, 축산 분야에서 이미 다른 곳에서 이런 일을 해온 사람들의 노하우를 적용한다면 우리나라도 좋은 결과를 가져올 가능성이 있습니다. 우리는 우리의 명예와 존엄, 주권을 침해하지 않는 한 민간 기업을 반대하지 않습니다. 해외에서 온 사람들이 민간 부문이든 공공 부문이든 부르키나파소의 발전에 동참하지 못할 이유가 없다고 생각합니다.

랩: 어떤 속도로요?

상카라: 우리 속도대로요. 우리는 산업 생산과 공예품 생산의 중간 지점인 소규모 시설, 즉 훈련을 거의 받지 않은 노동력을 고용하는 공장을 선호합니다. 규모가 작기 때문에 생산 구역에 가깝게 설치할 수 있습니다. 우리는 첨단 기술 기계보다는 오래된 고물 기계를 선호합니다.

랩: 국제 시장의 변덕에 따라 크게 좌우되는 수출 작물임에도 불구하고 생두를 재배하고 계시군요.

상카라: 모든 구름에는 은빛 안감이 있습니다. 강낭콩이 우리에게 문제를 일으키는 것은 사실입니다. 그러나 이것은 자본주의 세계의 현실을 드러내고 해외 사람들이 우리 혁명을 어떻게 바라보는지 드러내는 장점이 있습니다. 이를 통해, 부르키나파소를 특정한 수출유형에 묶어 놓음으로써 의존된 상태 속에 존속시키기로 결정한 다양한 압력 집단이 누구인지 우리는 명확하게 보여 줄 수 있었습니다.

랩: 구체적인 예를 들어주시겠어요?

상카라: 강낭콩은 쿠가시 지역에서 오랫동안 재배됐습니다. 잘 자라서 유럽, 특히 프랑스로 꾸준히 수출되고 있습니다. 물론 이는 항상 프랑스 소유 회사인 유니옹 드 뜨랑스뽀르 아에리엥(Union de Transport Aerien)이나 프랑스가 실질적으로 지배하는 아프리카 다국적 기업인 에어 아프리카 등 항공사와의 협력을 통해 이루어졌습니다. 1984년, 우리는 평범한 장마철이었음에도 이상하게도 생두가 잘 자라는 것을 목격했습니다. 그런데 이 항공사들이 운송을 거부했습니다.

강낭콩은 연약합니다. 매일 약 30톤의 콩이 와가두구에 도착했지만, 최대 20톤만 출하되었습니다. 농산물을 보관하고 보존할 시설이 없었기 때문에 수많은 콩이 공항에서 썩기 시작했습니다. 항공사는 다른 항공편에 서비스가 이미 판매되었다고 말했습니다. 우리는 우리와 이들

회사, 특히 우리가 주권 국가로서 참여하는 에어 아프리카와 협력이 지속되려면 어느 정도 희생을 감수해야 한다고 생각합니다. 예를 들어, 피땀 흘려 콩을 생산하고 그 과정에서 역량을 발휘한 가난한 농민들의 소득을 보호하기 위해 일부 관광 항공편을 취소할 수도 있었을 것입니다.

그리고 또 하나. 우리 콩이 유럽에 도착하면 바로 2등급 농산물로 분류됩니다. 하지만 나중에 재포장되어 다른 라벨을 달고 다시 시장에 출시된다는 사실을 알고 있습니다. 이것은 저급한 강탈 행위입니다. 우리는 다시 국내로 가져올 수도 없으니 어떤 가격에라도 팔아야 합니다.

랩: 이런 일의 배후에 정치적 이유가 있다고 생각하시나요?

상카라: 네, 그런 이유도 있습니다. 경제적으로 우리의 목을 조이고 우리와 재배자 사이에 문제를 일으키기 위해 부르키나 수출 품목에 대한 체계적인 보이콧이 조직되었습니다.

랩: 이게 유일한 예인가요?

상카라: 절대 아닙니다. 소를 예로 들어 보죠. 우리나라는 가축을 많이 수출하는 나라이지만, 현재 큰 어려움을 겪고 있습니다. 그들은 우리 가축을 구매하지 않거나, 아니면 우리가 수출할 수 없을 정도로 받아들이기 어려운 조건을 내걸고 있습니다.

그러나 보이콧은 수입 부문에서도 이루어지고 있으며, 특히 긴급하게 필요한 제품에 대해서는 더욱 그렇습니다. 일반 건설 공사에 필요한 시멘트 물량을 수입하지 못하도록 압력을 가하고 있습니다. 그들은 우리에게 그러한 자재를 빼앗으면 건설 현장의 많은 노동자들이 우리를 선동가에 불과하다고 생각하여 결국 등을 돌리리라는 것을 알고 있습니다. 우리는 가능한 한 많은 사람에게 우리의 혁명이 다른 민족을 겨냥한 것이 아니며 그들이 우리를 공격할 이유가 없다는 것을 설명하기 위해 정보 및 친선 대표단을 보냈습니다. 그러나 앞으로는 이런 종류의 도발적인 제스처를 전쟁의 근거로 간주할 수밖에 없을 것입니다.

랩: 이런 종류의 봉쇄는 여러분이 국제 사회에서 취한 입장에 대한 보복인가요?

상카라: 맞습니다. 우리가 취하는 입장이 항상 사람들을 행복하게 하는 것은 아닙니다. 하지만 우리는 딜레마에 직면합니다. 우리를 도울 수 있는 사람들의 호의를 누리기 위해, 섬세하고 강력한 파트너를 기쁘게 하려고 우리가 옳다고 믿는 입장에 대해 침묵하고 의식적으로 거짓말을 하기도 합니다. 아니면 우리 국민과 다른 사람들을 돕고 있다는 확고한 신념으로 진실을 말하기도 합니다.

유럽에서 파업이 진행 중일 때, 특정 기업주에 대항해 노동자들이 그런 식으로 행동하도록 선동한 사람은 우리가 아닙니다. 하지만 우리는 노동자들이 정당한 이익을 지키기 위해 파업을 하고 있다는 것을 알고 있습니다. 우리 사이에 공식적인 연결고리가 없더라도 연대를 표현하는 방법을 알아야 합니다.

랩: 부르키나파소의 또 다른 우려는 느리지만 피할 수 없어 보이는 환경 악화입니다. 피해를 막기 위해 무엇을 할 수 있을까요?

상카라: 아프리카 사회는 그들이 가진 고유한 문화와 갑작스러운 균열을 겪고 있으며, 우리는 새로운 상황에 그리 잘 적응하지 못하고 있습니다. 완전히 새로운 경제적 접근 방식이 필요합니다. 우리의 인구도 증가하고 있고 우리의 요구도 증가하고 있습니다. 또한 숲의 확장, 식량 채집 등 우리에게 익숙한 자연계의 자연스러운 발전은 점점 더 사라지고 있습니다.

우리는 위대한 포식자가 되었습니다. 예를 들어 부르키나의 연간

장작 소비량을 생각해 보세요. 전통적으로 나무를 운반하는 데 사용되는 수레를 끝에서 끝까지 늘어놓으면 아프리카 남북 길이의 4.5배에 해당하는 길이의 행렬이 형성될 것입니다. 사람들이 이렇게 계속 파괴하도록 내버려둘 수 있을까요? 하지만 마찬가지로 나무가 이곳의 주요 에너지원이라는 사실을 알면서도 사람들의 나무 벌채를 금지할 수 있을까요?

우리는 아직 상응하는 해결책을 찾지 못한 새로운 요구, 새로운 인구통계학적, 사회학적 압력에 직면해 있습니다. 다른 곳도 삼림 벌채로 인해 피해를 입었지만, 재조림이 가능했고 무엇보다도 목재 대체재를 찾을 수 있다는 것이 증명되었습니다. 부르키나에서는 나무가 유일한 에너지원입니다. 우리는 모든 개인에게 자연을 유지하고 재생해야 할 의무를 끊임없이 상기시켜야 합니다. 급속하고 재앙적인 사막의 확산은 우리 국민이 그 영향을 구체적으로 확인할 수 있다는 점에서 도움이 됩니다.

랩: 이를 설명하고 사람들을 설득하는 것은 별개 문제입니다. 하지만 구체적으로 어떤 조치가 가능할까요?

상카라: 이 현상과 그 원인 및 증상에 대한 상세한 분석 끝에 우리는 단 하나의 해결책, 즉 강력한 조치를 취해야 한다는 결론에 도달했습니다. 이를 강력한 조치라 부르는 것은 사람들이 가장 기본적이고 즉각적인 권리라고 생각하는 것에 영향을 미치기 때문입니다. 하지만 결국에는 이러한 조치를 통해 우리의 집단적 자유가 지켜질 수 있다고 생각합니다. 그래서 우리는 세 가지 전투를 시작했습니다.

첫째, 무계획적이고 무질서한 나무 벌채를 금지했습니다. 전문가가 정한 일정한 한도 내에서 벌목을 해야만 어느 정도 통제할 수 있습니다. 집에서 몇 미터 떨어진 곳에 나무가 있다고 해서 나무를 베어도 된다는 뜻은 아닙니다. 필요한 경우에 나무가 충분하다면 5킬로미터 떨어진 곳까지 가서 벌목할 수 있습니다. 상황을 통제하기 위해 특별히 흰색으로 도색하여 분명하게 식별할 수 있는 차량을 제외하고는 목재 운반을 금지했습니다. 이렇게 하면 이 업종에 종사하는 사람들의 수가 제한되고 규제를 받을 수 있어서 기술 지원을 통해 더 쉽게 지원할 수 있습니다.

둘째 전투: 우리는 사람 다음으로 통제되지 않아 파괴의 둘째 주요 원인이 되는, 가축을 자유롭게 풀어놓는 관행을 금지했습니다. 여기에 서도 우리가 취해야 했던 조치는 정말 가혹한 조치라고 생각하지만, 사 람들의 생각을 엄격하게 바꾸지 않고는 문제를 해결할 수 없습니다. 우 리는 농작물을 뜯어 먹는 동물이 발견되면 재판 없이 그 자리에서 도살 할 수 있도록 결정했습니다. 이는 가축 사육자들이 더 합리적인 방법을 채택하도록 하기 위한 것입니다. 현재 우리의 가축 사육 방식은 순전히 주먹구구 수준입니다. 가축 사육자들은 소를 어떻게 먹일지 걱정하지 않고 5,000마리의 소를 키우는 데 만족하며, 다른 사람의 농작물을 파 괴하고 어린 새싹까지 먹어 치워 숲을 황폐화시키도록 내버려 둘 정도 입니다. 모두가 이기적으로 자신의 많은 소를 자랑스러워합니다. 실제 로 소는 그 수에 비해 체중이나 우유 생산량, 작업 능력 면에서 많은 부 를 창출하지 못합니다. 그들은 작습니다. 가축을 키우는 사람들은 "내 사육 비용은 얼마인지, 최소한의 비용으로 최고의 수익을 얻을 최적의 가축 수는 얼마인지" 스스로에게 질문해야 합니다.

랩: 하지만 이런 해결책에는 여러 가지 악용 사례가 따르지 않을까 요?

상카라: 농부들이 가축을 죽이는 바람에 크게 고통받는 가축 사육자의 사례들이 있었다는 것은 인정해야 합니다. 일부러 동물 바로 옆에 가서 몽둥이를 들고 기다리는 약삭빠르고 교활한 농부들이 있기 때문에 그들은 속았다고 생각하게 됩니다. 그것이 우리가 겪고 있는 단계입니다. 저는 완벽한 해결책이 없다는 것을 알고 있습니다. 하지만 이 결정이 60퍼센트만 옳다고 해도 저는 이 결정을 고수할 것입니다. 제가 보기에 우리는 그 비율을 훨씬 상회하고 있습니다.

랩: 그렇다면 비록 금지와 제약이 있지만 건설적인 조치는 어떤 것이 있나요?

상카라: 우리는 자연을 재생하는 긍정적인 행동으로 재조림 프로그램을 진행하고 있습니다. 우리는 모든 마을과 도시에 숲을 조성해야 한다고 선언했습니다. 아프리카의 전통에는 사회경제 시스템의 일부로 신성한 숲이라는 자연보전의 형태가 포함되어 있습니다. 특히 입문 의식과 같은 특정 의식이 그곳에서 행해졌습니다. 신화와 정령숭배에 따르면, 이 숲에는 숲을 보호하는 특정한 힘이 있다고 믿었습니다. 이러한 가치관이 더 현대적인 가치관, 특정 데카르트주의와 다른 형태의 종교에 자리를 내주면서 삼림 보호는 실패했고 숲은 사라졌습니다. 숲이 제공하던 보호막은 파괴되었고, 사막의 확산은 자연스레 더욱 빠른 속도로 진행되었습니다.

이것이 바로 우리가 숲을 조성한 이유 중 하나입니다. 숲에 옛날의 종교적 내용을 담는 데는 성공하지는 못했지만, 그에 상응하는 정서적 가치를 부여하려고 노력했습니다. 그래서 세례, 결혼식 등 모든 경사스러운 행사에 나무를 심어 기념하고 있습니다.

8월 3일에는 시상식이 있었습니다. 상을 받은 사람들은 축하를 받은 후 가족 및 친구들과 함께 나무를 심으러 갔습니다. 우리는 매년 같은 일을 할 것입니다. 이 나무 중 15퍼센트만 살아남더라도 좋은 시작이 될 것입니다.

랩: 개선된 주방 화덕도 목재 소비를 줄일 수 있는 또 다른 수단인가요?*

상카라: 지난 몇 년 동안 우리는 이러한 개선된 주방 화덕에 대해 많은 이야기를 나눴습니다. 수억 달러에 달하는 보조금을 지원받아 주방 화덕 사용을 촉진하고 대중화하기 위해 노력해 왔습니다. 처음에는 기초 연구를 하고, 그다음에는 연구를 적용하고, 마지막으로 대중화하는 단계에 이르렀습니다. 하지만 목재가 부족해진 후에야 진정한 진전을 이루기 시작했습니다. 비상사태에 직면하여 이 귀중한 자원을 보존하기 위한 해결책을 찾아야 했습니다. 그러자 마침내 여성들이 관심을 보이기 시작했습니다.

우리는, 부르키나파소의 농업 발전은 가축 사육과 재배 기술이 조화롭게 결합해야만 가능하다고 말했습니다. 하지만 사육자가 농부와 같은 접근 방식을 취하지 않는 한 가축 사육을 통합하는 것은 불가능합니다. 오늘날 사육자는 비용 면에 효율적인 접근 방식을 취해야 합니다. 우유, 고기, 분뇨, 뼈를 판매해야 할 뿐만 아니라 일 년 내내 가축을 사육해야 하기 때문에 가축의 작업 능력도 고려해야 합니다. 필요에 따라 우리는 긍정적인 생산 리듬을 확립하고 있습니다.

랩: 다른 연설에서와 마찬가지로 이번 인터뷰에서도 상징을 자주 사용하시네요.

---

* 나무를 덜 소모하고 하나의 불로 세 개의 냄비를 데울 수 있는 용량을 갖춘 장치.

상카라: 이것은 우리 현실이 낳은 교육적 스타일입니다. 아시다시피 우리는 말을 많이 할 뿐만 아니라 매우 긴 대답을 하고, 말씀하신 대로 상징을 좋아합니다. 왜냐하면 우리는 구구절절 돌고 돌며 전개되는 아프리카 구전 문명에 익숙한 청중을 향해서 알맞은 방식으로 말을 하기 때문입니다.

저는 주로 농민들을 대상으로 연설하기 때문에 대화, 토론, 의견 교환의 형태로 제 생각을 교류하지만, 다른 스타일을 채택하는 사람들의 뛰어난 능력도 매우 존경합니다. 그들은 글 없이도 짧고 간결하며 체계적으로 대답합니다. 그들의 기술은 그들이 연설하는 데 익숙한 청중의 유형에 따른 결과물입니다. 대학 환경에서 연설할 때는 우리가 여기서 해야 하는 것처럼 몇 시간 동안 요점을 전개할 필요가 없습니다. 궁극적으로 아프리카에서는 저널리즘적인 답변을 하는 사람들을 불신합니다. 그들은 민중이 아닌 직업 정치인이기 때문입니다.

랩: 1983년 8월 4일 이후의 유예 기간은 끝난 것 같습니다. 현재 어느 단계에 있다고 생각하시나요?

상카라: 흥미롭게도 오늘날에는 활기가 덜하지만, 사람들을 설득하기는 더 쉬워졌습니다. 이 현상은 어느 정도 참신함을 잃었고, 어느 정도까지는 반짝임과 매혹적인 빛을 잃었습니다. 혁명은 우리의 일상적인 리듬이 되었습니다. 1984년 5월에 여러분을 만났을 때, 저는 행복감에 도취된 동원이 끝나면 의식적 대중 동원의 관점에서 생각해야 한다고 확신했다고 말씀드렸습니다. 우리는 그 시점에 도달했습니다.

랩: 어려움이나 과도기는 없었나요?

상카라: 두 단계 사이에 짧은 과도기, 즉 표류와 의심, 심지어 절망의 시기가 있었습니다. 이 기간에 많은 사람이 "이제 그 화려한 선동적 연

설이 끝나고 보니 이 사람들은 우리나라를 이끌 능력이 없음을 증명하고 있다"라고 말했습니다. 당시에는 조직적이고 의식적이든 아니든 우리가 취하려는 모든 결정이 적대감에 부딪혔습니다. 하지만 다행히도 이 시기는 매우 빠르게 지나갔고, 성급해 보였던 여러 결정을 처음부터 끝까지 수행할 수 있었습니다.

그 혜택과 성과도 인정받았습니다. 지금은 자족적인 행복감은 없지만, 의식적인 열정이 있습니다. 활기찬 분위기는 덜하지만, 우리가 더 나은 결정을 내릴 수 있게 해 주는 최고의 지원군입니다. 한 가지 예로, 한 나라의 모든 공무원에게 스포츠를 하도록 권유하고 이를 승진에 반영하겠다고 말할 때는 신념에 대한 용기가 있어야 합니다. 운동의 유익한 효과를 확신하는 것은 좋은 일이지만, 이를 받아들이는 것은 쉽지 않습니다. 하지만 사람들은 그렇게 했습니다.

랩: 모두가요?

상카라: 여기저기서 거부하거나 "그렇게 하면 안 된다"고 말하는 사람들이 있었죠. 무엇보다도 노력하는 것을 두려워하는 소수의 소부르주아들이었습니다. 하지만 전반적으로 받아들여졌습니다. 사람들은 이를 논쟁의 쟁점으로 삼지 않습니다. 그들은 우리가 어디로 가는지 알고 있다고 믿습니다. 오늘날 조직적인 스포츠 활동에 참여하는 것은 우리 삶의 진정한 일부가 되었습니다.

랩: 하지만 일부 사람들은 열정과 동원의 수준이 떨어졌다고 이야기합니다.

상카라: 새로운 현상의 매혹적인 측면, 즉 매력이 사라졌습니다. 사람들은 이미 우리의 일반적인 방향에 대해 잘 알고 있으며, 어떤 사람들은 어떤 말과 행동을 할 것인지 어느 정도 미리 짐작할 수도 있습니다.

사람들은 계속해서 혁명을 좋아하지만, 개종 기간은 얼마 전에 끝났습니다.

안타깝게도 잘못된 정보를 접한 관찰자들은 이것이 열정이 떨어지고 동력이 저하된 것을 반영한다고 주장합니다. 하지만 이는 사실이 아닙니다.

랩: 토마 상카라가 여전히 이 나라에서 벌어지고 있는 일들, 즉 권력을 남용하는 특정 공무원의 태도나 지역을 공포에 떨게 하는 다른 혁명 수호위원회들의 행태에 대해 알고 있다고 보아야 할까요?

상카라: 지금 밤 10시입니다. 이 인터뷰가 끝나면 자정 무렵에 저는 작은 마을로 떠나 새벽 5시까지 머물 예정입니다. 시간을 내서 사람들의 이야기를 들어야 하고, 소외된 사람들을 포함해서 모든 환경 속으로 들어가려는 진정한 노력을 기울여야 합니다. 젊은이, 노인, 운동선수, 노동자, 위대한 지식인, 문맹자 등 모든 종류의 사람과 관계를 유지해야 합니다. 이렇게 하면 수많은 정보와 아이디어를 얻을 수 있습니다.

리더가 청중에게 연설할 때는 모든 사람이 소속감을 느낄 수 있는 방식으로 해야 한다고 생각합니다. 축하할 일이 있을 때는 모든 사람이 개인적으로 축하받고 있다는 느낌을 받을 수 있어야 합니다. 비판을 받을 때는 모든 사람이 자기 행동이 비판받고 있다는 것을 인식하고, 자신이 그런 일을 했다는 것을 알고, 부끄러움을 느끼고, 앞으로는 같은 실수를 반복하지 않겠다는 결심을 해야 합니다.

이런 식으로 우리는 자신의 잘못을 집단적으로 인식하고 함께 발자취를 되짚어 볼 수 있습니다. 나 스스로 정보와 접할 수 있도록 해야 합니다. 우리를 가두는 모든 관행과 관습을 깨야 합니다. 때로는 제가 발견한 것을 말하고 특정 상황을 비난해야 할 때도 있습니다. 이렇게 하면 상황이 달라집니다.

물론 제가 모든 것을 다 알고 있는 것은 아니며, 특히 저와 대화하기를 주저하고 제가 접근하기 어렵다고 생각하는 사람들이 있기 때문에 더욱 그렇습니다. 우리가 더 가까워지도록 끊임없이 노력해야 합니다. 저는 매주 최소한 50통의 비공개 편지에 답장을 보내는데, 그중에는 상상할 수도 없고 답할 수도 없는 질문도 있습니다. 하지만 소통의 창구는 항상 열어두고 있습니다. 제가 제시한 문제에 대해 사람들이 제게 제안할 때, 비록 제가 항상 그들의 특정 해결책을 받아들이지는 않더라도 매우 기쁘게 생각합니다.

랩: 이러한 문제를 더 체계적으로 처리할 방법은 무엇이라고 생각하시나요? 문제들에 완전히 압도당하지 않으셨다니, 믿기 어렵네요.

상카라: 국가혁명평의회에서 곧 이 문제를 다룰 기구를 설립할 예정입니다. 그러나 중요한 것은 각 개인이 불만을 제기할 권리가 있으며, 그의 불만이 받아들여지며 문제의 원인이 된 사람이 어떤 권력자이든 동일한 고려와 중요성으로 검토될 것이라는 점을 모든 사람에게 확신시키는 것입니다. 본보기를 세워야 합니다, 우리 친척이라 할지라도.

랩: 지금까지의 과정을 볼 때 단일 정당을 언제쯤 창당할 수 있을 것으로 예상하나요?

상카라: 미래는 현재의 대중 동원보다 훨씬 더 발전된 조직으로 우리를 이끌어 갈 것이며, 이는 필연적으로 훨씬 덜 선택적일 수밖에 없습니다. 따라서 미래에 정당이 탄생할 수도 있지만, 우리는 정당이라는 개념에 우리의 생각과 관심사를 집중할 생각은 없습니다. 그것은 위험할 수 있습니다. "당이 없는 혁명에는 미래가 없다."는 혁명의 강령에 따르기 위해서, 또는 당원이 되기 위한 필수 전제 조건인 인터내셔널에 소속

되기 위해서 당을 만들게 될 수 있는 것입니다.

지도자들이 의지만으로 정당을 만들면 모든 종류의 기회주의에 문을 열어주는 것입니다. 정당에는 구조와 리더십, 책임을 지는 사람들이 있어야 합니다. 이미 존재하고 있고 가장 전투적인 혁명가가 아니면 누구에게 이 일을 맡기겠습니까? 모든 종류의 사람들이 정부 부처의 조각을 보는 방식과 비슷하게 직위를 보장받기 위해 이 당에 충성을 공언할 것입니다. 어떤 사람들은 자기도 한 자리를 차지하기 위해 이런 식으로 분리하자고 제안할 것입니다. 우리는 어떤 대가를 치르더라도 맞춤형 정당을 만들려는 기회주의적 유혹을 피해야 합니다. 정권을 장악한 후 정당을 창당하는 것은 정말 까다로운 일입니다.

정당에는 단점도 있을 수 있습니다. 동원되는 대중과 관련해서 보면, 지나치게 제한적이고 지나치게 선택적으로 될 수 있습니다. 소수만을 기반으로 하기 시작하는 순간부터 대중은 여러분이 벌이는 투쟁에서 단절됩니다.

이를 방지하기 위해 당은 지도자, 안내자, 선봉대로서 역할을 담당해야 합니다. 당은 전체 혁명을 이끌어야 합니다. 당은 대중의 필수적인 부분이어야 합니다. 그러기 위해서는 당원들이 가장 진지한 사람들, 앞으로 나아가고 자신의 모범으로 다른 사람들을 설득하는 데 성공하는 사람들이이야 합니다. 그러나 먼저 대중이 성당 없이 투쟁하고 정당 없이 무기를 만들 수 있도록 허용해야 합니다. 그렇지 않으면 노멘클라투라(nomenklatura)에 빠지게 됩니다.*

---

* 구소련의 스탈린 정권 때부터 공산당과 국가 기관의 고위층이 고위 정부 및 행정직에 특권을 부여하기 위해 사용했던 명단.

랩: 우리는 세 번째 밀레니엄을 15년 앞두고 있습니다. 당신은 대륙 연합 전선이 부활할 것이라고 보십니까? 아니면 1966년 아바나와 같은 상황에 처하게 될까요?* 즉, 각 혁명적 민족주의 단체들이 국경을 초월한 결속력이나 단결 없이 독자적으로 계속 행동하게 될까요?

상카라: 어려운 질문이고 추측이 필요한 질문입니다. 하지만 저는 우리가 더 큰 결속력을 향해 나아가고 있다고 생각합니다. 주권 국가가 우후죽순처럼 생겨나는 상황에서 각 국가가 세계의 진화를 이해하기보다 새로운 권력을 누리는 데 더 몰두하는 것은 자연스럽고 인간적인 현상이지만 낙관적이어야 합니다. "책을 쓰는 사람 수만큼이나 다양한 의견이 존재한다"는 말이 있듯이 말이죠. 하지만 이제 달라질 것입니다.

물론 우리의 전임자들이 때로는 메시야처럼 행동하는 것에 빠지기도 했지만, 앞으로 나아간 길을 보여 주기 위해서 그렇게 행동해야 할 의무가 어느 정도 있었습니다. 그러나 우리가 보편적 문명이라는 관점에서 점점 더 많이 이야기하듯이, 우리는 보편적 혁명에 관해 이야기할 것입니다. 제국주의는 오랫동안 전 세계적으로 지배와 착취의 국제 관계를 조직해 왔지만, 우리에게는 혁명의 국제 관계, 억압에 대한 저항의 국제 관계가 없습니다. 물론 세 차례의 인터내셔널이라는 시도가 있었고, 심지어 네 번째 인터내셔널에 대한 이야기까지 나오고 있습니다.**

---

* 1966년 1월 3일 아바나에서 아프리카, 아시아, 라틴 아메리카 민중들의 첫 연대 회의(삼대륙 회의라고도 함)가 열렸다. 512명의 대표단 중 아프리카 28개국에서 150명이 참석했다.

** 4개의 국제 노동자 계급 조직에 대한 언급: 1864년에 설립되어 1876년에 해체된 칼 마르크스와 프리드리히 엥겔스가 주도한 제1 인터내셔널(국제노동자협회), 1889년에 설립되었으나 1914년 제1차 세계대전이 발발하자 지도자들 대부분이 혁명 노선을 포기한 제2 인터내셔널, 1919년 V. I. 레닌의 지도 아래 창립된 제3 인터내셔널(공산주의 인터내셔널), 레닌 치하의 코뮤니스트 인터내셔널의 노선을 뒤집은 요제프 스탈린에 대응한 레온 트로츠키의 지도력 하에 1938년에 설립된 제4 인터내셔널이 있다.

단계적으로, 특히 커뮤니케이션 수단이 장벽을 허물고 거리를 좁히면서 지도자들은 조직화된 대중에 의해 대체될 것입니다. 동시에 다양한 문화가 평준화되면서 우리는 서로 거의 같은 방식으로 사물을 느낄 수 있게 됩니다. 따라서 현재의 리더들은 대체될 것입니다.

랩: 문맹 문제는 어떻게 해결하실 건가요?

상카라: 교육과 관련해서는 그릇과 내용물 모두를 다룰 계획입니다. 식민지 지배자들이 학교를 열었을 때 그들은 자선이나 인도주의적 의도를 갖지 않았습니다. 그들의 관심사는 착취 체제에 유용한 업무를 수행할 수 있는 사무원을 배출하는 것이었습니다. 오늘날 우리의 임무는 학교에 새로운 가치를 주입하여 사상을 이해하고, 사상을 흡수하며, 역동적인 진화와 완전히 조화를 이루는 새로운 인간을 배출하는 것입니다.

랩: 하지만 교육 민주화가 주된 관심사가 아닌가요?

상카라: 맞습니다. 지금까지는 특권층만 학교를 이용할 수 있었습니다. 교육 민주화는 모든 곳에 교실을 짓는 것을 의미합니다. 오늘날 사람들은 이를 위해 동원되고 있으며, 사실 정부의 기술적인 지원 능력을 능가할 정도로 열정을 가지고 있습니다. 우리 입장에서는 너무 빠른 속도로 진행되고 있지만, 잘 진행되고 있는 일을 막을 수는 없을 것입니다.

랩: 1984년, 오트볼타의 아프리카 교사 전국 연합에 소속된 1,500명의 교사가 해고되었습니다.* 인구의 90퍼센트 이상이 문맹인 상황에서 그런 결정을 내릴 여유가 있을까요?

---

*　　이 책 43쪽, 연표, 1984년 3월 참조.

상카라: 그들은 실제로는 부르키나파소 체제를 전복하려는 운동인 파업을 벌였다는 이유로 해고되었습니다. 당시 우리는 "이 파업은 가나와 우리나라 양국을 겨냥한 불안정화 계획의 일환이므로 파업을 강행하지 말라"고 분명히 말했죠. 공동 행동을 위한 날짜가 정해져 있었습니다. 이웃 가나에서 쿠데타 시도가 있었고, 동시에 이곳에서도 연쇄 파업이 예정되어 있었습니다. 우리는 이 사실을 통보받고 필요한 조치를 취했습니다.

부르키나파소에서는 파업이 항상 정부를 만들고 무너뜨리는 데 이용되어 온 것을 알고 계실 겁니다. 이번 사건에서는 특정 정보원이 노출될 것을 우려해, 일부 증거를 공개했지만, 전부 공개하지는 않았습니다. 우리는 교사들에게 파업을 포기할 것을 권유했습니다. 같은 날인 3월 23일 금요일, 프랑스의 한 텔레비전 네트워크는 부르키나베 반체제 인사에 관한 프로그램을 방송했습니다. 그 작전은 투명했습니다. 그들은 이 남자를 세우고 그에게 일정한 신뢰성을 부여하는 것을 목표로 삼았습니다. 이런 사람을 다시 권좌에 앉히는 동시에 국내 정세를 불안정하게 만드는 이중 작전이었죠.

우리는 이 행동에 대한 지지를 확보하기 위해 25만 달러를 받은 주요 지도자들을 체포했습니다. 같은 작전의 일환으로, 정보에 따르면, 계획에 관여하지 않은 노조원 한 명도 보안 요원들이 체포했습니다. 우리는 그가 노조원으로서 합법적으로 항의하고 있었고 계획에 관여하지 않았다는 단순한 이유로 그를 석방했습니다.

랩: 그런데 왜 교사들에게 화풀이하셨나요?

상카라: 우리는 교사들을 반대하는 것이 아니라 교사들을 이용한 음모에 반대하는 것입니다. 음모를 선동한 세력은 주로 초등, 중등, 심지

어 대학 교사들로 구성되어 있기 때문입니다.* 정권이 탄생한 1983년 8월 4일 이후 줄곧 비난해 온 우리 정권을 상대로 충격파를 퍼부었습니다. 막중한 책임을 지고 있으면서도 스스로 결정을 내릴 수 없는 교사들이 파뉘르주의 양(Panurge's sheep)처럼 끌려가도록 내버려두는 것은 매우 심각한 문제로 보여 우리는 위협을 가했습니다.**

랩: 긴급한 상황에 비추어, 사람들이 왜 지금 태도를 바꾸지 않는지 이해하기 어렵습니다.

상카라: 참회 편지를 보내온 사람들의 사례를 하나하나 검토하는 시간을 갖고 있습니다. 하지만 무책임한 사람들에게 부르키나베 아이들의 교육을 맡긴다는 것은 있을 수 없는 일입니다. 그러나 문은 닫혀 있지 않습니다. 우리는 개인의 구체적인 행동, 즉 인격을 변화시키고 책임감을 가질 진지한 능력을 보이는지에 대한 평가에 따라 조금씩 다시 고용하고 있습니다. 현재 많은 인원이 재고용이 진행되었거나 진행 중입니다.

랩: 그동안 어떤 사람으로 교체되었나요?

상카라: 같은 수준의 다른 사람들, 즉 우리가 요청하거나 최소한의 교육, 특히 이념 교육을 받은 사람들로 교체했습니다. 우리는 우리 국민에 대한 대대적인 협박에 굴복할 수 없습니다. 부르키나베 어린이들 교육을 인질로 잡고 우리에게 사임을 상요했습니다.

---

* 이것은 사회민주주의 볼타 진보 전선(Voltaic Progressive Front)에 대한 언급이다. 가장 잘 알려진 지도자는 조셉 기-제르보Joseph Ki-Zerbo였다.

** 프랑수아 라블레Francois Rabelais의 가르강투아와 판타그루엘의 모험을 다룬 소설 시리즈 중 하나에서 판타그루엘이 자신을 강탈한 상인에게 복수를 하기 위해 상인의 양 한 마리를 바다에 던져 버리는 장면을 묘사하는 것. 나머지 양 떼도 함께 뛰어든다.

랩: 하지만 예산의 16퍼센트만이 교육에 쓰이고 20퍼센트의 아이들만 교육을 마치는 상황에서 더 나은 결과를 얻기 위해 어떤 조치를 취할 수 있을까요?

상카라: 예산의 100퍼센트로도 모든 아이를 교육하기에는 충분하지 않습니다. 따라서 기존 교육 모델과는 다른 형태의 교육이 요청됩니다. 우리는 곧 글을 읽을 줄 아는 모든 사람이 의무적으로 일정 수의 다른 사람을 가르치는 캠페인을 시작할 것입니다. 참여하지 않는 사람은 계속 공부할 수 있는 기회를 잃게 될 것입니다.

랩: 어떻게 하실 건가요? 일종의 의무적인 공공 서비스 기간 설정을 통해요?

상카라: 대대적인 전국적인 캠페인을 시작할 것입니다. 모든 곳을 찾아가야 합니다. 게다가 저는 사람 사이의 모든 문제가 소통의 문제라고 확신합니다. 내가 말하는데 상대방이 내 의도를 제대로 이해하지 못하면 오해는 언제나 일어날 수 있습니다. 우리는 획일화를 추구하지 말아야 할 것입니다. 곧 알게 되실 겁니다.

랩: 좀 더 보편적인 의무 공익 서비스 기간을 설정하는 것에 대해 생각하고 있다는 뜻인가요?

상카라: 군 복무 제도를 완전히 개편하고 싶습니다. 현재 군 복무는 의무적으로 18개월 동안 받게 되어 있습니다. 하지만 우리가 현재 사용하는 방법으로는 대상자의 2퍼센트만이 군 복무를 이행하고 있습니다.

여기서 군대는 기회이자 안정적인 직업을 의미합니다. 신병 모병소에 들어가기 위한 경쟁은 유럽의 상황과는 정반대입니다. 제가 프랑스 장교들과 함께 훈련받을 때 젊은이들이 군 생활에 동의하도록 설득하여 준비시키는 과정을 교육받은 기억이 납니다. 우리나라에서는 가능한 한 많은 사람을 되돌려보내는 방법을 배워야 합니다.

랩: 하지만 무엇을 바꾸고, 어떤 목표를 가지고 있나요?

상카라: 군 복무를 더 길게 할 것입니다. 18개월이 아닌 2년이 될 것입니다. 이 기간 동안 사람들은 분명히 무기 사용법을 배우게 될 것입니다. 하지만 복무 시간의 4분의 3은 생산에 투입될 것입니다. 이는, 국민을 지키는 것은 국민 자신의 임무라고 믿기 때문입니다. 적들이 많기 때문에 그들은 스스로 동원할 수 있어야 하고 필요한 무기에 접근할 수 있어야 합니다. 또한 아무리 전문성이 뛰어나다 해도 한 국가의 방위를 소수에게 맡기는 것은 옳지 않다고 생각합니다. 국민은 자신을 방어해야 합니다. 전쟁을 할 수 없거나 원하지 않을 때는 평화를 이루기로 결정해야 합니다. 또한 군대가 어떤 존재여야 하는지도 결정해야 합니다.

랩: 구체적으로 어떤 의미인가요?

상카라: 우리는 한 계급이 다른 계급 위에 군림하는 것을 원하지 않습니다. 우리는 이런 생각을 깨려 하고 그래서 여러 변화를 시도하고자 합니다. 예를 들어, 우리는 군대가 국민과 융합할 수 있도록 군복의 줄무늬까지도 바꾸고 싶습니다.

랩: "생산에 투입된다"는 것은 무슨 뜻인가요?

상카라: 군 복무를 하는 사람 중 일부는 농업 분야에서 일하게 될 것입니다. 또 다른 사람은 가르치거나 의료 종사자가 될 것입니다. 의사가 된다는 것이 아니라 위생과 응급처치에 대한 지식을 습득하여 다른 사람들에게 인명 구조 기술을 가르칠 수 있도록 하는 것이죠. 그게 전부입니다. 의사 수를 10배로 늘리는 것보다 훨씬 더 가치 있는 일이 될 것입니다. 그런 측면에서 어떤 혁신도 생각하고 있지 않습니다. 스위스 시스템과 비슷한 방식으로 다양한 사회 계층과 다양한 연령대의 사람

들을 동원할 수 있는 시스템을 고려하고 있습니다.

랩: 하지만 이 사람들은 어떤 자격을 갖추게 되나요?

상카라: 이들은 상당히 다양할 것입니다. 의사는 공직에 들어가기 전에 군대에서 실습을 해야 합니다. 이런 식으로 그들은 부르키나베 사람들을 발견, 혹은 재발견하게 될 것입니다. 우리는 고위 학자들과 단순한 농민들 모두를 불러들일 것입니다. 소수의 사람에게는 견습을 하거나 최소한 농업, 축산, 건설과 같은 직업의 기초를 배울 수 있도록 할 수도 있습니다.

랩: 현재 입대해 있는 사람들은 어떤가요?

상카라: 마찬가지로 군대는 국민의 군대이며, 만성적인 빈곤과 반대되는 평온하고 풍요로운 생활을 할 수는 없다고 생각합니다. 우리 군인들은 국민이 경험하는 것을 끊임없이 경험해야 합니다. 민간인 전체가 같은 기회를 누리지 못하면서 군인만 정기적으로 급여를 받는 것은 옳지 않습니다. 그래서 군인들이 현실을 접할 수 있도록 당대의 필요를 충족시킬 수 있도록 했습니다. 순수한 군사, 직업, 전술 활동 외에도 경제생활에 참여해야 한다고 결정했습니다. 그래서 닭장을 짓고 가축 사육에 종사하도록 지시했습니다.

랩: 슬로건은 무엇이었나요?

상카라: 병사 한 명당 일주일에 닭 4분의 1마리. 이렇게 하면 식사의 질이 향상될 뿐만 아니라 월급을 받는 특정 인구층의 사람들이 닭을 사지 않게 되어 민간의 닭고기 가격이 낮아질 것입니다. 이런 훈련을 통해서 상관의 명령에 따라, 또는 스스로 주도적으로 이렇게 행동하는 습관을 갖게 된 군인은 집에서도 똑같이 할 것입니다. 따라서 이 운동은 일반화될 것입니다. 어떤 사람들은 우리가 이미 목표를 넘어섰다고 말

합니다. 혁명은 더 나은 삶을 위한 수단일 뿐만 아니라 모두를 위한 더 나은 삶과 더 큰 행복을 위한 것이기 때문에 우리가 바라는 것은 그것뿐입니다.

랩: 당신도 즉각적인 물리적 제거 대상에서 벗어날 수 없습니다. 만약 그런 일이 발생한다면 자신과 자신의 역할에 대해 어떤 이미지를 남기고 싶으신가요?

상카라: 제 기여가 인민이라는 힘이 존재하고 인민을 위해, 인민과 함께 싸워야 한다는 사실을 가장 불신하는 사람들을 설득하는 데 도움이 되었기를 바랄 뿐입니다. 몇 가지 예방 조치를 취하고 어느 정도 조직을 정비했다면 우리는 승리할 것이라는 확신, 즉 확실하고 지속적인 승리를 보게 될 것이라는 확신을 제 뒤에 남기고 싶습니다. 나는 이 같은 신념이 다른 모든 사람을 사로잡아서 오늘 희생으로 보이는 것이 내일은 평범하고 단순한 활동으로 보일 수 있기를 바랍니다.

어쩌면 우리가 살아있는 동안에는 풍차를 돌리고 있는 것처럼 보일 수도 있습니다. 하지만 어쩌면 우리는 우리가 걸어갈 때처럼 내일 다른 사람들이 아무 생각 없이 힘차게 전진할 수 있도록 길을 개척하고 있는지도 모릅니다. 우리의 모든 움직임은 몸의 균형, 속도, 보폭, 리듬이 관련된 복잡한 법칙의 지배를 받지만, 우리는 의심 없이 한 발을 다른 발 앞에 놓습니다. 우리가 어떤 면에서 유용할 수 있었다면, 우리가 선구자가 될 수 있었다면, 저와 제 동료들에게 진정한 위로가 될 것입니다. 물론 우리가 가고자 하는 곳에서 그 위안을 얻을 수 있다는 전제하에 말입니다.

랩: 누군가 당신의 견해를 공유하지 않는다면 폭력과 구속을 가할 준비가 되어 있고, 그렇게 함으로써 자신의 신념에 반하는 행동을 할

의향이 있나요?

상카라: 두 가지 해결책 중 하나를 선택해야 한다면 저는 폭력을 선택하겠다고 말할 준비가 되어 있지는 않지만, 어떤 상황의 논리는 때때로 선택의 여지가 없다는 것을 알고 있습니다. 이것은 혼자서 내려야 하는 결정입니다. 고민스럽고 고통스럽습니다. 괴롭습니다. 다음 날 폭력적인 조치를 명령할 수밖에 없었던 사람들을 마주하게 되고, 마지막 순간까지 폭력에 의지하지 않을 다른 방법, 이 사람들을 구할 수 있는 방법이 있기를 항상 바랐을 것입니다. 때로는 그런 해결책을 찾지 못할 때도 있습니다.

랩: 누구를 상대로 폭력을 사용해야 했나요?

상카라: 순진하게도 자신이 무슨 일을 해도 괜찮다고 생각하는 사람들이 있습니다. 이것은 심각한 문제가 아닙니다. 이런 사람들에 대한 무력 사용은 자제할 수 있습니다.

그다음으로는 자신의 목적을 위해 정교하고 뒤틀리고 마키아벨리적인 수단을 고안하여 국가 내 폭력 확대를 유발하는 사람들이 있습니다. 그들은 우리를 반대하는 음모를 꾸미기 위해 사람들을 보냅니다. 만약 당신이 그들에게 약점을 보이고 그들이 성공한다면, 당신이 성취한 모든 것, 인민 전체를 위한 당신의 모든 헌신은 무의미해질 것입니다. 이 사람들은 완전히 비뚤어진 사람들입니다. 그들은 자신의 음모를 위해 차출한 사람들의 목숨에는 전혀 관심이 없습니다. 우리는 열 명, 스무 명, 서른 명도 잡아낼 수 있습니다. 그들은 눈물 한 방울 흘리지 않을 겁니다. 그들은 우리에게 대항할 다른 사람들을 찾아서 보낼 뿐입니다.

그리고 이러한 행동에 폭력으로 맞서 싸우면 그들은 당신에게 나뻔 양심을 심어주기 위해 강력하고 심지어 무서운 수단을 동원할 것입니다. "손에 피를 묻힌 사람이 있다." 하지만 요점은 소수를 보호하기 위해 다수를 희생해야 하는가, 때로는 한 명에 지나지 않는 소수를 보호하기 위해 다수를 희생해야 하는가 하는 것입니다. 누군가는 이 문제를 혼자서 결정해야 합니다.

랩: 자의적인 결정으로 이어질 수도 있는 어려운 작업인가요?

상카라: 개인에게는 매우 어려운 일입니다. 겉으로는 남의 말을 듣지 않거나 모든 말을 듣지 않을 수도 있습니다. 다른 곳에는 양심의 가책을 조금도 느끼지 않고 피를 흘리는 사람들이 있습니다. 그러나 내면적으로 인간에 대한 최소한의 신념과 믿음이 있다면 매우 속상합니다.

저는 군인입니다. 언제든 전장으로 불려 갈 수 있습니다. 내가 죽지 않기 위해 가능한 한 빨리 무기를 사용해 적을 죽여야 한다는 전장의 논리에도 불구하고 적을 돕고 무의미한 고통을 덜어줄 수 있기를 바랍니다.

랩: 하지만 적에게 폭력을 사용하기 전에 어디까지 기다려줄 의향이 있나요?

상카라: 저는 적에게 저를 이해할 수 있는 기회를 주고 싶습니다. 왜냐하면 그 순간부터 그는 한 가지 근본적인 것을 이해할 것이기 때문입니다. 그것은 제가 반드시 그의 적이 아니라 해도 특정 문제에 대해 농의하지 않을 수 있다는 것입니다. 제가 추구하는 목표는 고귀합니다. 그가 내 방법을 나쁘고 부적절한 것으로 생각하나요? 그가 그렇게 생각한다면 우리는 그것에 대해 토론해야 합니다.

랩: 하지만 그의 입장이 더 급진적이라면요?

상카라: 우리는 나를 배신하고 감옥에 가둔 사람을 포함해서 많은

죄수를 풀어줬습니다.* 내가 아직 살아있는 것은 그가 나를 불쌍히 여겨서도 아니고 죽이려고 하지 않아서도 아닙니다. 나는 총에 맞았어요. 난 죽지 않았습니다. 운이 좋았어요.

우리는 그를 풀어줬어요. 어떤 사람들은 우리가 나약해서 감정적으로 행동했다고 말하죠. 하지만 나의 관심은, 이 사람이 우리가 자비를 베풀고 있고, 항상 그랬으며, 지금도 우리가 그를 사형에 처하고 총을 쏠 수 있지만 복수보다 더 큰 무언가가 그를 해치지 못하도록 막고 있다는 사실을 이해하는가입니다.

랩: 왜 그렇게 하지 않았나요?

상카라: 우린 그의 목숨을 노린 게 아니었어요. 우리가 정권을 잡은 날 그를 처형할 수도 있었죠.

랩: 당신의 태도는 단순히 그럴듯한 정치적 행동이었을까요?

상카라: 아마 그도 그렇게 생각할 겁니다. 제가 좋은 이미지를 주기 위해 오늘 그를 자유인으로 선언했다고요. "우리는 분명히 적이지만 지금은 그가 더 강하기 때문에 죽은 척하고 있다가 기회가 오면 복수를 하겠다"라고 생각할 수도 있죠. 모르겠지만, 그가 이 행동에서 모든 사람이 서로를 이해하고 함께 일해야 한다는 깊은 신념 외에는 다른 것을 보았다고 생각하면 슬퍼집니다. 이것은 매우 길고 힘든 작업입니다.

랩: 하지만 사형 집행 명령이 내려졌습니다.** 이 영혼들은 구원받을 수 없는 영혼들이었나요?

상카라: 모든 영혼은 구원받을 수 있습니다. 저는 인간의 최선은 항

---

*　　장-밥티스트 우웨드라우구 전 대통령을 가리킴.

**　　1984년 6월 11일, 5월 26일과 27일에 체포된 7명이 쿠데타를 모의한 혐의로 처형되었다. 여기에는 전직 군 장교, 와가두구 공항 보안 책임자, 전 와가두구 시장이 포함되었다.

상 그보다 앞서 있다고 믿습니다. 하지만 사형수 사면 요청에 호의적으로 응할 수 없는 특수한 상황에 놓여 있었어요. 정의는 그 과정을 밟아가야 했습니다.

랩: 내일이면 모든 것이 끝날 수도 있다는 두려움은 없나요?

상카라: 아니요, 그런 두려움은 없어요. 나는 스스로에게 말합니다. 도서관에서 책이나 읽는 노인이 되거나, 아니면 적들이 너무 많아서 폭력적인 최후를 맞이하거나 둘 중 하나라고 말이죠. 현실을 받아들이고 나면 시간문제일 뿐입니다. 언젠가는 그렇게 될 겁니다.

랩: 다른 두려움도 있나요?

상카라: 네, 실패에 대한 두려움, 충분히 하지 못했다는 두려움이 있습니다. 의견 불일치 때문에 실패할 수는 있지만, 게으름 때문에, 할 수 있는 일을 해야 했는데 하지 않았기 때문에 실패하는 것. 저는 그런 일이 두렵고, 그런 일에 맞서 끝까지 싸울 준비가 되어 있습니다.

내일 누군가 당신이 돈을 훔쳤다고 말했는데 그것이 사실이라면, 또는 사람들에게 음식을 제공하지 않은 책임자를 처벌할 용기가 당신에게 없어서 사람들이 굶어 죽게 내버려둔다면, 그가 당신이 아는 사람이고 그가 유죄라는 것을 알았다면 어떨지 상상해 보세요. 해야 했지만 하지 못했습니다. 제가 그런 태도를 보였다는 이유로 총에 맞는다면 괜찮습니다. 하지만 그렇지 않다면 제가 평생 짊어져야 할 십자가, 즉 제 자신의 무능과 책임 회피의 십자가가 될 것입니다. 매일매일 모든 사람에게 자신을 설명해야 한다는 것은 정말 정신이 나갈 일입니다. 길거리에서 한 남자가 혼잣말로 모든 사람에게 "나는 결백하니 믿어주세요, 살려주세요"라고 외치고 있다고 상상해 보세요. 아니요, 이건 불가능합니다.

랩: 하지만 일종의 상카라 광기는 이미 특정 방식으로 존재하지 않나요?

상카라: 네. 어느 정도의 광기 없이는 근본적인 변화를 수행할 수 없습니다. 이 경우에는 기존의 공식에 등을 돌릴 수 있는 용기, 미래를 발명할 수 있는 용기, 즉 비순응에서 비롯됩니다. 게다가 오늘날 우리가 극도로 명확하게 행동할 수 있는 것은 어제의 미친 사람들이 있었기 때문입니다. 저도 그런 미친 사람이 되고 싶어요.

랩: 미래를 발명하기 위해서요?

상카라: 네. 우리는 과감하게 미래를 발명해야 합니다. 5개년 계획을 발표하는 연설에서 저는 "인간이 상상할 수 있는 모든 것은 창조할 수 있다"라고 말했습니다. 저는 그것이 진실이라고 확신합니다.

우리에게 부당한 전쟁을 도발하려는 시도들이 있습니다

대중 집회 연설, 와가두구

1985년 9월 11일

부르키나베 혁명에 대한 이 지역 여러 정권의 적대감이 커지는 것에 항의하기 위해 상카라는 코트디부아르 야무수크로(Yamoussoukro)에서 열린 앙탕트 위원회(Entente Council) 긴급회의에 참석했다. 돌아오는 길에 그는 와가두구에서 열린 대규모 집회에서 회의 결과를 보고했다. 그의 발언은 와가두구에서 발행되는 프랑스어 일간지 <시드와야> 1985년 9월 13일 자에 게재되었다.

동지 여러분:

우리는 국제 제국주의에 대응해야 했고, 그 제국주의의 지역 내 하수인들에게도 대응해야 했습니다. 우리가 일어서자마자 그들은 넘기 시작했습니다. [박수] 지금, 이 순간에도 제국주의 라디오가 모두 와가두구에 맞춰져 있다는 점을 여러분에게 상기시키는 것밖에는 연설할 게 없습니다. [박수]

우리는 제국주의 기관들이 이 자리에서 하는 발언을 분석하리라는 것을 알고 있습니다. 무엇보다도 그들은 부르키나베 사람들이 얼마나 더 멀리 밀어붙이는 데 성공할 수 있을지 알아내려 노력할 것입니다. 나는 우리가 적을 바다에 빠뜨릴 때까지 적을 계속 밀어낼 것이라고 여러분에게 말합니다! [박수]]

우리는 지금 우리 국민을 상대로 온갖 음모를 꾸미려는 시도가 있다는 것을 알고 있습니다. 특히 우리 국경에서 칼날이 덜컹거리는 소리가 울려 퍼지게 하려는 시도가 있습니다. 우리 부르키나베 국민에 대해 다방면으로 부당한 전쟁을 일으키려는 시도가 이루어지고 있습니다. 부르키나베 국민을 다른 민족과 대립시키려는 시도가 이루어지고 있습니다. 조종할 수 있는 사람들을 조종하려는 시도가 이루어지고 있습니다. 그러나 우리는 조용함, 침착함, 평온함을 유지합니다. 우리는 자신이 가진 힘을 믿는 사람들이고, 투쟁의 한계는 적이 아니라 자기 스스로에 의해 결정된다는 사실을 아는 사람들이기 때문입니다.

제가 하고 싶은 말은 부르키나베 국민이 전진하기로 하면 오직 부르키나베 국민만이 우리가 멈출 선을 그을 수 있다는 것입니다. [박수]

여러분 모두를 대신하여 부르키나파소와 오트볼타를 혼동하는 사람들에게 매우 단호한 경고를 내립니다. [박수] 부르키나파소 국내든 해외든 감히 부르키나파소의 평온을 방해하려는 모든 이들에게 단호한 경고를 내립니다. [박수]

우리는 외국 군대나 외국 고문을 끌어들일 필요가 없습니다. 얼마 전 총사령관 동지 [장-밥티스트 링가니Jean-Baptiste Lingani]가 전투적 언어로 매우 명확하게 여러분에게 연설했습니다. 그는 여러분들이 지금 특정 부역자들이 음모를 꾸미고 있는 성채를 점령할 공격 부대라고 설명했습니다. 아주 좋아요! 우리의 수가 너무 많아 무기가 충분하지 않더라도 적으로부터 무기를 빼앗아 오겠다는 말로 발표를 마치럽니다. [박수] 그러니까 그들이 지금 공급하고 있는 전쟁과 죽음의 무기가 바로 우리 자신의 보급품이 되는 것입니다! [박수]

동지 여러분, 이런 종류의 시위가 모든 사람의 마음에 들지 않는다는 것은 분명합니다. 그러나 저는 무엇보다도 우정과 국제주의적 의무감이 항상 우리와 함께해야 한다고 주장하고 싶습니다. 부르키나파소 인민들의 투쟁은 결코 우월주의적 투쟁이 아닙니다. 우리의 투쟁은 결코 제한적이고 편협한 민족주의 투쟁이 아닙니다. 우리의 투쟁은 평화와 자유를 열망하는 모든 인민의 투쟁입니다. 그래서 우리는 우리를 둘러싼 민족들의 선한 자질과 평화, 즉 정의로운 평화와 존엄성, 진정한 독립에 대한 그들의 정당한 열망을 결코 놓쳐서는 안 됩니다.

물론 자신의 역사적 의무를 수행하는 것은 그들에게 달려 있습니다. 그들의 영토를 침범하는 모든 뱀과 그들의 행복을 방해하는 모든 괴물을 제거하는 것은 그들에게 달려 있습니다. 우리는 국내문제에 대한 우리의 책임에 직면했습니다. 이제 그들의 젊은이, 그들의 애국적이고 민주적인 세력, 그들의 민간인, 군인, 남성, 여성이 자신의 책임을 다하는 것은 그들의 몫입니다.

우리는 혁명적인 앙탕트 위원회를 구축하고자 합니다. [박수] 그리고 정의에 대한 우리의 전망이 승리할 수 있도록 마지막 숨이 다할 때까지 싸울 것입니다. 우리는 베냉, 니제르, 토고, 코트디부아르의 인민이 자유, 존엄, 평화, 안보를 필요로 함을 알기 때문에, 그리고 이들 인민은 혁명만이 이 고귀한 목표 달성에 방해가 되는 나라 안팎의 모든 요소를 제거할 수 있다는 점을 이해하기 때문에 그들을 신뢰할 수 있습니다.

이것이 바로 오늘 우리가 앙탕트 위원회라고 말하는 이유입니다. 내일 토고 인민 덕분에, 베냉 인민 덕분에, 니제르 인민 덕분에, 코트디부아르 인민 덕분에, 그리고 부르키나파소 인민들과 함께, 개인적 선의가 있든 없든, 혁명은 일어날 것입니다. [박수] 혁명은 이미 진행 중입니다.

우리는 그들의 음모와 분열 시도, 반대 세력 형성, 암살 시도에 대해 잘 알고 있습니다. 여기서 우리는 이 철저한 반동들이 민족의 전진과 개인의 진화를 혼동하고 있다는 것을 알 수 있습니다. 이것이 우리가 앞서 말했듯이, 이 지도자나 저 지도자를 공격하는 것만으로는 혁명을 멈추게 할 수 없다고 말하는 이유입니다. 이것이, 그들의 음모가 결코 혁명을 막을 수 없을 것이라고 우리가 말하는 이유입니다. 혁명은 실제로 진행 중이며, 승리할 것입니다. 모든 인민을 해방할 것입니다.

야무수크로에서 안보에 관해 이야기했으니, 이 안보를 구체적으로 보장할 방법과 수단을 모색하는 것은 당연한 일입니다. 그러나 그것은 절대 실현되지 않을 것입니다. 혁명이 민중을 해방하지 않는 한 우리는 결코 안보를 확보할 수 없습니다. 우리의 투쟁은 앙탕트 위원회에만 국한되지 않을 것입니다. 우리 국경에 있는 다른 민족들 역시 혁명이 필요한 민족입니다. 물론 이것이 가나에 관한 이야기는 아닙니다. 저는 말리에 대해 이야기하고 있습니다. [박수와 환호]

우리의 자매 공화국인 말리는 말리의 행복이 곧 우리의 행복이고 말리의 불행이 곧 우리의 불행이라는 것을 이해할 수 있고, 이해해야만 합니다. 말리 인민들의 우려는 부르키나베 인민들의 우려입니다. 말리 민중의 관심사는 부르키나베 민중의 관심사입니다. 부르키나베 인민의 혁명은 그것을 필요로 하는 말리 인민들의 손에 달려 있습니다. [박수] 혁명만이 굶주림, 갈증, 질병, 무지에 맞서 싸우고 무엇보다도 신식민주의와 제국주의의 지배 세력에 맞서 싸울 수 있게 해줄 것이기 때문입니다. 혁명만이 그들을 자유롭게 할 수 있습니다.

혁명은 어느 한 인간의 독점물이 될 수 없습니다. 우리는 모든 인민이 혁명을 열망한다는 사실을 인식해야 할 의무가 있습니다. 민중은 움직이고 있고, 혁명은 전진하고 있습니다. 따라서 우리는 이 모든 인민이 매일 벌이는 정당한 투쟁에 경의를 표하며, 정해진 시간에 그들과 함께 나라 안팎의 모든 적을 멸망시킬 기쁜 날을 축하하기 위해 함께할 것입니다. [박수]

물론 ―이는 반복해서 강조해야 합니다― 그들 자신의 해방에 대한 역사적 책임과 마주하는 것은 그들의 몫입니다. 다른 민족이나 메시야 구원의 은총을 기다리는 것은 절대 있을 수 없는 일입니다. 그것은 오류, 중대한 오류, 기념비적 오류, 반혁명적 오류가 될 것입니다.

혁명적인 앙탕트 위원회가 만들어질까요, 아니면 만들어지지 않을까요? ["만들어집니다!"라는 외침]

우리 인민의 안전은 각 전투원에게 달려 있습니다. 우리 인민의 안전은 나라 안팎의 전투원 한 명 한 명에게 달려 있습니다. 우리는 해외에 있는 우리 전투원들에게 경계를 강화하라고, 선동되는 음모를 폭로하는 데 열정을 쏟으라고 요청해야 합니다. 그래야 그들이 해충의 은신처를 우리에게 알려 줄 수 있습니다. 그래야 우리는 무적의 화염방사기로 적을 단번에 소각하고 불을 뿜어내어 한 줌의 재로 만들 수 있습니다. [박수]

오늘 저녁 우리는 우리가 영구적으로 확신하게 된 것을 재확인할 필요가 있었습니다. 우리는 부르키나베 인민의 참여와 결의를 재확인할 필요가 있었습니다. 우리는 또한 우리가 이웃과 연대하고 있다는 것을 말하고 강조해야 했습니다. 오늘 저녁 저는 여러분 모두를 대신해 펠릭스 우푸에-부아니Felix Houphouet-Boigny에게 메시지를 보내고, [박수] 에야데마Eyadema에게, 세이니 쿤체Seyni Kountche에게, 무사 트라오레Moussa Traore에게, 마티외 케레쿠Mathieu Kerekou에게, 롤링스Rawlings에게 메시지를 보냅니다.* [박수] 여러분이 그들의 국민과 연대한다는 것을 확인하고, 그들 국민의 모든 정당한 투쟁이 우리의 투쟁이 될 것이라고 말해 주기 위해서 말입니다. [박수] 저는 이 메시지가 그들의 수도에서 읽히기를 바랍니다.

무슨 일이 있어도 우리는 이 메시지를 보낼 것입니다. 왜냐하면 이 메시지는 우정의 메시지이며, 우정에는 법적 합의가 전혀 필요 없기 때문입니다. [박수] 우리는 그들에게도 앙탕트 위원회 자체가 이미 우리의 다양한 이익을 영구적으로 방어할 수 있는 법적, 도덕적 틀을 제공하고 있다고 말할 것입니다. 우리는 어떤 다른 문서, 다른 법적 조항도 앙탕트 위원회에 추가될 필요가 없다고 생각합니다. 무엇보다 1958년 이후 성취된 일이 무엇이 있나요? 1985년에야 협정이 필요해졌다면 앙탕트 위원회가 만들어진 이후 이제까지는 무엇을 했나요? 이것이 저를 불편하게 만듭니다.

동지 여러분, 감사합니다. 참여는 영원하고 열정도 영원하며 이곳의 투쟁이 승리하리라는 것을 보여 주기 위해 이렇게 많이, 이렇게 많은 인원이 나와 주셔서 감사합니다.

동지들:

가나 인민 만세!

---

*   펠릭스 우푸에-부아니, 그냐싱베 에야데마, 세이니 쿤체, 무사 트라오레, 마티외 케레쿠는 각각 코트디부아르, 토고, 니제르, 말리, 베냉의 대통령이었다. 제리 롤링스는 가나의 국가 원수이자 정부 수반이었다.

베냉 인민 만세!

코트디부아르 인민 만세!

니제르 인민 만세!

토고 인민 만세!

말리 인민 만세!

모두를 위한 혁명!

모두를 위한 혁명!

모든 인민을 위한 혁명!

조국이 아니면 죽음을, 우리는 승리할 것이다!

조국이 아니면 죽음을, 우리는 승리할 것이다!

고맙습니다.

아프리카에 대하여

몽고 베티Mongo Beti와 인터뷰
1985년 11월 3일

다음은 카메룬 출신의 작가이자 『카메룬을 잡아라, 탈식민화의 해부』(*Main basse sur le Cameroun, autopsie d'une decolonisation*)의 저자인 몽고 베티와 진행한 미공개 서면 인터뷰의 주요 발췌문이다. 이 책은 1972년 출판과 함께 프랑스와 카메룬에서 금서가 되었다. 이 인터뷰는 몽고 베티가 편집인인《검은 아프리카의 민중》(*Peuples noirs Peuples africains*)을 위해 준비되었지만, 실제로 출판되지는 않았다.

몽고 베티: 첫째 질문은 대통령의 안위와 사실상 정권의 미래에 관한 것입니다. 프랑스 언론에서 교활한 캠페인이 벌어지고 있는 상황에서 많은 아프리카인들은 이것이 전면적인 공세의 경고 신호라고 생각하며 루뭄바Lumumba와 웅크루마Nkrumah를 불안하게 떠올리고 있습니다. 그들은 물리적 제거 전략을 두려워합니다.

이러한 위험, 특히 아프리카인들의 이러한 불안감을 알고 있나요? 언론에서 이 전략, 구체적으로 이런 조직적 행동의 존재를 알고 있나요?

토마 상카라: 이미 알고 계실 수도 있는 내용을 다시 말씀드릴 기회를 주셨습니다. 사실 많은 사람들이 저희와 저희의 혁명에 만족하지 않습니다. 나는 우리가 옹호하는 계급적 이익을 고려할 때, 이는 매우 자연스러운 현상이라고 말씀드리고 싶었습니다. 우리가 계급 이익을 지키기 위해 그들의 이익을 해칠 각오를 하고 있고, 그렇게 하는 것이 충분히 정당하기 때문에 우리에게 적, 즉 계급의 적이 있다는 것은 논리적이고 정상적입니다. 이러한 관점에서 볼 때, 우리의 적들이 혁명에 맞서기 위해 조직적으로 언론을 이용해 교활하고 정직하지 못한 방식으로 우리의 모든 행동을 비방하고 명예를 훼손하는 것은 놀라운 일이 아닙니다. 자금력이 풍부한 신문, 명령에 복종하는 라디오 프로그램, 혁명의 이미지를 완전히 왜곡하기 위해 비열한 방식으로 조직된 모든 종류의 행동이 이에 해당합니다.

이 전략은 잘 알려져 있습니다. 제국주의가 당신이 언급한 응크루마난 루뭄바, 그리고 칠레의 아옌데 등 확고한 혁명 정권을 불안정하게 만들기 위해 여러 차례 사용했던 전략이기도 합니다. 우리는 이를 잘 알고 있습니다. 민중의 해방 투쟁에 대한 국제 여론을 악화시키기 위해 밤낮으로 강력한 조치가 취해지고 있는 것은 정말 위험합니다.

응크루마, 루뭄바를 비롯한 수많은 사람이 제국주의와 이 신식민지 전략의 희생자였습니다. 더욱이 아프리카의 위대한 아늘들은 그들을 진정한 애국자이자 아프리카와 아프리카인에 대한 진실하고 위대한 사랑을 지닌 정치인으로 인정했습니다. 오늘날 우리는 그들을 존경할 수밖에 없으며, 그들이 아프리카의 존엄성을 향한 길의 선구자이자 안내자, 개척자였음을 보여 줄 수 있다는 것은 우리에게 영광입니다.

오늘날 아프리카 대륙의 사방에는 응크루마족, 루뭄바족, 몬들라느족 등이 곳곳에 존재합니다. 오늘, 이 상카라가 물리적으로 제거된다면 수천 명의 상카라가 제국주의에 도전할 것입니다. 우리나라에 관한 한 우리 인민과 젊은이들의 결단력은 부르키나와 우리 대륙의 존엄성을 위한 투쟁을 추구하는 데 어떤 걱정도 없애줍니다. 그렇지만 우리 인민과 아프리카의 혁명적 청년들은 수많은 이유로 상카라에게 애착을 가지고 있으며 제가 조금이라도 해를 입지 않기를 바랍니다.

베티: 아프리카 사회 부패의 본질에 대해 궁금합니다. 식민 지배로부터 물려받은 저주인가요? 아니면 우리의 전통 중 하나인가요? (사실, 유리구슬 몇 개를 받고 노예 상인에게 형제를 넘긴 졸렬한 흑인 왕들에 대해 모두가 알고 있습니다.) 이 질문은 질문에 답하는 방식에 따라 부패와의 싸움이 다르게 수행될 것 같아서 제기합니다. 어떻게 생각하시나요?

상카라: 해박한 사회학자나 자본주의 이전의 아프리카 사회에 대한 역사가도 아니면서, 부패가 아프리카 사회의 특성이라고 말할 수는 없습니다. 부패는 무엇보다도 자본주의 시스템, 즉 부패를 발전시키지 않고는 진정으로 발전할 수 없는 사회경제적 시스템과 연결된 현상입니다. 그래서 의심할 여지 없이 식민지로부터 물려받은 저주입니다. 따라서 식민지, 식민주의, 나아가 신식민주의와 효과적으로 싸우기 위해서는 부패와도 싸워야 한다는 것은 당연한 논리입니다.

식민지 개척자들이 이용한 봉건적 왕과 관련하여, 아프리카의 관점에서 볼 때 한 줌의 유리구슬은 교환 방식이 물물 교환에 기반을 두고 있다는 점에서 부패와 동일하지 않았습니다. 허접한 왕들은 우리가 지금 생각하면 장신구라고 생각하는 하나 또는 다른 가치 있는 물건을 위해 "형제"를 팔았습니다. 각 물건의 가치는 실용적인 유용성과 그 물건의 사용이 필요를 충족시키는 환경에만 기반합니다. 거울을 통해 자신의 모습을 본 적이 없는 왕은 사람, 즉 한 명의 신하를 내주고 주저 없이 거울을 얻습니다. 이 사실에 근거하여 그는 이 물건에 대한 대가로 상응하는 가치를 주고 있습니다. 식민지 개척자나 탐험가가 그 사회가 이룩한 경제 시스템을 감안하여, 부패를 기대하며 그에게 접근했다 하더라도 그가 부패한 것으로 간주될 수는 없습니다.

베티: 그것이 전통이 지닌 일반적인 문제가 아닐까요? 부분적으로 우리 사회를 현대화하는 것을 목표로 하는 혁명과 종종 진보에 제동을 거는 전통 사이에는 양립할 수 없는 관계가 있지 않나요? 더 정확하게는 여성이 해방되려면 여성 할례, 일부다처제에 맞서 싸워야 하지 않을까요?

상카라: 일반적으로 아프리카의 전통은 후진적인 이데올로기의 산물입니다. 그렇지만 모든 사물과 현상에는 진보적인 측면과 퇴행적인 측면이 있습니다. 우리 전통에서 진보적인 측면은 사회가 훨씬 더 빠르게 진보를 향해, 여러분이 말하는 모더니즘을 향해 진화하기 위해서 우리가 배워야 할 점입니다. 혁명은 시간을 거슬러 퇴보하자는 것이 아닙니다. 혁명의 목표는 끊임없이 앞으로 나아가는 것입니다. 혁명은 필연적으로 우리 전통의 부정적인 측면을 억압할 것입니다. 이것이 바로 모든 후진적 세력, 모든 형태의 반계몽주의에 맞선 우리의 싸움입니다. 그것은 낡고 부패한 모든 영향과 편견에서 사회를 해방하는 데 필수적인 정당한 싸움이고, 여성을 소외시키거나 물건으로 전락시키는 일들이 해방에 포함됩니다.

여성을 해방하기 위해서는 여성 할례와 일부다처제에 맞서 싸워야 한다는 것이 제 생각입니다. 무엇보다도 우리는 투쟁을 수행하는 방법을 알아야 합니다. 법이나 다른 수단으로 금지하는 것은 최선의 해결책이 아닙니다. 우리는 기계적이고 수학적 평등이 아니라 법 앞에서, 특히 임금 노동과 관련하여 여성을 남성과 동등하게 만드는 남녀평등을 위해 싸우고 있습니다. 여성의 해방을 위해서는 여성의 교육과 경제력 확보가 필요합니다. 이렇게 모든 수준에서 남성과 동등한 입장에서 동일한 책임과 동일한 권리와 의무를 갖는 노동은 할례와 일부다처제에 대항하는 무기이며, 여성이 다른 사람이 아닌 스스로 해방을 얻기 위해 주저없이 사용할 무기입니다.

베티: 아프리카 전통에도 좋은 점이 있었죠. 그것은 사실입니다! 예를 들어, 팔라브레[Palabre: 공동 집회]라는 말은 합의에 대한 끊임없는 필요를 반영합니다. 그런데도 아프리카의 전통이 일반적으로, 또는 남아 있는 전통이 근본적으로 후진적이라는 것은 사실이 아닐까요? 혁명 과정의 논리적 결과는 문화혁명이 아닌가요?

상카라: 사회혁명이 모든 수준에서 사회를 급진적으로 변화시키는 것이기 때문에 모든 혁명 과정은 반드시 문화혁명으로 이어집니다. 문화 없이는 인간 사회도 없고, 사회와의 조응 없는 문화도 없다는 점에서 문화는 사회와 전적으로 연결되어 있습니다.

베티: 예를 들어 나이에 대한 숭배를 들 수 있습니다. 이것은 신식민주의에 의해 가장 쉽게 조작되는 가치 중 하나가 아닐까요? 그래서 프랑스 언론은 정기적으로 우푸에-부아니Houphouet-Boigny의 나이와 대통령에게 문제를 제기하는 코트디부아르의 젊은 세대를 대비합니다.

상카라: 나이에 대한 숭배는 아프리카 문화의 한 측면입니다. 우리 사회에서 노인 숭배가 항상 채택되고 적용되는 권력 체계로 등장하는 한 누구도 이를 부정할 수 없습니다. 신식민주의는 자연스럽게 우리 자신의 시스템, 세계에 대한 우리 자신의 비전을 이용하여 이를 자신에게

유리하게 조작합니다. 지혜, 경험, 공로의 상징인 노인의 이미지는, 미숙함, 불확실성, 정상으로부터의 일탈을 상징하는 청년의 이미지와 대조되면서, 아프리카에서 여전히 매우 많이 받아들여지고 있습니다. 신식민주의는 이러한 전통적 측면을 잘 알고 있으며, 아프리카의 여론을 조작하기 위해 이를 악용하려 합니다. 이에 프랑스와 서방 언론은 특정 아프리카 사회의 첨예한 계급 모순을 은폐하기 위해 아프리카 세대 간의 토론을 차단하고, 하루하루 나라를 마비시켜 온 낡고 부패한 과거를 청산하려는 젊은이들의 열정을 도태시킬 수 있다고 믿습니다.

베티: 협력과 관련된 문제인데요. 우리를 식민지화했던 세력과 특별한 관계를 유지하는 것이 정당화될 수 있을까요? 만약 아니라면 교육받은 아프리카 젊은이들이 그렇게 부정적으로 보는 프랑스어권 국가의 지도자들과 정상 회담에 계속 참여하는 이유는 무엇인가요?

상카라: 변증법적 관점에서 보면 모든 사물이나 모든 행동은 설명될 수 있습니다. 따라서 이 나라 또는 저 나라, 심지어 식민지 세력마저도 비록 그것이 역사적 산물에 불과하다 할지라도 나름대로 설명될 수 있는 것입니다. 이데올로기적 차이를 넘어 모든 것이 그 차원에 있습니다. 그리고 국가와 국가 간의 관계도 있습니다.

식민주의에 맞서 독립을 위해 싸운다는 것은 독립이 이뤄진 후 지구를 떠나 우주 한구석에 고립될 준비를 한다는 뜻이 아닙니다. 프랑스어권 국가 지도자들과의 정상회의에 대해서는 참여할 기회가 있을 때마다 이를 우리 혁명의 발판이자 플랫폼으로 삼아 이러한 회의나 정치 기구에 대해 어떻게 생각하는지 공개적으로 말하고 알리기 위해 활용합니다. 아프리카 사람들의 이익에 반하는 것을 규탄하기 위해 참여하는 것은 외부에서 비아냥대는 것보다 훨씬 더 유리한 전략입니다. 이것이 우리가 혁명 과정의 틀에서 사물을 보는 방식입니다.*

베티: 우리 민족의 지배와 관련하여 집권한 프랑스 좌파가 우파와 다르게 행동한 적이 있습니까? 개인적인 경험의 일부라도《검은 아프리카의 민중》잡지에 공개할 수 있나요? 예를 들어, 기 펜Guy Penne은 어떤 방식으로 당신에 대한 쿠데타를 선동했습니까?

상카라: 아프리카 사람들의 기대와 관련하여 프랑스 좌파는 일반적으로 많은 사람들, 특히 아프리카 젊은이들을 실망시켰습니다. 우리가 독립한 1960년 이후 1981년까지 우리는 우파만 알고 있었거든요. 1981년 5월, 아프리카인들에게 새롭고 희망찬 경험이 찾아왔습니다. 단순히 두 가지를 비교하는 것만으로도 이미 그 자체로 대단한 일이었습니다. 그러나 곧 상황은 근본적으로 바뀌지 않았다는 것을 모두가 깨달았습니다. 한마디로 그놈이 그놈이었습니다. 제 개인적인 경험이자 아프리카 민중들의 경험이기도 한 것은 전 식민지(차드, 중앙아프리카 공화국)와 식민지(카나키, 코모로 제도 등)에서 프랑스의 이익을 옹호하는 방식이 묘하게도 포카르 원칙을 떠올리게 했다는 점입니다.**

기 펜의 쿠데타는 충분히 비난받았고 국제 여론의 주목을 받았기 때문에 다시 언급할 필요가 없다고 봅니다.

베티: 프랑화 지역에 관한 질문입니다. 프랑화 지역을 유지하는 가장 일반적인 명분은 프랑화의 태환성입니다. 하지만 이것이 우리 사회

---

* 이것은 우리가 곧이어 예정된 정상 회담의 기회도 놓치지 않고 참석하여 연설할 것이라는 인상을 남길 수 있다. 하지만 나는 참석이 적절하지 않다고 생각한다. (상카라의 주) [이는 상카라가 참석하지는 않았지만 메시지를 보낸 제1차 프랑스어권 정상회의(First Francophone Summit)에 대한 언급이다. 이 책 304쪽 참조].

** 이 책 500쪽, 용어집, 포카르, 자크(Foccart, Jacques) 참조.

의 90퍼센트에 달하는 빈곤층에게 유리할까요? 마을의 아프리카 농부에게 전환할 수 있는 통화가 필요한 이유는 무엇일까요? 요컨대, CFA 프랑은 아프리카인을 지배하기 위한 무기가 아닐까요? 혁명적인 부르키나는 이 속박의 사슬을 계속 끌고 갈 계획인가요?

상카라: 아프리카 농민들은 화폐가 전환 가능한지, 전환 불가능한지가 결코 중요하지 않았습니다. 그들은 무력하게도 경제 시스템에 원치 않게 떠밀려 들어갔을 뿐입니다. 그러한 시스템의 폐해로부터 자신을 방어하기 위해 그들을 조직할 필요가 있다고 생각합니다. 통화가 경제 시스템에서 분리되어 있지 않다는 점에서 문제가 있습니다.

이 틀에서 저는 프랑스 통화 시스템에 묶여있는 CFA 프랑이 프랑스 지배의 무기라고 말합니다. 프랑스 경제와 결과적으로 프랑스 상업 자본가들은 이 연결고리, 이 통화 독점을 기반으로 우리 국민의 등 위에 재산을 축적합니다. 그렇기 때문에 부르키나는 독립적이고 자급 자족적인 경제를 구축하려는 우리 인민들의 투쟁을 통해 이러한 상황을 종식시키려고 고군분투하고 있습니다. 얼마나 오래 걸릴지는 말할 수 없습니다.

베티: 기술 지원과 관련하여 개인적으로 저는 항상 주로 시간의 문제라고 생각해 왔습니다. 부르키나파소가 더 이상 비(非)아프리카 기술 지원이 필요하지 않게 되기까지 얼마나 걸릴 것으로 생각하시나요? 아프리카 기술 고문을 모집하기 위한 전략이 있나요? 있다면 어떤 전략인가요?

상카라: 막대한 기술 및 재정 자원이 필요한 복잡한 영역이기 때문에 결정하기는 매우 어렵습니다. 하지만 가능한 한 짧은 기간이 제일 좋을 것입니다. 기술 지원에서 남북 협력을 늘리는 것보다 더 좋은 전략은

없습니다. 부르키나에 대한 원조를 논의하고 싶은 모든 분을 환영합니다. 부르키나의 땅은 민족 간의 우애와 우정이 넘치는 자유로운 땅입니다. 따라서 부르키나 국민은 새로운 사회를 건설하기 위해 우리와 함께 일하고자 하는 모든 사람을 환영할 준비가 되어 있습니다. 이것이 현재 우리의 전략입니다.

베티: 범아프리카주의에 대해: 요즘은 범아프리카주의에 대해 더 이상 아무도 이야기하지 않거나 거의 이야기하지 않습니다. 그래서 오늘날 아프리카 젊은이들은 매우 좌절하고 있습니다. 범아프리카주의는 그들에게 신비감, 고양 효과, 특별한 힘을 가지고 있었기 때문입니다. 응크루마의 횃불을 들 생각은 없나요? 어떤 방법이 있을까요? 어쩌면 지역 간 화해를 통해서?

싱카라: 네, 범아프리카주의는 가장 순수한 형태로 아프리카인뿐만 아니라 디아스포라 흑인들에게도 큰 희망을 불어넣었습니다. 이 정치적 현상에 대해 많은 글이 쓰였고 지금도 계속 쓰이고 있습니다. 이에 대해서는 자세히 설명하지 않겠습니다. 하지만 저는 아프리카 민중들이 정말로 외국의 지배에서 벗어나고 싶다면 이는 진지하게 고민해야 한다고 생각합니다.

제국주의의 폐해와 여타 학대에 직면한 응크루마는 오늘날 모든 사람이 씁쓸하게 지적하듯 대륙의 통일에 모든 희망을 걸 모든 이유가 있었습니다. 그런데도 그 이상은 여전히 남아 있으며, 그 실현을 위해 언제 어디서나 투쟁해야 하는 것은 아프리카 애국자들인 우리에게 달려 있습니다. 응크루마의 횃불을 들고 아프리카에 희망을 주는 것은 모든 범아프리카주의자의 몫입니다.

베티: 프랑스어와 프랑스어권 세계에 대해 말씀해 주세요. 개인적

으로 이 두 가지는 서로 다른 문제라고 생각합니다. 프랑스어의 위치는 역사적 기원이 있는 사실입니다. 프랑스어권 세계라는 개념은 우리의 창의성과 심지어 미래까지 통제하려는 전략입니다. 이 차이를 인정하시나요? 현재 공식 언어인 프랑스어를 부르키나의 자국어로 대체할 계획이 있으신가요? 아니면 프랑스어가 (오랫동안? 혹은 영구적으로?) 이 역할을 계속해야 한다고 생각하시나요?

상카라: 이 구분에는 전적으로 동의합니다. 역사적 사실도 있고 신식민지 전략도 있습니다. 프랑스어권 세계의 개념은 그 외에는 아무것도 아닙니다. 불행히도 프랑스인보다 이를 더 많이 옹호하는 사람들은 "아프리카계"입니다. 역설적이지만 아프리카인들의 문화적 소외와 적응으로 충분히 설명할 수 있는 문제입니다.

부르키나의 경우에, 우리는 교육에 대한 전면적인 개혁을 추진하고 있으며, 이 과정에서 자국어와 프랑스어에 대한 문제가 논쟁의 중심에 있습니다. 이 문제는 아직 해결되지 않았지만, 수많은 국적의 많은 사람들이 프랑스어를 통일된 언어로 사용하고, 효율성과 우리가 직면한 문제를 해결할 수 있는 최선의 도구라는 관점에서 프랑스어를 사용하는 방향으로 나아가는 것 같습니다. 그렇다고 해서 우리의 모국어가 배척되는 것은 아닙니다.

일반적으로 언어는 계급보다 우위에 있기 때문에 계급의 이익을 옹호하기 위해 프랑스어의 활용 방법을 숙지하는 것은 혁명가로서 우리에게 달려 있습니다. 이 틀 안에서 우리는 우리 자신의 제도를 만들고, 우리 인민에게 봉사하는 문화적 기구를 만들어야 합니다. 그렇지 않으면 우리가 기본적으로 프랑스로부터 경험하는 문화적 침략의 해로운 영향을 고려할 때 우리의 투쟁은 성공할 수 없습니다. 현재 상황에서 혁명은 무엇보다도 정신적 해방입니다. 승리를 거두려면 가능한 한 빨리 이를 달성해야 합니다.

베티: 무계획적인 도시화에 대해: 저는 아프리카의 두 도시를 관찰했습니다: 알제와 브라자빌입니다. 특히 알제요. 판자촌의 주민들이 정부 보조를 받는 주택으로 이주한 지 얼마 지나지 않아 농촌 이주민 무리가 그들을 대체했습니다. 정부 지도자들은 이 미친 듯이 진행되는 수도 개발에 맞서 필사적인 경쟁을 벌입니다. 궁극적으로 아프리카 수도는 다양한 국가 예산을 모두 흡수하게 될 것입니다. 와가두구에서도 이미 이런 상황에 직면하고 있나요? 폴 포트와 같은 극단적인 방법을 채택하지 않고도 우리의 발전을 위태롭게 하는 이 전통을 끝내야 한다고 생각하지 않나요?* 식민지 도시는 아프리카인을 위해 만들어진 것이 아니라 식민지 지배자를 위해 만들어졌습니다.

상카라: 그에 비해 와가두구는 브라자빌이나 알제만큼 인구가 많지 않습니다. 그래도 이런 현상을 볼 수 있습니다. 우리는 대규모 주택 개발이라는 적극적인 정책으로 이 문제를 해결하고 있습니다. 판자촌을 모두 허물고 그 자리에 쓸만한 주택을 짓고 있습니다. 2차년도 주택 프로젝트, 3차년도 프로젝트, 소고집(SOGOGIB) 주택, 8.4 프로젝트, 서민 주택 개발 등이 모두 이 문제에 대한 해답입니다.

이런 틀 안에서 우리는 농촌 생활을 더 쾌적하게 만들고 농촌 이탈을 늦추기 위해 시골에 온갖 기반 시설을 개발하여 도시와 시골의 차이를 최대한 줄이려고 노력하고 있습니다. 우리는 시골에 사회 문화 센터,

---

*   1975년 폴 포트의 지도 아래 캄보디아에서 정권을 잡은 직후 크메르루즈는 수도 프놈펜의 강제 철수를 명령했다. 이는 4년 동안 최소 150만 명이 사망한 수많은 억압적인 반노동계급 조치 중 첫 조치였다.

대중 레크리에이션 센터, 영화관, 댄스홀, 현대 음악 그룹을 세우고 있습니다. 일부 식민지 유산의 경우, 우리가 할 수 있는 것은 그것들을 인식하는 동시에 그 해로운 영향을 제거하기 위해 주의를 기울이는 것뿐입니다. 도시도 마찬가지입니다.

베티: 그리고 이제 불행히도 대중을 매료시키는 더 개인적이고 다채로운 맥락에서! 당신은 마르크스주의자입니까? 얼마나 오랫동안요? 어떤 진화의 결과로? 당신은 (물론 비겁하게, 비록 당신은 대답할 가치가 없다고 정당하게 이의를 제기할 수 있지만) 이념적 선택이 아닌 개인적인 복수심에 기반한 정책을 시행했다는 비난을 받고 있습니다. 이제 명확히 해명할 때가 된 것 같습니다.

상카라: 현재로서 저는 반제국주의자입니다. 여러분의 동지 대통령으로서 말씀드린다 해도 마찬가지입니다. 우리는 이것이 특정 이데올로기의 산물이라고 생각합니다. 특히 우리 인민이 지도자들에게 라벨을 붙이느라 애쓰기에 앞서 무엇보다 혁명적 행동으로 그들을 판단한다면 우리는 그것으로 충분합니다. 훗날에 알게 되겠죠.

말리 군은 더 이상 포로가 아닌
우리의 형제입니다

부르키나-말리 연대 집회에서

1986년 1월 3일

1985년 12월, 프랑스의 지원을 받은 말리 정부는 국경 분쟁을 구실로 부르키나베 혁명에 대한 공격을 개시했다. 탱크와 장갑차, 제트기의 지원을 받은 말리 군인들은 부르키나파소를 침공하여 "크리스마스 전쟁"으로 알려진 5일간의 분쟁을 시작했다. 다음은 양국 간 휴전이 체결된 후 와가두구에서 열린 부르키나파소-말리 연대 집회의 연설문에서 발췌한 내용이다. 1986년 1월 6일자 <시드와야>에 게재되었다.

민주주의와 민중 혁명의 동지들이여:

1985년 12월 25일, 한 해가 저물어 가는 가운데, 우리 국민은 폭격당했습니다. 그들은 비행기의 폭격을 받았고, 반대편에서 진격한 탱크와 군대에 의해 상처를 입고 죽었습니다. 그래서 우리는 반격에 나섰습니다. 물질적 우위와 수많은 무기에 맞서 우리는 집단적, 정치적, 혁명적 결의로 맞섰고 창의적 천재성을 발휘했습니다. 우리의 전략가들은 아프리카 군사 역사의 한 페이지에 위대한 업적을 남겼습니다. 우리는 인민을 보호했습니다. 우리는 침략의 피해자였기 때문에, 밤낮으로 자유와 평온을 누려야 할 의무가 있기 때문에 그들을 보호했습니다. 우리는 그들을 보호함으로써 혁명적 의무를 다했습니다.

전쟁은 정치의 연장에 불과합니다. 그들의 정치는 전쟁으로 확장되고 변형되었습니다. 우리의 정치는 확장되어 일반화된 대중 방어로 변모했습니다. 두 개의 정치 노선이 서로 맞섰고 하나의 정치 노선이 승리했습니다.

친애하는 동지 여러분, 1986년 1월 3일 이날, 저는 우리가 명예의 전장에서 쓰러진 모든 사람들, 즉 말리인과 부르키나베, 부상당한 모든 사람들, 눈물을 흘린 모든 가족, 이 두 민족, 그리고 이 고통스러운 대결에 영향을 받은 아프리카 및 다른 곳의 다른 민족들을 생각했으면 좋겠습니다. 저는 우리 모두가 말리 국민에 대한 증오와 거부감, 적대감을 극복하기 위해 노력했으면 합니다. 저는 우리 각자가 가장 중요한 승리, 즉 우리 안의 적개심과 적대감의 씨앗을 제거하는 데 성공했으면 합니다. 대포와 비행기, 탱크의 살인적인 공격에도 견딜 수 있는 진정한 우정의 씨앗을 우리 마음속에 심는 것이야말로 우리가 얻어야 할 중요한 승리입니다. 이런 우정은 다른 민족에 대한 진실한 사랑이라는 혁명적 토대 위에서만 구축될 수 있습니다.

저는 여러분이 말리 국민을 사랑하고 이를 보여 줄 능력이 있다는 것을 알고 있습니다. 우리는 그것을 보여 줄 것입니다. 말리의 형제들은 연설에서 관계 발전을 원한다고 말했습니다. 우선, 우리는 대답합니다: 예! 그러나 또한 우리는 이 말을 행동으로 따를 것입니다. 이러한 이유로 동지 여러분, 우리가 아는 한, 말리 인민과 부르키나베 인민 사이에는 우정과 사랑 외에는 아무것도 없다는 것을 말씀드리고 싶습니다.

동지들! 우리 두 민족의 우정을 지지합니까, 지지하지 않습니까? ["지지합니다!" 함성] 부르키나파소의 권력을 쥐고 있는 민중이 말했습니다. 그들을 대신하여 저는 부르키나파소에는 더 이상 말리 포로가 없다고 전 세계에 직접 말합니다. 이곳에 있는 말리 군인들은 더 이상 포로가 아닙니다. 그들은 우리의 형제들입니다. 그들은 언제든 원하는 때에 자유의 몸으로 바마코(Bamako)로 돌아갈 수 있습니다.*

우리는 포로를 잡기 위해 싸운 것이 아니라 적을 격퇴하기 위해 싸웠습니다. 우리는 적을 격퇴했습니다. 부르키나파소의 모든 말리인은 형제입니다. 이곳에 있는 말리인들은 우리의 형제입니다. 오늘부터 그들이 부르키나파소, 특히 와가두구에서 자유의 기쁨을 맛보고 완전한 자유 속에서 살 수 있도록 준비가 이루어질 것입니다. 말리에 있는 그들의 가족들은 그들이 원하는 대로 바마코 공항에서 그들을 기다릴 수 있도록, 그들을 데리러 올 수 있다는 것도 알아야 합니다.

동지 여러분, 우리는 인민의 싸움이 아닌 싸움에 끌려다니지 않도록 합시다. 인민의 관심사가 아닌 문제, 대결과 무기 비축을 향한 미친 경쟁에 끌려가는 것을 피합시다. 군사 무기를 어떻게든 구하려는 유혹이 어떤 마음속에서는 크다는 것을 우리는 알고 있으며, 그렇게 함으로써 호전적인 행동을 정당화하고 대중을 인질로 잡을 수 있는 쉽고 편리한 구실을 찾을 수 있습니다. 부르키나파소에서는 이런 일이 일어나지 않을 것입니다.

제국주의 언론인 서방 언론은 부르키나파소가 엄청난 양의 무기를 비축한 나라라고 종종 말해왔습니다. 우리나라가 엄청난 양의 군사 장

---

*　바마코는 말리의 수도이다.

비를 받았다는 기사를 신문에서 자주 읽으셨을 겁니다. 다행히도 이 언론은 자신의 오류를 인정하고 생각을 뒤집었으며, 부르키나파소가 군사적으로 장비가 부족하다는 사실을 인정했습니다. 우리가 이런 말을 한 것이 아니라 그들이 그런 기사를 쓴 것입니다. 우리가 병력이 부족한 것은 사실입니다. 그들이 우리에 대해 퍼뜨린 모든 이야기는 비방일 뿐입니다. 오늘날 그들은 자신의 비방에 직면하고 자신의 거짓말에 마주하고 있습니다. 우리는 이제 어느 나라가 무기를 비축하고 있고, 어느 나라가 고철이 된 군수품을 폐기하는지 알고 있습니다. 우리는 이제 어느 나라가 과도한 군사화가 아닌 사회, 정치, 경제 발전을 위해 자국민의 헌신을 요구하는지 알고 있습니다.

지난 5일간의 사건을 통해 부르키나파소는 부끄러움을 씻고 진실을 다시 세울 수 있었습니다. 이것은 전 세계가 우리의 진정한 모습을 볼 수 있게 했습니다. 혁명을 혐오하는 사람들만이 —그 수가 많습니다만—, 그들의 책략을 통해 혼란을 계속 확산시키려 할 것입니다. 전투가 우리를 기다리고 있으며 우리는 반드시 승리해야 합니다.

새롭게 시작되는 1986년, 저는 여러분 모두의 행복을 기원하며 우리가 표하는 의도와 우리가 준비한 노력에 걸맞은 행복을 기원합니다. 여러분 모두에게 행복하고 좋은 한 해가 되기를 기원하면서, 저는 여러분 모두가 힘을 모아 방금 발생한 사건을 불행한 사건이지만 교훈이 풍부한 하나의 에피소드로 바라봐 주실 것을 부탁드리고 싶습니다.

저는 우리가 이 경험을 분석했으면 합니다. 우리 혁명가들은 매일매일이 대결의 날이라는 것을 알고 있습니다. 1983년 3월 26일, 바로 이 광장에서 우리는 "민중이 일어설 때 제국주의는 떨게 된다."라고 선언했습니다. 그날 이후로 우리는 제국주의와 그 하수인들과 맞서고 있다는 것을 알고 있는 것입니다.*

---

* 적대 행위 이후 부르키나파소와 말리 정부는 헤이그에 있는 국제사법재판소에 합의를 위한 노력을 재개해 달라고 요청했다. 이듬해 법원은 판결을 통해 분쟁 지역을 두 나라로 분할했다.

제국주의는 우리의 숲과 사바나의 방화범입니다

나무와 숲에 관한 국제회의, 파리
1986년 2월 5일

이 연설은 파리에서 열린 제1차 나무와 숲 보호를 위한 국제 실바 회의(International Silva Conference for the Protection of the Trees and Forests)에서 행해진 것이다. 1986년 2월 14일자 《까르푸 아프리깽》에 게재되었다.

제 조국 부르키나파소는 20세기 말 인류가 여전히 겪고 있는 모든 자연적 재해의 양조장이라고 불러 마땅한, 지구상에서 몇 안 되는 나라 중 하나입니다.

800만 명의 부르키나베 사람들은 23년 동안, 이 현실을 고통스럽게 내면화해 왔습니다. 그들은 어머니, 아버지, 딸, 아들이 굶주림과 기근, 질병, 무지로 인해 수백 명씩 죽어 가는 것을 지켜보았습니다. 그들은 눈물을 흘리며 연못과 강이 말라가는 것을 지켜보았습니다. 1973년 이후 환경이 악화되고 나무가 죽어 가고 사막이 성큼성큼 침범하는 것을 목격했습니다. 사헬 사막은 매년 7킬로미터의 속도로 전진하는 것으로 추정됩니다.

이러한 현실을 살펴봐야만 1983년 8월 4일 밤 부르키나파소에서 민주적이고 대중적인 혁명의 형태로 오랜 기간에 걸쳐 성숙해 마침내 조직적으로 분출된 합법적인 봉기를 이해하고 받아들일 수 있습니다.

여기서 저는 자연환경이 죽어 가는 것을 수동적으로 지켜보면서도 스스로 죽어 가는 것을 거부하는 사람들의 겸손한 대변인일 뿐입니다. 1983년 8월 4일 이후 부르키나파소를 이끄는 국가혁명평의회가 취한 모든 행동에서 물, 나무, 생명은 생존 그 자체는 아니더라도 근본적이고 신성한 요소였습니다.

이런 점에서 저는 프랑스 국민과 정부, 특히 프랑수아 미테랑 대통령에게 경의를 표하며, 이 계획은 항상 세상에 열려 있고 세상의 불행에 민감한 국민의 정치적 천재성과 선명한 통찰력을 표현한 것이라고 말합니다. 사헬의 중심부에 위치한 부르키나파소는 국민의 가장 중요한 관심사와 완벽하게 조화를 이루는 발의에 항상 전적으로 감사할 것입니다. 쓸데없는 관광 여행과 달리, 우리나라는 필요할 때마다 그런 자리에 참석할 것입니다.

거의 3년 동안 우리 민족인 부르키나베 인민들은 사막의 침략에 맞서 싸우고 있습니다. 따라서 이 플랫폼에서 그들의 경험에 관해 이야기하고 전 세계 다른 사람들의 경험으로부터 혜택을 받는 것은 우리의 의무였습니다. 부르키나파소에서는 거의 3년 동안 결혼, 세례, 시상식, 저명인사 방문 등 경사스러운 일이 있을 때마다 나무 심기 행사를 함께 진행했습니다.

1986년 새해를 맞이하여 수도 와가두구의 모든 학생과 교직원은 개량형 주방 화덕 3,500여 개를 직접 만들어 어머니들에게 선물했습니다. 이것들은 2년 동안 여성들이 직접 만든 8만 개의 주방 화덕에 추가

된 것입니다. 이는 장작 소비를 줄이고 나무와 생명을 보호하려는 국가적 노력에 대한 기여였습니다.

1983년 8월 4일 이후 지어진 수백 채의 공공주택 중 하나를 구입하거나 혹은 단순히 임대할 경우에도 거기에는 수혜자가 최소한의 나무를 심고 이를 소중히 가꿀 것을 약속하는 엄격한 자격 조건이 붙습니다. 이 주택을 받고도 약속을 지키지 않은 사람들은 독설로 조직적이고 일방적 모욕을 즐기는 혁명수호위원회의 감시 덕분에 이미 퇴거당했습니다.

2주 만에 전국적으로 9개월에서 14세 사이의 어린이 250만 명(부르키나파소 및 주변국 어린이)에게 홍역, 수막염, 황열병 예방접종을 실시한 후, 지금까지 식수가 부족했던 수도권 20여 개 지역에 150개 이상의 우물을 파서 식수를 확보하고, 2년 만에 문해율을 12퍼센트에서 22퍼센트로 끌어올린 부르키나베 국민은 녹색 부르키나를 위한 투쟁을 성공적으로 계속하고 있습니다.

5개년 계획을 기다리는 동안에도 15개월에 걸친 대중 개발 프로그램의 후원으로 첫 사업인 천만 그루의 나무가 심어졌습니다. 개발이 완료된 강 계곡과 마을의 각 가정은 1년에 100그루의 나무를 심어야 합니다.

땔감의 벌목과 판매 체계는 완전히 새편되어 이제 엄격하게 규제되고 있습니다. 이러한 조치는 삼림업 카드 발급 요건부터 목재 벌목 구역 준수, 삼림 벌채 지역의 재조림 요건까지 다양합니다. 오늘날 부르키나베 모든 마을과 동네에는 나무숲이 생겨 조상들의 전통을 되살리고 있습니다.

대중에게 각자의 책임을 인식시키는 노력 덕분에 도심에는 떠돌이 가축의 전염병이 사라졌습니다. 우리 시골에서는 무분별한 유목에 맞서기 위해 가축을 한곳에 정착시켜 집중적인 사육을 장려하는 데 주력하고 있습니다.

산림을 태운 사람들의 모든 방화 범죄 행위는 마을의 인민 조정 법원에서 재판과 제재를 받습니다. 일정 수의 나무를 심어야 한다는 처분은 이 법원이 내리는 제재 중 하나입니다.

2월 10일부터 3월 20일까지 35,000명 이상의 농민(협동조합, 마을 그룹 관계자)이 경제 관리, 환경 조직 및 유지 관리 등을 주제로 집중적인 기본 과정을 수강할 예정입니다.

1월 15일부터 부르키나에서는 7,000개의 마을 양묘장에 종자를 공급하기 위해 "산림 종자 대중 수확"이라는 대규모 작전이 진행 중입니다. 우리는 이 모든 활동을 "세 가지 전투"라는 이름으로 요약합니다.

신사 숙녀 여러분:

저는 나무와 숲을 지키기 위한 우리 국민의 겸손하고 혁명적 경험에 대해 지나친 찬양을 늘어놓으려는 의도가 없습니다. 저의 의도는 부르키나파소에서 인간과 나무의 관계에서 일어나는 심오한 변화에 대해 최대한 분명하게 말하고자 하는 것입니다. 제 의도는 부르키나파소의 사람들과 나무 사이의 깊고 진실한 사랑의 탄생과 발전을 가능한 한 정확하게 증언하는 것입니다.

이를 통해 우리는 사헬 현실에서 나온 구체적인 방법과 수단을 바탕으로 이론적 개념을 적용하여 지구 곳곳의 나무를 공격하는 현재와 미래의 위험에 대한 해결책을 모색하고 있다고 믿습니다.

우리의 노력과 여기 모인 모든 공동체의 노력, 여러분의 축적된 경험은 우리의 나무와 환경, 다시 말해 우리의 삶을 구하기 위한 투쟁에서 반드시 승리를 보장할 것입니다.

내빈, 그리고 신사 숙녀 여러분:

저는 여러분이 회피할 수 없는 싸움을 기꺼이 받아들이며 매일 공격을 받는, 그리고 할말을 하는 용기로 일어서도록 녹색의 기적을 기다리는 우리를 받아주기를 희망하며 이 자리에 섰습니다. 저는 여러분과 함께 자연의 가혹함을 개탄하기 위해 왔습니다. 그러나 저는 또한 이기심으로 이웃 불행의 원인이 된 사람들을 비난하기 위해 왔습니다. 식민지 시대의 약탈은 우리의 내일을 위해 숲을 보충할 생각은 조금도 하지 않은 채 우리의 숲을 황폐화시켰습니다.

지상과 공중에서 벌어지는 야만적이고 살인적인 공격으로 인한 생물권의 파괴는 처벌받지 않고 계속되고 있습니다. 연기를 뿜어내는 이 모든 기계가 얼마나 많은 학살을 확산하는지 이루 말할 수 없습니다. 범인을 찾을 수 있는 기술적 수단을 가진 사람들은 범인을 찾는 데 관심이 없고, 관심이 있는 사람들은 기술적 수단이 부족합니다. 그들은 직관과 내면의 신념만 가지고 있을 뿐입니다.

우리는 진보를 반대하지 않지만, 무정부적이고 범죄적으로 타인의 권리를 무시하는 진보는 원하지 않습니다. 따라서 우리는 사막의 침범에 맞서 싸우는 것은 인간과 자연, 사회 사이의 균형을 확립하기 위한 싸움이라는 점을 분명히 하고자 합니다. 따라서 그것은 무엇보다도 정치적인 싸움이며 운명적 결과가 아닙니다.

우리나라에서 환경 관광부를 보완하기 위해 수자원부를 신설한 것은 문제를 명확하게 설정하여 해결하고자 하는 우리의 열망을 보여 줍니다. 우리는 시추 작업, 저수지, 댐 등 기존의 수자원을 활용할 수 있는 재정적 수단을 찾기 위해 싸워야 합니다. 이곳은 이 분야에서 우리의 프로젝트를 파멸시키는 은행 및 기타 금융 기관이 부과하는 일방적인 계약과 가혹한 조건을 비난하는 곳입니다. 이러한 규제 조건은 국가에 충격적인 부채를 초래하고 의미 있는 집행의 여지를 없애는 것입니다.

맬서스주의자들의 그릇된 주장이나(나는 아프리카가 여전히 인구가 적은 대륙이라고 주장합니다), "조림 사업"이라는 화려하고 선동적인 이름을 붙인 휴양 리조트도 해답을 제시하지 못합니다. 우리와 우리의 비참함은 그 비참함의 생산자와 상인들의 평화와 고요를 방해하며 슬프게 울어대는 털 빠진 지저분한 개들처럼 배척당하고 있습니다.

그래서 부르키나는 다른 별이나 행성과의 공존을 탐구하기 위해 소비된 막대한 금액의 최소 1퍼센트를 보상 차원에서 나무와 생명을 구하는 프로젝트에 사용할 것을 제안했고, 지금도 계속 제안하고 있습니다. 우리는 화성인과의 대화가 에덴의 재탈환으로 이어질 수 있다는 희망을 버리지 않습니다. 그러나 한편 지구인인 우리에게는 지옥 아니면 연옥이라는 제한된 대안 사이의 선택을 거부할 권리도 있습니다.

이렇게 설명하면, 나무와 숲을 위한 우리의 투쟁은 무엇보다도 민주적이고 대중적인 투쟁입니다. 소수의 임업 기술자와 전문가들이 무미건조하고 비용이 많이 드는 방식으로 일만 해서는 아무것도 이룰 수 없기 때문입니다! 또한 식수용 우물 100미터를 뚫을 자금은 부족한데, 3,000미터 깊이의 유정을 뚫을 돈은 넘치는 상황에서 수많은 포럼과 기관의 양심이 아무리 성실하고 칭찬받아 마땅하다 해도 사헬을 다시 푸르게 만들 수는 없습니다!

칼 마르크스가 말했듯이, 궁전에 사는 사람들은 오두막에 사는 사람들과 같은 생각을 하거나 같은 방식으로 생각하지 않습니다. 나무와 숲을 지키기 위한 이 투쟁은 무엇보다도 제국주의에 맞서 싸우는 투쟁입니다. 제국주의는 우리의 숲과 사바나에 불을 지르는 방화범이기 때문입니다.

내빈, 그리고 신사 숙녀 여러분:

우리는 풍요와 기쁨, 행복을 상징하는 녹색이 정당한 자리를 차지할 수 있도록 이러한 혁명적 투쟁 원칙에 의존합니다. 우리는 혁명의 힘이 우리나라의 죽음을 막고 부르키나파소의 밝은 미래를 열 수 있다고 믿습니다.

그렇습니다. 나무와 숲이 직면한 문제는 오로지 개인과 사회, 자연 사이의 균형과 조화의 문제입니다. 이 싸움은 보상받을 수 있습니다. 우리는 이 거대한 과제 앞에서 후퇴해서는 안 됩니다. 사막의 확산에는 더 이상 국경이 없기 때문에 우리는 다른 사람들의 고통을 외면해서는 안 됩니다.

우리가 단순한 꿀벌이 아닌 건축가가 되기로 선택한다면 이 투쟁에서 승리할 수 있습니다.* 그것은 본능에 대한 의식의 승리가 될 것입니다. 벌과 건축가, 맞습니다! 이 말의 원저자가 허락한다면 저는 이 두 가지 비유를 벌, 건축가, 혁명적 건축가라는 세 가지 비유로 확장해 보려 합니다.

조국 아니면 죽음을, 우리는 승리할 것입니다!

감사합니다.

---

* 상카라의 이 말은 프랑수아 미테랑의 저서인 『벌과 건축가』(*L'abeille et l'architecte*)를 가리킨다.

책과 독서에 관하여

《쥔 아프리끄》(*Jeune Afrique*) 인터뷰
1986년 2월

파리에서 발행되는 주간지《쥔 아프리끄》는 1986년 3월 12일자에 엘리자베스 니콜리니Elisabeth Nicolini와의 인터뷰를 실었다.

쥔 아프리끄: 최근 프랑스에서 열린 나무와 숲에 관한 실바 회의에 참석하기 위해 프랑스를 방문하셨는데, 이 회의에서는 사막화 문제가 큰 관심사로 제기되었습니다. 이 주제에 관한 책을 읽으셨나요?

토마 상카라: 아니요, 너무 건조해서요.

쥔 아프리끄 마지막으로 읽은 책은 무엇인가요?

상카라: 장 뒤투르의 『세상에서 가장 멍청한 좌파』(*La gauche la plus bete du monde*)입니다. 재미있는 내용이 많았어요. 편안했죠.

쥔 아프리끄: 우파 저널리스트가 쓴 다가올 프랑스 국회의원 선거에 관한 책이네요. 프랑스의 선거 캠페인에 그렇게 관심이 많으세요?

상카라: 아니요, 재미있어서요.

쥔 아프리끄: 그래도 정치 관련 서적은 읽으시죠?

상카라: 물론이죠. 자기 자랑은 아니지만 마르크스-레닌주의의 고

전에 대해 잘 알고 있다고 말할 수 있습니다.

쥔 아프리끄: 칼 마르크스의『자본론』은 당연히 읽으셨을 거고요.

상카라: 아니요, 전부 읽지는 않았어요. 하지만 레닌은 다 읽었어요.

쥔 아프리끄: 무인도에 갇히게 된다면 이 책들을 가져가시겠습니까?

상카라: 당연히 [레닌의]『국가와 혁명』은 가져가야죠. 이 책은 제가 피난처로 삼고 자주 다시 읽는 책입니다. 기분이 좋은지 나쁜지에 따라 단어와 문장이 다른 방식으로 해석됩니다. 하지만 섬에 성경과 코란도 가지고 갈 겁니다.

쥔 아프리끄: 레닌, 예수, 무하마드가 서로 잘 어울린다고 생각하시나요?

상카라: 네. 제 연설에는 성경과 코란에 대한 언급이 많이 나옵니다. 저는 이 세 작품이 아시아를 제외하고는 세계에서 가장 강력한 사상의 흐름을 형성하고 있다고 생각합니다.

『국가와 혁명』은 혁명적 해결책이 필요한 문제에 대한 해답을 제시합니다. 반면에 성경과 코란은 과거에 사람들이 생각했던 것과 현재에도 계속 생각하는 것을 시간과 공간에서 종합할 수 있게 해 줍니다.

쥔 아프리끄: 세 사람 중 누가 가장 혁명적이라고 생각하시나요?

상카라: 시대에 따라 다르죠. 현대에는 레닌이 가장 혁명적이라는 것은 말할 필요도 없습니다. 하지만 무하마드가 한 사회를 뒤집어 놓은 혁명가였다는 것도 부인할 수 없는 사실입니다. 예수도 그랬지만, 그의 혁명은 미완성으로 남았습니다. 예수는 추상적이었던 반면 무하마드는 좀 더 유물론적일 수 있었죠. 우리는 그리스도의 말씀을 우리가 살고 있는 현실의 비참함에서 우리를 구원할 수 있는 메시지로, 세상을 질적으로 변화시킬 수 있는 철학으로 받아들였습니다. 그러나 우리는 그 말씀

의 쓰임새에 실망했습니다. 다른 것을 찾아야만 했을 때 우리는 계급투쟁을 발견했습니다.

쥔 아프리끄: 오늘날 정치 작가 중 특히 더 마음에 드는 작가가 있나요?

상카라: 일반적으로는 모두 흥미롭습니다. 군사 서적이든, 전술에 관한 책이든, 노동 조직에 관한 책이든 말이죠. 예를 들어 드골의 저서는 거의 다 읽었습니다. 미테랑의 『벌과 건축가』(*L'abeille et l'architecte*)를 읽었어요. 그는 글을 잘 쓰지만, 단순히 글쓰기의 즐거움을 위해서만 글을 쓰는 것은 아니었습니다. 그의 글을 통해 그가 대통령이 되고 싶어 했고, 결국 성공한 과정을 이해할 수 있습니다.

쥔 아프리끄: 서재를 갖고 계시죠?

상카라: 아니요, 전혀 없습니다. 제 책은 트렁크에 있어요. 서재는 위험하고 사람을 배신하는 곳이에요. 사실 저도 제가 읽은 내용을 말하는 것을 좋아하지 않아요. 책에 메모하거나 구절에 밑줄을 긋는 일은 절대 하지 않아요. 그곳에서 자신이 가장 많이 드러나기 때문이죠. 진정한 개인 일기가 될 수 있죠.

쥔 아프리끄: 공식 연설 외에도 직접 글을 쓰시나요?

상카라: 네, 오랫동안 써왔습니다. 1966년부터요. 아직 고등학교에 다닐 때였죠. 매일 밤마다요. 1982년에 잠시 중단했죠. 하지만 그 이후로 다시 시작했어요. 저는 제 생각들을 적습니다.

쥔 아프리끄: 그 글들을 출판할 계획이 있나요?

상카라: 아니요, 그럴 것 같지는 않네요.

쥔 아프리끄: 어떤 책을 쓰고 싶으신가요?

상카라: 사람들의 행복을 위한 조직과 건설에 관한 책입니다.

쥔 아프리끄: 휴식 삼아 독서하는 것을 좋아하지 않나요?

상카라: 아니요, 저는 시간을 보내거나 그럴듯한 이야기를 찾아내려 책을 읽지는 않아요.

쥔 아프리끄: 책은 어떻게 선택하시나요?

상카라: 제일 먼저 책을 구매한다고 말해야겠네요. 그리고 저자보다 제 눈길을 끄는 것은 제목입니다. 저는 작가의 문학적 여정을 발견하기 위해 책을 읽지 않아요. 저는 새로운 인물, 새로운 상황을 앞서서 이해하는 것을 좋아해요.

쥔 아프리끄: 아프리카 문학, 부르키나파소 작가에 대해 조금 이야기해 보겠습니다. 어떤 작가가 당신에게 깊은 인상을 남겼나요?

상카라: 저는 아프리카 소설을 좋아하지 않아요. 사실 영화보다 더 좋아하지 않아요. 제가 읽은 소설들은 실망스러웠어요. 젊은 아프리카 청년이 파리에 가서 고생하고 돌아와서는 전통과 동떨어져 산다는 식으로 늘 반복되죠.

쥔 아프리끄: 셰이크 하미두 카네Cheikh Hamidou Kane의 『모호한 모험』(*L'aventure ambigue*)을 말씀하시는군요!

상카라: 네, 저는 사람을 묘사하는 이런 방식이 마음에 들지 않아요. 아프리카 문학에서 말하는 사람은 실제로 흑인이 아니에요. 무슨 수를 써서라도 프랑스어를 말하고 싶어 하는 흑인들을 다루고 있다는 인상을 주죠. 그게 신경 쓰이죠. 작가들은 오늘날 우리가 말하는 것처럼 글을 써야 해요.

쥔 아프리끄: 차라리 토착 프랑스어를 사용하는 게 나을까요?

상카라: 어느 정도는 그렇게 하고 싶어요. 어쨌든 제가 선호하는 아프리카 작가들은 제가 그들의 입장에 동의하지 않더라도 구체적인 문

제를 다루는 작가들입니다. 문학적 효과를 위해 글을 쓰려고 하는 사람은 별로예요.

쥔 아프리끄: 와가두구에 있는 당신 사무실에는 레닌의 전집이 아주 좋은 판본으로 소장되어 있더군요.

상카라: 네, 하지만 저는 파리에서 책을 사러 폴팽플레이스 1번지에 있는 헤르베소바주 서점에 갔을 때 발견한 페이퍼백 시리즈처럼 좀 더 실용적인 판본으로 레닌을 읽은 적이 있어요.

쥔 아프리끄: 아랍 문학에 대해 친숙하신가요?

상카라: 네, 알제리와 튀니지 관련 책을 몇 권 읽은 적이 있어요. 이집트 가수인 오움 칼수움에 관한 책도요. 작가가 누구더라? 이름은 기억나지 않아요. 알제리 민족해방전선의 일원이 쓴 『알제리에서 수행된 자주 관리』(*L'Autogestion en Algerie*)라는 책도 읽은 적이 있어요.

쥔 아프리끄: 그럼 소설은 안 읽으시나요?

상카라: 네, 거의 안 읽어요. 최근에 우연히 『유행하는 사랑』(*L'Amour en vogue*)이라는 단순한 스토리의 소설을 읽은 적이 있어요. 할인판매 중인 책이었어요. 서점에 갔다가 이 책을 샀지요.

쥔 아프리끄: 추리 소설도 안 읽으시나요? 예를 들어 와가두구를 배경으로 한 제라르 드 빌리에Gerard de Villiers의 SAS 시리즈는 어떤가요?

상카라: 아니요, 관심 없어요. 비슷한 문학 장르입니다. 제라르 드 빌리에가 SAS 시리즈를 쓰기 전에 와가두구에 왔다고 하더군요. 그는 저를 만나자고 한 적이 없어요.

쥔 아프리끄: 요청이 있었으면 그를 만났을까요?

상카라: 안 될 것도 없겠죠? 스파이 장르로는 프레드릭 포사이드의

『악마의 대안』(*The Devil's Alternative*)을 읽고 있어요. 강대국의 이중성에 대해 많은 것을 알려 주는 책이에요.

쥔 아프리끄: 여러분이 잘 알고 있고 망명 생활을 하고 있는 부르키나 베 작가가 있습니다: 기-제르보Ki-Zerbo입니다. 그의 책을 읽어보셨 나요?

상카라: 네, 그의 연구는 매우 흥미롭습니다. 하지만 그는 여전히 콤 플렉스가 있는 아프리카인입니다. 프랑스에서 배웠고, 아프리카 형제 들이 프랑스에서 보지 못하거나 인식하지 못했던 것을 보고 이해할 수 있도록 글을 쓰기 위해 고향으로 돌아갔습니다. 프랑스의 왕관을 얻지 못한 채 정상에 오르는 것보다 아프리카 사람에게 더 좌절스러운 것은 없습니다. 그는 적어도 고향에서는 자신이 위대한 선수 중 한 명으로 인 정받을 것이라고 스스로 위안을 했던 거죠.

쥔 아프리끄: 그는 어떻게 되었나요?

상카라: 혁명이 일어나자 도망쳤어요. 두 번이나 돌아와 달라고 요 청했지만, 그는 계속되는 실패를 숨기고 싶어 했어요. 그는 선거를 통해 서나 반란을 통해서나 부르키나에서 성공하지 못했습니다. 그래서 떠 났어요. 그가 떠나기 전에 저는 그를 두 번 만났습니다. 그가 정말 겁을 먹고 있음을 느꼈기 때문에 그가 떠나서 기뻤고, 그것은 그가 자신의 두 려움 때문에 우리에 세 끔찍한 비난을 남기고 죽는 것을 원하지 않았기 때문입니다. 그는 떠난 후 적극적인 반대 진영으로 넘어갔습니다. 하지 만 그는 언제든 돌아올 수 있습니다. 그에게 문은 열려 있습니다.

프랑스어는 투쟁 속의 다른 민중과
소통하게 해 줍니다

제1차 프랑스어권 정상회의 메시지
1986년 2월 17일

1986년 2월 17일부터 19일까지 파리에서 프랑스어권 국가 정상들이 대거 참석한 제1차 프랑스어권 정상회의가 열렸다. 부르키나파소는 경제개발부 장관인 앙리 종고Henri Zongo가 대표로 참석했다. 다음은 상카라가 이 회의에 보낸 메시지로, <시드와야>에 게재되었다.

식민주의의 결과로, 비록 부르키나베 사람 10퍼센트만이 프랑스어를 사용하는데도 우리는 프랑스어권 세계의 일부가 되었습니다. 우리가 자신을 프랑스어권 세계의 일부라고 선언할 때, 우리는 두 가지 조건을 전제로 합니다: 첫째, 프랑스어는 단순히 우리의 현실을 표현하는 수단일 뿐입니다. 둘째, 다른 언어와 마찬가지로 프랑스어도 자신이 진화해 온 사회학적, 역사적 현실을 경험하는 데 스스로를 개방하여야 합니다.

처음에 우리에게 프랑스어는 식민지 지배자의 언어이자 외국과 제국주의 지배의 궁극적인 문화적, 이데올로기적 수단이었죠. 그러나 이후 우리는 이 언어를 통해 제국주의를 분석하는 변증법적 방법을 습득할 수 있었고, 정치적으로 조직화하여 싸우고 승리할 수 있는 위치에 서게 되었습니다.

오늘날 부르키나베 국민과 그들의 정치 지도부인 국가혁명평의회는 더 이상 프랑스어를 문화적 소외의 도구가 아니라 다른 민족과의 소통 수단으로 사용하고 있습니다.

이번 회의에 우리가 참석한 것은 국가혁명평의회의 관점에서 볼 때 프랑스에는 대도시 프랑스인들이 사용하는 프랑스어와 5개 대륙에서 사용되는 프랑스어라는 두 가지 프랑스어가 존재한다는 사실에 근거한 것입니다.

이 보편화된 프랑스어의 풍요로움에 이바지하기 위해 우리는 이 모임에 참여하여 프랑스어가 어떻게 우리를 다른 사람들과 더 가깝게 만드는지 평가하고자 합니다. 그래서 이런 선제적인 환영에 대해 프랑스 당국에 진심으로 감사드립니다.

프랑스어라는 매개체를 통해 우리는 다른 아프리카 형제들과 함께 각자의 상황을 분석하고 공동의 투쟁에 동참하고자 노력합니다.

우리가 베트남 인민들의 투쟁을 공유하고, 칼레도니아 인민들의 외침을 더 잘 이해하게 된 것도 프랑스어라는 매개체를 통해서입니다.[*]

프랑스어를 통해서 우리는 유럽 문화의 풍요로움을 발견하고, 이민 온 노동자들의 권리를 옹호합니다.

프롤레타리아의 위대한 교육자들과 유토피아적이거나 과학적인

---

[*] 1980년대 중반, 남태평양의 프랑스 식민지였던 뉴칼레도니아 군도는 원주민인 카낙족의 광범위한 반식민지 운동의 현장이었다.

방식으로 계급투쟁을 위해 펜을 든 모든 사람의 글을 읽는 것도 프랑스 어를 매개로 한 것입니다.

마지막으로, 우리는 억압받는 자들, "이 땅의 비참한 자들"의 찬가 인 '인터내셔널'(Internationale)을 프랑스어로 노래합니다.

우리는 프랑스어의 보편성을 우리의 전투적 국제주의에 부합하도 록 이 언어를 사용해야 한다는 의미로 해석합니다. 우리는 민중의 단결 을 굳게 믿습니다. 이러한 단결은 사회적 형태가 어떻든, 또는 시간이 지나며 어떻게 포장되든 우리 모두 동일한 착취와 동일한 억압을 겪고 있기 때문에 공유될 수 있었던 신념에서 비롯되는 것입니다.

따라서 프랑스어가 식민지 탐험의 이상보다 1789년의 이상에 더 충실하려 한다면 타자에 대한 감수성의 표현으로 다른 언어들도 받아 들여야 합니다. 타자를 받아들이기 위해 프랑스어는 프랑스의 현실이 프랑스인에게 한때 금지했던 관용구와 개념들도 받아들여야 합니다.

예를 들어 이슬람(Islam)이나 바라카(Baraka)라는 단어는 아랍어 가 가장 잘 그 실체를 표현할 수 있는데 대체 어떤 사람이 허영심이나 잘 못된 자부심에 얽매어 굳이 프랑스어로 이를 표현하려 스스로 우회적 표현 속에 갇혀 버리겠습니까? 아니면 피에몬테 너머에서 온 감미로운 음악적 표현인 피아니시모(pianissimo)라는 단어는 어떨까요? 또는 알 비온에서 프랑스로 수출된 아파르트헤이트(apartheid)라는 단어는 셰 익스피어적 풍성함을 교활함 없이 담고 있습니다.*

프랑스어와 다른 언어의 결합을 거부하는 것은 문화적 우월주의 의 장벽을 세우는 것입니다. 다른 언어는 자기 언어로 번역할 수 없는 용

---

*   프랑스에서 유래한 별칭인 "교활한 알비온"(Perfidious Albion)은 영국을 가리킨다.

어를 프랑스어에서 받아들였다는 사실을 잊지 말아야 합니다. 예를 들어, 영국은 "페어플레이" 정신에 입각해서, 귀족적이고 부르주아적인 프랑스어인 샴페인(champagne)를 채택했습니다. 독일어는 현실정치에서 프랑스어 단어 아라쥐망(arragement)을 우회하지 않고 그대로 인정합니다. 끝내 피울(Peul), 무어(Moore), 반투(Bantu), 월로프(Wolof) 및 기타 많은 아프리카 언어는 억눌린 분노와 함께 억압적이고 착취적인 용어인 impots(세금), corvee(노역), prison(감옥)이라는 언어로 동화되었습니다.

이러한 다양성[diversité]이 프랑스어권에서 우리를 하나로 묶어 주네요. 우리는 이것과 우정[amitié], 형제애[fraternité]의 운율도 맞춥니다.

다른 언어의 결합을 거부하는 것은 자기 언어의 뿌리와 역사를 모르는 것입니다. 모든 언어는 여러 다른 언어의 산물이며, 현대에는 강력한 커뮤니케이션 수단이 만들어낸 문화적 침투성 때문에 과거보다 더욱 그렇습니다. 다른 언어를 거부하는 것은 진보를 반대하는 경직된 태도이며, 이러한 접근 방식은 반동에서 비롯된 이데올로기에서 나온 것입니다.

부르키나파소는 다른 민족에게 자신을 개방하고 다른 민족의 문화에 그게 의존하여 더욱 풍요롭게 성장하고 있습니다. 우리는 보편적인 문명을 향해 나아가고 있으며, 그것이 보편적인 언어로 인도할 것이라고 확신하기 때문입니다. 이것이 우리가 프랑스어를 사용하는 기본 틀입니다.

인류의 진정한 진보를 위하여! 전진!

조국 아니면 죽음을, 우리는 승리한다!

혁명수호위원회의 임무:
의식 고양, 행동, 생산

제1차 혁명수호위원회 전국 회의에서
1986년 4월 4일

1986년 3월 31일부터 4월 4일까지 와가두구에서 1,300여 명의 대표단이 참석한 가운데 제1차 혁명수호위원회(CDR) 전국 회의가 열렸다. 이 연설은 CDR 국가 사무국에 의해 팸플릿으로 출판되었다.

방금 진행된 공연을 보고 방금 들은 내용을 떠올릴 때 제 임무는 간단합니다. 여러분에게 할 말이 몇 가지밖에 없기에 쉽습니다.

동지 여러분;

내빈 여러분:

우리는 힘든 일을 마치고 여기 왔습니다. 우리는 혁명수호위원회가 자발적이고 의식적으로 자신을 비판적으로 살펴보기로 동의한 최초의 특별한 테스트를 마치고 여기에 모였습니다. 참석자들은 부르키나파소 혁명 2년 반 동안 자신들이 해온 일을 점검하기 위해 비판과 자기 성찰의 정신으로 밤낮으로 쉬지 않고 회의에 임했습니다. 이 원칙은 그 자체로 승리입니다. 혁명만이 스스로에게 질문을 던지고, 혁명만이 투쟁에 대한 비판적인 대차대조표를 기꺼이 작성한다는 의미에서 승리입니다. 반면에 반동의 세력은 스스로 찬양하고 스스로 나팔을 불며 시간을 보내다가 결국 실패로 끝납니다. [박수]

동지 여러분, 먼저 이 자리에 참석하지 못한 외국 대표단 여러분께 양해를 구하고자 합니다. 이번 제1차 CDR 전국 회의가 주로 비공개로, 즉 부르키나베에서만 진행되어야 한다고 생각했다고 해서 우리가 다른 투쟁을 묶어주는 국제주의를 과소평가하는 것이 아닙니다. 저는 그들이 우리에게 관용과 이해를 베풀어줄 것이라고 확신합니다.

실제로 전 세계에서 우리에게 보낼 메시지가 준비되어 있었습니다. 대표단도 파견될 예정이었습니다. 우리는 모든 형제 국가, 대표단 파견을 자제하고 이해해 준 모든 자매 혁명가에게 부르키나파소 혁명 수호위원회의 국제주의적 인사를 회원들에게 전달해 달라고 요청합니다. [박수]

이 자리에 참석하여 이 첫 전국 회의를 처음부터 끝까지 활기차게 만들어 준 개척자들에게 감사의 인사를 전하고 싶습니다. 우리에게 파이오니어는 희망, 내일의 희망입니다. 그들은 현재 속의 미래를 상징하고 대표합니다. 동시에 우리 각자의 일상적인 과제를 보여 줍니다. 이 젊은 혁명가들의 발전은 우리가 이들에 대한 책임을 얼마나 의식하고 있는지에 따라 달릴 겁니다. 혁명가로서 우리는 개척자들을 혁명 활동의 한구석에 머무르게 하다가, 18세가 된 후에야 우리의 활동에 끼워주어야 한다고 생각할 권리가 없습니다.

혁명가들은 개척자들의 삶과 직접적으로 관련이 있는 곳이라면 어디에서든 이 어린아이들이 혁명가로 성장하고, 혁명가로 살고, 혁명가로 죽을 수 있도록 지도하고, 교육하고, 의식을 고취하는 책임을 져

야 합니다. [박수]

보보-디울라소에서 온 '개척자들의 목소리' 오케스트라, 와가두구의 '주먹을 든 꼬마 가수들', 앞서 공연한 와가두구 27구역과 반포라 6구역의 '꼬마 댄서들', 이 어린아이들을 어떻게 축하하고 존경하지 않을 수 있겠습니까.

어떻게 감동하지 않을 수 있겠어요! 그들이 공연하고 자신을 표현하는 모습을 보는 순간, 우리 문화가 잘 보존되고 있다는 것을 알 수 있었습니다. 우리 각자가 이 아이들 나이에 음악과 우리 문화를 배워 숙달했더라면 모차르트는 오늘날 우리에 비하면 잔챙이 유명인이 되었을 것입니다. 아아, 우리는 결점을 안고 자랐죠. [박수]

또한 부르키나파소 제1차 CDR 전국 회의에 참여해 주신 부르키나파소 전국 장로 연합에 감사드립니다. [박수]

부르키나파소 전국 장로 연합은 중요하게 기여하고 있습니다. 우리가 장로들을 동원하지 않으면 적들이 그들을 동원하여 우리에게 대항할 것이기 때문에 전술적 차원에서도 매우 중요합니다. [박수] 모든 반동분자, 모든 반혁명가들은 우리에게 원로들을 뒷방에 모시라고 부추겨놓고 우리를 반대하는 데 그들을 동원하려 합니다. [긴 박수] 동지 여러분, 반동과 반혁명 세력의 손에 잠시도 놀아나지 맙시다. 한순간도 포퓰리즘의 게임에 놀아나지 맙시다. 반대로 부르키나파소에는 나이와 관계없이 필요 없는 사람이 단 한 명도 없어야 한다고 스스로에게 말합시다. 우리는 그들이 필요합니다.

그렇지만, 저는 우리의 친애하는 동지 장로들에게 이렇게 말하고 싶습니다. 지붕 위에 눈이 쌓여 있다고 해서 안이 따뜻하지 않은 것은 아니지만, 장로들 사이에도 두 개의 등껍질을 가진 거북이가 있다는 것을 이해하는 것이 중요합니다. [박수] 장로 중에는 의심스러운 눈을 가진 올빼미, [박수] 즉 장기 놀이를 하듯 생각하고 계산하는 일부 담벼락 위의 카멜레온이 있으며, 혁명은 그들에게 자신이 좋아하는 스포츠를 —모략, 음모, 점수 계산, 명예 훼손, 계략 및 기타 무엇이 있는지 모르겠습니다!— 재개하기 위해 자신의 입지를 다지는 데 활용할 위험한 지평을 방금 열어준 것입니다.

이러한 나쁜 장로들의 가면을 벗기고 싸우는 것은 무엇보다도 장로들의 몫입니다. [박수] 이 나쁜 장로들과 칼로 겨룬 후에도 —보통은 가죽이 질겨 끈질기게 버티죠[웃음]— 좋은 장로들이 성공하지 못했다면, 그들은 CDR을 불러야 합니다. 그들은 우리를 보내야 합니다. 우리는 무엇을 해야 할지 알 것입니다. 동지 여러분, 그렇지 않습니까? ["예!" 소리와 박수] 그러니 경계합시다.

우리는 또한 첫 CDR 전국 회의가 시작될 때 침묵을 통한 특별한 "아우성"으로 우리의 주목을 끌었던 부르키나 여성 연합(UFB)에도 감사드립니다.* [박수] 대중조직이자 다른 조직에 비해 후발주자이지만, 그런데도 우리 승리의 행진에서 결코 주변적이지 않습니다. 우리는 모든 여성, 그리고 전 세계의 모든 여성을 동원하기 위해 UFB에 의존하고 있습니다. 그래서 이 일은 어려운 과제입니다.

저는 CDR의 국가사무국이 방금 달성한 중요한 조직사업에 대해 축하를 보냅니다. [박수] 이렇게 중요한 회의를 이렇게 짧은 시간에 이렇게 세심하게 조직할 수 있을지 확신할 수 없었기 때문에 더욱 축하합니다. 무례하게도 우리 일간지 〈시드와야〉는 감히 CDR 국가사무국을

---

* 　회의가 시작될 시점에 부르키나 여성 연합은 자체 대표단이 없었다.

비방하는 발언까지 서슴지 않았습니다. CDR 사무국은 적절한 시점에 〈시드와야〉의 이러한 참견에 대해 응답할 것입니다. [박수]

다시 한번, 자신을 위한 승리를 자축하는 이 인상적인 모임을 위해 각 지방에서 온 모든 주최자와 모든 사람에게 축하를 보냅니다.

민중 민주 혁명 1주년을 기념한 1984년 8월 4일을 기억하시나요? 반동과 반혁명의 세력들이 한목소리로 우리가 그 기념식을 조직하기 위해 수십억 달러를 썼다고, 그 기념식이 얼마나 장엄하고 아름다웠는지 말했던 것을 기억하십니까? 놀랍게도 이 신사들은 혁명가들의 능력이 부족한 자원을 충당할 수 있고, 심지어 보상 이상으로 보상할 수 있다고는 상상할 수 없었습니다! 그 이후로 그들은 더 이상 수십억 달러의 지출에 대해 이야기하지 않습니다. 오히려 우리가 행사를 주최한다는 소식을 들으면 공황 상태에 빠지고 최선을 다해 행사를 방해하려고 합니다.

지난 서아프리카 경제공동체[CEAO] 정상회의는 민주적이고 대중적인 혁명을 위한 큰 성공을 거두었습니다.* [긴 박수] 우리에게 많은 자원을 조달한 것에 성공한 것이 아니라 혁명가들이 공격받을 때 스스로 박차고 나섰기 때문에 성공한 것이었습니다. 여러분도 잘 아시다시피 우리는 공격받았습니다! [박수] 우리는 심지어 오고 싶지 않았던 사람들의 감탄까지 이끌어냈습니다. 그래서 그들은 이곳 와가두구까지 왔습니다. [박수] 열다섯 번째로 열린 마지막 인민혁명법원(TPR)에서도 이 혁명적 권위에 국제적인 도장을 찍어주었습니다. [박수] 우리는 국제

---

*   이 정상회의는 1986년 3월 와가두구에서 개최되었다.

사기꾼들을 재판하고 유죄 판결을 내렸습니다!* [박수] 우리는 많은 사람들이 감히 하지 못한 일을 과감히 해냈습니다. 그래서 우리는 전 세계 사람들이 진정으로 필요로 하는 사법 관할 제도로서 TPR을 영광스럽게 설립했습니다. 우리는 세계 일부 지역에서 우리의 모범을 본받으려는 시도가 있었다는 점에 주목하게 되어 기쁘게 생각합니다. [박수]

다른 곳에서도 재판에 세워 유죄 판결을 받아내려는 요구가 있으며, 우리는 개개인들이 재판받고 유죄 판결을 받을 수 있다는 것을 알고 있습니다. 그러나 진실, 즉 감히 말하건대 완전한 진실과 그 사람이 반동적이고 부패한 정권을 이끌고 있기 때문에 어쩔 수 없이 선포하는 반쪽짜리 진실 사이에는 항상 차이가 있을 것입니다. [박수] 고양이가 자기 새끼에게 착한 행실 증명서를 받아오라고 요구하는 것을 본 적이 있나요! [웃음, 박수] 그는 그 자신이 도둑입니다. 결국 우리는 고양이조차도 진지한 존재로 보이려 노력한다는 것을 알고 있습니다. 그를 따라 하려는 사람들에게 경고합니다. 그들은 우리를 따르고 우리를 모방합니다. 그러나 우리가 큰 장애물을 극복할 수 있는 비밀, 하나의 비밀이 남아 있습니다. 이것은 그들이 가지고 있지 않은 것이며, 그것은 그들의 몰락으로 이어질 것입니다. [박수]

동지 여러분, 이번 전국 CDR 회의가 소집되었을 때 여기저기서 많은 이야기가 있었습니다. 이 회의가 모두 말할 수 있는 기회가 될 것이라

---

*   상카라는 모하메드 디아와라Mohamed Diawara, 무사 응곰Moussa Ngom, 무사 디아키테Moussa Diakite에 대한 1986년 4월 인민혁명법원의 재판을 암시하고 있다. 서아프리카 전역에서 유명한 이 세 명의 고위 관리들은 서아프리카 경제위원회에서 60억 프랑(1986년 기준 약 1,700만 달러) 이상을 빼돌린 혐의를 받고 있었다. 디아와라와 디아키테는 가석방 없는 징역 15년, 응곰은 10년 후 가석방이 가능한 15년 형을 각각 선고받았다. 그들은 또한 훔친 돈을 상환하라는 명령도 받았다.

고 알려졌습니다. "모두 말하라"는 것을 놓고 일부 사람들은 자신들이 특정 개인과 특정 사안을 해결할 수 있는 기회가 될 것이라고 이해했습니다. 또 다른 사람들은 이번 전국 CDR 회의가 인민들이 말하는 것처럼 보이지만 실제로는 진실이 방영되는 것을 막기 위한 가장행렬에 불과할 것이라고 말했습니다. 지금 이 순간에도 이 회의에 참석한 일부 참가자들은 발언을 요청받지 못했기 때문에 이 회의가 그저 가면극에 불과하다고 생각하고 있습니다.

1,310명이 넘는 대의원이 있었고, 각 대의원에게 10분씩만 주어져도 —산술적으로 계산해 보세요!— 열흘 이상 연속으로 대의원들의 발언만 들어야 했을 것입니다. 이것은 분명히 불가능했을 것입니다. 그래서 우리는 요약하여 진행해야 했습니다. 하지만 요약본이 때때로 특정 아이디어를 왜곡하는 경우가 있었다는 점은 인정해야 합니다. 일부 발언, 일부 관점은 최종 분석, 최종 초안에 제시된 내용에서 더 완전하거나 적절하게 표현되지 못했습니다. 안타깝게도 이는 소수에 국한되지 않고 최대한 많은 사람의 의견을 반영하고자 하는 노력의 정상적인 절차의 규칙입니다.

그래서 지금부터 CDR 국가사무국은 주기적으로 —예를 들어 3개월마다— 전국 각지에서 CDR 국가사무국과 CDR의 주요 대표들 간의 논의가 개최될 수 있도록 필요한 모든 조치를 취할 것을 촉구합니다. 이를 통해 각자의 생각을 더 잘 듣게 되고, 우리가 아이디어를 요약할 때 우리 자신도 모르게 왜곡되는 일이 없도록 할 수 있을 것입니다. [박수]

일각에서는 이번 첫 CDR 전국 회의가 CDR을 확실히 무력화하는 자리라고 생각하는 분들도 있었습니다. 사실 일부 사람들은 CDR 국가사무국에 조의를 표하기 위해 이곳에 왔습니다. 종종 그렇듯이 애도는 위선의 한 형태일 뿐인데, 실제로 많은 사람이 이 유명한 CDR이 사라지는 것을 축하하러 왔기 때문입니다.

왜 CDR일까요?

역사적으로 볼 때 1983년 8월 4일 다음 날 CDR이 만들어졌다고 말하는 것보다 더 큰 오류는 없습니다. CDR은 이곳에서 처음 발사된 총알과 함께 탄생했습니다. CDR은 정확히 1983년 8월 4일에 만들어졌습니다. [박수] CDR은 부르키나파소의 혁명과 동시에 변증법적으로 탄생했습니다. [박수] 이 나라에서 "혁명"이라는 단어를 발음하는 바로 그 순간, 그것을 수호해야 할 필요성을 느꼈기 때문입니다. 그리고 그 혁명을 보호하는 데 필요한 조처를 하지 않고 혁명에 대해 말하는 사람은 반동 세력의 전투 능력과 파괴 능력에 대해 심각한 오류와 오해에 빠집니다.

우리는 이상주의자들이 아니었기 때문에, 8월 4일 저녁 인민들에게 어느 곳에서든지 그곳에서 혁명수호위원회를 조직하자고 촉구했습니다. ― 혁명은 공격을 받을 수 있기 때문입니다. 혁명은 공격받았고, 공격받고 있으며, 앞으로도 공격받을 것입니다. 따라서 혁명수호위원회는 공격받았고, 공격을 받고 있으며, 또한 공격을 받을 것입니다. [박수] 혁명의 긍정적인 성과 중 어느 하나도 CDR이 없었다면 이루어질 수 없었을 깃입니다.

우리는 우리 CDR이 완벽하지 않다는 것을 알고 있습니다. 하지만 우리는 이 세상에서 완벽한 사례를 계속 찾고 있습니다. CDR로서 우리는 대중의 힘을 행사하라는 요청을 받았습니다. 정치적 수준, 경제적 수준, 군사적 수준, 국민 생활의 모든 수준, 부르키나베 국민 삶의 모든 수준에서 우리는 CDR로서 직접 관여하고 있습니다. 따라서 CDR의 올바른 기능이 우리 각자에게 유익하고 유리한 결과를 가져온다는 것을 이해하는 것이 중요합니다. 부르키나파소를 떠날 수 있는 상황이 아니라면, CDR에 등을 돌리는 것은 자신에게 해가 되는 일입니다. 우리는 CDR이 필요하고, 앞으로 어떤 형태가 되든 항상 CDR이 필요할 것입니다.

부르키나파소에 온 외국인 중에는 국가가 둘로 나뉘어 있다고 생각하는 사람도 있습니다. 국기, 국가, 사무실, 행정부, 조직 구조가 있는 정상적인 부르키나파소, 즉 올바른 규칙을 알고 흰 장갑을 끼고 넥타이를 매는 부르키나파소, 그리고 또 무엇이 있을까요! 그리고 CDR의 부르키나파소가 있습니다. 오, 그 CDR들! [박수] 그들은 우리에게 말합니다: "정말 멋진 나라입니다! 그리고 얼마나 대단한 업적을 이루었습니까! CDR이라니 안타깝네요." [박수] 하지만 CDR을 어떻게 하길 원하시나요? 병에 넣어둘까요? 너무 많아서 병에 넣으면 모든 술집에 진열할 수 있을 거예요! [박수]

부르키나베 시민들도 우리에게 말합니다. "아! 대통령 동지, 우리는 정말 만족합니다. 우리가 이룬 것은 정말 대단한 일입니다. 하지만 CDR은 어떻게 좀 해 주실 수 없나요?" [웃음] "그 애들은…" 저는 이런 식으로 말하는 흰 수염을 가진 분을 존경하는 마음으로 그들의 발언과 조언에 큰 관심을 가지고 귀를 기울입니다. 그런 다음 저는 그들에게 묻습니다: 실제 이 CDR들과 저와 나이 차이가 얼마나 되나요? [박수]

아니요, 우리는 CDR을 없애는 데 절대 동의할 수 없습니다. 부르키나파소에 두 개의 부르키나파소는 없습니다. 부르키나파소는 하나의 부르키나파소, 즉 CDR의 부르키나파소입니다. CDR로 시작해서 CDR로 끝납니다. [박수] 그래서 CDR이 아직 존재하지 않는 곳이라면, 어디든 빨리 만들어야 합니다. 부르키나베인이 있는 곳이라면 어디든 혁명에 빚을 졌기 때문에 그 첫 반응은 혁명수호위원회를 구성하는 것이어야 합니다. 아니면 그들은 혁명에 역행하는 것이며, 혁명의 성과로부터 혜택을 받을 이유가 없습니다.

이 맥락에서 국제기구와 관련하여 우리가 직면한 몇 가지 문제에 대해 말씀드리는 것이 중요합니다. 국제기구들은 스스로 정치적이지 않다고 주장하면서도, 그들 가운데 CDR이 형성되는 것을 금지하고 반대합니다. 우리는 국제기구에서 일하는 부르키나베 사람들이 CDR을 통해 혁명과 계속 연결되어야 한다고 말합니다. [박수] 그래서 모든 곳에 CDR이 있어야 합니다. [박수] 이 국제기구들의 이름은 밝히지 않겠지만, 그들은 그것이 어디인지 알고 있습니다.

우리가 서아프리카 경제공동체의 도둑들, 즉 산적, 깡패, 모략가들을 재판에 회부했을 때, 만약 CEAO출신 부르키나베 인사가 한 명이라도 연루되었더라면 혁명수호위원회가 그 도둑을 편드는 동의안을 제출했을 것이라고 생각하시나요? 보시다시피, 인민혁명법원의 원동력인 CDR은 CEAO가 믿을 보증수표입니다. 예를 들어 도둑을 방지하는! 우리가 감히 나쁜 놈들, 도둑들을 쫓을 수 있는 것은 CDR이 있기 때문입니다. 그들은 오랫동안 수십억 달러를 벌었습니다. [박수]

다시 한번 말씀드리지만, 우리를 받아들이는 모든 국제기구는 마찬가지로 우리의 CDR을 받아들여야 합니다. 물론 우리는 이러한 국제기구의 규칙과 행동 규범을 존중할 것입니다. 우리는 가능한 한 그 안에서 스스로 조직화할 것입니다. 유엔 사무총장에게 뉴욕의 유리 건물에서 CDR 총회를 개최하도록 허락을 요청하는 것도 나쁘지 않을 것입니다.

이 첫 CDR 총회는 CDR의 결속력, 만장일치, 유기적인 단결에 기여해야 합니다. 이는 매우 중요한 일입니다.

CDR의 주요 일원으로서 저는 우리 CDR을 심도 있고 철저하게 비판해야 할 의무를 피할 수 없습니다. 그러나 동시에 저는 그들이 계속 발전하는 데 필요한 모든 지원과 강화를 제공하는 데 주저하지 않습니다. [긴 박수] 그래서 우리는 자신을 직시할 용기를 가져야 합니다. 우리 중에는 나쁜 CDR멤버도 있습니다! 이 사실을 비밀로 하지 맙시다.

혁명 초기에는 CDR에 가입하기를 원하는 사람이 거의 없었다는 것을 잘 알고 계실 겁니다. 그러나 CDR이 특정 문제를 해결하는 데 도움이 될 수 있다는 것이 분명해지자마자 오래된 사기꾼들은 CDR에서 선출되기 위해 예전 방식으로 돌아왔습니다. [박수]

여러분은 철도건설 전투 중에 그들이 차를 타고 돌아다니는 것을 보았습니다.* 그들은 "텔레비전 카메라가 오나요?"라고 물었습니다. [웃음, 박수] 텔레비전이 올 거라고 확신하자마자 그들은 차에 아이스박스와 시원한 맥주를 싣고 그곳으로 가서 기다렸습니다. 그들은 차를 몰고 다니며 카메라맨 앞을 왔다 갔다 했는데, 카메라맨은 알아채지 못하는 것 같았어요. [웃음] 결국 그들은 카메라맨과 관중들에게 손짓하며 "열심히 일하고 있어요! 우리 몇 시간 동안 여기 있었어요! 오, 그래요!" 그러자 결국 모든 기자가 "소감이 어떠세요?"라고 물었습니다. 아, 그들이 기다리던 순간이었습니다! [박수] "네, 매우 인상적이었어요! 제 소감은 아주 좋습니다. 어쨌든 우리는 하나가 되었습니다!"

오래된 후렴구, 여러분도 아시죠! 우리는 혁명 광장에서도, ─이전의 1월 3일 광장이죠─ 같은 노래를 불렀습니다: "우리는 하나 되어 함

---

* 1985년 2월 1일, 국가혁명평의회는 정부 고용 노동자들에게 와가두구와 말리 국경 근처의 부르키나 광산 마을 탐바오를 연결하는 철도건설에 자원해 달라는 호소문을 발표했다.

께 서 있습니다." 그 사이 일부는 왼쪽으로, 일부는 오른쪽으로 떠났어요. [박수] 아, 맞아요! 이 기회주의자들은 바람이 어느 방향으로 부는지, 권력의 바람이 어디로 부는지 파악하고 CDR에 들어와 있습니다. 그들은 또한 선출되거나 공무원이 되기 위해 무엇이든 하는 것을 볼 수 있습니다.

양날의 검이 될 수도 있는 말을 하고 싶습니다. 하지만 진실이기 때문에 어쨌든 말씀드리겠습니다. 혁명연대기금과 관련하여 우리는 종종 이런 말을 듣습니다: "이런저런 동지가 3개월 동안 월급의 10분의 1을 기부하고 익명을 요구한다"는 식입니다. 글쎄요! 이 익명성이 어떤 모습을 띠는지 아십니까?

이 훌륭한 동지, 용감한 무장 투사, 이 위대한 무장 투사는 먼저 자신이 근무하는 장관에게 가서 "장관 동지, 저는 월급의 일부를 기부했습니다. 하지만 개인적으로 신중하고 싶으니 익명으로 해 주십사 요청합니다"라고 말합니다. [박수] 그는 CDR 국가사무국으로 가서 "기부를 하지만 익명으로 남고 싶습니다. 신중하고 싶어요"라고 반복합니다. 그는 자신의 구역에 가서도 같은 말을 합니다. 그는 대통령 동지에게 장문의 편지를 써서 8월 4일의 역사적인 밤 이후로 [웃음] 혁명을 위해, 수표책 전체가 떨리고 있지만, 익명을 요구하고 있다는 것을 보여 주기 위해 편지를 씁니다. 그는 서명하고 사신의 성, 이름, 섹터 번호, 생년월일, 아내와 자녀의 이름을 넣습니다. [웃음] 그는 가족개발부 장관에게 편지를 써서 익명을 요청합니다. 이제 그는 기다립니다. 장관회의는 동지가 3개월 동안 월급의 10분의 1을 기부하고 익명을 유지해 달라고 요청했다고 발표합니다. 한편, 마을 전체, 특히 "그의 유권자"는 이 관대한 익명의 사람이 누구인지 알고 있습니다. 이 모든 것은 자신을 당선시키기 위한 계략입니다.

물론 오늘부로 더 이상 연대 기금에 기부할 가치가 없다고 말하는 사람은 아무도 없습니다. 우리는 이 기금뿐만 아니라 이 기금을 비판하거나 이 기금을 이용하는 사람들을 돕기 위해서도, 많은 돈이 필요한 다른 기금에도 계속 기부해야 합니다. [박수]

정치권력은 이런 식으로 불순한 동기를 위해 이용됩니다. 나쁜 요소들이 있습니다. 그런 요소들은 제거되어야 합니다. 우리 대열에 있는 이러한 신봉건적 요소들을 뿌리 뽑고, 싸우고, 패배시켜야 합니다. 그들은 지역구, 마을, 지방에서 진정한 독재자로 자리 잡았습니다. 그들은 또한 매우 위험합니다. 그들의 활동 방식은 무정부주의적입니다. 군벌처럼 군림하고 영향력을 행사하는 이들은 파시스트입니다. 결론적으로 그들은 아나코파시스트(anarchofacists)입니다. 우리는 새로운 종족을 상대하고 있습니다. [긴 박수]

이런 점에서 CDR들, 특히 서비스 CDR들은* 소장들을 정말 공포에 떨게 합니다. 지금 서비스 소장들 중에는 자기 CDR이 무서워서 파견 확인서에 서명조차 할 수 없는 책임자들이 있습니다. [박수] 동지 여러분, 자기 차에 어떤 색 페인트를 선택할지 결정하기 전에 총회를 소집하는 일부 서비스 소장도 있는데, 인민이 결정권을 갖기 때문입니다. 그들은 두려워합니다. 그들은 위협을 당하기 때문에 두려워합니다. 그들은 정직, 해고, 직위해제 등 정말 부당한 대우를 받았습니다. 우리는 이와 관련하여 우리가 오늘 바로잡아야 할 몇 가지 합의가 있었다는

---

*   직종과 상관없이 일터별 직장 CDR을 말하는 것. 회원들은 많은 경우 지역CDR과 직장CDR에 동시 가입이 되어있다. 그러나 선출직은 둘 중 한 군데에서만 맡을 수 있다.

것을 인정해야 합니다. [박수]

또는 때때로 수단과 방법을 가리지 않고 자리를 확보한 소장들도 있습니다. 그들은 소장이 되기 위해 매일 밤 집마다 돌아다닙니다. 결과적으로 그들은 자신을 임명한 사람들의 자비에 운명을 맡기게 됩니다.

정치적 차원에서 우리는 당당히 책임을 지지 않는 비겁한 CDR들을 보았습니다. 정직 처분을 예로 들죠. 이런저런 동지가 이런저런 중대한 위법 행위로 정직에 처해 졌습니다. 그 동지는 길거리에서 불평과 폭언, 협박을 일삼습니다. 그의 정직을 제안한 바로 그 사람들이 찾아와 "우리가 제정신이 아니었다"라고 합니다. [박수] 이런 종류의 비겁함은 반드시 퇴치되어야 합니다. 일부 CDR은 협박받으면 CDR 국가사무국으로 달려가 "우리는 파시스트, 포퓰리스트, 반혁명주의자, 반동분자들의 공격을 받고 있다"고 말합니다. 아니죠! 적들이 있는 곳에서 적과 맞서는 것은 그들의 몫입니다. [박수]

계속해 봅시다. 우리는 수천 킬로미터 떨어진 와가두구에서 우리 CDR과 반혁명 세력 간의 대결을 포함한 문제를 해결해야만 합니다. 이것은 CDR 국가사무국의 역할에 대한 이해가 부족하다는 것을 나타냅니다. 문제를 제기하기 위해 지중해, 카스피해, 심지어 사하라 사막을 건너 와가두구까지 오는 것을 주저하지 않는 사람들이 있습니다. 아니요! 여러분이 싸워서 승리해야 할 곳은 저기 트로카데로(Trocadero)나 [파리] 19구에 있습니다. 여기가 아니에요. [CDR] 26구역에서 벌이는 싸움은 레닌그라드나 부아케(Bouake)[코트디부아르]에 있을지도 모르는 동지들의 싸움이 아닙니다.

군대에서는 무능한 사람들이 CDR을 맡는 경우가 많았습니다. 유능하다는 것은 무기를 잘 다룰 수 있는 능력으로 귀결되지 않습니다. 단순히 손재주나 무기를 다루는 기교의 문제였다면 와가두구 감옥에 가면 매우 숙련된 사람들이 많습니다. 노하우와 정보력만이 문제라면 무사 응곰에게 CDR의 경제 담당 대표가 되어달라고 부탁하면 됩니다. 아시다시피 무사 응곰은 매우 똑똑하기 때문입니다. 그의 상사인 [모하메드] 디아와라가 CDR의 국가 사무총장이 될 수도 있죠. [무사] 디아키테는 사회 문제를 다룰 수 있습니다. [긴 박수]

이제 우리는 많은 사고를 겪었습니다. 이러한 사고는 부적절한 훈련의 결과가 아닙니다. 이 점을 바로 지적하고 싶습니다. 우리는 여기 부르키나 또는 해외의 CDR에서 무기로 인한 사고가 일반 군대보다 더 많지 않았기 때문입니다. 전 세계 모든 군대에서 매년 사고가 발생합니다. 하지만 알려지지 않죠. 죽는 사람들, 낙하산, 조종사가 있습니다. 프랑스 비행기가 [중앙아프리카공화국에 있는] 방기에서 추락했을 때 얼마나 많은 사망자가 발생했지요? 어쨌든 많아요. 그게 CDR이었나요? 사고는 어디에서나 일어납니다. 챌린저호가 폭발했을 때도 사람들이 죽었어요. 이런 사고는 NASA에서도 일어납니다. 사고는 어디에서나 일어나죠.

비난받아야 할 것은 오히려 악한 요소들이고, 우리 대열에도 그런 사람들이 있습니다. 우리는 그들과 싸워야 합니다. 왜냐하면 그들은 과시하기 위해, 마치 자기가 히믈러의 부관이라도 된 듯, 마치 그 모든 무기가 필요한 것처럼 무기를 자랑하기 때문입니다. 안 돼요! 이들은 옆으로 제쳐버려야 할 사람들입니다. 그들은 종종 사고의 원인이 됩니다. "그렇게 하면 내가 널 날려버릴 거야." 그런 말을 하는 사람은 비난받아야 합니다. 그런 사람은 이제부터라도 엄중하게 처벌하는 것이 여러분의 업무가 되어야 합니다. 그렇게 하세요. 자신을 확신하지 못하는 사람은 무기를 내려놓아야 합니다.

군사적으로도 순찰 중의 일부 CDR이 말로 표현할 수 없는 잔혹 행위를 저질렀다는 것을 알고 있습니다. 그러나 말할 수 없다는 것은 혁명적인 개념이 아니기 때문에, 우리는 모든 것을 말해야 합니다. 실제로 일부 CDR은 순찰을 이용해 약탈에 가담하기도 했습니다. 이제부터 우리는 도둑처럼 그들을 추적하고 거리낌 없이 간단하게 사살할 것입니다. 우리가 무기를 가지고 있다면 그것은 국민을 방어하기 위한 것입니다. 국민을 도둑질하고 약탈하는 자들은 모두 총살할 것입니다.

심지어 통금 시간 동안 우열이 가려진 사례도 있었습니다. —이것도 말해야 합니다— 이것은 비난받아야 합니다. 보안을 담당하는 CDR 대원이라는 이유로 큰 총으로 무장하고 —우발적인 발사도 가능한 상황에서— 무엇이든 할 수 있다고 생각한 동지들이 있었습니다. 통금 시간이 오후 7시에 시작되는데, 그들은 오후 6시 50분에 여성 동지의 집에 나타나 경쟁자들과 다른 구혼자들에게 "시간이 다 됐어! 나가야 해! 안 나가면 감옥에 갇힐 거야!"라고 외쳤습니다. 오, 그렇군요! 어떤 사람들은 통금 제도를 영구적으로 유지하여 계속 자신들이 무적으로 군림할 수 있게 해달라고 요청했습니다. 하지만 우리는 모두가 동등한 위치에 설 수 있도록 통금 시간을 해제했습니다. 그래서 무능력 탓에 실패할 운명인 사람들은 실패할 것입니다.

다시 군사 문제와 관련하여, 우리는 CDR 무장 민병대의 피복이 열악한 것을 보았습니다. 물론 군복 문제는 현실적인 문제입니다. 충분하지 않은 것은 사실입니다. 하지만 일부 군복은 여러분이 반드시 관리해야 합니다. 이 전투원들은 옷차림이 엉망이고, 태만하고, 지저분합니다. 안 돼요! 이제부터 CDR의 모든 책임자는 주저하지 말고 복장이 불량한 민병대원들의 옷을 즉시 벗겨야 합니다. 이는 스스로를 관리하지 못한다는 외형적인 신호입니다.

우리는 CDR이 누군가를 체포하고 가둔 다음 "그게 다야. 그게 규칙이고, 그게 정의다. 우리 처분에 맡겨라"라고 말하곤 한다는 것을 압니다. 안 돼요! 모든 부르키나베인은 CDR의 보호를 받을 권리가 있습니다. CDR 사무실은 고문하는 곳이 아니라 정반대의 장소, 즉 지도하고, 조직하고, 동원하고, 교육하고, 혁명가로서 투쟁하는 책임자를 찾는 사무실이 되어야 합니다. 하지만 단호하게 교육해야 할 때도 있을 수 있습니다. 그럴 때는 단호하면서도 명확해야 합니다. 그러나 권력 남용은 우리의 투쟁과는 거리가 먼 것이라는 점을 알아야 합니다.

경제적, 사회적 차원에서도, 예를 들어 건설 작업을 계획하지만, 자신은 방관하는 많은 전투원이 있습니다. 그들은 대중을 일하게 만듭니다! 그들의 게으름이 너무도 분명하게 드러나기 때문에 대중은 사기가 떨어지고 동력이 저하됩니다. 우리는 이에 맞서 싸워야 합니다.

또한 CDR에 맡겨진 자금은 종종 무정부 상태, 사기, 낭비, 횡령으로 관리됩니다. 그래서 기금을 감시하는 구조를 만드는 것이 옳습니다. 이제부터는 기금이 얼마이며 기금으로 무엇을 했는지 공개해야 합니다. 그리고 이것만으로는 충분하지 않습니다. 많은 사람이 자신을 CDR 전투원이라고 하며 CDR 전투 세력을 등에 업고 부자가 되었습니다. 이것은 새로운 범주의 도둑질입니다.

국가혁명평의회에서, 우리 CDR을 계속 약화시키는 이러한 수많은 결점과 실패를 모른다고 생각하지 마세요. 우리는 이를 잘 알고 있으며, 혁명에 해로운 이러한 모든 부정적인 관행에 맞서 싸우기로 굳게 결심했습니다. 사실 이것이 이번 회의를 개최한 이유 중 하나입니다. CDR전투원들은 언제 어디서나 좋은 모범을 보여야 합니다. 그래서 앞서 우리를 위해 공연한 어린이들에게 경의를 표하면서 그들의 공연을 가능하게 한 코치들에게도 경의를 표하는 것입니다.

하지만 동시에 우리는 지방에서 뒤처지고 있는 사람들이 있다는 것을 지적하려 합니다. 서클 사령관이나 지역 총재처럼 행동하는 고위 위원들이 있는데, 이들은 아직도 불레-샤누안느(Voulet-Chanoine) 시대에 머물러 있다고 생각합니다. 또 다른 사람들은 농촌 집단 시대에 있다고 생각합니다.* 이 모든 것이 나쁩니다. 우리는 그들을 비난하고 싸워야 합니다. 최고위원으로서 우리는 모든 수준에서 우리 지방을 이끌어야 합니다. 우리는 활기차고 주도적으로 혁신을 지원하고 그 실행을 조직해야 합니다.

우리가 오늘 본 것 같은 공연을 30개 주에서 30회 개최한다면 정말 좋을 것 같군요! 우리는 좋은 진전을 이루게 될 것입니다. 하지만 아직 그런 단계는 아닙니다.

실제 현장 수준에서 여전히 CDR의 기능은 매우 미흡합니다. 혁명수호위원회에 조직된 노동자들이 양질의 서비스를 제공하거나 사회적, 경제적 부의 양적, 질적 증대를 추구하기는커녕 명예와 직함, 권력을 추구하기에 바쁘기 때문에 그 기능이 매우 저조합니다. 권력에 대한 이러한 폭식증은 빈드시 되지되어야 합니다. [박수] 우리가 이런 식으로 계속한다면 관료주의가 우리 직장과 행정부에 뿌리내릴 수 있습니다. 주

---

* 서클 사령관, 지역 총재, 농촌 집단은 프랑스 식민 행정부의 기관이었다. 폴 불레와 샤를 샤누안느는 1896년과 1897년에 오늘날 부르키나파소인 서아프리카 지역을 정복하기 위해 식민지 탐험대를 이끌었던 프랑스 군 장교였다. 그들은 현지 주민들을 정복하기 위해 극도로 잔인한 방법을 사용했다.

어진 문서에 대해 25명이 "보고 통과", "보고 통과", "보고 통과"라는 서명만 하려고 하기 때문입니다. 이것이 문서의 품질에는 전혀 도움이 되지 않지만, 모두가 자신의 의견을 덧붙이고 싶어 합니다. [박수] 우리가 지체되는 것은 단순히 담당 CDR 전투 세력이 마을 사람들로부터 "아, 그래, 정말 동지, 고맙습니다! 정말, 당신 덕분에… !"라는 말을 듣고 싶어 하기 때문입니다. [웃음] 만약 당신이 그에게 감사하지 않았고 그 앞에서 굽신대지 않는다면, 그는 당신이 그의 힘을 인정할 때까지 원하는 만큼 문서를 붙들고 지연시킵니다.

우리는 이런 방식은 원치 않습니다. 왜냐하면 관료주의와 관료들은 우리 대의에 대한 최악의 적이기 때문입니다. 따라서 우리는 모든 형태의 그것들과 쉬지 않고 끈질기게 싸워야 합니다.

우리의 작업장은 혁명적인 나날, 혁명적인 주가, 나아가 혁명적인 달, 혁명적인 해, 혁명적인 수십 년과 세기가 지나도 더럽고 조악하게 관리됩니다. 우리가 비난받아야 할 것을 비난함으로써 우리의 책임을 다하지 않는 한, 우리는 계속해서 잘못 조직되고 잘못 관리되는 직장을 가지게 될 것입니다.

저는 항상 특정 직장을 예로 들었습니다. 매우 잘 관리되고 있고 축하받을 만한 몇몇 사업장은 모두가 본보기로 삼아야 합니다. 일일이 나열하지는 않겠습니다. 사람들을 질투하게 만들고 싶지 않으니까요. 저는 대통령 집무실을 언급하는 것으로 제한하겠습니다. [박수] 이렇게 해야 합니다! 어떻게 혁명의 사무실에서, 의자가 새것이 아니기 때문이 아니라 함부로 사용했기 때문에 흔들리는 의자를 볼 수 있을까요? 공무원, 더러운 관리자, 옷차림이 엉망이고 자기가 만든 문서만큼 지저분한 사람, [웃음] 게으른 타이피스트, 정신이 없는 전화 교환원도 있습니다.

[웃음] 이런 모습은 CDR에 걸맞지 않으므로, 우리는 개선해야 합니다. 품질은 진실을 받아들이는 것에서 시작됩니다. 우리의 약점을 살펴보고, 이를 인식하고, 스스로 개선할 것을 다짐합시다. 더 나아가, 혁명가로서 우리는 항상 우리 자신을 차별화해야 합니다.

자신은 이미 UNAB(부르키나 전국 장로 연합)에 동원되어 있다고 하거나 자신은 지금 혁명에 참여하고 있지만 자녀들이 CDR 모임에 가는 것을 금지하는 원로들에 대해 할 말이 많습니다. 아내가 CDR 모임에 가지 못하도록 막거나 아내를 위협하는 남편에 대해서도 할말이 많습니다. 이 또한 비난받아야 합니다. [박수]

이제 우리는 훨씬 더 의식적인 수준의 조직으로 나아가야 합니다. 혁명 초기에 우리의 동원은 열광적이고 도취된 축제와도 같았습니다. 그러나 점점 더 우리는 훨씬 더 과학적으로, 훨씬 더 체계적으로 조직해야 하며, 전진하기 위해 모든 단계에서 우리 자신을 바로잡아야 합니다. 다른 곳에서도 CDR과 유사한 특정 조직, 즉 혁명 위원회가 실패한 사례가 있습니다. 그러한 실패가 발생한 곳마다 일부 국가에서는 반동 세력이 다른 조직에 덫을 놓는 데 성공했기 때문입니다. 우리는 우리의 약점을 의식해야 합니다.

그래서 우리는 끊임없이 투쟁해야 합니다. 우리는 투쟁해야 하며, 혁명수호위원회는 용기, 정치적 용기, 무엇보다도 우리의 책임에 마주하는 용기를 의미한다는 사실을 명심해야 합니다. 우리는 구호만 외치기 위한 CDR이 아닙니다. 우리는 의식을 고양하고, 행동하고, 생산하기 위한 CDR입니다. 그렇기 때문에 우리는 지루하고 쓸데없이 반복적이며 궁극적으로 자극적인 공허한 구호를 시위에서 추방해야 합니다. 시위 현장에 도착하면 누군가는 스물다섯 번이나 외칩니다: "조국 아니면 죽음을, 우리는 승리할 것이다!” 특히 제대로 된 전투적 설명도 없는 경우에는 좀 과격해지기 시작하죠. [웃음] 그냥 반복일 뿐이에요. 안 돼요! 녹음기 같은 CDR, 저리 비켜요! [박수] 시간을 채우기 위해 즉흥적으로 구호를 외칩니다. “도둑놈은 물러가라! 거짓말쟁이는 물러가라!” [웃음] 좋지 않아요. 민속공예단과는 달라야 합니다.

일부 공연에서는 동지들이 가끔 외설적인 춤을 추는 추잡한 장면이 있습니다. 그것도 혁명적이지 않습니다. 혁명에는 품위가 있어야 합니다. [박수] 우리는 공개 행사에서 기획이 부족하다는 점을 비판해야 합니다. 우리가 어떤 분야에서는 승리를 거두었지만 다른 분야에서는 그렇지 않습니다. 아니요! 일부 행사는 지루합니다. 그리고 우리 행사에 자주 불참하는 대사들이 왜 오지 않으려 하는지 이해하지 못합니다.

이것은 매우 중요합니다. 우리는 부적절하게 억압되고 부적절하게 사라진 반성을 칭찬이라는 형태로 포장하는 것을 멈춰야 합니다. 예를 들어 이 노래가 그렇습니다: “오 CNR, 토마 상카라, 그가 영원히 대통령이 되길!”은 좋지 않습니다. [박수] 대통령 노릇을 하면 대통령인 거잖아요. 이름이 대통령이든 아니든 말이죠. [박수] 분명히 해야 합니다. 이 노래는 좋지 않아요. 이대로 가다가는 1년, 2년 뒤에 여러분은 이 노래만 열심히 연습하다가 이 노래 말고는 할일이 없는 극단과 함께 어떤 축제에서 노래하고 있을지도 모릅니다.

혁명수호위원회는 생산을 위해 존재합니다. 물론 우리가 대중 동원을 위해 주제가 필요하고, 구호가 필요하다면, 좋아요, 구호도 필요합니다! 혁명을 이해하기 위해 이미지와 상징이 필요하다면 당연히 있어야 합니다! 우리는 주저하지 않을 것입니다! 하지만 내용보다 형식을 중시해서는 안 됩니다. 혁명은 구호의 수와 구호를 외치는 테너와 베이스의 수로 측정되지 않을 것입니다. 그것은 다른 무언가로 측정될 것이고, 생산의 수준으로 측정될 것입니다. 우리는 생산해야 하고, 생산해야 합니다. 그래서 저는 "200만 톤의 곡물"이라는 슬로건을 환영합니다.

우리나라는 우리를 스스로 먹여 살릴 수 있는 충분한 식량을 생산하고 있습니다. 심지어 현 생산량을 초과할 수도 있습니다. 하지만 안타깝게도 조직화가 부족하여 여전히 식량 원조를 요청하기 위해 손을 내밀어야만 합니다. 대량 생산을 통해 우리는 우리의 길을 가로막는 장애물이자 우리 마음속에 거지와 복지 수혜자의 본능을 만들고 심어주는 식량 원조를 물리쳐야 합니다. 우리는 더 많이 생산하는 데 성공해야 합니다. 먹이를 주는 사람이 자신의 의지도 강요하는 것은 당연하기 때문입니다.

타바스키 축제,* 부활절, 크리스마스, 가족 모임에서 닭이나 칠면조, 양을 잡으면 그것은 우리가 사육한 것들이니 문제 될 것이 없습니다. 우리가 원할 때 언제든지 잡을 수 있습니다. 크리스마스, 부활절, 오순절, 심지어 사순절 기간에도요. 우리는 자유롭습니다. 여러분을 먹이지 않는 자는 여러분에게 아무것도 요구할 수 없습니다. 그러나 여기서 우리는 매일, 매년 먹이를 받아먹으며 "제국주의는 물러가라!"를 외칩니다. 뭐가 뭔지는 뱃속만이 알겠죠. [웃음, 박수] 혁명가로서 우리는 감시를 표할 생각은 없고, 최소한 모든 형태의 지배를 끝내고 싶지만, 우리의 위장은 제멋대로 소리를 낼 것이며, 반듯한 길, 반동의 길, 이곳에 곡물을 버리는 것으로 우리를 억압하는 모든 사람과 평안하게 공존하

---

*　타바스키는 아랍어권 국가에서 이드 알 아드하(Eid al-Adha)로 알려진 무슬림 양고기 축제를 여러 서아프리카 국가에서 지칭할 때 쓰는 이름이다.

는 길[박수]을 선택하게 될 것입니다.

우리가 통제할 수 있는 것만 소비합시다! "그런데 제국주의가 어디 있죠?"라고 묻는 사람들이 있습니다. 밥 먹을 때 접시 위를 보세요. 여러분이 먹는 쌀, 옥수수, 기장 등 수입 곡물이 바로 제국주의입니다. 더 이상 말할 것 없어요. [박수] 동지 여러분, 우리는 여기서 생산하기 위해 조직해야 하며, 우리는 필요한 것보다 더 많이 생산할 수 있습니다.

사람들은 가뭄으로 인해 생산량이 감소했다고 말합니다. 농림부는 가뭄 중에도 면화 생산량이 계속 증가했다는 것을 확인해 줍니다. 왜 그럴까요? 소피텍스(SOFITEX)*가 돈을 내기 때문이죠. 그럼 방법을 바꿔야죠. 네, 방법을 바꿔야 합니다.

하지만 생산은 곡물에만 국한된 것이 아닙니다. 우리는 공장, 사무실 등 모든 영역에서 생산해야 하며 모든 사람이 지적 생산에 참여하도록 초대합니다. 전국 CDR 회의는 문학과 예술의 영역, 그리고 다른 모든 영역에서 글을 쓰고 무언가를 생산한 모든 사람에게 축하를 보냈고, 그게 당연했습니다. 이것이 바로 생산이며, 우리는 혁명가입니다!

탁구 토너먼트에서 부르키나파소가 나이지리아와 라이베리아에 패배했다는 속보를, 텔렉스를 통해 접했습니다. 정말 좋은 일이라고 생각했어요. 우리는 다시 패배를 맛보아야 한다고 생각했어요. 지금 우리가 패배한다면 그것은 지난 몇 년 동안 우리를 조직하지 못한 사람들의 잘못입니다. 반면에 우리가 앞으로 수년간 패배한다면 동지 여러분, 그것은 우리 잘못이 될 것입니다. [계속되는 박수] 그러니 우리는 더 많이 생산하고, 생산하고, 생산해야 합니다.

---

*   부르키나베 섬유 협회(The Burkinabe Society of Textile Fibers).

지적 수준에서 많은 긍정적인 말들이 오갔지만, 기록으로 남지 않았습니다. 인민혁명법원을 예로 들어 보겠습니다. 부르키나베 사람이 인민혁명법원, 즉 TPR에 관해 쓴 책이 있는지 누가 제목을 말해줄 수 있어요? 학생, 대학교수, 연구자 등 외국인에 의해 쓰인 것이 조금 있을 뿐입니다. 하지만 TPR은 우리가 책으로 꼼꼼히 기록해 두면 좋을 훌륭한 교훈들을 우리에게 가르쳐주고 있습니다. 우리 방송국에 열네 번째 TPR의 녹취 테이프가 아직 남아 있는지 물어보세요. 그들은 그 테이프, 즉 카세트가 어느 스타의 최신 히트곡을 녹음하는 데 재사용되었다고 할 것입니다.

이건 옳지 않아요. 우리는 지적 자본을 보호하려는 본능을 개발하지 못했습니다. 우리는 더 많이 생산해야 합니다. 결국 우리는 지하 문학 분야의 기록만을 보유하고 있을 뿐입니다. 아시다시피 전단지가 가장 많은 곳은 부르키나파소입니다! 이것은 우리가 읽고 쓰는 방법을 알고 있다는 것을 증명합니다. 마마두와 비네타(Mamadou and Bineta)는 아주 오래전에 다 자랐어요. 그들은 이제 늙기 시작했습니다.* [웃음과 박수] 동지 여러분, 다른 시기에 우리가 하지 않은 일과 해야 했던 일, 즉 우리 대열의 단결, 단결로 돌아가는 것이 중요합니다! 단결, 비판, 자기비판, 단결. 눈에 보이거나 보이지 않는 교활한 음모, 멀리서 원격으로 조종하는 지시 등 모든 계략을 우리 대열에서 추방합시다. 다행히도 이번 회의를 통해 우리는 단결력이 강화되었다는 것을 확인할 수 있었습니다. 이는 곳곳의 건강한 요소들이 의식적이고 충성스럽게 단결을

---

*　마마두와 비네타는 서아프리카의 옛 프랑스 식민지에서 사용되던 초등학교 교과서에 등장하는 캐릭터이다. 새 학기가 시작될 때마다 한 살씩 나이를 먹는다.

공고히 하기 위해 노력해 왔다는 것을 증명합니다. 이것은 승리입니다. [박수]

동지 여러분, 여러분 모두의 노고에 축하를 보냅니다. 특히 이 회의가 열리기 전에 여러분이 기울였던 노력에 대해 축하를 보냅니다. 부르키나파소에서 우리가 혁명을 통해 성취한 모든 것은 무엇보다도 CDR 덕분에 이루어졌습니다. 우리는 집, 학교, 병원, 도로, 다리, 댐을 건설했습니다. 우리는 지적, 예술적 생산을 계속했습니다. 요컨대, 우리는 진전을 이루었습니다. 경제적, 재정적, 예산의 측면에서 우리는 희생과 노력을 기울였습니다. 그리고 우리 각자는 지불해야 할 대가를 치렀습니다. 급여 공제를 좋아하는 사람은 아무도 없다는 것을 압니다. 이 힘겨운 세상에서 꼭 필요한 경우를 제외하고 임금의 일부를 포기할 준비가 되어 있는 사람이 어디 있을까요?

우리가 진화하고 있는 환경과 우리를 둘러싼 힘은 우리와 같은 자주적인 발전에는 도움이 되지 않습니다. 오히려 우리가 발전하는 것처럼 착각하도록 스스로 몸을 팔게 만드는 가능한 모든 함정이 놓여 있을 것입니다. "무엇보다도 우리 자신의 자원에 의존하라!"는 구호는 더 이상 구호에 그쳐서는 안 되며, 우리를 사로잡아야 합니다. 그리고 우리는 항상 우리 자신의 자원에 의존하는 것이 원칙이라는 것을 알아야 합니다. 때로는 이것이 어렵고, 여기저기서 원조를 찬양하는 패배주의의 사이렌 소리가 들립니다. 원조, 아니요! 협력, 예! 우리는 전 세계 모든 사람의 협력이 필요합니다. 그러나 우리는 우리에게 복지 의존성을 심어주는 원조는 원치 않습니다. [박수]

이것이 우리가 노력을 해왔고 지금도 노력하고 있는 이유입니다. 이러한 노력은 반대와 왜곡을 겪어왔습니다. 이렇게 말하는 사람들이 있습니다. "혁명으로 월급도 적어지고 구매력도 낮아져 한 달에 20프랑밖에 못 버는 사람들이 있다. 왜 그런가? 임금의 12분의 1 때문에, 12퍼센트 때문에, 공제 때문에!" 동지 여러분, 이것은 조악한 모욕입니다! 우리가 이 함정에 빠지면 안 됩니다. 우리가 임금의 12분의 1, 즉 임금의 12퍼센트를 원천 징수했기 때문에 월 20프랑을 받는 사람이 있다면 이 것은 무엇을 의미할까요? 12퍼센트를 공제했기 때문에 월 급여가 20프랑에 불과한 사람은 급여의 100퍼센트를 환급받게 됩니다. 따라서 월말에 22.40프랑을 받게 됩니다. 계산은 이렇게 해야 맞는 거죠!

대중 투자 협력[EPI: Popular Investment Effort]이나 기타 공제 때문에 사람들의 임금이 날아갔다 말하지 마세요. 맥주, 케밥, 적극적 사치, 소비 습관 때문에 임금이 사라진 것이죠. [박수] 외상으로 산 차를 타고 다니는 사람들, 사기꾼들, 돈을 늘리기 위해 주술사에게 가는 사람들, 이들은 더 이상 구매력을 갖지 못한 사람들입니다.

하지만 혁명은 우리를 위한 것이며, 우리의 노력은 우리 모두를 위한 것입니다. 이것이 제가 여러분에게 다가오는 예산 회의를 즉시 조직해야 한다고 말씀드리는 이유입니다. 우리는 우리의 투사들에게 이 회의가 지금까지 해왔던 것과 같은 노선을 따라 계속될 것임을 널리 알려야 합니다. 특히 이번 예산 회의의 목적은 국민을 위한 성공적인 노력을 강조하는 것이 될 것이라는 점을 강조해야 합니다. 그렇기 때문에 다음 예산부터 더 이상 EPI는 없을 것입니다. [박수]

전액 임금 복원이 마음에 들지 않으시는 것 같군요. 저도 압니다. 하지만 동지들의 심정은 이해합니다, 그렇지 않습니까? ["예!" 소리] 진심이 여러분에게 닿지 못했습니다. 여러분의 용기 있는 의견이 받아들여지지 않았군요. 우리가 임금을 회복하는 것은 우리가 노력한 만큼의

성과가 있었기 때문입니다. 우리는 인민들에게 솔직해지기를 원합니다. 우리가 줄 수 없는 것은 절대 약속하지 않습니다. [박수] 임금 인상을 약속하고 임금을 지급하지 않는 국가도 있습니다. 우리는 임금 공제를 약속했습니다. 우리가 공제를 했습니까, 안 했습니까? ["예!" 외침] 그렇게 우리는 약속을 지켰습니다! [박수]

그게 차이점입니다. 임금 공제를 하겠다고 하면 실제로 공제합니다. 그리고 그것은 확인할 수 있습니다. 여러분 중 실수로 임금이 공제되지 않은 사람이 한 명이라도 있다면 그는 예산부에 이 사실을 알려야 합니다. [웃음] 국가혁명위원회는 이러한 노력을 국가 발전을 위해 사용할 계획입니다. 이것은 가능합니다. 우리가 단결하고 어깨를 나란히 하고 있기 때문에 가능한 일입니다. 그러나 이번 제1차 CDR 전국 회의 이후 우리는 두려움 없이, 동정심 없이, 나약함 없이, 쓸데없는 감정 없이 적과 싸우는 법을 배워야 합니다. 우리가 그들의 눈물에 감동할 때마다 패배하는 것은 바로 우리 자신입니다.

무사 응곰은 눈물을 흘리며 다른 사람들도 따라 울게 했습니다. 하지만 이곳 병원에서 치료할 수 있는 단돈 1,000프랑의 약이 없어 아이들이 죽어갈 때, 60억 프랑이면 아이들을 치료할 수 있는 약을 600만 번 살 수 있었다는 사실을 모두가 이해하고 있었습니다. 무사 응곰의 눈물은 우리를 감동하게 하지 못했습니다. [박수] 그리고 여러분 중에 부르주아, 반동 세력, 반혁명 세력의 영향에 민감하고 예민한 마음을 가진 사람이 있다면, 그들은 굳건히 서기 위해 노력해야 합니다.

동지 여러분, 이 회의에 참여하기 위해 멀리서, 특히 부르키나파소 외부에서 오신 모든 분께 인사를 보냅니다. 지식을 찾기 위해, 또는 조국을 위해 더 많은 것을 생산할 수 있는 능력을 찾기 위해 떠났을지도

모를 그 나라로 안전하게 돌아가시길 바랍니다. 나는 그들이 그곳의 동지들에게 국가혁명평의회의 메시지와 그들이 직접 참여한 이번 제1차 CDR 전국 회의의 결의를 전달해 주기를 바랍니다.

가까운 지방이나 먼 지방에서 오신 분들에게 안전한 귀환을 기원합니다. 안전한 귀향길 되십시오. 무사히 각자의 지방으로 돌아가 국가혁명평의회와 혁명수호위원회의 메시지를 전할 수 있기를 바랍니다. 나는 그들의 안전한 귀향을 기원하며, 우리가 겪고 있는 사태가 더 이상 재발하지 않도록, 이러한 사고로 인해 우리가 전투원을 잃지 않도록, 이러한 사고로 인해 우리가 장비를 잃지 않도록 조심해 달라고 촉구합니다.

우리는 이 기회를 빌어 우리 혁명수호위원회가 지금까지 장비를 제대로 관리하지 못했다고 인정해야 합니다. 차량, 펌프, 발전기, 타자기, 확성기, 마이크, 심지어 무기까지 고장났습니다. 이것은 정상이 아닙니다. 이제부터는 우리 인민에 대한 존중의 의미로 우리 장비를 더 잘 관리해야 합니다. 이 물건들은 우리 인민이 획득한 것이고, 인민의 것이기 때문입니다. 우리는 그것을 잘 관리해야 합니다. 차량을 훼손하는 사람들은 자신이 인민의 차량을 훼손하고 있으며, 인민을 경멸하고 모욕하고 있다는 것을 알아야 합니다.

혁명수호위원회 국가사무국의 큰 노력에 대해 다시 한번 축하를 전합니다. 역경과 모욕, 비난에도 불구하고 효율적으로 발전하고 있는 혁명수호위원회 국가사무국은 매일 발전하고 있습니다. 매일 개선되는 효율성. [박수]

CDR의 첫 전국 회의가 막을 내리고 있습니다. 그러나 동시에 다른 전국 회의, 다른 회의, 우리 혁명의 심화, 우리 혁명의 급진화를 위한 문을 열어줍니다. 그러니 지금 당장 앞으로의 있을 전투에 대해 열심히 생각하시기를 바랍니다. 여러분도 진정으로 확고한 투쟁, 진정한 투쟁, 의식적이고 일관된 투쟁에 참여하기를 바랍니다.

나는 부르키나혁명수호위원회 제1차 전국 회의의 폐회를 선언합니다.

조국 아니면 죽음을, 우리는 승리할 것입니다!

감사합니다.

[박수와 함성]

니카라과 편에서

다니엘 오르테가 방문 환영 인사말

1986년 8월 27일

니카라과의 다니엘 오르테가 대통령은 1986년 8월 대표단을 이끌고 부르키나파소를 방문했다. 8월 27일 공식 만찬에서 상카라는 오르테가에게 부르키나파소 최고 훈장인 나후리 금성 훈장을 수여했다. 상카라의 연설은 1986년 8월 29일자 <시드와야>에 게재되었다.

니카라과 혁명 지도자의 부르키나파소 방문은 영광스러운 일이자 정치적으로 큰 의미가 있는 일입니다. 아시다시피 니카라과는 지리적으로나 역사적으로 우리나라와 매우 멀리 떨어져 있습니다. 하지만 수천 킬로미터의 거리, 언어 장벽, 문화적 차이에도 불구하고 니카라과 혁명 공화국의 대통령 나니엘 오르테가 동지가 우리와 함께 있습니다. 오르테가 동지께 경의를 표합시다.

대통령 동지:

먼저 저와 부르키나베 국민을 대표하여 여러분과 동행한 대표단 모두 자유 아프리카 부르키나파소 영토에 오신 것을 환영합니다. 저와 부르키나베 국민은 자부심과 기쁨을 느끼며 오늘 여러분을 환영합니다.

오르테가 동지:

니카라과와 부르키나의 공통점이 무엇인지 궁금해하는 사람들에게 저는 바다와 대륙을 가로질러 우리 두 나라가 전 세계 사람들을 위한 평화, 정의, 자유라는 동일한 이상을 공유한다고 답하고 싶습니다. 우리는 제국주의가 오만하게 그 촉수를 뻗고 있는 이 시기에 이 이상을 지키고 수호하기 위해 힘을 합칠 것입니다. 또한 개발도상국으로서, 77그룹과 비동맹 운동의 회원국으로서, 그리고 자유와 존엄의 길을 선택한 국가로서 유대와 이해관계의 전체 네트워크가 우리를 하나로 묶어줍니다.

대통령 동지:

부르키나와 니카라과는, 서방에 충성을 맹세하지 않는 사람은 동방을 위해 일하는 자라는 이 세계의 단순한 이분법을 받아들일 수 없습니다. 우리 비동맹 국가들은 블록 정치가 세계 평화에 해롭다고 생각합니다. 우리는 서방의 뒷마당이나 동방의 전진기지가 되기를 거부합니다. 우리는 양쪽 모두와 기꺼이 협력할 의향이 있지만, 우리는 다를 권리를 요구합니다.

그러나 우리의 가장 본질적인 이해관계가 걸린 강대국들의 축구 경기에서 우리가 무관심한 관중이 되기를 기대하는 사람은 아무도 없습니다. 우리도 국제 사회의 주역입니다. 우리는 우리의 열망에 가장 부합하는 정치 및 경제 체제를 선택할 권리가 있습니다. 그리고 우리에게는 대규모 산업 카르텔이나 핵무기를 보유하고 있지 않더라도 더 정의롭고 더 평화로운 세상을 위해 노력해야 할 의무가 있습니다.

이러한 이유로 대통령 동지, 당신과 저는 우리 인민들과 함께 식민주의, 신식민주의, 인종차별주의, 시오니즘, 그리고 모든 형태의 침략,

점령, 지배, 외부 간섭을 그것이 어디로부터 온 것이든 규탄하기로 했습니다.

우리는 팔레스타인의 시오니즘과 마찬가지로 남아프리카공화국의 아파르트헤이트를 규탄하고 이에 맞서 싸웁니다. 우리는 리비아와 최전선 국가들에 대한 침략에 항의하듯 니카라과에 대한 침략에 항의합니다.* 우리는 나미비아 점령과 마찬가지로 그레나다 침략을 규탄합니다. 우리는 이 사람들이 정의를 얻을 때까지 멈추지 않을 것입니다.

우리에게 니카라과는 어떤 나라입니까? 그저 아메리카 대륙의 한 국가라는 것만으로는 충분하지 않습니다. 그것은 용서할 수 없는 태만으로 진실을 숨기는 것에 해당할 수도 있습니다. 우선 니카라과는 4세기에 걸친 가혹한 식민 통치, 전리품을 차지하려는 라이벌 집단 사이의 100년 내분, 50년간의 피비린내 나는 탐욕스러운 독재 정권을 의미합니다. 니카라과는 지배와 착취, 억압에 맞서 싸우고 있습니다. 외국의 지배에 맞선 투쟁입니다. 제국주의, 그리고 그 지역 하수인들과 벌이는 직접적이고 공개적인 대결입니다.

니카라과의 남성, 여성, 어린이들은 항상 그래왔고 앞으로도 그러할 것이듯이, 노예제도와 맞서 싸우고 있습니다. 그 수가 거의 300만 명에 달합니다. 마르크스주의자, 지식인, 농민, 신자, 불신자, 부르주아, 애국적인 부지들이 굴욕에 맞서 싸우고 있습니다. 그리고 가난한 사람들도 있습니다. 이들은 모두 동지이자 투사입니다. 그들은 같은 이상을 위해 싸우고 죽어 가면서 라틴 아메리카의 위대한 역사에서 가장 아름답고 고귀한 페이지를 쓰고 있습니다.

* 이 책 46쪽, 연표 참조. 1986년 4월 15일; 1986년 5월 19일.

수천 명의 아이들이 전투에서 목숨을 잃었습니다. 여성들은 고문과 강간을 당한 후 쓰러졌습니다. 전투원들이 찔려 죽었습니다. 사제들은 민중의 적을 격퇴하기 위해 미사를 중단하면서, 칼라시니코프 소총을 들고 진보적인 복음의 이름으로 불을 뿜었습니다.

동지들이여, 자유로워진다는 것은 얼마나 어려운 일입니까!

친애하는 니카라과 형제 여러분, 우리는 여러분의 육체와 영혼의 고통을 이해합니다. 네, 행운이 미소 짓지 않는 나라들이 있습니다. 불쌍한 니카라과, 하느님과는 너무 멀고 미국과는 너무 가깝습니다.[*] 예, 그러한 조건에서 태어나서 자유롭게 살기란 어렵습니다.

하지만 영웅은 발로 뛰다 죽습니다. 그들은 조국을 위해 죽는다고 말하지 않습니다. 그들은 그저 죽습니다. 그리고 그들의 피는 혁명의 토양을 비옥하게 합니다. 그렇게 산디노Sandino는 피를 흘렸고, 1979년 어느 여름날 산디니스타 혁명은 승리를 거두었습니다. 산디니스타 민족해방전선은 니카라과 민중들의 투쟁을 승리로 이끌었습니다. 1979년 7월 19일, 신은 니카라과를 통과했습니다. 이 새로운 새벽은 전 세계에서 환영받았습니다. 미국도 마찬가지였습니다. 태어난 것만으로는 충분하지 않았습니다. 니카라과는 살아야 했습니다. 자유롭게 산다는 것은 얼마나 어려운 일입니까!

니카라과 인민의 축제가 수많은 적대 행위로 인해 드리워진 그림자로 중단되어야만 할 필요가 있었나요?

니카라과와 함께 라틴 아메리카에서 폭발적인 상황이 전개되었습

---

[*]　부패한 통치로 1910년 혁명을 촉발시킨 멕시코 대통령 포르피리오 다아즈Porfirio Diaz의 표현을 바꿔 말한 것: "불쌍한 멕시코, 신과는 너무 멀고 미국과는 너무 가깝다."

니다. 음모가 시작되었습니다. 처음에는 이성에 호소하자는 이야기가
나왔고, 협박과 폭력으로 질식해 버린 협상에 대한 소문이 돌았습니다.
북미 여론은 혼란스럽고 분열되었습니다. 니카라과 정권은 마르크스-
레닌주의자로 비난받았고, 또 다른 쿠바라고 불렸습니다. 니카라과에
대한 불신임 캠페인이 전개되었습니다. 독재 정권이라고 불렀습니다.
그들은 증오를 정당화하기 위해 니카라과가 외부에서 조종당하고 있다
고 주장하면서, 이웃 국가들을 불안정하게 만들기 위해 니카라과가 여
러 활동들을 수행하고 있다고 꾸며댔습니다.

그래서 현지에서 '라스 베스티아스'(las bestias), '로스 페로스'(los
perros), 즉 짐승과 개라고 불리는 소모사 일당과 그들의 경비병이 다시
깨어났습니다. 그들은 미국 달러로 큰 지원을 받았습니다. 자매국가와
이웃 국가들이 그들을 보호하고 훈련하고 장비를 제공했습니다. 반혁
명은 제도화되었습니다. 그리고 거기에는 새로운 공포의 육식 동물인
콘트라가 있었습니다.

때때로 소강상태가 이어졌습니다. 그 상태가 지속될 것이라는 희
망도 있었습니다. 하지만 불길은 내부에 잠복해 있다가 다시 타오르기
시작했습니다.

자유롭게 살아간다는 것, 더 나은 미래를 희망한다는 것. 니카라과
사람들에게는 쉽지 않은 일입니다. 이것이 바로 부르키나베 사람들이
단순히 시적 영감이 아니라 자기 생각을 말하고자 하는 혁명적 의지에
서 탄생한 이 시를 여러분과 함께 부르는 이유입니다.

제국주의자들이 배회하고 있다

불타는 땅 깊은 곳에서,
결연한 민중의 항쟁이 일어나네.
하루하루가 투쟁의 날이고
적의 몰락을 선포하는 전투의 날이니.

그러나 치러야 할 대가는 무겁다—
매일 피가 강물 되어 흘렀네.
어머니들은 전선에서 죽은 자식들을 애도했다.
자식들은 최선을 다해 아버지를 묻었다.

콘트라가 일으킨 이 어둠 속에서,
아기들은 젖병을 잃었다네.
대신 칼라시니코프를 움켜쥐고,
성장한 자신을 발견했네.

하얀 신부 베일은 피로 물들었고,
애국적인 사제들은 시대의 징조를 알아차렸네.
니카라과인으로서 자유롭게 산다는 게 얼마나 힘든 일인가.
동료를 위해 죽는다는 것은 얼마나 달콤한 일인가.

니카라과는 승리한다. 이미 인민들은 글을 읽을 줄 안다.
그들은 글을 쓰고, 스스로를 지키고, 자기 밭을 일구고, 웃는 법을 다시 발견하네.

혁명은 승리할 것이다.

콘트라 반군, 그들은 지나가지 못하리라!(no pasaran!)*

당신의 땅, 우리의 땅은 진정한 보상을 알게 될 것이니

우리의 천재성에 감사하라.

니카라과 옆에는 부르키나가 서 있을 것이다.

혁명은 무적이기에 민중이 통치할 것이다.

그래서 고요하고 향기로운 대지의 깊은 곳에서

완벽한 교향곡으로 형제애의 함성이 울려 퍼질 것이다.

동지 여러분, 이러한 모든 이유로, 저는 부르키나베 국민의 이름으로 여러분에게 자부심의 상징을 선물하게 되어 영광과 기쁨을 느낍니다.

자유 조국 아니면 죽음을!

조국 아니면 죽음을, 우리는 승리한다!

---

* "그들은 지나가지 못하리라(no pasarán!)"스페인 내전(1936-39) 당시 공화당 정부의 슬로건으로, 미국이 조직한 콘트라 군대와 혁명의 전쟁 중에 니카라과 정부가 채택한 구호.

“혁명은 우리의 일상적인 리듬이 되었습니다.
대중의 의식적인 동원이 도취감을 대체하고 있습니다.”

와가두구, 1985년 8월 4일. 혁명 2주년을 기념하는 여성 퍼레이드

(©Pat Hunt/*Militant*)

1984년 9월, 200명의 자원봉사자가 오아히구야 인근에서
관개용 댐을 건설하고 있으며, 현장에서 일하는 남성들을
위해 여성들은 0.5 마일 이상의 거리를, 돌을 나르고 있다.
1983년과 1987년 사이에 건설된 댐은 32개로, 이전 23년
동안 20개였던 것에 비해 크게 증가했다.
(ⓒ영상 시퀀스: Didier Mauro/*Orchidees*)

"잠식해 오는 사막과 벌이는 싸움은 인간과 자연, 사회 간의 균형을
위한 싸움입니다. 이는 정치적인 싸움이기도 합니다."

❶ 1985년 8월, 쿠두구의 직물 공장.(ⓒMarla Puziss/*Militant*)
❷ 와가두구의 주택 단지 건설, 1987년.(ⓒErnest Harsch)
❸ CDR 회원들이 주택을 짓는 모습, 1984년.(ⓒAugusta Conchiglia/*Afrique Asie*)

❶ 1987년 10월 와가두구 주택 단지의 식수 행사에 참여한 국제 반아파르트헤이트 회의 대표단. (ⓒMargaret Manwaring/*Militant*)

❷ 전통적인 나무 채집.(ⓒCharaffi El/*La documentation francaise*)

"혁명은 자신의 책임을 자각하고 새로운 기술로 무장하여
미래로 향하는 새로운 농민을 탄생시켰습니다."

토마토 수확, 소로우 계곡, 1986년. 혁명 정부는 집권 직후 이 북부 계곡의 주민들을
동원해 강을 정비하고, 댐과 관개 시스템을 만들었다.

❶ 오트볼타, 1979년. 한 농부가 손잡이가 짧은 호미를 이용해 기장을 경작하고 있다.
  (ⓒRafi/*La documentation francaise*)
❷ 1986년 4월, 오아히구야 인근의 농업협동조합.(ⓒ*United Nations*)

❶ 1985년 8월, 보보-디울라소에서 열린 농업 박람회에서 개선된 주방 화덕을 홍보하는 혁명수호위원회 부스 직원들.

❷ 1985년 8월 4일, 쿠리텡가 주 고등판무관 제르메인 피트로이파가 전차대대 졸업생들을 심사하고 있다. 30명의 지방 고등판무관 중 10명이 여성이었다.

❸ 혁명 2주년 기념식 다음 날인 1985년 8월 5일 〈시드와야〉. 1면 사진은 가두 행진에 참여한 여성 전투원들이다. 헤드라인에는 "여성들은 장엄했다!"라고 적혀 있다.

❶ 아이티 포르토프랭스의 시테 솔레이 빈민가 하수처리 호수 근처 어린이들. 1988년.
　(ⒸTony Savino)

❷ 제국주의 은행들이 제3세계에 부과한 외채의 부담스러운 무게와 폭발성을 묘사한 쿠바의 만평.
　1985년. 상카라는 부채를 탕감하고 모든 이자 지급을 유예해야 한다는 피델 카스트로 쿠바 대
　통령의 요구를 지지했다. (ⒸNuez)

1986년 11월 8일, 니카라과 마나과. 상카라가 산디니스타 민족해방전선 창립 25주년과 창시자 카를로스 폰세카의 전사 10주기를 맞아 국제 대표단을 대표해 20만 명의 군중 앞에서 연설한다. 1979년 7월, 대중 봉기로 미국의 지원을 받는 독재 정권을 무너뜨리고 니카라과에서 노동자와 농민 정부가 집권했다.

❶ 모리스 비숍, 그레나다 노동자 농민 총리. 1979-83년. 미국은 1983년 10월 반혁명 쿠데타로 그레나다를 침공했다.(©*Militant 3:* Barricada)

❷ 농업 개혁을 지지하는 집회. 1983년 12월. (©*Prensa Latina*)

❸ 1986년 8월, 와가두구의 부르키나를 방문한 다니엘 오르테가 니카라과 대통령과 상카라. 사인판에는 "인민은 작지만, 세계에서 가장 강력한 제국주의를 정복할 수 있다."고 써 있다. (©Michael Baumann)

"우리의 외교 정책은 아파르트헤이트에 맞서는 아프리카 민족과 맺는 연대, 민족 해방 운동에 대한 지원, 반제국주의적 단결입니다."

❶ 남아프리카공화국 미들버그. 정치범 석방을 요구하는 반아파르트헤이트 정권 시위. 1986년 3월. (ⒸGillian Edelstein)
❷ 아프리카민족회의(ANC) 지도자 마크 쇼프와 회의에 참석한 상카라. (ⒸErnest Harsch)
❸ 1987년 10월 와가두구에서 열린 반아파르트헤이트 회의 로고. 포스터 문구: "아파르트헤이트는 반인륜적 범죄다! 그것을 비난하는 것은 좋은 일이고, 그것을 전복하는 것이 최선이다!"

❶ 남아프리카 식민 통치에 반대하는 나미비아의 투쟁에 연대하는 부르키나파소 집회. 1980년대 중반.(©Tony Savino)

❷ 1991년 5월 앙골라의 쿠바 전투원들. 1975년부터 1991년까지 37만 5,000여 명의 쿠바 자원군이 미국의 지원을 받은 남아프리카공화국의 앙골라 침공을 물리치는 데 힘을 보탰다. 이 승리로 아파르트헤이트 정권은 앙골라에서 군대를 철수, 나미비아의 독립을 인정하고 ANC 지도자 넬슨 만델라를 석방해야 했다. (©Arnaldo Santos/*Granma*)

“부르키나베 혁명은 아프리카 사람들의 손에 달려 있습니다.
혁명만이 신식민주의와 제국주의의 지배에서 벗어날 수 있게 해줄 것입니다.”

혁명 중 오로다라에서 열린 집회. (ⓒBara)

“부르키나베 혁명은 아프리카 사람들의 손에 달려 있습니다.
혁명만이 신식민주의와 제국주의의 지배에서 벗어날 수 있게 해줄 것입니다.”

비동맹 운동은 무엇을 하고 있나?

비동맹 정상회의, 하라레
1986년 9월 3일

1986년 9월 1일부터 7일까지 짐바브웨 하라레에서 제8차 비동맹 국가 운동 정상회의가 개최되었다. 상카라의 이 연설은 1986년 9월 12일자 《까르푸 아프리깽》에 게재되었다.

하라레에서 열린 8차 회의는 해방 운동의 기대에 부응해야 합니다. 그래서 이번 정상회의는 비동맹과 해방 투쟁의 구체적인 요구, 특히 동맹과 지원 사이의 긴밀한 관계라는 긴급한 주제 아래 진행되어야 합니다.

전 세계 민중들의 투쟁 경험은 우리가 투쟁 과정의 필요에 따라 강대국들로부디 어찔 수 없이 많은 지원을 받는다 해도 비동맹이 될 수 있고 또 그래야 한다는 것을 매일 보여 주고 있습니다. 이의 성공을 위해서는 일관되고 근본적으로 정확한 정치적 노선으로 투쟁의 올바른 지도력을 보장하는 이념으로 무장해야 합니다. 이 자유 투쟁의 세 가지 차원은 반식민지적 차원, 반제국주의적 차원, 계급 투쟁적 차원입니다.

독립을 쟁취한 사람들은 반식민지 투쟁 덕분에 성공할 수 있었습니다. 독립은 신식민주의와 제국주의에 맞서는 또 다른 투쟁이 뒤따라야 한다는 것을 이해했을 때 비로소 현실이 되었습니다.

우리는 세계가 착취하는 자의 진영과 착취당하는 자의 진영이라는 두 개의 적대적인 진영으로 나뉘어 있다고 믿습니다. 원칙적으로 모든 민족 해방 투쟁은 피착취자 진영의 일부이며, 전 세계 민중의 이익을 위한 것입니다. 민중 진영에 속한 모든 국가와 정부 사이에는 자동적인 동맹이 자연스레 형성됩니다. 그러나 이것만으로는 새로운 속박으로부터 국가를 보호하기에 충분치 않습니다. 우리는 더 멀리 보고 영구적인 투쟁을 계속할 수 있어야 합니다. 우리는 예속되지 않고도 도움을 받을 수 있습니다. 우리는 동맹을 맺으면서도 독립적이고 비동맹적인 태도를 유지할 수 있습니다. 우리는 우리의 자율성을 지키면서 다른 사람들과 같은 무리의 일원임을 선언할 수 있습니다. 이것이 우리의 깊은 신념입니다.

의장 동지;

귀빈 여러분;

동지 여러분;

신사 숙녀 여러분:

저는 비동맹에 대한 저의 구상에 대해 연설할 수 있는 특별한 기회를 주셨고, 무엇보다도 귀중한 조언을 주셨던 인디라 간디 여사를 기억하며 경의를 표하고 싶습니다. 오늘 저는 그가 그립습니다.

나이와 연륜 면에서 가장 어린 저는 이 세상의 청년, 제3세계 청년, 아프리카 청년, 부르키나파소 청년의 감정을 여러분에게 설명해야 할 의무감을 느낍니다. 저는 어린 시절에 비동맹 운동에 대해 들었고, 청소년기에 비동맹 운동이 식민주의, 신식민주의, 제국주의, 인종주의에 대항하는 세력이라고 열광적으로 선언했던, 그래서 비동맹 운동은 화산처럼 포효하며 곧 지구를 불태워 새로운 국제 질서를 만들어낼 힘이라고 믿었던 저와 같은 모든 사람의 생각을 대변하려 합니다.

지금은 1986년이고 제 열여덟 번째 생일은 이미 오래전에 지났습니다. 우리나라의 역사는 저를 비동맹 운동의 지도자 중 한 명으로 자리매김했습니다. 비동맹은 벌써 25년이 되었습니다. 오늘날에는 확신, 승리에 대한 열정적인 약속, 희망적인 만족감 대신 실망, 실패, 좌절감이 더 많이 자리 잡았습니다. 아마도 이것을 현실과 현실주의라고 부를 수 있을 것입니다. 그렇다면 현실주의란 얼마나 슬픈 것인가요! 그렇다면 저는 그것보다는 꿈을 더 원합니다! 이 꿈은 그 당시 가장 대담한 행동을 가능하게 했으니까요. 그리고 이 야생성이 있었기 때문에 사람들은 식민주의의 야만성에 맞서 싸울 수 있었고, 승리를 믿었으며, 실제로 승리할 수 있었습니다.

물론 비동맹 운동이 결성된 후 모든 반식민주의자가 승리를 거둔 것은 아닙니다. 많은 국가가 비동맹 운동이 탄생하기도 훨씬 전에 어떤 형태로든 독립을 쟁취했습니다. 그러나 근본적으로 다양한 형태를 취하며 독립으로 이어진 투쟁의 철학은 비동맹 운동의 일반 원칙을 적용한 것과 다르지 않았습니다.

비동맹 운동에 활기를 불어넣은 꿈은 도덕적으로 정의롭고 과학적으로 논리적인 사업, 즉 유엔 무역개발회의(UNCTAD: United Nations Conference on Trade and Development)와 신국제경제질서(New International Economic Order)라는 경제 프로젝트를 탄생시켰습니다. 이러한 만남은 타고 난 특정 개혁주의적 특성에 의해 제한되었지만, 그런데도 일부의 유토피아가 다른 사람들의 실용주의적 신중함과 결합하여 유익한 결과를 낳은 것은 사실입니다. 이 두 흐름의 결합은 경제 관계가 우리 민족에게 불리하지 않은 질서를 촉진하도록 힘을 만들어 냈습니다.

우리가 선호하는 대담한 꿈은 한때 디아스포라의 형제들을 모든 대륙에서 짐승의 지위로 강등시킨 인종 파시즘에 대해 조종을 울렸다고 믿게 한, 끓어오르는 반인종주의, 반아파르트헤이트, 반시오니스트 열정이었습니다. 중동에서 가장 악랄하게 정의를 부정하고 팔레스타인 사람들의 불행을 초래한 바로 그 인종 파시즘입니다. 여기서 멀지 않은 곳에서 피터 보타와 그의 상부 구조가 히틀러의 역할을, 그리고 또다시 흑인이 비아리아계 역할을 맡게 된 우리 시대의 나치즘, 인종 파시즘이 다시 등장했습니다!

비동맹 운동은 이러한 각성과 함께 코끼리에게 무자비하게 짓밟히는 풀이 되기를 거부하고 맞서 싸우는 것을 의미합니다. 그것은 존중되어야 하고 반드시 고려되어야 할 힘입니다. 비동맹 운동은 다시 주창된 존엄성입니다.

하지만 오늘 우리는 이렇게 외치고 싶습니다: "티토, 네루, 나세르, 크와메 응크루마, 일어나세요! 비동맹 운동은 죽어 가고 있습니다!" 우리는 우리의 호흡과 믿음에서 나오는 모든 힘을 다해 그들에게 외치고 싶습니다: "도와주세요! 나미비아는 여전히 점령당하고 있고, 팔레스타인 사람들은 여전히 집을 찾고 있으며, 외채는 우리를 괴롭히고 있습니다." 누가 감히 이를 부정할 수 있을까요?

팔레스타인 사람들이 점점 더 흩어지고 있는 것을 알지 못하시나요? 심지어 팔레스타인 영토 주변의 고위험 지역에서 수천 마일이나 떨어져 있어서, 그들을 환영할 준비가 되어 있는 주권 국가들에서조차 공

격과 폭격을 받고 있다는 것을 우리가 알지 못하나요?* 비동맹 운동은
아직 팔레스타인 사람들의 권리를 회복해 주지 못했습니다. 수십 년 동
안 방황하며 어젯밤을 어디에서 보냈는지만 알 수 있을 뿐, 다음 날을 어
디에서 보낼지는 알 수 없는 이 형제들에게 PLO의 비동맹 운동 가입은
더 이상 진정한 효과를 발휘하지 못합니다! 그리고 이것은 오랫동안 계
속되어 왔습니다. 그들도 비동맹 운동에 확실한 보호를 기대합니다.

남아공의 나미비아에서는 흑인들이 여전히 보호구역에서 노예 취
급을 받고 있습니다. 그 어디도 고향 같은 곳은 없다는 표현은 전 세계인
에게 받아들여지고 있습니다. 하지만 남아공의 형제들에게 이 말은 거
짓입니다. 흑인에게는 조국이 고향이 아닙니다. 남아공은 세계에서 유
일하게 집단 감옥의 역할을 하는 조국입니다. 흑인으로 태어났다면 자
유의 공기를 마시기 위해 남아공을 떠나야만 합니다. 그들도 비동맹 운
동에 대한 믿음이 있었습니다. 비동맹 운동의 지원은 다른 사람들의 지
원과 함께 그들을 자극했습니다. 그들은 마을에서 나와 인종차별주의
자들과 맞섰습니다. 안타깝게도 점점 더 많은 흑인이 죽어 가고 있습니
다. 백인들의 곤봉과 경찰견에 이어 인종차별 진압의 기본 도구가 된 최
루탄과 폭발하는 총알이 등장했습니다.** 비동맹 운동은 어디에 있나
요? 비동맹 운동은 무엇을 하고 있을까요?

우리는 나치즘의 본거지였던 피터 보타의 벙커에서 비행기로 한

---

*　1985년 10월 1일, 이스라엘 공군이 튀니지 튀니스에 있는 팔레스타인해방기구 본부를 폭격하
여 60여 명이 사망했다. 튀니스는 이스라엘 국경에서 1,500마일(약 2,300킬로미터) 이상 떨
어져 있다.

**　당시 남아공의 흑인 마을에서는 1984년 말부터 시작된 반란이 한창 진행 중이었다. 이를 진압
하려던 아파르트헤이트 국가 군대는 수백 명의 청년과 노동자를 살해했다.

시간 거리에 있는 하라레에 있습니다. 우리는 백인의 총탄에 쓰러진 아이들을 파묻고, 탄압으로 인해 매일 관을 땅에 묻는 어머니들이 있는 마을에서 그리 멀지 않은 곳에 있습니다. 그렇습니다, 이 8월의 안전한 회의장 밖에서 죽음은 백인이 아닌 모든 사람의 운명입니다. 도덕적 고통은 꼭 흑인이 아니더라도 피부색에 따라 사람을 나누는 것에 반대하는 이상을 가진 모든 사람에게 막심한 것입니다. 네, 이곳을 떠나 몇 걸음만 나가면 죽음이 최고의 구원이자 자유로 가는 유일한 길인 세상을 발견하게 됩니다.

그런데 우리는 무엇을 하고 있을까요? 계속해서 남아공의 흑인 형제들을 불같은 연설로 채찍질하고 그들을 기만하여 재빨리 인종 차별적 무리에게 던져 줄 것인가요? 우리가 흑인에게 유리한 세력 관계를 만들기 위해 한 일이 이무것도 없었다는 것을 잘 알고 있습니까? 우리가 참여하지도 않은 투쟁을 악화시킨 것은 범죄가 아닌가요?

남아프리카의 야수들로부터 우리를 보호하는 살아있는 성벽이라할 최전선 국가에 대한 우리의 의무는 어떻습니까? 우리는 비동맹 회원국으로서 우리의 의무를 다하고 있습니까? 이 나라[짐바브웨]는 폭격을 받았고, 다른 최전선 국가들도 중개자 역할을 하는 산적들에 의해 직간접적으로 정기적인 군사적, 경제적 공격을 받고 있습니다. 비동맹 운동은 무엇을 하고 있나요?

물론 우리는 하라레에서 모임을 가짐으로써 남아공과 최전선 국가에서 투쟁하는 모든 이들과 연대를 표명하고 있습니다. 우리는 곧 우리가 방치해 버릴 사람들에게 보복적 분노를 집중할 인종차별주의자들을 자극하고 있음을 잊지 맙시다. 우리는 무엇을 할까요? 지지, 연민, 비난의 메시지를 보낼까요? 아닙니다! 그런다고 살해당한 아이들이 어머니의 품으로 돌아갈 수는 없습니다. 그것은 파괴된 국가 경제를 회복시키지는 못할 것입니다.

우리가 떠나자마자 우리의 위협적인 연설 때문에 피터 보타가 만장일치로 반아파르트헤이트 정상회의를 유치해 무례한 죄를 지은 짐바브웨에 폭격기를 보낸다면, 우리는 어떻게 해야 할까요? 로버트 무가베를 경하하고 칭찬하는 것은 소용없습니다. 그와 전선의 다른 모든 사람을 보호하는 것이 더 중요합니다.

비동맹 운동은 우리의 발전을 위한 투쟁이기도 합니다. 오늘날 우리 경제는 부채라는 끔찍한 문제로 타격을 받고 있습니다. 채권자들로부터 매일 위협을 받는 이 문제에 대해 우리는 비동맹 운동을 그저 바라보고만 있습니다. 그래서 우리 각자는 자신의 방식으로 자신의 곤경을 완화하려고 노력했습니다. 어떤 이들은 빚을 갚겠다고 말하지만, 유예를 요청합니다. 다른 사람들은 일방적으로 모라토리엄을 선언할 것을 생각합니다. 또 다른 사람들은 빚을 갚을 수 없다고 생각합니다. 사실 우리는 모두 자본가들이 원하는 방식으로 빚을 갚고 있습니다.

하지만 우리는 거절할 수 있어야 합니다. 빚을 갚는 것은 의무에 대한 존중을 전제로 한 도덕적 선택이 아니기 때문입니다. 구체적으로 해결해야 할 문제입니다. 객관적으로 우리는 계속 갚을 수 없습니다. 초등 산술이 이를 증명합니다. 그러니 우리의 유순함에서 나온 개별적 지불은 그만합시다. 보너스를 한두 번 받겠다는 은밀한 희망으로 형제를 배신하여 채권자들과 협상하는 것을 그만둡시다. 이러한 호의는 모멸감, 수치심, 배신에 대한 보상입니다. 논리적으로 따진다면, 도덕적 수준에서 그것은 경제 문제에 대한 우리의 빈약한 이해를 드러낼 뿐입니다. 헛된 희생입니다. 우리는 함께, 집단적으로 저항해야 합니다. 비동맹 운동은 무엇을 하고 있나요?

이 모든 질문은 티토, 네루, 나세르, 콰메 응크루마가 떠난 지금 비동맹 운동이 어떤 힘을 가졌는지 스스로에게 물어보도록 이끌 것입니다.

아직도 해결하지 못하고 있는 비동맹 운동 회원국 간의 반목과 갈등, 그레나다, 리비아, 최전선 국가들에 대한 징벌적 원정, 우리 중 일부의 취약한 경제를 망치고 있는 가뭄, 메뚜기 없는 가뭄과 메뚜기를 동반한 비 중 어느 것이 더 나은지 고민하도록 만드는 메뚜기떼의 이동. 그리고 매년 이곳에 나타나는, 일부 국가의 해안 지역을 필연적으로 황폐화시키는 사이클론도 있습니다.

이 모든 것에 대해 우리는 이 운동의 창시자들에게 도움을 요청하고 싶은 유혹을 받습니다. 그러나 그것은 해결책이 아닙니다. 첫째, 메시아주의를 버리고 싶기 때문입니다. 예, 기다릴 예언자나 메시야는 없습니다. 이것은 직시해야 합니다. 둘째, 인류 발전의 역사적 법칙이 그 자체로 근본적인 해결책을 만들어낸다는 모순에 대한 믿음이 있기 때문입니다. 그렇기에 앞서 말씀드린 실망을 숨기지 않으면서도 상황에 대한 정확한 평가가 만들어내는 투쟁에 대한 자신감에 주목하게 된 것을 기쁘게 생각합니다.

그렇습니다, 비동맹 운동은 점점 더 많은 어려움에 직면해 있습니다. 우리의 연합 전선에 균열이 생겼습니다. 우리의 전투력은 약해졌습니다. 아무도 더 이상 우리의 운동을 두려워하지 않습니다. 그러나 우리는 —당시의 현실을 감안할 때 이해할 수 있었던 태도인— 창시자들의 열정, 낭만주의, 서정주의를 버리면서 우리 운동에 새로운 활력을 불어넣어야 합니다.

의장 동지;

내빈 여러분;

신사 숙녀 여러분;

동지 여러분:

부르키나파소는 서아프리카의 작은 내륙국입니다. 비동맹 운동의 회원국인 부르키나는 비동맹 운동이 우리의 이익에 부합하고, 이 운동의 원칙이 우리의 혁명적 신념과 일치하기 때문에 회원국 자격을 유지하고 있습니다. 우리 부르키나파소는 안보, 평화, 선한 이웃, 경제 협력, 외채 문제에 대한 해결책을 모색하기 위해서 하라레에 왔습니다. 그리고 결국, 작은 나라들이, 힘이 정의라는 것을 인정하지 않는 나라들의 지혜를 경멸하고 있는 대국들의 손아귀에서 당하는 굴욕에서 벗어나고자 하는 희망을 품고 왔습니다. 비동맹 운동이 지금 당장 도움을 줄 수 있을까요, 아니면 25년을 더 기다려야 할까요?

부르키나파소는 계속해서 최빈국으로 분류되기를 거부하는 나라입니다. 우리나라 발전의 걸림돌 중 하나는 바로 이 유명한 외채 문제입니다. 우리나라는 이 부채가 오늘날 우리에 대해 비타협적이고 냉소적인 태도를 보이는, 오직 그들의 장부만 이해하는 사람들의 조언에 따라 —지옥 같은 덫에 의해— 부과되었다는 것을 알고 있습니다. 부르키나파소는, 외채기 빚을 깊기 위해 빚을 시고 더 큰 빚을 지는 악순환의 고리에 우리를 가두려는 것임을 잘 알고 있습니다. 하지만 부르키나파소는 이러한 상황을 끝내고 싶어 합니다. 그러나 부르키나파소는 혼자서는 아무것도 할 수 없고, 실제로 전혀 없다는 것을 알고 있습니다. 함께 저항하고 승리하기 위해서는 적어도 15개 이상의 다른 국가가 필요합니다.

비동맹 운동에는 100개 이상의 회원국이 있습니다. OPEC이 그랬던 것처럼, 가난한 사람들이 힘을 모으면, 부자들에게 그들의 법을 강요할 것입니다. 이것이 바로 정의의 법이 될 것입니다. 그러면 세계 경제는 재편될 것입니다. 우리는 25년 동안 새로운 국제 경제 질서에 대해 이야기해 왔습니다. 우리가 또다시 25년 동안 헛된 간청을 해야 할까요?

군축, 평화, 개발은 비동맹에게 서로 밀접하게 연관된 개념입니다. 다른 것을 위해 싸우지 않고서는 어느 하나를 진심으로 원할 수 없습니다.

기근, 무지, 질병의 종식은 개발의 전제 조건입니다. 따라서 우리는 매년 9월 8일을 기념하는 국제 문해의 날이 이 운동의 모든 진실한 구성원들에게 깊은 성찰의 기회가 되기를 바랍니다. 문맹은 우리 민족의 더 나은 미래를 위해 지구상에서 하루빨리 사라져야 할 병폐 중 하나입니다. 이것이 바로 유네스코의 활동이 존재하며 다른 것으로 대체될 수 없는 이유이며, 앞으로도 계속되어야 하는 이유입니다.

이 운동의 객관적인 약점은 우리가 원칙을 고수하지 못하는 이유를 설명합니다. 그것은 우리의 불안정성을 유발하는데, 이는 현재의 국제적 세력 관계와 이론적으로 독립적인 비동맹 국가의 입장을 결정하는 제국주의 세력의 실질적인 압력이 관련되어 있습니다. 바로 이러한 약점 때문에 제9차 정상회담의 개최국 선정은 비동맹을 거부하는 사람들과 강대국들의 뒤로 숨는 사람들에게는 악몽이 될 수 있습니다. 그들은 다른 나라의 영해에 기뢰를 투하하고, 도시를 폭격하고, 자신들에게 속하지 않은 영토를 침략하고, 특정 정부를 강제로 세우고 다른 정부를 전복하고, 단지 자신들이 가장 강하다는 이유만으로 자신들이 만들고, 조직하고, 훈련시키는 운동에 자금을 지원하기 때문입니다.

부르키나파소는 제9차 정상회의 개최 후보지였을 수도 있습니다. 우리의 발목을 잡는 것은 리셉션 시설 부족에 대한 우려가 아닙니다. 대륙을 번갈아 가며 개최해야 한다는 불문율이 우리를 사로잡는 것도 아닙니다. 우리보다 더 많은 고통을 겪은, 그래서 우리보다 더 정상회의를 개최할 자격이 있는 국가가 있다고 믿기 때문일 뿐입니다. 니카라과는 오늘날 그 어느 나라보다도 비동맹의 대가를 잘 알고 있습니다. 니카라과는 용기 있는 선택에 대해 매일 피와 땀으로 대가를 치르고 있습니다.

비동맹 회의가 개최국 니카라과에 승리의 길을 열어줄 수 있다면, 우리는 의심할 여지 없이 마나과로 가서 니카라과를 지원하고, 투쟁에 도움과 위로를 전하며, 농부들에게 평화로운 농업 노동, 반혁명 공격의 두려움 없이 아이들이 학교에 가는 것, 모든 주민에게 평화로운 밤을 보장하기 위해 노력할 것입니다.*

비동맹 운동은 반드시 살아남아 승리해야 합니다. 수천 명의 남성과 여성이 희망을 걸고 있습니다. 어제, 제3세계 청년 세대는 환희와 열정으로 비동맹 운동의 탄생을 지켜보았습니다. 나중에 실망이 찾아왔습니다. 우리 운동에 대해 잘 알지 못하는 미래 세대가 비동맹 운동이 쌓아 올린 승리를 통해 비동맹 운동을 발견할 수 있도록 노력합시다.

조국 아니면 죽음을, 우리는 승리할 것입니다!

감사합니다.

---

* 1989년 제9차 비동맹 국가 운동 정상회의는 유고슬라비아 베오그라드에서 열렸다.

우리를 깨우치고 힘을 주는 죽음

사모라 마셸의 사망에 부쳐
1986년 10월

1986년 10월 19일, 모잠비크 대통령이자 프렐리모(Frelimo: 모잠비크 해방 전선)의 지도자였던 사모라 마셸Samora Machel이 남아프리카공화국에서 비행기의 추락으로 사망했다. 아프리카 자유 투쟁을 지지하는 많은 사람이 아파르트헤이트 정권이 이 추락 사고에 책임이 있다고 의심했다. 와가두구에서 행한 다음 연설은 1986년 10월 31일자 《까르푸 아프리깽》에 게재되었다.

투쟁의 동지 여러분:

오늘 우리의 임무는 사모라 마셸의 실종으로 인한 비극적 상황에 직면하여 통곡이 아니라 혁명적 태도를 취하는 것입니다. 감상주의에 빠지지 않으려면 우리는 울지 말아야 합니다. 감상주의로는 죽음을 이해할 수 없습니다. 감상주의는 한 사람이 우주를 변화시킬 것으로 기대하는 메시야적 세계관에 속하기 때문에 이 사람이 사라지자마자 비통, 절망, 낙심을 불러일으킵니다.

우리가 울지 말아야 하는 또 다른 이유는 사모라 마셸의 죽음에 자신이 슬퍼한다고 믿게 만드는 이곳과 저곳의 모든 위선자, 즉 악어나 개들과 혼동되지 않기 위해서입니다. 우리는 이 투사의 실종으로 누가 슬퍼하고 누가 기뻐하는지 잘 알고 있습니다. 우리는 여기저기서 긴 애도의 날을 선포하고 눈물로 그의 슬픔을 광고하려고 노력하며 우리 혁명가들이 그들을 인정해 주기를 바라는 헛소리꾼들의 경쟁에 동참하고 싶지 않습니다.

사모라 마셸은 죽었습니다. 우리 혁명의 적들, 세계 민중의 적들이 그들의 전술 중 하나, 함정 중 하나를 다시 한번 노출했기 때문에 이 죽음은 혁명가로서 우리를 깨우치고 강화하는 역할을 해야 합니다. 적들은 우리 투사들이 공중에 있을 때도 공격하는 방법을 알고 있다는 것을 우리는 발견했습니다. 우리는 적이 우리의 한순간의 부주의를 이용해 끔찍한 범죄를 저지를 수 있다는 것을 알게 되었습니다.

모잠비크의 형제들과 함께 이 직접적이고 야만적인 침략으로부터 교훈을 얻도록 합시다. 그 유일한 목적은 프렐리모의 정치적 지도력을 와해시키고 모잠비크 민중들의 투쟁을 결정적으로 위태롭게 하여 모든 민중, 모든 민족의 희망을 종식하는 것입니다.

우리는 제국주의와 우리의 모든 적에게 그들이 그러한 행동을 할 때마다 그것은 우리가 배우는 또 다른 교훈이 될 것이라고 말합니다. 물론 이런 교훈이 공짜는 아니지만, 우리가 더 많이 받을 자격이 있는 교훈입니다. 어제, 에두아르도 몬들라네Eduardo Mondlane가 세계 민중의 적, 민중의 자유의 적에 의해 비겁하고 야만적이며 배신적인 방식으로 살해되었을 때 그들은 자신들이 잘했다고, 성공했다고 생각했습니다.*

---

* 프렐리모의 창립자인 에두아르도 몬들라네는 1969년 포르투갈 식민주의 세력에 의해 암살당했다. 그의 후임은 사모라 마셸이 맡았다.

그들은 이런 식으로 해방의 깃발이 진흙탕에 떨어지고 사람들이 겁을 먹고 영원히 싸움을 포기하기를 바랐습니다.

그러나 그들은 자유를 향한 민중의 결연한 의지와 열망을 고려하지 않았습니다. 그들은 총알과 덫에도 불구하고 저항할 수 있는 사람들의 내면에 있는 특별한 힘을 고려하지 않았습니다. 그들은 프렐리모의 용감한 전투원들을 고려하지 않았습니다.

이런 상황에서 사모라 마셸은 에두아르도 몬들라네가 들고 있던 깃발을 감히 들었고, 그 기억은 아직도 우리에게 남아 있습니다. 마셸은 즉시 지도자, 힘, 길을 안내하고 비추는 별로 자신을 일으켰습니다. 그는 자신의 국제주의를 다른 사람들을 위해 사용하는 방법을 알고 있었습니다. 그는 모잠비크뿐만 아니라 다른 곳에서도 다른 사람들을 위해 싸웠습니다.

이제 누가 사모라 마셸을 죽였을지 스스로에게 질문해 봅시다. 마셸의 사망 원인을 밝히기 위해 조사가 진행 중이며 전문가들이 회의를 하고 있다고 들었습니다. 남아공은 제국주의 라디오 방송국의 도움을 받아 이미 사고설을 퍼뜨리고 있습니다. 그들은 번개가 비행기를 강타했다고 믿게 하려고 합니다. 조종사의 실수로 비행기가 가서는 안 될 곳으로 갔다고 믿게 하려는 것이죠.

조종사나 항공 전문가가 아니더라도 논리적으로 스스로에게 물어볼 수 있는 질문이 하나 있습니다: 그렇게 높은 고도를 비행하던 비행기가 어떻게 갑자기 나무를 스치고 뒤집혀서 지상 200미터 이내로 들어올 수 있었을까요?

생존자 수가 암살이 아니라 사고였다는 증거라고 들었습니다. 하지만 동지 여러분, 무지막지한 충돌에서 깨어난 비행기 승객들이 비행기가 어떻게 그리고 왜 뒤집혀 추락했는지 말할 수 있을까요?

저희는 이 사건이 순전히 남아공 백인들의 인종차별 정책의 연속이라고 생각합니다. 제국주의의 또 다른 표현입니다. 누가 사모라 마셸을 죽였는지 알아보기 위해 누가 기뻐하고 있는지, 누가 마셸의 죽음에 이해관계가 있는지 자문해 봅시다. 우리가 비난을 계속해 온 남아프리카의 인종차별주의 백인들이 손을 맞잡고 나란히 서 있는 것을 먼저 발견합니다. 우리는 또 그들 편에 서 있는 꼭두각시, 소위 국민 저항 운동이라고 불리는 MNR의 무장 도적들을 발견합니다.* 무엇에 대한 저항이죠? 모잠비크 국민의 해방, 모잠비크 국민과 다른 사람들의 자유를 향한 행진, 그리고 모잠비크가 프렐리모를 통해 다른 민족에게 제공한 국제주의적 원조에 대한 저항입니다.

조나스 사빔비Jonas Savimbis도 있었습니다. 그는 유럽으로 갈 계획입니다. 우리는 이에 대해 항의했습니다. 우리는 유럽인들, 특히 프랑스에, 테러 방지를 위해 입국 비자를 발급한다면, 그들이 찾는 테러리스트는 이미 찾았다고 말했습니다: 바로 조나스 사빔비입니다. 그 옆에는 아프리카 국민을 상대로 무기를 사용하도록 허용하는 아프리카 반역자들이 있습니다. 또한 여기저기서 "평화"를 외치면서도 매일 자신의 지식과 에너지를 아프리카의 반역자들을 돕고 지원하는 사람들도 목격합니다.

사모라 마셸을 암살한 자들이 바로 그늘입니다. 안타깝게도 우리 아프리카 사람들도 사모라 마셸에게 필요한 지원을 제공하지 않음으로써 그의 적들에게 사모라 마셸을 넘겨주었습니다. 모잠비크가 아프리

---

*　모잠비크 민족 저항군 또는 레나모(Renamo)에 대한 언급. 남아프리카의 아파르트헤이트 정권과 밀접한 관련이 있는 조직으로, 모잠비크 정부와 국민을 상대로 테러 전쟁을 벌여 수천 명이 사망했다.

카 단결 기구(OAU)의 요청에 응해 남아공과의 관계를 완전히 단절했을 때, OAU의 누가 이를 지지했을까요? 하지만 경제적으로 남아공에 묶여 있던 모잠비크는 엄청난 어려움을 겪고 있었습니다. 모잠비크 국민은 남아공에 홀로 맞서 싸우고 저항했습니다. 그렇기에 OAU에 속한 우리 아프리카인들은 사모라 마셸의 부재에 대해 무거운 책임감을 느끼고 있습니다.

우리가 앞으로 더욱 일관된 결의를 다지지 않는다면 오늘의 연설은 아무런 의미가 없을 것입니다. 부르키나파소는 하라레에서 열린 제8차 비동맹 국가 운동 정상회의에서도 같은 입장을 표했습니다. 로버트 무가베Robert Mugabe에게 박수를 보내고 그를 비동맹 운동의 합당한 후계자로 내세우는 것만으로는 충분하지 않습니다. 우리가 떠난 지 몇 시간 만에 남아공이 짐바브웨를 폭격하기 시작하고, 우리 각자가 자신의 수도에서 안락하게 지내며 지지 메시지를 보내는 것 외에는 아무것도 하지 않는다면 말이죠. 일부 국가는 우리에게 박수를 보냈죠. 다른 사람들은 우리가 너무 멀리 앞서가고 있다고 생각했습니다. 하지만 역사는 우리가 옳았음을 증명했습니다. 비동맹 정상회의 직후 남아공은 더러운 짓을 저질렀습니다. 그리고 지금 우리는 입으로 비난만 하고 있습니다.

이 모든 불행을 조직하고 조율하는 것은 제국주의입니다. 제국주의가 인종차별주의자들을 무장시키고 훈련한 장본인이죠. 그들에게 레이더 장비와 전투기를 팔아 사모라 마셸의 비행기를 추적하고 격추한 것도 바로 제국주의입니다. 또한 아프리카에 그들의 꼭두각시를 배치하여 비행기의 이륙 시간과 그들의 영토를 통과할 때 정보를 전달하도록 한 것도 바로 그 사람들입니다. 지금 이 상황을 이용하려는 자들, 그리고 이미 사모라 마셸의 후계자가 누가 될지 알아내려는 자들이 바로 그 사람들입니다. 또한 모잠비크 전투원들을 온건파 또는 극단주의자로 분류하여 분열시키려는 사람들도 있습니다.

사모라 마셸은 우리 혁명의 위대한 친구이자 우리 혁명의 위대한 후원자였습니다. 그는 어디에서나 그렇게 말했고 부르키나베 대표단을 대하는 태도에서도 그것을 보여 주었습니다. 우리는 혁명에 관한 그의 저서를 통해 그와 처음으로 접촉했습니다. 우리는 마셸의 저서를 읽고 공부하며 지적으로 그와 가까워졌습니다. 두 번째로 그를 만난 것은 [1983년] 비동맹 정상회의 때 뉴델리에서였습니다. 그는 우리나라의 상황을 주목하고 있지만, 제국주의의 지배 욕망에 대해 걱정하고 있다고 말했습니다.

그 후 아디스아바바에서 그를 두 번 만났습니다. 우리는 함께 토론을 했습니다. 우리는 응코마티 협정 이후에도 고개를 숙이지 않은 이 사람을 존경했고, 그가 이해한 전술적 성격과 그를 겁쟁이로 만들려는 특정 기회주의 세력이 그를 이용하려 했음을 알게 되었습니다.* 부르키나베 대표단은, 모잠비크를 공격하는 사람들은 남아공과 싸우기 위해 무기를 들지 않는 한 발언할 권리가 없다고 말하기 위해 연단에 섰습니다.

우리가 그를 많이 지지했지만, 그도 우리를 지지했습니다. 지난 OAU 정상회의에서 부르키나의 입상이 특정 국가들로부터 공격을 받고 있을 때 마셸은 연단에 올라 "그들이 부르키나파소에 박수를 보낼 감사와 용기가 없다면 최소한 부끄러움을 느끼고 조용히 있어야 한다"라고 말했습니다.

* 이 책 136쪽 각주 참조.

우리는 그의 고국인 마푸토에서 다시 만났습니다. 그는 자신이 처한 극도로 어려운 대내외적 상황을 우리가 이해하는 데 많은 도움을 주었습니다. 최전선 국가들 사이에서 사모라 마셸이 어떤 역할을 했는지는 누구나 알고 있습니다.

마침내 우리는 하라레에서 열린 마지막 비동맹 정상회의에서 다시 만나 많은 교류를 나눴습니다. 사모라 마셸은 자신이 제국주의의 표적이 되고 있다는 것을 알고 있었습니다. 그는 1987년 부르키나파소를 방문하겠다고 약속하기도 했습니다. 우리는 CDR, 군대, 각 부처 등에서 대표단을 교환하기로 합의했습니다.

우리는 이 모든 것에서 배워야 합니다. 우리를 기다리고 있는 다른 음모와 준비 중인 다른 범죄가 있기 때문에 우리는 다른 혁명가들과 손을 잡고 굳건히 서야 합니다.

동지 여러분, 우리는 이 훈장을 모잠비크에 가져가 사모라 마셸에게 수여할 것이니 여러분 모두 이 훈장과 함께 여러분의 생각을 전달해 주시기를 바랍니다. 우리는 그의 업적이 우리 혁명의 발전에 기여하고 공헌했다고 생각하기 때문에 그에게 부르키나파소, 우리 혁명의 최고 훈장을 수여할 것입니다. 따라서 그는 나후리 금성 훈장을 받을 자격이 있습니다.

동시에 우리 영토 전체에 걸쳐 사모라 마셸의 이름을 따서 거리, 건물 등의 이름을 지을 것을 제안합니다. 후손들은 이 사람과 그가 자기 민족과 다른 민족을 위해 한 모든 일을 기억해야 합니다. 따라서 우리나라에 그의 기억을 조성하여 다른 사람들이 그를 영원히 기억할 수 있도록 할 것입니다.

동지 여러분, 오늘 우리는 사모라 마셸의 죽음에 대해 생각하기 위해 이 자리에 모였습니다. 내일 우리는 전진해야 하고 승리해야 합니다.

조국 아니면 죽음을, 우리는 승리할 것입니다!

우리는 니카라과의 투쟁을
전 세계에 알려야 합니다

대중 집회 연설, 마나과

1986년 11월 8일

상카라는 산디니스타 민족해방전선 창립 25주년과 창립자 카를로스 폰세카 Carlos Fonseca의 전사 10주년을 기념하는 행사에 참여하기 위해 니카라과에 초청된 180명의 외국 대표단을 대신하여 이 연설을 했다. 이 연설은 마나과에서 20만 명의 군중을 대상으로 진행되었다. 이것은 1986년 11월 28일자 <밀리탄트>에 영어로 실렸다.

산디니스타 민족해방전선 지도부 동지 여러분,

외국 대표단 동지 여러분,

민병대 동지 여러분:

먼저 이곳 마나과에서 우리를 따뜻하게 환영해 주신 데 대해 감사드립니다. 또한 모든 외국 대표단을 대신하는 것에 우리가 느끼는 자부심을 표하고 싶습니다.

우리는 아주 먼 곳에서, 어떤 경우에는 수천 마일 떨어진 곳에서 왔습니다. 무엇이 우리와 피부색이 다른 니카라과 사람들과 우리를 하나로 묶어주나요? 무엇이 우리와 지리적으로 멀리 떨어져 있는 니카라과 사람들과 우리를 하나로 묶어줄까요? 우리는 국민의 자유와 복지를 위한 투쟁으로 하나가 됩니다. 우리는 국민을 위한 정의를 추구하고자 하는 열망으로 단결합니다. 우리는 제국주의와 민중의 적에 맞서 함께 서 있기 때문에 단결합니다.

이 자리에 참석한 모든 대표단은 니카라과 인민의 투쟁이 얼마나 중요한지 잘 알고 있습니다. 전 세계에서 우리는 여러분의 투쟁에 경의를 표합니다. 전 세계에서 우리는 여러분의 투쟁을 지지합니다. 여러분의 투쟁은 정당한 투쟁입니다. 그것은 반제국주의적이기 때문에 정의로운 투쟁입니다. 그것은 억압자들과 민중의 적에게 대항하기 때문에 정의로운 투쟁입니다. 당신의 투쟁은 도적에 대한 저항이기 때문에 정당한 투쟁입니다. 여러분의 투쟁은 전 세계 모든 민중과 함께 하는 투쟁이기 때문에 정당한 투쟁입니다.

팔레스타인 사람들은 자유와 안녕을 위해 싸우고 있습니다. 나미비아 국민은 독립을 위해 싸우고 있습니다. 전 세계의 많은 사람들이 자유를 위해 싸우고 있습니다. 아프리카에서는 식민주의, 신식민주의, 제국주의에 직접적으로 맞서고 있습니다. 남아공에 존재하는 파시스트요 나치는 흑인에 대한 아파르트헤이트를 만들었습니다. 아파르트헤이트에 맞선 투쟁은 흑인들만의 투쟁이 아닙니다. 오히려 자유롭고 단결된 삶을 원하는 모든 인민의 투쟁입니다. 이 투쟁은 전 세계 모든 인민의 것이며, 우리 아프리카인들은 모든 인류가 동참할 것을 촉구합니다.

아파르트헤이트 반대 투쟁에 참여하지 않는 전 세계 국민과 지도자들은 배은망덕하고 배신적인 지도자들입니다. 그들은 어제 아프리카 사람들이 유럽과 다른 곳의 사람들을 위해 나치즘과 싸우며 피를 흘렸다는 사실을 잊었으므로 배신자이며 배은망덕한 것입니다. 오늘날 우리는 아파르트헤이트와 다른 민족의 안녕을 위해 피를 흘려야 합니다.

동지 여러분, 아프리카의 자유를 위한 위대한 투사 사모라 마셸을 추모하기 위해 1분간 묵념해 주시기를 바랍니다. [20초간 잠시 멈춤] 감사합니다.

우리는 전 세계의 각자가 니카라과 인민들의 투쟁을 지지해야 한다고 말합니다. 니카라과가 무너지면 전 세계 다른 사람들의 행복에 해가 될 것이기 때문에 우리는 니카라과를 지지해야 합니다.

그래서 정치적, 외교적으로 니카라과를 지원하기 위해 싸워야 합니다. 또한 경제적으로도 니카라과를 지원해야 합니다. 니카라과의 투쟁을 전 세계에 알려야 합니다. 그리고 여기서 우리는 콘타도라 그룹 국가든 곤타노라 지원 그룹 국기든, 정당과 단체든, 니카라과의 정당한 대의를 인정하기로 동의한 국제기구든, 니카라과를 진심으로 지지하는 전 세계의 모든 사람에게 경의를 전하고 싶습니다. 제국주의는 니카라과 동지들에 대한 지원을 막기 위해 여러 가지 다양한 방법을 동원해 왔기 때문에 이들 모두 존경받을 자격이 있습니다.

니카라과 동지 여러분:

오늘 우리는 산디니스타 전선의 25주년을 함께 축하합니다. 오늘 우리는 또한 카를로스 폰세카의 추모에 경의를 표합니다. 여러분 각자가 카를로스 폰세카를 추모하는 유일하고 최선의 방법은 이 땅의 모든 조각들이 자유와 존엄의 땅이 되도록 하는 것입니다.

콘트라를 분쇄해야 합니다. 콘트라는 반드시 분쇄해야 할 독수리입니다. 콘트라는 존중받을 자격이 없는 자칼입니다. 콘트라는 제국주의로부터 돈을 벌기 위해 자신의 마음을 팔아넘긴 사람들입니다. 그리고 여러분은 폭격기들, 항구의 기뢰 부설, 경제 봉쇄에 저항해야 합니다. 니카라과인이라면 누구나 제국주의의 꼭두각시이자 마리오네트인 콘트라를 단호히 물리쳐야 할 의무가 있습니다.

우리는 혁명적인 부르키나파소를 대신해 여러분께 감사드리고 싶습니다. 이 자리에 모인 모든 진보적이고 혁명적인 국가들을 대신해 여러분께 감사드리고 싶습니다. 마찬가지로 우리는 이 자리에 모인 모든 형제 정당을 대신하여 여러분께 감사하고 싶습니다.

여러분과 함께 우리는 말합니다: 제국주의는 물러가라! 식민주의와 함께! 신식민주의와 함께! 민중을 착취하는 자들은 물러가라! 니카라과의 적들은 물러가라!

산디니스타 민족해방전선 만세!

카를로스 폰세카의 땅에 영원한 영광을!

민족 간의 혁명적 우정에 영원한 영광을!

그들은 지나가지 못하리라!(no pasaran!)

그들은 지나가지 못하리라!

그들은 지나가지 못하리라!

무챠스 그라시아스.(대단히 감사합니다)

이곳과 프랑스에서 우리를 착취하고
억압하는 자들에 맞서

프랑수아 미테랑 공식 리셉션에서
1986년 11월 17일

상카라는 아프리카 순방길에 하루 동안 들른 프랑수아 미테랑 프랑스 대통령을 위한 공식 리셉션에서 이 연설을 했다.

우리의 빛나는 손님인 프랑수아 미테랑 대통령과 그의 부인 다니엘 미테랑 여사를 소개하겠습니다.

대통령님:

몇 년 전 이곳에 오셨을 때 이 나라는 오트볼타라고 불렸습니다. 그 이후로 많은 것이 바뀌었고 우리는 스스로를 부르키나파소라고 선포했습니다. 그것이 사교와 환대의 예법을 포함하는 모든 프로그램입니다. 이것이 바로 우리가 부르키나파소에 잠시 들른 여러분을 환영하기 위해 이곳 와가두구에서 여러분을 맞이한 이유입니다.

아무도 문을 두드리지 않고, 배고프고 목마른 여행자가 방문하거나 들어가지 않으려는 집에 사는 사람은 저주받은 사람입니다. 반대로, 우리의 경우는, 여행자가 우리 집에 들렀고 상쾌한 물을 한 모금 마신 후 힘을 되찾아 우리를 더 잘 알고 우리를 더 잘 이해하고 우리 집에 대한 추억을 집으로 가져가기 위해 대화에 참여했습니다.

대통령님:

정치가인 당신과 인간 그 자체를 분리하기는 어렵습니다. 그러나 저는 여기서 우리가 인간 프랑수아 미테랑을 환영한다는 사실을 강조하고 싶습니다. 그런 이유에서 여기 참석한 모든 사람은, 아프리카의 태양 아래 어딘가인 부르키나파소에서 무언가가 일어나고 있다는 사실을, 선의로 그리고 최대한 객관적으로 증명하기 위해 온 사람을 맞이할 수 있다는 것에 대한 만족과 기쁨을 각자의 방식으로 여러분에게 보여 주었습니다.

부르키나파소는 하나의 거대한 건설 프로젝트입니다. 미처 시간이 허락하지 않아서 우리는 각지에서 매일매일 척박하고 어려운 세상을 변화시키기 위해 끊임없이 노력하는 수많은 노동자를 찾아가 경의를 표할 수는 없었습니다. 그들이 방금 달성한 승리를 통해 우리는 이미 시지프스의 노동 신화를 멀리 앞서나갔다고 말할 수 있습니다.* 실제로, 하나의 돌을 다른 돌 위에 올려놓고 다시 시작하고 다시 시작해야 합니다. 이러한 조건에서 부르키나파소는 지금 이 순간에도 우리 손으로 직접 짓고 있는 수많은 학교와 교실 덕분에 취학 아동 비율이 10퍼센트에서 22퍼센트 가까이 증가한 것을 사랑스럽게 여기고 있습니다. 우리는 많은 댐을 건설할 수 있었고, 비록 세계에서 널리 회자되는 위대한 업적에 필적할 규모는 아니지만, 그 자체로 가치가 있고 우리에게 영감을 주

---

* 그리스 신화에서 거대한 바위를 언덕 위로 굴려 올라가다가 정상에 도달하기 직전 돌이 다시 굴러 내려오는 영원한 형벌을 받은 사람을 가리키는 말. 이 용어는 결실 없는 노동을 상징하게 되었다.

는 작은 댐도 많이 지을 수 있었으며, 이는 당연히 자부심을 가질 만하다고 믿습니다.

부르키나파소의 모든 마을에 1차 의료소를 세운 것은 우리 손의 용기와 마음의 믿음이 있었기 때문에 가능했습니다. 우리는 이 나라와 이웃 국가의 수백만 명의 어린이에게 백신을 접종했습니다. 이 목록은 길지만, 아쉽게도 우리의 방대하고 야심 찬 프로그램의 한 걸음, 심지어 한 단계를 표현하기에도 충분하지 않을 것입니다. 다시 말해, 그 길은 아주 먼 길입니다.

프랑수아 미테랑 씨:

부르키나파소 방문을 통해 이러한 현실을 직접 확인하시길 바랍니다. 그것이 바로 당신이 프랑스나 다른 곳으로 돌아갈 때 가져갈 것이기를 바랍니다. 투쟁의 혼란 속에서, 침략의 불협화음 속에서, 정확하고 건전하며 적절한 설명은 상황을 있는 그대로 전달하는 데 유용할 것입니다. 그리고 통역자이자 대변인으로 당신을 선택하는 것을 통해 우리는 또한 당신의 정치 경력과 당신의 삶 자체를 특징지어 온 끊임없는 전투를 강조하고 싶습니다. 우리는 그 투쟁에 대해 잘 알고 있으며 부르키나파소 출신인 우리에게도 영감을 줍니다.

당신은 주변 환경이 얼마나 비협조적이든 때로 완고할 정도로 세계인의 권리에 대해 발언하곤 합니다. 당신은 고맙게도 부채에 대해서도 분명한 방식으로 말하는 것을 좋아합니다. 당신은 또한 협력과 제3세계에 대해 말하는 것을 좋아합니다. 좋은 말씀입니다. 프랑수아 미테랑 대통령이 부르키나파소 땅에 발을 디딜 것이라는 소식을 들었을 때, 우리는 함께 생각을 나누는 것이 언변의 설득력을 약화시킬 수도 있지만, 그런데도 고상한 전투 감각은 —여기서는 말로 하는 결투를 의미합니다— 우리를 더 가깝게 만들 수 있으리라 생각했습니다. 왜냐하면 우리는 말장난과 속임수, 기만적인 언사를 삼가는 사람들을 높이 평가하기 때문입니다.

프랑스 베리 지방에서 미테랑이라는 이름은 "중간 크기의 밭" 또는 "곡물 측정자"를 의미한다고 알고 있습니다. 어쨌든 상식을 가진 사람입니다. 땅에 묶여 사는 사람들에게 밀접한 상식이란 땅은 거짓말을 하지 않는다는 것입니다. 그것이 곡식이든 밭이든 변하지 않는 요소는 당신이 땅에 묶여 있다는 점이라고 생각합니다. 그래서 당신에게 소중한 주제인 세계 민중의 권리에 대해 말할 때, 우리는 당신에게 귀를 기울이고, 당신이 1981년 5월부터 반복해 온 요구에 감사한다고 말합니다.

우리는 또한 매일 실제로 수행된 일을 추적하고 평가합니다. 프랑스는 전 세계 다른 민족과 마찬가지로 평화를 위한 투쟁에 헌신하고 있습니다. 그래서 오늘 우리가 만난 자리에서, 다른 곳에서는 이 평화에 대해 아무것도 알지 못한다는 사실을 상기해 보는 것은 가치 있는 일입니다. 그런데 그 평화가 얼마나 오래갈까요?

첫째, 팔레스타인 사람들이 있습니다. 이곳저곳을 떠돌아다니는 팔레스타인 사람들, 시오니즘의 유랑민들. 피난처를 찾아야만 하는 이 남성과 여성들, 밤은 악몽의 연속이고 낮에는 눈사태 같은 박격포탄 세례를 겪어아 하는 이 남성과 여성들.

평화 — 이는 니카라과를 의미하기도 합니다. 당신 자신도 한 연설에서 니카라과 항구의 기뢰 부설과 외부에서 니카라과인을 상대로 행해지는 모든 행동에 반대하여 당신이 니카라과에 제공한 지원에 대해 강력하게 언급한 바 있습니다. 대통령님은 오르테가 사령관과 수많은 토론을 통해 스스로 이 국민에 대한 연민을 보여 주셨습니다. 이 국민은 그치지 않는 고통을 받고 있습니다. 이들은, 니카라과인들이니까, 그리 멀지 않은 곳에서 왔지만 다른 사람들의 강력한 지원을 받는 야만인들의 행위에 끊임없이 시달려 왔습니다.

평화는 또한 이란과 이라크를 의미합니다. 누가 어느 진영에 있는지 더 이상 알 수 없는 복잡하고 살벌하며 형제 살인과도 같은 이해할 수 없는 싸움이 얽혀 있는 상황입니다. 그러나 누구나 쉽게 관찰할 수 있는 이 무기들, 죽음을 의미하는 이 무기는 여성, 어린이, 그리고 노인들에게 슬픈 노래를 불러준다는 것을 알 수 있습니다. 그 무기는 타인의 피를 먹고 사는 사람들, 칼로 죽이고 불이 타오를 때 환호하는 사람들에 의해 매일 제공되고 있습니다.[*]

세계의 평화는 또한 고통받는 남부 아프리카 지역을 의미하기도 하는데, 마치 주술에 걸린 듯 그곳에서는 상반되는 요소들이 모여 혼란을 일으키고, 전투는 날이 갈수록 더 커지고 더 많아집니다. 얼마 전 우리는 사모라 마셸의 죽음으로 큰 충격을 받았습니다. 동시에 우리는 거기서 메시지, 표시를 보았습니다. 그것은, 야만적이고 사악하고 뒤떨어진 질서에 맞서 싸워야 할 필요성이 있다는 것이고, 문명화된 사람들이—우리는 프랑스를 그런 사람들 가운데 하나로 봅니다— 경제적 제재를 통해서든, 정치적, 외교적 조치를 통해서든, 또는 직접적이고 공개적인 무장 투쟁을 통해서든, 남아프리카의 인종차별과 아파르트헤이트에 맞서서 모든 면에서 싸워야 할 의무가 있다는 것입니다.

프랑수아 미테랑 씨, 이런 맥락에서 우리는 조나스 사빔비 같은 도

---

[*] 프랑스는 바그다드가 이란과 전쟁을 벌이는 동안 이라크에 무기를 공급한 주요 국가 중 하나였다.

적과 피터 보타 같은 살인자가 어떻게 그토록 아름답고 깨끗한 프랑스를 오갈 수 있었는지 이해할 수 없었습니다. 그들은 피투성이가 된 손과 발로 프랑스를 더럽혔습니다. 그들이 이러한 행동을 할 수 있게 만든 모든 사람은 현재와 미래, 이곳과 모든 곳에서 전적인 책임을 져야 할 것입니다.

우리는 이 문제가 충분히 논의되어 왔다는 것과 다양한 당사자들의 입장을 잘 알고 있습니다. 하지만 저희의 슬픔은 이루 말할 수 없습니다. 그들은 평화가 무엇인지 모르기 때문에 평화를 위해 죽어 간 동포들에 대해 말할 자격이 없는 사람들입니다. 평화를 위해 돌아가신 분들은 평안히 쉬고 있으며, 우리는 매일 같은 목적을 위해 노력하는 우리 각자의 노력 덕분에 그들의 기억이 살아 숨 쉬는 것을 확인합니다.

세계의 평화는 또한 사하라위 아랍 민주공화국을 의미하기도 하는데, 사하라위 국민은 강력한 지지와 지원을 받는 반대 세력의 개입과 방해로 인해 여전히 자결권을 달성하지 못하고 있으며, 여전히 그 방법을 찾지 못하고 있습니다.*

이 지역의 평화는 또한 폭격으로 집이 파괴된, 그러나 무엇보다도, 그 행위자들조차 성공을 거두거나 자신의 길을 갈 수 없는 무의미한 학살이 진행되며, 가장 가까운 친척과 친구, 그리고 그들의 성취물까지도 박탈당한 리비아를 의미합니다.**

평화는 차드에서도 마찬가지입니다. 건설과 파괴가 서로의 뒤를

---

* 1986년 프랑스 정부는 모로코의 서사하라 점령을 정치적, 군사적으로 지원했다.
** 1986년 4월 15일, 미 공군이 리비아를 폭격하여 100명 이상이 사망했다. 프랑스 관리들은 공식적으로 폭격을 비난하면서도 "실제로 카다피 정부를 무너뜨리기 위해" "리비아에 대한 더 야심 차고 강경한 조치"를 선호한다고 밝혔다.

잇는 차드. 군사 작전과 원정이 잇따르는 차드. 따라서 차드 국민이 스스로 국가 건설의 길과 길을 선택할 기회를 얻지 못하는 한 차드는 결코 평화와 행복, 발전을 찾지 못할 것입니다.[*]

이 모든 폭풍우 지역과 다른 많은 지역에 대해 대통령님의 노력이 상당한 도움이 될 수 있는 것은 당신의 국가가 지닌 중요성과 해당 지역에 대한 여러분의 직간접적인 개입 때문이라고 생각합니다. 그 싸움이 1789년의 프랑스를 떠올리게 하는 싸움이라면 부르키나파소는 누구에게나 도움을 줄 준비가 되어 있다는 점을 분명히 말씀드리고 싶습니다. 이러한 이유로 부르키나파소는, 평화가 절실한 프레토리아로 계속 진격하기 위해서라면 프랑스가 보유한 어떠한 무기라도 이곳에 주둔할 수 있도록 프랑스와 방위 협정을 체결할 준비가 되어 있다고 말씀드리고 싶습니다.

대통령님:

계속해서 말씀드리겠습니다. 당신은 도쿄에서 열린 '강대국 회의'와 같은 국제 포럼에서 부채, 우리 국가의 발전, 우리가 직면한 어려움에 대해 자주, 그리고 많이 말씀하셨습니다.[**] 당신은 그곳에서 우리의 대의를 옹호했다고 들었고, 우리는 그것에 대해 감사하고 있습니다. 오늘날 우리는 다른 사람들의 오류와 무분별한 행동의 피해자이므로 계속해서 그렇게 해 주시기를 요청합니다.

우리는 우리가 저지른 적이 없는 행동에 대해 두 배의 대가를 치러

---

[*]   여러 차례 군사적으로 개입한 프랑스 정부는 1986년 2월 차드에 1,200명의 군인으로 구성된 영구 파견대를 주둔시켰다.

[**]   1986년 5월 도쿄에서 열린 G7(캐나다, 프랑스, 이탈리아, 일본, 영국, 미국, 서독) 국가 정상회의에 대한 언급.

야 합니다. 우리는 이 대출, 어제의 부채에 대해 전혀 책임이 없습니다. 우리가 더 이상 알지 못하는 조건으로 우리에게 추천되었고 우리에게 부여되었습니다. 다만 오늘날 우리가 계속해서 고통을 겪어야 한다는 점만 빼면 말입니다. 그러나 우리는 이러한 문제가 주문, 신음, 탄원, 연설을 통해서는 절대로 해결되지 않을 것이라고 믿습니다.

오히려 그러한 우회로는 이러한 지배로부터, 이러한 형태의 지배에서 벗어나기 위해 투쟁해야 하는 전 세계 사람들의 양심을 잠들게 하는 심각한 결과를 초래할 위험이 있습니다. 당신 자신도 프랑스 문학의 많은 페이지 어딘가에 모든 포로는 자유를 갈망하며 오직 전투만이 자유를 얻을 수 있다고 썼습니다.

우리가 함께 조직하고 착취의 길을 막읍시다. 저쪽에서 온 당신과 이곳에서 온 우리가 함께 이 돈의 신전에 맞서 조직합시다. 어떤 제단도, 어떤 신앙도, 어떤 성스러운 책도, 코란이나 성경이나 다른 어떤 책도 부자와 가난한 사람, 착취자와 착취당하는 사람을 화해시킬 수 없었습니다. 예수님 자신이 채찍을 들고 성전에서 그들을 쫓아내야만 했다면, 그것만이 그들에게 먹혀들 유일한 언어였기 때문입니다.

대통령님:

프랑스와 제3세계, 특히 프랑스와 부르키나파소 간의 협력에 대해 말씀드리지면, 부르키나파소라는 이 거대한 건설 프로젝트의 성공을 위해 우리와 함께 기여하고자 하는 모든 사람을 두 팔 벌려 환영한다는 말씀을 드리고 싶습니다.

그런 의미에서 프랑스는 언제나 우리의 고향에서 환영받을 것입니다. 프랑스와 부르키나베가 더 가까워질 수 있는 유연한 방식으로 언제나 환영할 것입니다. 우리는 부르키나베와 프랑스를 갈라놓을 수도 있는 원조를 요청하는 것이 아닙니다. 그것은 역사적으로 자멸을 불러올 일이 될 것입니다. 우리는 과거에 그랬던 것처럼 프랑스 당국이 부르키나파소와 아프리카 당국에 환심을 사도록 해서, 몇 년 후 언론을 통해 프랑스 여론이 "원조"라고 말했지만 사실 그저 인민을 고문하고 괴롭힌 것일 뿐이었다고 널리 비난하게 만들자는 것이 아닙니다.

얼마 전 프랑스에서 "까르띠에주의"(Cartierism)라는 사상이 탄생했습니다. 불행히도 "까르띠에주의"는 프랑스와 아프리카 국가 간의 협력을 활용할 수 없었던 아프리카인들의 무능력으로 인해 등장할 수 있었습니다.*

양쪽에 모두 책임이 있다는 말입니다. 우리의 국가인 '승리의 노래'에서 우리는 이곳 아프리카에서 모든 책임을 져야 할 사람들을 현지 부족민이라고 부릅니다. 왜냐하면 그들은 주인의 명령에 따라, 그리고 그들의 행동에 대한 이해 없이 이곳에서 자국민에게 반하는 명령을 수행했기 때문입니다.

대통령님:

당신은 현재 프랑스의 원조 규모가 감소하고 있으며, 안타깝게도 프랑스의 정치적 야망에 따라 원조 규모가 변하고, 무엇보다도 더 나쁜 것은—미안하지만, 당신이 더 나쁜 것이라고 강조하셨습니다— 이것으로 이익을 얻는 것은 자본가들이라고 하셨습니다. 저희도 그 말이 맞다고 생각합니다. 그 책 『나의 진실한 몫』(Ma part de vérité)에서도 그렇게 말씀하셨죠. 이 작은 진실의 몫이 진실입니다. 이로부터 이익을 얻는 것은 실제로 자본가들이며, 우리는 함께 그들과 싸울 준비가 되어 있습니다.

*　　이 책 490쪽, 용어집, 카르티에주의(Cartierism) 참조.

대통령님:

부르키나파소에서 보낸 몇 시간 동안 무엇을 얻었는지, 그리고 이곳 부르키나파소에서 마무리하는 이 순방이 우리에게 어떤 의미가 있는지 여러분의 이야기를 듣고 싶습니다. 6일 동안 여러분은 아프리카의 상당 부분을 여행했습니다. 7일째 되는 날에는 휴식을 취하게 됩니다.

우리는 부르키나파소 국민과 같은 아프리카의 먼 민족을 프랑스 국민과 함께 끌어안기 위해 정직한 일을 하는 용기 있고 훌륭한 프랑스 국민을 위한 생각을 아끼지 않으려 합니다. 우리는 프랑스 어딘가에서 흑인이나 외국인이 인간의 존엄성을 전혀 고려하지 않은 야만적 행위의 희생자가 되듯 매일 매일 무시되고 영혼에 상처를 입는 모든 사람을 생각하며 우리의 마음을 전하고 싶습니다.

프랑스에서도 많은 프랑스인이 이를 보고 고통스러워한다는 것을 알고 있습니다. 말리 형제들의 추방과 같은 최근의 특정 결정에 대해 어떻게 생각하는지 직접 말씀하셨습니다.* 우리는 그들이 추방된 것에 상처받았으며, 그러한 결정, 과거를 연상시키는 그러한 행동에 대해 지지하지 않은 것에 대해 감사하게 생각합니다.

프랑스의 이민자들도 더 밝은 지평선과 푸른 초원을 찾는 다른 사람들과 마찬가지로 자신의 행복을 위해 프랑스에 왔지만, 프랑스인들을 위해 프랑스를 돕고 건설하고 있습니다. 프랑스는 언제나 그랬듯이 자국 영토에서 자유를 위해 싸운 모든 이들을 환영해 왔습니다.

이곳 부르키나파소에서는 프랑스인들이 비정부기구를 중심으로 부르키나베의 편에서 심각하게 고군분투를 벌이고 있습니다. 물론 우

---

* 한 달 전인 10월 18일, 말리 출신 이민 노동자 101명이 프랑스 당국에 의해 추방되었다.

리가 보기에 이러한 비정부기구가 모두 존경할 만한 기관은 아니며, 일부는 비난받아 마땅한 거짓말쟁이들이지만, 훌륭한 장점이 있는 단체들도 있습니다. 그리고 그런 단체들을 통해 우리는 프랑스를 더 잘 알게 되고 프랑스인을 더 잘 이해할 수 있습니다. 저희도 그런 사람들을 생각하고 있습니다. 더 나은 세상을 위한 공동의 행동을 믿는 모든 사람들도 생각하고 있습니다.

당신은 매년 의례적으로 메트로놈처럼 정확하게 솔루트르에 갑니다.* 당신은 정기적으로 그곳에 가고, 이러한 반복적인 행동을 보면서 "노력의 큰 바람, 우정의 쉼터, 마음의 단결"이 필요하다는 교훈을 얻습니다. 그것도 당신이 쓴 글입니다. 저는 당신에게서 그것을 빌려왔습니다. 이 우정의 느낌을 프랑스로 가져가시고, 와가두구에서 가지시는 일시 체류가 우징의 쉼터가 되기를 바랍니다.

그러니 대통령님, 영부인, 내빈 여러분, 프랑스 국민과 부르키나파소 국민 간의 우정을 위해 잔을 들어 건배해 주시기를 요청합니다. 이곳 프랑스와 다른 곳에서 우리를 착취하고 억압하는 자들에 맞서 우정과 투쟁의 단결을 위해 건배합시다. 정당한 대의의 승리를 위해, 더 큰 자유의 승리를 위해, 더 큰 행복의 승리를 위해.

조국 아니면 죽음을. 우리는 승리할 것입니다!

감사합니다.

* 매년 같은 날, 미테랑은 2차 세계 대전 중 나치 독일의 프랑스 점령에 반대하는 저항에 참여한 것을 기념하기 위해 부르고뉴의 솔루트르 바위에 올랐다. 그는 1943년 11월 프랑스 파시스트 비시 정권의 행정관으로 재직하던 중 프랑스 레지스탕스에 합류했다.

여성 해방 없이 혁명의 승리는 불가능합니다

세계 여성의 날

1987년 3월 8일

이 연설은 1987년 세계 여성의 날에 와가두구에서 열린 전국에서 모인 수천 명의 여성들을 대상으로 한 대회에서 행해졌다. 소제목을 포함하여, 이 글은 1987년 혁명수호위원회 전국 사무국에서 발간한 팸플릿에서 발췌한 것이다.

한 남자가 한 번에 이렇게 많은 여성과 이야기 나누는 것은 일상적인 일이 아닙니다. 또한 한 남자가 이렇게 많은 여성에게 새로운 전투에 참여할 것을 제안하는 것도 매일 일어나는 일은 아닙니다. 남자는 여자를 의식하는 순간 처음으로 수줍음을 경험합니다. 자매 여러분, 제가 여러분과 이야기하는 것이 저에게 기쁨과 즐거움을 주지만, 그러나 저는 여전히 여러분을 모두 어머니, 자매, 아내로 여기는 남자라는 것을 이해하실 것입니다.

저는 프랑스어를 이해하지 못하는 카디오고 주에서 오신 우리 자매님들이 인내심을 가지고 기다려주기를 바랍니다. 왜냐하면 여러분도 우리의 어머니처럼 불평 없이 9개월 동안 우리를 품어주는 임무를 받아들였기 때문입니다. [상카라가 무어어로 설명을 하자, 이 여성들이 이해한다.]

동지 여러분, 8월 4일 밤은 부르키나파소 국민에게 가장 유익한 성과를 낳았습니다. 그것은 우리 국민에게 이름을 부여하고 우리나라에 새로운 지평을 열어 주었습니다. 활기찬 자유의 기운을 받은 부르키나파소 사람들, 어제까지도 모욕당하고 불법으로 취급받던 사람들이 세계에서 가장 소중한 명예와 존엄의 도장을 받았습니다. 이 순간부터 행복은 손에 잡힐 듯 가까워졌습니다. 우리는 매일, 우리가 투쟁한 첫 열매에 들떠서, 우리가 이미 얻은 위대한 발걸음을 스스로 증명하기 위해서 당당하게 나아갑니다. 그러나 이기적인 행복은 환상일 뿐입니다. 중요한 무언가가 빠져 있습니다: 바로 여성입니다. 여성은 이 즐거운 행렬에서 제외되었습니다.

우리 남자들은 이미 혁명의 정점에 도달했지만, 우리 여성들은 여전히 비인격적인 어둠 속에 갇혀 있습니다. 여성들은 큰 소리로 떠들든지 또는 속삭이든지 부르키나파소를 둘러싼 경험에 관해 서로 이야기합니다. 그 경험은 그들에게는, 현재로서는, 멀리서 들려오는 웅성거림에 불과합니다. 혁명의 약속은 이미 남성들에게는 현실이 되었습니다. 그러나 여성들에게는 여전히 소문에 불과합니다. 그러나 우리 혁명의 진정성과 미래는 여성에게 달려 있습니다.

이것들은 중요하고 본질적인 질문입니다. 왜냐하면 우리 자신의 결정적인 부분이 이러한 예속 상태에 머물러 있는 한, 우리나라에서는 완전한 것도, 확실한 것도, 지속적인 것도 성취될 수 없기 때문입니다. 사실 그 상태는 수 세기 동안 다양한 착취 체제에 의해 강요되어 왔습니다.

지금부터 부르키나파소의 남녀는 자신의 이미지를 근본적으로 바꿔야 합니다. 그들은 새로운 사회적 관계를 구축하는 것뿐만 아니라 문화적 변화를 촉발하고, 남녀 간의 권위 관계를 뒤흔들고, 각자의 본질을 재고하도록 강제하는 사회의 일부이기 때문입니다.

이는 어렵지만, 꼭 필요한 과제입니다. 이 과제를 통해 우리는 혁명을 완전히 실현하고, 그 잠재력을 최대한 발휘하며, 남녀 간의 직접적이고 자연스럽고 필수적인 관계, 즉 인간과 인간 간의 가장 자연스러운, 진정한 의미의 관계를 보여 줄 수 있는 능력을 갖추게 될 것입니다. 이 과제를 통해 남성의 자연스러운 행동이 어느 정도 인간화되었는지, 그리고 그가 인간 본성을 어느 정도 실현했는지를 알 수 있을 것입니다.

이 인간 존재, 고통과 기쁨의 광대하고 복잡한 조합! 고독하고 버림받았지만, 모든 인류의 창조자! 고통스럽고, 좌절하고, 모욕을 당하면서도 우리 각자에게 끝없는 행복의 원천이 되는 존재! 비교할 수 없는 애정의 원천이자 가장 예상치 못한 용기를 불러일으키는 존재! 약하다고 불리지만 명예로운 길을 걷도록 영감을 주는 엄청난 능력을 지닌 존재! 살과 피와 영적 신념을 지닌 존재 — 이 존재는, 여성은, 바로 당신입니다! 여러분은 우리의 위안이자 삶의 동반자이며, 투쟁의 동지입니다. 이러한 사실 때문에 여러분은 당연히 혁명의 즐거운 승리의 잔치에서 동등한 파트너로서 자신을 주장해야 합니다.

이런 관점에서 우리 남성과 여성은 모두 사회에서 여성의 역할과 위치를 정의하고 주장해야 합니다. 따라서 우리는 자연이 강제한 구별에 대해 자유의 통치가 압도하도록 함으로써 남성의 진정한 모습을 회복해야 하며, 여성에 대한 뻔뻔스러운 착취를 강화하는 모든 위선적 제도를 제거해야 합니다.

다시 말해서, 오늘날 부르키나파소 사회에서 여성에 관한 질문을 던지는 것은 수천 년 동안 여성들이 겪어 온 노예제도의 폐지를 의미합니다. 첫 단계는 이 제도가 어떻게 작동하는지 이해하고, 그 본질을 모든 미묘한 부분까지 파악하여 여성의 완전한 해방으로 이어질 수 있는 행동 방침을 세우는 것입니다.

다시 말해, 남녀가 함께 겪는 이 전쟁에서 승리하기 위해서는 세계적, 국가적 차원에서 여성 문제에 대한 모든 측면을 잘 알고 있어야 합니다. 오늘날 부르키나파소 여성의 투쟁이 전 세계 모든 여성 투쟁의 일부이며, 나아가 아프리카 대륙의 완전한 재건을 위한 투쟁의 일부라는 것을 이해해야 합니다. 그러므로 여성의 현실은 여기, 저기, 그리고 모든 곳에서 인류 자체 문제의 핵심입니다. 따라서 이 질문은 보편적인 성격을 띠고 있습니다.

계급투쟁과 전 세계 여성의 지위

우리는 의심할 여지 없이 여성들이 직면한 조건의 문제에 대해 가장 큰 빛을 비춰줌으로써, 여성 착취가 일반적인 착취 체제의 일부임을 이해할 수 있게 해 준 변증법적 유물론에 빚을 지고 있습니다. 변증법적 유물론은 인간 사회를 자연적이고 변하지 않는 현실이 아니라 그 정반대라고 정의합니다.

인류는 자연의 힘에 수동적으로 굴복하지 않습니다. 자연의 힘을 통제합니다. 이 과정은 내면적이거나 주관적인 것이 아닙니다. 여성을 단순한 성적인 존재로 간주하지 않고, 생물학적 기능을 넘어 그녀의 중요성을 적극적인 사회적 힘으로 인식하게 되면, 이러한 현상은 실제로 객관적으로 일어납니다. 더욱이, 여성은 성적인 측면과 아울러 자의식도 가지고 있습니다. 그것은 사회의 경제 구조에 의해 결정되는 그녀의 위치를 반영하며, 이는 다시 기술 발전과 계급 간의 관계에서 인류가 도달한 수준을 나타냅니다.

변증법적 유물론의 중요성은 생물학의 본질적인 한계를 넘어서는 데 있으며, 우리가 우리 종의 본질에 종속된 존재라는 단순한 이론을 거부하고, 대신 사회나 경제의 맥락에서 사실을 배치하는 데 있습니다.

인류 역사의 시작부터 인간의 자연 지배는 맨손으로는 절대 이루어지지 않았습니다. 엄지손가락을 사용할 수 있는 손은 도구에 의해 확장되어 손의 힘을 증가시킵니다. 따라서 남녀의 불평등한 지위는 근육이나 출산 능력 같은 신체적 특성만으로 결정된 것이 아닙니다. 또한 이러한 불평등을 제도화한 것은 기술 발전 그 자체도 아니었습니다. 어떤 경우에는, 지구상의 특정 지역에서 여성들이 남성과의 신체적 차이를 극복할 수 있었습니다.

여성의 불평등을 제도화하는 데 기여한 것은 한 사회 형태에서 다른 사회 형태로 이행하는 과정이었습니다. 이러한 불평등은 지배와 착취의 구체적인 형태를 발전시키기 위해 우리 자신의 마음과 지능에 의해 만들어졌습니다. 그 이후 강등된 여성의 사회적 기능과 역할은 이 사실을 생생하게 반영합니다. 오늘날, 여성의 출산 기능과 남성이 규정한 우아함의 기준에 부합해야 하는 사회적 의무는 여성들이 소위 남성적인 근육을 발달시키고자 하는 것을 방해합니다.

가장 뛰어난 고생물학자들의 의견에 따르면, 구석기 시대부터 청동기 시대까지 수천 년 동안 남녀 간의 관계는 긍정적이고 상호 보완적인 성격을 띠고 있었습니다. 8,000년 동안 그랬습니다. 여성의 배제가 현대 역사 시대의 일반적인 특징이 되어 버린 가부장제와는 달리, 그 관계는 협력과 상호 작용에 기반을 두고 있었습니다.

프리드리히 엥겔스는 기술의 진화뿐만 아니라 사적 소유의 출현과 함께 시작된 여성에 대한 역사적 노예화도 추적했습니다. 이는 생산 방식의 변화와 사회 조직의 변화로 인해 발생했습니다.

숲을 개간하고, 밭을 일구고, 천연자원을 최대한 활용하는 데 필요한 집중적인 노동으로 인해 분업이 발전했습니다. 이기심, 게으름, 쉬운 방법을 찾는 것이 ─요컨대, 최소한의 노력으로 최대의 이익을 취하는 것이─ 인간의 마음 깊은 곳에서 생겨나 원칙으로 승화되었습니다.

가족과 씨족을 향한 여성의 보호 본능은 그녀를 남성 지배의 덫에 빠뜨렸습니다. 순진함과 관대함이 속임수와 비열한 동기에 희생되었습니다. 사랑은 조롱거리가 되었습니다. 존엄성은 훼손되었습니다. 모든 진실한 감정은 물물 교환의 대상으로 전락했습니다. 이 순간부터 여성의 환대와 나눔의 욕구는 기만적인 속임수에 굴복했습니다.

자신에게 불평등한 부담을 지우는 이 속임수를 의식하면서도, 여성은 사랑하는 모든 것을 돌보고 키우기 위해 남성을 따라갔습니다. 한편, 남성들은 여성의 위대한 자기희생을 최대한으로 이용했습니다. 나중에, 이 범죄적 착취의 씨앗은 역사적으로 배신당한 여성들이 의식적으로 양보한 것보다 훨씬 더 끔찍한 사회적 의무를 만들어냈습니다.

인류는 사유 재산의 출현과 함께 노예제도를 알게 되었습니다. 노예와 땅의 주인이었던 남자는 여자의 주인이기도 했습니다. 이것은 여성에게 큰 역사적 패배였습니다. 이는 새로운 생산 방식과 생산 수단의 혁명에 따른 노동 분업의 격변으로 인해 발생했습니다.

이렇게 해서 부계 권리가 모계 권리를 대체했습니다. 재산은 이제 여성이 씨족에게 물려주는 것이 아니라 아버지로부터 아들에게 넘겨졌습니다. 가부장제 가족이 등장했는데, 이 가족은 가부장의 단독 소유 재산에 기반을 두고 있었습니다. 이 가족 내에서 여성은 억압받았습니다. 가부장은 최고의 권력을 누리며 노예나 첩과 짝짓기를 통해 성적 욕망을 충족시켰습니다. 여성은 가부장의 전리품이자 거래의 대상이 되었습니다. 그는 그들의 노동력을 이용하여 자신이 누릴 수 있는 수많은 즐거움을 마음껏 누렸습니다.

그들의 편에서 볼 때, 주인이 그들에게 기회를 주자마자 여성들은 불륜으로 복수했습니다. 따라서 간통은 결혼의 자연스러운 대응책이 되었습니다. 그것은 여성들이 당면한 가정 내 노예제에 대한 유일한 방어 수단이었습니다. 여성의 사회적 억압은 경제적 억압의 직접적인 반영이었습니다.

이러한 폭력의 순환을 고려할 때, 남녀가 동등한 권리를 누리는 새로운 사회를 구축해야만 불평등은 사라질 수 있습니다. 생산 수단과 모든 사회적 관계의 격변을 통해 가능합니다. 즉, 여성을 착취하는 제도를 제거해야만 여성의 처지가 개선될 수 있습니다.

사실, 시대와 장소를 불문하고 가부장제가 승리했던 곳에서는 계급 착취와 여성 억압 사이에 밀접한 유사점이 존재했습니다. 물론 여성, 여사제 또는 여성 전사가 억압적인 족쇄에서 벗어나던 더 밝은 시기도 있었습니다. 그러나 여성의 억압이라는 본질적인 특징은 일상적인 활동과 지적, 도덕적 억압 양면에서 살아남고 강화되었습니다. 사유 재산에 의해 지위가 뒤바뀌고, 참자아에서 추방되고, 아이를 기르는 역할과 하인의 역할로 강등되고, 철학(아리스토텔레스, 피타고라스 등)과 가장 뿌리 깊은 종교에 의해 역사에서 지워지고, 신화에 의해 모든 가치를 빼앗긴 여성은 노예 사회의 짐꾼에 불과한 짐승과 다를 바 없는 노예의 신세를 겪었습니다.

따라서 인간을 그저 수많은 수치로만 보는 자본주의 체제가 상승 단계에 있을 때, 그것이 가장 철저하고 가장 정교하게 여성을 착취한 체제가 되었다는 것이 놀라운 일은 아닙니다. 당시의 제조업자들은 기계로 작동하는 배틀작업에 여성들만 고용했다고 합니다. 그들은 기혼 여성을 우선하여 고용했고, 그중에서도 가족을 부양해야 하는 여성을 먼저 고용했습니다. 이러한 여성들은 독신 여성보다 일에 더 많은 관심을 기울였고, 더 유순했습니다. 그들은 가족을 위해 최소한의 생계를 유지하기 위해 지칠 때까지 일할 수밖에 없었습니다.

이런 식으로 여성의 고유한 특성이 그녀에게 불리하게 이용되고, 그녀의 본성에서 가장 도덕적이고 섬세한 모든 특성이 그녀를 노예로 만드는 수단이 되었습니다. 그녀의 부드러움, 가족에 대한 사랑, 일에 대한 세심한 배려 등 모든 것이 그녀를 방해하는 요소로 활용됩니다. 그녀는 자신이 드러낼지 모르는 약점을 경계하기 때문입니다.

따라서 시대나 사회 유형과 관계없이 여성은 남성보다 열등하다는 인식이 지속해서 강화되면서 불행한 운명을 겪었습니다. 불평등은 다양한 방식으로 표현되었지만, 그런데도 계속 존재했습니다.

노예 사회에서 남성 노예는 동물, 상품과 서비스의 생산 수단으로 간주되었습니다. 여성은 사회적 지위와 관계없이 자신의 계급 내에서 그리고 그 계급 밖에서 억압당했습니다. 이것은 착취 계급에 속한 여성에게도 해당하는 이야기입니다. 봉건 사회에서 여성은 신체적, 정신적 약점을 이유로 남성에 대한 절대적인 의존 상태에 놓여 있었습니다. 종종 더럽혀진 존재이자 무분별한 행동의 주범으로 여겨지는 여성은 극소수의 예외를 제외하고는 예배 장소에서 제외되었습니다. 자본주의 사회에서 이미 도덕적, 사회적으로 박해를 받는 여성은 경제적으로도 지배를 받습니다. 여성이 일을 하지 않으면 남성에 의해 지배당하고, 심지어 그녀가 죽도록 일하더라도 남성의 지배 아래에 머물러 있습니다. 우리는 여성이 겪는 고통에 대해 적절한 그림을 그릴 수 없으며, 여성이 프롤레타리아 전체의 고통을 공유한다는 것을 적나라하게 보여 줄 길도 없습니다.

여성 억압의 구체적 특징

여성의 운명은 착취당하는 남성의 운명과 얽혀 있습니다. 이러한 상호의존성은 남성과 여성이 모두 겪는 착취, 즉 역사적으로 그들을 묶어 놓은 착취에서 비롯됩니다. 그러나 그렇다고 해서 여성의 구체적인 현실을 간과해서는 안 됩니다. 여성의 삶의 조건은 경제적 요인 이상의 것으로 결정되며, 여성은 특정한 억압의 희생자임을 보여 줍니다. 이러한 억압의 구체적인 특성은 서로 다른 상황을, 피상적이고 유치하게 단순화함으로써 같은 것으로 여겨지게 해서는 설명할 수 없습니다.

여성 노동자와 남성 노동자 모두 착취로 인해 침묵을 강요받는 것은 사실입니다. 그러나 현 시스템하에서 노동자의 아내는 노동자 남편에 의해 침묵을 강요받습니다. 다시 말해, 두 사람 모두에게 공통적인 계급 착취 외에도 여성은 신체적 차이를 이유로 한 갈등과 폭력의 관계에 직면해야 합니다.

성별의 차이는 인간 사회의 특징이라는 것은 분명합니다. 또한 이러한 차이로 인해 경제 생산의 틀 안에서조차 여성을 단순한 여성 노동자로 보지 못하게 하는 특정한 관계가 형성된다는 것도 분명합니다. 특권 관계, 위험한 관계 — 그 결과로 여성의 현실은 지속적인 문제를 초래합니다.

남성은 이러한 관계의 복잡한 성격을 핑계로 삼아 여성들 사이에 혼란을 일으킵니다. 그는 계급 착취가 제공하는 교활함을 십분 활용하여 여성에 대한 지배력을 유지합니다. 이것은 다른 남성들을 지배하기 위해 다른 곳에서 사용되는 방법과 동일합니다. 그들은 특정 인간이 가족의 출신과 출생 또는 신성한 권리에 의해 다른 인간보다 우월하다는 생각을 강요하는 데 성공했습니다. 이것이 봉건제도의 기초가 되었습니다. 다른 사람들은 이런 방식으로 전체 민족을 노예로 만들었습니다. 그들은 피부색을 근거로 한 논쟁이나 출신 배경 등을 과학적 근거로 삼아 피부색이 다른 사람들을 지배할 수 있는 근거로 삼았습니다. 이것이 바로 식민지 지배입니다. 이것이 바로 인종차별 정책입니다.

여성의 상황에 세심한 주의를 기울여야 합니다. 왜냐하면 우리가 실제로 겪고 있는 현실은 단지 남성과 여성이 서로를 보완하면서 함께 싸워야 하는 사회 집단과 계급 간의 전쟁임에도 불구하고 그것이 남녀 간의 전쟁을 부추기고 있기 때문입니다. 솔직히 말해서, 이러한 혼란을 가능하게 하는 것은 남성의 태도입니다. 그 결과 페미니즘이 내세우는 대담한 주장이 가능해졌고, 그중 일부가 억압에 맞서 싸우는 남녀의 투쟁에서 가치가 없었던 것은 아닙니다. 이 투쟁은 우리에게 서로가 필요하고 서로를 보완해야 한다는 것을 이해하고, 나아가 우리가 운명적으로 서로를 보완하도록 만들어졌다는 것을 이해한다면 우리는 이길 수 있고 이길 것입니다.

당분간은 여성에 대한 모든 종류의 허영심, 무책임, 오만, 폭력 등으로 이루어진 남성적 행동이 여성 억압에 대한 공동의 행동으로 이어질 수 없다는 사실을 인정할 수밖에 없습니다. 어리석다고나 할 이러한 태도에 대해 무엇을 말할 수 있을까요? 사실 그것은 착취 체제에 의해 거부당한 인간의 존엄성을 되찾기 위해 아내를 학대하는, 억압받는 남성들의 안전판에 불과합니다. 이러한 남성들의 어리석음을 성차별주의 또는 남성우월주의라고 합니다.

여기에는 모든 유형의 도덕적, 지적 빈곤, 심지어 (인정되든 안 되든) 신체적 무력감까지 포함됩니다. 이러한 이유로 정치적으로 의식이 있는 여성들은 종종 두 가지 측면에서 싸우는 것이 자신의 의무라고 생각하게 됩니다.

싸워서 승리하기 위해서는 여성들은 억압받는 계층과 계급, 즉 노동자, 농민, 기타 계층과 스스로 동일시해야 합니다. 그러나 아무리 억압을 받더라도 남성은 억압할 다른 인간이 있습니다: 바로 그의 아내입니다. 이 말은 의심할 여지 없이 끔찍한 사실을 주장하는 것입니다. 예를 들어, 우리가 혐오스러운 인종차별 정책에 관해 이야기할 때, 우리의 생각과 감정은 착취당하고 억압받는 흑인들에게로 향합니다. 그러나 우리는 불행하게도, 통장 하나로 무장한 채 온갖 비난받을 만한 짓을 저지르고 나서, 고통과 궁핍 속에서 품위 있게 그를 기다리고 있는 아내에게 돌아가는 남편을 견뎌야 하는 흑인 여성을 잊어버립니다. 우리는 남아프리카의 백인 여성도 염두에 두어야 합니다. 귀족 출신이고 물질적으로 만족스러웠을 것이 분명하지만, 안타깝게도 그녀는 음탕한 백인 남성의 쾌락을 위한 도구로 이용되었습니다. 이 남성들이 흑인에 대한 범죄를 잊기 위해 할 수 있는 유일한 일은 야만적인 성적 행동으로 격렬하고 변태적인 취기에 빠지는 것입니다.

또한 진보적인 사람들도 간통죄를 저지르며 즐겁게 사는 경우가 많지만, 불륜의 의심이 조금이라도 생기면 아내를 살해할 준비가 되어 있는 사람들도 적지 않습니다. 부르키나파소에는 다양한 종류의 매춘부와 정부를 통해 이른바 위안을 찾는 사람들이 많습니다. 월급으로 정부를 거느리고 술집만 부자로 만드는 무책임한 남편들은 말할 것도 없습니다.

그리고 그 초라한 남자들에 대해 말할 수 있는 것은, 그들도 진보적이며, 함께 모여서 자신이 이용했던 여성들에 대해 음란하게 이야기한다는 것입니다. 그들은 이런 식으로 기혼 여성을 유혹함으로써 다른 남성들을 능가하고 부분적으로 모욕할 수 있다고 믿습니다. 실제로 그런 남자들은 불쌍하고 하찮은 존재입니다. 그들의 범죄 행위가 우리 혁명에 큰 도움이 될 많은 훌륭한 여성들의 사기와 덕목을 훼손한다는 사실이 아니었다면, 그들은 우리의 논의 대상조차 되지 않았을 것입니다.

그리고 아내의 정치 활동을 인정하지 않는, 혹은 낮에만 정치 활동을 허용하는, 혹은 저녁에 집회에 나가거나 시위에 나가서 돌아오면 아내를 때리는 등, 다소 변혁적인 전사들도 있습니다. 아, 이 의심스럽고 질투심 많은 남자들! 얼마나 편협한 사고방식인가요! 그리고 얼마나 제한적이고 부분적인 헌신인가요! 실망하고 돌아선 여자가 남편을 속일 수 있는 시간이 밤뿐일까요? 또한 정치적 활동이 해가 지면 중단되고 새벽에만 재개될 것으로 기대하는 것은 대체 어떤 종류의 정치적 헌신이란 말입니까?

그리고 마지막으로, 온갖 종류의 무장 세력들이 여성에 대해 하는 발언을 어떻게 생각해야 할까요? "여성은 비열한 물질주의자다", "이익 추구자", "배우", "거짓말쟁이", "수다쟁이", "음모자", "질투심 많은 사람"과 같은 발언들 말입니다. 어쩌면 이 모든 것이 여성에게 해당하는 것일지도 모릅니다. 그러나 분명히 남성에게도 똑같이 해당하는 말입니다.

우리 사회가 체계적으로 여성에게 부담을 지우고, 진지하고 중요한 일에서 멀리 제쳐놓고, 가장 사소하고 하찮은 활동 이외의 모든 활동에서 배제하는 것보다 더 비뚤어진 일이 있을까요?

만약 당신이 여성들처럼 저주를 받아 남편이라는 주인을 기다리며 그에게 음식을 주고 말하고 살 수 있는 허락을 받아야 하는 운명에 처했을 때, 여러분이 집중할 수 있는 일과 최소한 자신이 유용하거나 중요한 존재라는 환상이라도 없다면, 험담, 잡담, 다툼, 은밀하고 부러운 시선, 그리고 멋져 보이고 싶은 타인의 욕망과 사생활에 대한 악의적 폄훼 외에 그 무엇이 남아 있을까요? 같은 상황에 놓인 남성들 사이에서도 같은 태도를 발견할 수 있습니다.

여성에 대해 우리가 하는 또 다른 말은, 안타깝게도 여성은 건망증이 심하다는 것입니다. 우리는 심지어 그들을 새대가리라고 부릅니다. 그러나 우리는 여성의 삶이 변덕스러운 배우자, 불충실하고 무책임한 남편, 그리고 자녀와 그들의 문제로 인해 고통받고 있다는 사실을 결코 잊어서는 안 됩니다. 온 가족을 돌보느라 지친 그녀는 산만함과 멍한 정신을 보여 주는 지친 눈빛을 띨 수밖에 없었습니다. 그녀에게 잊는다는 것은 고통에 대한 해독제이고, 현실의 가혹함에 대한 위로이며, 자기 보존의 활력수입니다.

그러나 건망증이 심한 남자들도 있습니다. 그들 중 많은 수가 술이나 마약 때문에 잊어버리고, 다른 남자들은 인생을 폭주하면서 다양한 종류의 변태적인 행동에 탐닉하기 때문에 잊어버립니다. 그러나 이 남자들이 건망증이 있다고 말하는 사람은 아무도 없습니다. 얼마나 헛되고 진부한 생각입니까! 남성이 도취해 있는 진부함은 남성의 세계가 지닌 약점을 드러낼 뿐입니다. 왜냐하면 착취의 사회에서 남성 세계는 여성 매춘부를 필요로 하기 때문입니다. 더럽혀지고, 이용된 후 거짓과 약탈에 기반을 둔 시스템의 번영을 위한 제단에 희생되는 여성들은 그저 희생양일 뿐입니다.

매춘은 착취가 일반화된 사회의 축소판에 불과합니다. 그것은 남성이 여성에 대해 갖는 경멸의 상징입니다. 그러나 이 여성은 다른 남성의 어머니, 자매, 아내, 즉 우리 모두의 고통스러운 모습입니다. 결국 매춘은 우리 자신에 대한 무의식적인 경멸을 반영합니다. 매춘부와 포주가 있는 한 매춘은 존재할 수 있습니다.

누가 매춘부를 찾아가나요?

첫째, 아내를 순결하게 유지하면서 매춘부에게서 음란함과 방탕함을 해소하는 남편들이 있습니다. 이렇게 하면 아내를 존중하는 것처럼 대할 수 있고, 소위 쾌락의 여인 품에서만 진정한 본성을 드러낼 수 있습니다. 따라서 도덕적 차원에서 매춘은 결혼의 대척점이 됩니다. 전통, 관습, 종교, 도덕적 교리 모두 그것에 적응하는 데 어려움이 없는 것 같습니다. 이것이 바로 우리 교회의 교부들이 "궁궐의 청결을 유지하기 위해서는 하수도가 필요하다"라고 설명한 의미입니다.

그리고, 가정사에 대한 책임을 지는 것을 두려워하고, 아버지로서의 도덕적, 물질적 책임을 회피하는, 반성과 절제를 모르는 쾌락 추구자들이 있습니다. 그래서 그들은 눈에 띄지 않는 곳에 있는 매춘 업소를 이용해서 아무런 책임도 지지 않는 만남의 보물 창고로 이용합니다.

적어도 공개적으로 그리고 "적절한" 상황에서 여성들을 악의적으로 공개적으로 공격하는 남성 집단도 있습니다. 그들은 극복할 수 있는 인내력이 부족해서 모든 여성에 대한 자신감을 잃어버렸기 때문에, 모든 여성을 "악마의 도구"로 여기게 되었습니다. 아니면 위선적인 태도로 여성에 대한 경멸을 너무 자주, 그리고 단호하게 드러내면서 여성을 경멸하는 사회의 시선을 당연시하고, 이런 거짓에 대해 찬사를 강요하기도 합니다. 이 모든 남성들은 위선이 발각될 때까지 매일 밤 매음굴에 가게 됩니다.

그리고 일부다처제를 원하는 남성의 약점도 있습니다. 일부다처제에 대한 가치 판단을 하는 것은 우리가 할일이 아닙니다. 일부다처제는 특정 사회에서 지배적인 남녀 관계의 형태였습니다. 여기서 우리가 비난하는 것은 부유한 여성들이 호화롭게 부려 먹는 게으르고 돈만 밝히는 기둥서방 무리입니다.

같은 시스템 안에서 매춘은, 경제적으로 말하자면, 매춘부와 "물질주의적 사고방식을 가진" 기혼 여성을 모두 포함할 수 있습니다. 매춘을 통해 몸을 파는 여성과 결혼을 통해 자신을 파는 여성의 유일한 차이점은 계약의 가격과 기간입니다.

따라서 매춘의 존재를 용인함으로써 우리는 매춘부이든 아내이든 모든 여성을 같은 수준으로 낮추게 됩니다. 두 사람의 유일한 차이점은 합법적인 아내인 경우, 비록 여전히 억압을 받기는 하지만 적어도 결혼이 주는 존중의 표징을 누릴 수 있다는 장점이 있다는 것입니다. 매춘부의 경우, 그녀에게 남은 것은 몸의 교환 가지뿐인데, 이 가치는 남성우월주의자의 지갑에 있는 돈에 따라 변동하는 가치입니다.

그녀는 그저 물건에 불과한 게 아닌가요? 그녀의 매력이 사라지는 정도에 따라 가치가 달라지는 물건에 불과하지 않나요? 그녀는 수요와 공급의 법칙에 지배당하는 것이 아닌가요? 매춘은 모든 형태의 여성 노예제도를 집약적이고 비극적이며 고통스럽게 요약한 것입니다.

그러므로 우리는 모든 매춘 여성에게서 사회 전체를 비난하는 손가락을 볼 수 있어야 합니다. 모든 포주, 모든 매춘 파트너는 인간의 세계를 훼손하고 파멸로 이끄는 이 곪고 벌어진 상처에 칼을 꽂습니다. 매춘과 싸우고, 매춘 여성에게 도움의 손길을 내밀면, 우리는 이 사회적 나병으로부터 어머니, 자매, 아내를 구할 수 있습니다. 우리는 우리 자신을 구하는 것입니다. 우리는 세상을 구하는 것입니다.

부르키나파소의 여성 현실

사회는 남자아이의 탄생을 "신의 선물"이라고 여기지만, 여자아이의 탄생은 운명의 행위로 받아들이거나, 기껏해야 식량을 생산하고 인류를 영속시키는 데 사용 할 수 있는 선물로 받아들입니다.

어린 남자아이는 원하는 것을 얻고, 말하고, 봉사 받고, 요구하고, 취하고, 스스로 결정하는 방법을 배웁니다. 그러나 미래의 여성은 한 사람이 —"한 남자"가 적절한 표현이겠네요— 그녀의 머리에 어디로 통하는지 알 수 없는 규범을 주입하는 동안 사회 전체가 한 몸이 되어 두들겨 패는 것을 감내해야 합니다. 미덕이라는 심리학적 구속은 그녀 안에 개인적인 소외의 정신을 만들어 냅니다. 보호받는 것에 대한 관심은 아이의 마음속에 길러져, 그녀가 보호자의 감독이나 결혼을 위한 협상을 추구하도록 만듭니다. 얼마나 끔찍한 정신적 사기입니까!

그래서 이 아이는 어린 시절을 알지 못합니다. 세 살 때부터 그녀는 인생에서 자신의 역할에 필요한 조건을 충족해야 합니다: **봉사하고 유용하게 쓰이는 것.** 네 살, 다섯 살, 여섯 살인 그녀의 오빠가 지치거나 지루해질 때까지 놀고 있을 때, 그녀는 별다른 예식 없이 생산 과정에 들어갑니다. 그녀는 이미 직업이 있습니다: 가사 도우미. 물론 무급 직책입니다. 왜냐하면 일반적으로 주부가 "아무것도 하지 않는다"고 말하지 않습니까? 소득이 없는, 즉 직업이 없는 여성의 신분증에 "주부"라고 쓰지 않습니까? 그들은 "일하지 않는다"는 뜻입니까? 전통과 의무적인 복종의 도움으로 우리 자매들은 점점 더 의존적이고, 점점 더 복종적이며, 점점 더 착취당하고, 여가 시간이나 자유 시간이 점점 더 줄어들면서 성장합니다.

그 젊은 남자의 길에는 자신의 삶을 꽃피우고 주도할 수 있는 기회가 포함되어 있지만, 삶의 모든 새로운 단계에서 나타나는 사회적 구속은 그 소녀를 더욱더 꽉 조여옵니다. 그녀는 여성으로 태어난 대가를 치르게 될 것입니다. 그리고 그녀는 평생 그것을 지불할 것입니다. 그녀의 수고와 이타심에 따른 신체적, 정신적 영향이 그녀를 영원한 안식의 날로 인도할 때까지 말입니다. 그녀는 어머니의 곁에서 생산의 도구로 일합니다. 그 순간부터 어머니는 어머니라기보다는 상사 같은 존재가 됩니다. 그녀는 결코 게으름 피우지 않을 것이며, 오빠처럼 게임과 장난감을 홀로 독차지하지 않을 것입니다.

우리가 어느 방향으로 향하든, 권력이 고도로 중앙 집중화된 사회가 지배하는 북동부의 중앙 고원에서부터, 마을 공동체의 권력이 분산된 시부, 또는 이른바 분파 공동체(segmental communities)의 땅인 남서부까지, 전통적인 사회 조직은 적어도 한 가지 공통점을 가지고 있습니다. 바로 여성의 종속입니다. 8,000개의 마을, 60만 개의 토지와 100만 가구 이상의 가정에서 여성에 대한 문제는 동일하거나 유사한 접근 방식을 보여 줍니다. 나라의 한쪽 끝에서 다른 쪽 끝까지, 남성이 정의하는 사회적 결속에는 여성의 복종과 젊은이의 종속이 필요합니다.

우리 사회는 여전히 너무 원시적이며, 가부장적이고, 일부다처적인데, 이에 따라 여성은 노동력을 착취하는 대상이자 생물학적 생식 능력을 소비하는 대상으로 전락하고 있습니다.

여성은 어떻게 이처럼 독특한 이중적 정체성을 유지하면서, 온 가족을 하나로 묶어주는 중요한 연결고리이자 가족의 근본적인 단합을 보장하는 존재이며, 관심의 대상이 되는 동시에 소외되고 무시당하는 존재가 될 수 있을까요? 여성은 참으로 이중적인 삶을 살고 있는데, 그 극심한 사회적인 배척은 그녀의 금욕적인 인내만으로 극복되고 있을 뿐입니다. 남성 사회와 조화를 이루며 살기 위해서, 남성의 요구에 부응하기 위해서, 그녀는 자신을 포기하고 자기를 무너뜨리는 굴욕을 받아들이며, 자신을 희생합니다.

여성 — 생명의 원천, 그러나 대상. 어머니, 그러나 가사 노예, 양육자, 그러나 전리품. 밭과 가정에서 착취당하지만, 얼굴도 없고 목소리도 없는 부속물. 중심축, 연결고리, 그러나 사슬에 묶인 자. 남성 그림자의 여성 그림자.

여성은 가족의 안녕을 지키는 기둥이자, 조산사, 세탁부, 청소부, 요리사, 심부름꾼, 관리인, 농부, 치료사, 정원사, 분쇄기, 판매원, 노동자입니다. 그녀는 낡은 도구로 수백, 수천 시간을 들여 놀랄만한 수준의 생산을 하는 노동력입니다.

질병, 기아, 빈곤, 퇴보라는 전쟁의 네 가지 전선에서 싸우고 있는 우리 자매들은 통제할 수 없는 변화의 압박을 느끼고 있습니다. 해외로 이주하는 80만 명의 남성 한 명당 한 명의 여성이 추가적인 부담을 떠안고 있습니다. 따라서 해외에 거주하는 200만 명의 부르키나파소 남성은 오늘날 여성 인구가 전체 인구의 51.7퍼센트, 또는 노동 인구에 포함될 수 있는 거주 인구의 52.1퍼센트를 차지하도록 성비 불균형을 악화시키고 있습니다.*

아이들에게 필요한 관심을 주기에는 너무 바쁘고, 자신을 생각하기에는 너무 지친 이 여성은 계속해서 노예처럼 일합니다 — 행운의 바퀴, 마찰의 바퀴, 구동 바퀴, 예비 바퀴, 관람차 바퀴. 바퀴에 부딪혀 부서지고 괴롭힘을 당하는 여성, 우리의 자매이자 아내들은 생명을 창조한 대가를 치릅니다. 사회적으로 남성, 아이에 이어 셋째 순위로 밀려난 그들은 생명을 유지하는 대가를 치릅니다. 제3세계의 한 곳인 이곳도 지배되고 착취되기 위해 멋대로 장악됩니다.

정복당한 여성은, 착취당하는 여성을 보호하는 수호자에서 오히려 여성을 지배하고 여성을 더욱더 착취하는 사람으로 변합니다. 그녀는 맨 먼저 일하고 마지막에 쉬는 사람입니다. 그녀는 먼저 물과 나무를 구하러 가고, 먼저 불을 피우지만, 마지막에 목을 축입니다. 그녀는 남자가 먹고 난 후에야 먹을 수 있습니다. 그녀는 가족의 중심축으로서 가족과 사회를 어깨와 손과 배에 짊어지고 있습니다. 그 대가로 그녀는 억압적이고 출산 친화적인 이데올로기, 음식에 대한 금기와 제한, 과로, 영양실조, 위험한 임신, 비인격화, 그리고 산모 사망을 우리 사회에서 가장 참을 수 없고, 말할 수 없고, 수치스러운 결함 중 하나로 만드는 수많은 다른 일으로 보답받습니다.

이러한 소외의 토대 위에 멀리서 침입한 포식자들이 여성의 고립을 조장하고, 그들의 처지를 더욱 위태롭게 만듭니다. 독립에 대한 환희

---

*　1970년대 중반에, 오트볼타 주민 중 80만 명이 인근 국가에서 일하고 있었던 것으로 추정되는데, 해외 거주자 전체는 약 200만 명에 달했다. 이들은 대부분 남성들이었다.

는 여성들을 절망의 침대에 남겨 두었습니다. 분리된 토론에 강제로 참여하고, 의사 결정에서 배제되고, 취약한 (따라서 일차적 희생자가 되는) 여성들은 가족과 사회의 자비에 맡겨졌습니다. 자본과 관료주의가 힘을 합쳐 여성을 계속해서 지배했습니다. 제국주의가 나머지 일을 처리했습니다.

학교에 다닐 확률은 남성의 절반인데, 전체의 99퍼센트가 문맹인 여성은 직업 훈련을 거의 받지 못하며, 고용 단계에서 차별받고, 최악의 직업에만 종사하며, 괴롭힘을 당하고 해고되는 첫 대상입니다. 그러나 여성은 수백 가지의 전통과 수천 가지의 핑계로 인해 부담을 안고 있지만, 도전과제를 해결하기 위해 계속해서 노력하고 있습니다. 그들은 자녀와 가족, 그리고 사회를 위해 어떤 대가를 치르더라도 계속 나아가야 했습니다. 새벽이 오지 않는 밤을 수천 번도 넘게 겪었습니다.

자본주의는 산업을 위해 면화, 시어 열매, 참깨가 필요했습니다. 그리고 이미 수행하고 있던 모든 노동에 더해, 이러한 제품을 수확하는 일까지 책임져야 했던 것은 바로 여성, 즉 우리 어머니들이었습니다. 문명이 여성을 해방시키는 힘이 될 거라고 여겨지는 도시에서, 여성들은 부르주아들의 거실을 장식하고, 생존을 위해 몸을 팔고, 광고의 상업적 미끼로 봉사해야 했습니다.

소도시의 소시민 계급 여성들이 시골 여성들보다 물질적으로 더 잘살고 있는 것은 의심의 여지가 없습니다. 그러나 그들이 정말로 더 자유롭고, 더 해방되고, 더 존중받고, 더 많은 책임을 맡고 있을까요? 우리는 이 문제에 대해 질문하는 것 이상의 일을 해야 합니다. 우리는 앞으로 나아갈 길을 제시해야 합니다.

직업, 교육 접근성, 여성의 법적 지위, 심지어 일상생활 수준에 이르기까지 많은 문제가 여전히 존재합니다. 부르키나파소 여성은 여전히 남성과 나란히 가는 사람이 아니라 남성을 뒤따라가는 존재로 남아 있습니다.

부르키나파소 사회에서 집권했던 여러 신식민주의 정부는 부르주아적 접근 방식을 통해 여성의 해방이라는 목표를 달성하려 했으며, 이는 자유와 존엄에 대한 환상만을 제공했습니다. 몇몇 소부르주아 여성들은 여성주의 정치의 최신 유행, 즉 여성에게 남성적 권리를 요구하는 원시적 페미니즘에 관심을 가졌습니다. 따라서 여성이 이끄는 사회적-지위-여성부(the Ministry of Women's Position in Society)의 창설은 승리로 선전되었습니다.

그러나 여성의 지위가 사회에 잘 이해되었습니까? 사회에서 여성의 지위가 부르키나파소 인구의 52퍼센트의 지위에 관한 것이라는 점이 이해되었나요? 이 조건이 사회적, 정치적, 경제적 구조와 지배적인 후진적 개념의 산물이라는 것을 이해했습니까? 그리고 따라서 이 지위의 변화가 한 부처, 심지어 여성이 이끄는 부처라 할지라도 혼자서는 달성할 수 없다는 것을 이해했습니까?

이 부처가 창설된 지 몇 년이 지난 후에도 부르키나파소 여성들은 그들의 상황이 전혀 변하지 않았다는 것을 분명히 알 수 있었습니다. 그리고 이 부처의 탄생을 낳은 여성 해방 문제에 대한 접근 방식이 여성의 억압과 착취의 진정한 원인을 인정하고, 보여 주고, 고려하는 것을 거부했기 때문에, 이러한 결과는 어쩔 수 없는 것이었습니다.

그래서 이 부처가 존재하는데도, 매춘이 증가하고, 여성의 교육과 취업 기회가 개선되지 않았으며, 여성의 시민권과 정치적 권리가 계속해서 무시되고, 도시와 시골 여성들의 전반적인 생활 여건이 조금도 개선되지 않은 것은 놀라운 일이 아닙니다.

여성 장신구, 정부의 명분 확보용 여성 정치인, 선거에 영향을 미치기 위해 활용되는 여성의 유혹, 부엌에서 일하는 여성 로봇, 개방적인 사고방식에도 불구하고 복종과 제한을 강요당하는 여성 — 여성은 도시이든 시골이든 고통의 스펙트럼에 있는 곳이라면 어디서나 계속 고통을 겪습니다.

그러나 단 하룻밤 사이에 여성들은 가족의 재건과 국가적 연대의 중심에 서게 되었습니다. 1983년 8월 4일 밤이 지나고 새벽이 밝아오자, 자유가 찾아왔고, 우리는 모두 평등하게 나란히 행진하며, 공동의 목표를 위해 연대하는 하나의 민족이 되었습니다. 8월 혁명은 부르키나베 여성들이 처한 억압의 상태, 후진 사회 세력의 이데올로기가 깊이 스머든 신식민주의 사회에 의해 착취당하는 현실을 드러냈습니다. 혁명은 지금까지 주장되고 추진되어 온 여성 해방에 대한 반동적 정책을 단절하고, 새롭고, 정의롭고, 혁명적인 정책을 명확하게 정의함으로써 스스로를 위한 혁명을 일으켰습니다.

우리의 혁명과 여성의 해방

1983년 10월 2일, 정치방침연설에서 국가혁명평의회는 여성 해방을 위한 투쟁의 주요 축을 명확하게 제시했습니다. 이 연설은 국가의 모든 활동적인 세력, 특히 여성을 동원, 조직, 통합하기 위해 노력하겠다고 약속했습니다.

정치방침연설은 여성에 관해 구체적으로 다음과 같이 말했습니다. "그들은 우리가 신식민주의 사회의 다양한 족쇄를 깨기 위해 치러야 할 모든 전투에 참여할 것입니다. 그들은 프로젝트 구상, 의사 결정, 실행 등 모든 단계에 참여하여 국가 전체의 삶을 조직할 것입니다. 이 위대한 사업의 최종 목표는 모든 분야에서 여성이 남성과 동등한 자유롭고 풍요로운 사회를 건설하는 것입니다."

우리 앞에 놓인 여성과 해방 투쟁에 관한 질문을 이보다 더 명확하게 이해하고 설명할 방법은 없습니다. "여성의 진정한 해방은 여성에게 책임을 맡기고, 생산 활동과 사람들이 직면한 다양한 투쟁에 참여하게 하는 것입니다. 여성의 진정한 해방은 남성이 존중과 배려를 하도록 만드는 것입니다."

여기에서 분명히 알 수 있는 것은, 전우 여러분, 여성 해방 투쟁은 무엇보다도 민주적이고 대중적인 혁명을 심화하기 위한 투쟁이며, 이 혁명은 이제부터 여러분에게 정의와 평등이 공존하는 사회를 건설하는 데 발언권과 행동권을 부여하는 혁명이라는 것입니다. 민주적이고 대중적인 혁명은 그러한 투쟁을 위한 조건을 만들어 냈습니다. 이제 여러분은 우리와 같은 후진 사회에서 여성을 속박하는 모든 족쇄와 쇠사슬을 끊고, 아프리카와 모든 인류를 위해 새로운 사회를 건설하는 정치적 투쟁에서 여러분의 몫을 다할 책임이 있습니다.

민주적이고 대중적인 혁명의 첫 기간에 우리는 이렇게 말했습니다. "해방은 자유와 마찬가지로 주어지는 것이 아니라 쟁취하는 것입니다. 여성이 스스로 요구를 제시하고 이를 쟁취하기 위해 동원하는 것입니다." 이런 식으로, 우리의 혁명은 여성 해방을 위한 투쟁에서 달성해야 할 목표를 제시했을 뿐만 아니라, 따라야 할 길과 사용해야 할 방법, 그리고 이 전투의 핵심 주역을 제시했습니다.

우리는 성공을 이루고 최종 목표에 한 걸음 더 다가서기 위해 4년 동안 남녀가 함께 일해 왔습니다. 우리는 지금까지 벌어진 전투, 이룩한 성공, 겪은 좌절, 마주친 어려움을 의식해야 합니다. 이것은 우리가 미래의 투쟁을 준비하고 이끄는 데 더욱더 도움이 될 것입니다.

민주적이고 대중적인 혁명은 여성의 해방과 관련, 어떤 성과를 거두었나요? 강점과 약점은 무엇일까요?

여성 해방 투쟁에서 우리 혁명이 거둔 주요 성과 중 하나는 의심할 여지 없이 부르키나파소 여성 연합(UFB)의 설립입니다. 이 조직의 창설은 우리나라 여성들에게 성공적인 투쟁을 위한 틀과 건전한 도구를 제공했기 때문에 주요 성과로 간주됩니다. UFB의 창설은 혁명 전국위원회의 지도력 아래, 해방을 위한 투쟁에서 명확하고 정의로운 목표를 위해 모든 여성 무장 세력을 동원할 수 있게 되었기 때문에 큰 승리를 의미합니다.

UFB는 변화를 위해 일하고, 승리하기 위해 싸우고, 반복해 쓰러지면서도 매번 다시 일어나고, 후퇴하지 않고 전진하기로 결심한, 진지하고 무장된 여성 조직입니다. 이것은 부르키나파소 여성들 사이에 뿌리내린 새로운 의식이며, 우리는 모두 그것을 자랑스러워해야 합니다. 전사 동지 여러분, 부르키나파소 여성 연합은 여러분의 전투 조직입니다. 더 깊게 벨 수 있도록 날을 갈고, 더 많은 승리를 거두는 것은 여러분에게 달려 있습니다.

정부가 3년 남짓한 기간 동안 취할 수 있었던 여성 해방에 대한 다양한 노력은 분명히 충분하지 않습니다. 그러나 이 노력 덕분에 몇 가지 조치를 취할 수 있었고, 오늘날 우리나라는 여성 해방 투쟁의 선봉에 서 있는 국가로 자리매김하게 되었습니다. 우리 여성들은 의사 결정과 대중의 실질적인 권력 행사에 점점 더 많이 참여하고 있습니다. 부르키나파소의 여성들은 국가가 건설되는 모든 곳에 존재합니다. 그들은 프로젝트의 일부입니다 — 수로 [계곡 관개 프로젝트], 재조림, 예방접종 여단, "깨끗한 마을" 운영, 철도 쟁탈전 등.

부르키나파소 여성들은 조금씩 일어나 자신을 주장하고, 그 과정에서 남성우월주의와 남성 중심적 사고방식을 모두 무너뜨렸습니다. 그리고 이것은 부르키나파소의 모든 사회와 직업 구조에 여성이 자리잡을 때까지 계속될 것입니다. 3년 반 동안 우리의 혁명은 매춘과 같은 여성 비하 관행과 부랑자, 여성 청소년 범죄, 강제 결혼, 여성 할례, 여성들이 직면한 특히 어려운 생활 조건과 같은 관련 문제를 근절하기 위해 지속해서 노력해 왔습니다.

물 문제를 해결하기 위해 노력하고, 마을에 제분소를 설치하고, 개선된 조리용 화덕을 보급하고, 인기 있는 탁아소를 만들고, 정기적으로 예방접종을 실시하고, 건강하고 풍부하며 다양한 식단을 장려함으로써, 이 혁명은 부르키나파소 여성의 삶의 질을 향상하는 데 크게 기여했습니다. 여성들은 제국주의에 맞서 싸우는 슬로건의 실천에 더 적극적으로 참여해야 합니다. 그들은 생산자와 소비자로서, 부르키나파소의 주요 경제 주체의 역할을 항상 주장함으로써 부르키나파소 제품을 생산하고 소비하는 데 확고한 태도를 보여야 합니다.

8월 혁명은 의심할 여지 없이 여성의 해방에 크게 이바지했지만, 아직 충분하지 않습니다. 우리가 해야 할 일이 아직 많이 남아 있습니다. 해야 할 일을 더 잘 이해하기 위해서는 극복해야 할 어려움을 더 잘 인식해야 합니다. 많은 장애물과 어려움이 있습니다. 그중 가장 큰 문제는 문맹과 낮은 정치의식입니다. 둘 다 우리와 같은 후진 사회에서 반동 세력이 과도하게 영향력을 행사하는 바람에 더욱 심화됩니다. 우리는 이 두 가지 주요 장애물을 극복하기 위해 끈기 있게 노력해야 합니다. 왜냐하면 여성들이 정치적 투쟁의 정당성에 대한 명확한 인식을 갖지 못하고 앞으로 나아가는 방법을 명확하게 보지 못한다면, 우리는 쉽게 전진을 멈추고 결국에는 뒤로 후퇴하게 되기 때문입니다.

이것이 바로 부르키나파소 여성 연합이 그 역할을 충실히 수행해야 하는 이유입니다. UFB의 여성들은 자신의 약점을 극복하고, 전통적으로 여성적이라고 여겨지는 관행과 행동에서 벗어나기 위해 노력해야 합니다. 안타깝게도 오늘날에도 많은 여성의 말과 행동에서 이러한 관행과 행동이 여전히 발견되고 있습니다. 저는 질투, 과시욕, 끊임없이 공허하고 부정적이며 원칙 없는 비판, 상호 명예 훼손, 과민한 주관성, 경쟁심 등과 같은 사소하고 비열한 행동에 대해 말하고 있는 것입니다. 혁명적인 여성들은 이러한 행동을 거부해야 합니다. 이는 특히 소부르주아 여성들 사이에서 두드러지는 행동입니다. 여성 해방 투쟁은 조직적인 노력이 필요한 투쟁이기 때문에 모든 여성의 도움이 필요합니다.

우리는 함께 힘을 합쳐 여성이 계속 일할 수 있도록 해야 합니다. 여성에게 경제적 독립과 더 큰 사회적 역할, 그리고 세상에 대한 더 완전하고 정확한 이해를 보장함으로써 여성을 해방하고 자유롭게 하는 것이 바로 노동입니다.

여성의 경제적 능력에 대한 우리의 견해는 일부 여성을 시장의 투기꾼이나 걸어다니는 금고로 전락시키는 조잡한 탐욕과 물질주의와는 아무런 관련이 없습니다. 이들은 보석이 딸랑거리는 소리나 지폐가 바스락거리는 소리를 듣는 순간 모든 존엄성과 자제력, 원칙을 잃어버리는 여성들입니다. 그들 중 일부는 불행하게도 남성을 빚더미에 몰아넣고, 심지어 횡령과 부패에 이르게 합니다. 이런 여성들은 마치 위험한 진흙과 같이 끈적거리고 불쾌한 존재로, 남편이나 동료 전투원의 혁명적 열정을 짓누릅니다. 혁명적 열정이 사그라들고, 이기적이고, 심술궂고, 질투심 많고, 시기심 많은 여성을 위해 남편이 국민을 위한 대의에 헌신하는 것을 포기하는 슬픈 사례가 있었습니다.

교육과 경제적 자립은 제대로 이해되지 않고 건설적인 방향으로 흘러가지 않으면 여성과 사회 전체에 불행의 원인이 될 수 있습니다. 교육 수준이 높고 경제적으로 독립적인 여성은 좋은 시절에는 연인이나 아내로 추앙받고, 나쁜 시절이 오면 버림받습니다. 사회는 그들에게 무자비한 판단을 내립니다. 교육받은 여성은 "남편감을 구하기 어렵다"라고 합니다. 부유한 여성은 의심받습니다. 그들은 모두 독신으로 남을 운명입니다. 그 자체로는 문제가 되지 않을 수도 있지만, 사회 전체가 그들의 "죄"나 "결점"을 알지 못하면서 무고한 희생자들에게 일반적인 배척을 드러내기 때문에, 매일 같이 그들은 감정을 억누르며 짜증만 내고, 결국에는 심술궂은 성격과 건강염려증으로 이어집니다. 많은 여성에게 큰 지식은 비탄의 원인이었고, 큰 재산은 많은 불행을 낳았습니다.

이 명백한 역설에 대한 해결책은 부유하고 교육을 받은 이 불행한 여성들이 자신의 풍부한 지식과 부를 사람들에게 봉사하는 데 사용하는 능력에 있습니다. 그렇게 함으로써, 그들은 자신들이 많은 사람에게 가져다준 작은 행복에 더 많이 감사받고 존경받을 것입니다. 이런 상황에서 어떻게 그들이 외로움을 느낄 수 있겠습니까? 자신에 대한 사랑과 자신을 위한 사랑을 다른 사람에 대한 사랑과 다른 사람을 위한 사랑으로 바꾼다면, 어떻게 그들이 정서적 만족을 느끼지 않을 수 있겠습니까?

여성은 다면적인 어려움 속에서도 물러서지 말고, 그 어려움과의 투쟁이 인도하는 대로 자신에 대한 완전한 책임과 자존심으로, 남성의 보호를 받는 여성이라는 틀에서 벗어나서 진정한 자신을 발견하는 행복을 찾아야 합니다. 오늘날에도 많은 여성들이 "사람들이 뭐라고 말할까?"라는 압박에서 벗어나기 위해 여전히 남성의 보호를 구하고 있습니다. 그들은 사랑이나 기쁨 없이 결혼하고, 현실과 사람들의 투쟁과는 거리가 먼 졸렬하고 음침한 남성들을 섬기기 위해 결혼합니다. 종종 여성들은 오만하게도 독립을 요구하면서 동시에 보호를 요구하거나, 더 심한 경우 남성들의 식민지 보호령 아래에 놓이기를 요구합니다. 그들은 다른 방식으로는 살 수 없다고 생각합니다.

아니오! 우리는 다시 한번 우리 자매들에게, 결혼은 필수적인 것이 아니며 피해야 할 것이라 말해야 합니다. 결혼이 사회에 긍정적인 영향을 주지 않고 행복을 가져다주지 않는다면 말입니다. 반대로, 대담하고 두려움 없는 개척자, 자녀가 있거니 없는 독신 여성, 빛나고 활짝 핀, 풍요로움과 타인을 위한 헌신으로 넘쳐나는 여성, 심지어 불행한 결혼 생활을 하는 여성들이 부러워할 만큼, 그들이 만들어내는 따뜻함과 자유, 존엄성, 타인을 돕고자 하는 의지에서 나오는 행복을 마음껏 보여 주는 사례를 만들어냅시다.

여성들은 남성의 억압적인 보호 없이도 가족을 돌보고 아이들을 키우는 능력—즉, 사회의 책임 있는 구성원이 되는 능력—을 충분히 입증했습니다. 우리 사회는 분명히 충분하게 발전되어서 미혼 여성에 대한 이러한 배척을 끝낼 수 있을 것입니다. 혁명가로서 우리는 결혼이 일종의 복권과 같은 것이 아니라, 긍정적인 어떤 것을 더해 주는 선택이 되도록 해야 합니다. 말하자면, 무엇인가를 얻기 위해 얼마의 비용을 내야 하는지 알지만, 그것으로 무엇을 얻게 될지는 전혀 알 수 없는 복권이 아니라는 것입니다. 인간의 감정은 그런 게임의 대상이 되기에는 너무 고귀합니다.

또 다른 문제는 의심할 여지 없이 많은 남성의 봉건적이고, 반동적이며, 수동적인 태도에 있습니다. 그들은 가정에서든 사회에서든 여성에 대한 완전한 통제권을 유지하려는 의도를 가지고 있습니다. 혁명적 투쟁인 새로운 사회를 건설하기 위한 싸움에서, 이런 남성들의 행동은 그들을 반동과 반혁명의 편에 서게 합니다. 혁명은 여성의 진정한 해방 없이 승리할 수 없기 때문입니다.

그래서, 전사 동지 여러분, 앞으로 다가올 전투에 더 잘 대처하기 위해서는 이러한 모든 어려움을 잘 인식해야 합니다. 여성은 남성처럼 장점과 단점을 모두 가지고 있습니다. 이는 의심할 여지 없이 여성과 남성이 동등하다는 것을 증명합니다. 여성의 장점을 강조한다고 해서 여성에 대한 이상적인 환상을 가지고 있다는 의미는 아닙니다. 우리는 단순히 여성에 대한 남성과 사회의 착취와 억압을 정당화하는 과정에서 그동안 숨겨져 있던 여성들의 장점과 능력을 강조하는 것일 뿐입니다.

해방으로 나아가는 행보를 가속하기 위해 우리를 어떻게 조직해야 할까?

우리의 자원은 어처구니없을 정도로 적지만 목표는 야심 찹니다. 앞으로 나아가려는 의지와 확고한 신념만으로는 우리의 도박에 성공할 수 없습니다. 우리는 우리의 모든 힘을 한데 모아 조직화하고, 투쟁에서 승리하기 위해 그 힘을 집중시켜야 합니다.

여성 해방은 우리나라에서 20년 이상 논의되어 온 주제입니다. 많은 감정이 존재해 왔습니다. 오늘 우리는 이 문제를 전체적인 맥락에서 접근해야 합니다. 우리는 책임 회피를 경계해야 합니다. 책임 회피는 모든 힘을 투쟁에 투입하지 못하게 하고, 여성의 해방이라는 중대한 문제를 주변적인 문제로 만들었습니다. 우리는 또한 서두르지 않아야 합니다. 최전선에 있어야 할 사람들, 특히 여성들을 뒤처지게 해서는 안 됩니다.

정부 차원에서, 국가혁명평의회의 지침에 따라 여성에게 혜택을 주는 일관된 행동 계획이 실행될 것입니다. 모든 부처가 참여하게 될 것이며, 각 부처는 단기 및 중기적 책임을 맡게 될 것입니다. 이 행동 계획은 경건한 소망이나 동정적 표현을 피하고, 혁명적 행동을 강화하는 지침이 되어야 합니다. 중요한 결정적인 승리는 투쟁의 열기 속에서 얻어집니다.

이 행동 계획은 우리가 우리 자신을 위해 만들어야 합니다. 광범위하고 민주적인 토론을 통해 여성에 대한 우리의 확신을 명확히 하는 과감한 결의안을 만들어야 합니다. 여성을 위해 남녀가 모두 원하는 것은 무엇인가요? 이것이 우리가 행동 계획에 포함할 내용입니다. 모든 부처가 참여하는 이 계획은 여성 평등 문제를 부차적인 문제로 치부하는 접근 방식에서 벗어나 일상적인 활동을 통해 이 문제를 해결하는 데 상당한 기여를 했어야 하고 할 수 있었던 공무원들의 책임을 덜어줄 것입니다.

여성 문제에 관한 이 새로운 다각적 접근 방식은 그 기원과 원인, 그리고 모든 형태의 착취와 억압이 없는 새로운 사회를 위한 계획의 틀 안에서 그 중요성에 대한 우리의 과학적 분석에서 직접적으로 비롯된 것입니다. 우리는 누구에게도 여성에게 호의를 베풀어 달라고 간청하는 것이 아닙니다. 우리는 혁명이라는 이름으로, 빼앗는 것이 아니라 주는 것을 목적으로, 여성에게 정의를 실현할 것을 요구하고 있습니다.

앞으로 모든 부처와 각 부서 행정위원회의 활동은 우리가 평소에 하는 전반적인 평가와 더불어 이 계획을 성공적으로 이행했는지에 따라 평가될 것입니다. 이를 위해 우리의 통계 분석에는 반드시 여성에게 직접적인 혜택이나 영향을 미치는 조치들이 포함될 것입니다. 여성의 평등 문제는 모든 의사 결정권자의 마음속에 항상 존재해야 하며, 개발 계획을 구상하고 실행하는 모든 단계에서 고려되어야 합니다. 여성의 참여 없이 개발 프로젝트를 구상하는 것은 열 손가락이 있는데 네 손가락만 사용하는 것과 같습니다. 실패를 부르는 길입니다.

교육 관련 부처에서는 여성의 교육 접근이 현실화되도록 특별한 주의를 기울여야 합니다. 왜냐하면 이러한 현실이 여성 해방을 향한 질적 단계를 구성하기 때문입니다. 여성이 교육을 받을 수 있었던 곳은 어디든지 평등을 향한 행진이 촉진되었다는 것은 명백한 사실입니다. 무지의 어둠에서 벗어나 여성은 지식의 도구를 활용하여 사회에 이바지할 수 있습니다. 남성 교육만이 중요하고 유익하며, 여성 교육은 사치라는 터무니없고 후진적인 개념은 부르키나파소에서 사라져야 합니다.

부모는 자랑스럽고 기쁜 아들만큼이나 딸의 학교생활에도 관심을 기울여야 합니다. 여학생들은 학교에서 남학생들과 동등하거나 더 뛰어나다는 것을 증명했습니다. 그러나 무엇보다도 그들은 배우고 알고 자유로워지기 위해 교육받을 권리가 있습니다. 향후 문맹 퇴치 캠페인에서 여성 참여율은 인구에서 차지하는 비중에 맞게 높여야 합니다. 인구의 절반을 차지하는 중요한 부분이 무지한 상태로 유지되는 것은 지나친 불공평입니다.

노동과 사법을 담당하는 부처에서는 1983년 8월 4일 이후로 우리 사회가 겪어 온 변화에 맞게 지속적으로 항목을 조정하여, 남녀평등이 실질적인 현실이 되도록 해야 합니다. 현재 작성되고 논의되고 있는 새로운 노동법은 우리 인민이 얼마나 사회 정의를 열망하고 있는지를 표현해야 합니다. 그것은 대중, 특히 여성을 억압하는 체제를 영속화하기 위해 반동적 정권에 의해 형성되고 만들어진 계급적 기구인 신식민주의 국가기구를 파괴하는 작업의 중요한 단계를 드러내야 합니다.

여성이 남성과 동일한 일을 하는데도 더 적은 임금을 받아야 한다는 사실을 어떻게 계속 받아들일 수 있겠습니까? 우리가 레비라트법(levirate)*과 지참금을 인정할 수 있습니까? 이것들은 우리의 자매와 어머니를 물물교환할 수 있는 상품으로 전락시킵니다. 중세법이 우리 국민, 여성에게 계속해서 부과하는 것들이 너무 많습니다. 마침내 정의가 실현되는 것은 당연한 일입니다.

문화 및 가족 담당 부처에서는 부르키나파소 여성 연합과 긴밀히 협력하여 사회적 관계에 대한 새로운 사고방식을 개발하는 데 특히 중점을 둘 것입니다. 혁명의 어머니와 아내들은 현재 진행 중인 혁명적 변화의 틀 안에서 구체적이고 중요한 도움을 줄 수 있습니다. 어린이 교육, 가족 예산의 효율적인 관리, 가족계획, 가족 정신의 형성, 애국심 — 이 모든 것들은 새로운 사회를 위한 서곡인 혁명적 도덕 가치와 반제국주의적 생활 방식의 탄생에 효과적으로 기여해야 할 중요한 요소들입니다.

가정에서 여성들은 삶의 질 향상에 특히 신경을 써야 합니다. 부르키나파소 사람으로서 잘 산다는 것은 부르키나파소 제품을 사용하여

---

* 　레비라트법은 과부가 죽은 남편의 형제와 결혼하는 것으로, 그 강요의 정도는 다양하다.

잘 먹고 잘 입는 것을 의미합니다. 또한, 깨끗하고 쾌적한 생활 환경을 유지하는 것을 의미합니다. 생활 환경은 가족 내 관계에 큰 영향을 미치기 때문입니다. 더러운 환경에서 생활하면 더러운 관계가 만들어집니다. 저를 믿지 못하겠다면 돼지를 보세요.

새로운 여성이 여전히 구식 남성과 함께 살아야 한다면, 사고방식의 변화는 불완전한 것이 될 것입니다. 남성의 우월감 컴플렉스가 가장 지독하면서도 가장 결정적으로 드러나는 곳이 가정, 즉 어머니라는 죄 많은 공모자가 자녀에게 성차별적이고 불평등한 규칙을 가르치는 가정이 아니면 과연 그 어디일까요? 여성은 자녀의 교육과 성격 형성의 시작부터 성적인 콤플렉스를 지속시킵니다.

게다가, 우리가 낮에 누군가를 정치 활동에 끌어들이려 노력했지만, 그 초심자가 밤새 반동적이고 의욕을 꺾는 여자와 함께 지낸다면 무슨 소용이겠습니까!

그리고 여러분을 로봇으로 만들어 버리고, 생각할 시간이나 에너지를 남기지 않는 집안일은 또 어떻습니까! 이것이 바로 남성들을 대상으로 한 단호한 행동과 보육원, 탁아소, 식당과 같은 대규모 사회 시설 네트워크 구축을 목표로 하는 이유입니다. 이것은 여성들이 혁명적인 토론과 행동에 더 쉽게 참여할 수 있도록 해줄 것입니다. 어머니의 실패로 거부당하든, 아버지의 자부심으로 사랑받든, 모든 아이는 사회 전체의 관심사가 되어야 하며, 모두 사회의 관심과 애정의 대상이 되어야 합니다. 이제부터 남성과 여성은 가정의 모든 일을 함께 분담할 것입니다.

여성을 위한 행동 계획은 여성의 해방을 위한 노력의 일환으로 모든 정치 및 행정 구조의 전반적인 동원을 위한 혁명적 도구가 되어야 합니다. 다시 한번 강조하지만, 전사 여러분, 이 계획이 여성의 실제 요구에 부응하기 전에, UFB 구조의 모든 수준에서 민주적 토론을 거쳐야 합니다.

UFB는 혁명적인 조직입니다. 따라서 비판과 자기비판, 민주적 중앙집권주의라는 조직 원칙에 의해 운영되는 대중 민주주의를 위한 학교입니다. 이 조직은, 신비주의가 구체적인 목표를 압도하는 다른 조직들과 차별화하고자 합니다. 그러나 이러한 차별화는 UFB의 동료들이 일부 여성 집단에 여전히 남아있는 약점에 대해 단호한 투쟁을 벌일 때만 효과적이고 영구적일 수 있습니다. 왜냐하면 우리는 여기에서 외관상 모양새나 선거를 위한, 선동적인, 또는 기타 비난받을 만한 다른 동기를 위해 여성을 동원하는 것에 관해 이야기하는 것이 전혀 아니기 때문입니다.

우리는 승리를 위해 여성 전사들을 하나로 모으는 것을 이야기하고 있습니다. 우리는 각 혁명적 구조의 조직적 자율성을 충분히 고려하여, 위원회 내에서 민주적으로 결정된 일련의 활동을 기반으로, 조직적으로 싸우는 것에 대해 이야기하고 있습니다. 모든 UFB 간부가 자신의 역할에 완전히 몰입해야만 효과적으로 행동할 수 있습니다. 이를 위해서는 부르키나파소 여성 연합이 모든 수준에서 UFB 구조를 강화하기 위해 간부에 대한 광범위한 정치 및 이념 교육을 시행해야 합니다.

UFB의 전우 여러분, 여러분의, 아니 우리의 노조는 대중의 편에서 계급투쟁에 전적으로 참여해야 합니다. 의식이 잠들어 있던 수백만 명의 사람들이 혁명이 찾아옴으로 인해 깨어났고, 그들은 강력한 힘을 가지고 있습니다. 1983년 8월 4일, 우리는 스스로의 자원에 의존하기로 결정했습니다. 이는 여러분이 대표하는 여성들의 자원에 크게 의존한다는 의미입니다. 그것이 유용하게 쓰이려면, 여러분의 에너지는 모든 종류의 착취자와 제국주의의 경제적 지배를 제거하기 위한 투쟁에 집중되어야 합니다. 동원 체제인 UFB는 그 운동가들 사이에서 고도로 발달한 정치의식을 형성해야 합니다. 이를 통해 정부가 여성의 지위를 개선하기 위해 시작한 다양한 활동을 수행하는 때 완전히 혁명적인 헌신을 할 수 있을 것입니다.

UFB의 동지들, 우리 사회의 혁명적 변혁만이 여러분의 해방을 위한 유리한 조건을 만들 수 있습니다. 여러분은 제국주의와 남성 양쪽에게 지배당하고 있습니다. 모든 남성에게는 봉건 영주, 남성우월주의자의 영혼이 잠들어 있으며, 이것을 파괴해야 합니다. 이것이 바로 여러분이 가장 진보적이고 혁신적인 슬로건을 적극적으로 수용해야만 해방이 현실이 되고 더 빨리 그 목표를 향해 나아갈 수 있는 이유입니다. 이것이 바로 국가혁명평의회가 여러분이 국가적인 대규모 개발 프로젝트에 적극적으로 참여하고 있음을 기쁘게 생각하고, 무엇보다도 여러분의 혁명인 8월 혁명을 더욱 적극적으로 지원하도록 독려하는 이유입니다.

이러한 프로젝트에 대규모로 참여함으로써 여러분은 자신이 더 가치 있는 사람임을 보여 주고 있습니다. 사회는 분업의 원칙에 따라 여러분을 항상 가장 하찮은 작업에 배정해 왔습니다. 여러분의 명백한 신체적 약점은 여러분이 여성이라는 이유로 사회가 여러분에게 강요한 외모와 패션의 규범이 낳은 것일 뿐입니다.

앞으로 우리 사회는, 그것이 단지 여성을 남성의 소유물로 규정하는 또 다른 형태의 도용이라는 사실을 깨닫지 못한 채 미혼 여성을 배척하는 모든 봉건적 개념에서 벗어나야 합니다. 젊은 엄마들은 마치 자신들의 상황에 대해 책임이 있는 유일한 존재인 양 치부되지만, 사실 거기에는 항상 죄 있는 남성이 관련되어 있습니다. 불임에 대한 과학적 설명이 있고 과학으로 극복할 수 있음에도 불구하고, 아이가 없는 여성들이 낡은 믿음 때문에 억압받는 방식입니다.

또한 사회는 여성에게 여성 할례, 흉터 만들기, 치아 갈기, 입술과 코 피어싱과 같은 신체적 완전성을 침해하는 아름다움의 기준을 강요해 왔습니다. 이러한 아름다움의 기준을 따르는 것은 수상쩍은 가치입니다. 여성 할례의 경우, 여성의 출산 능력과 연애 생활에까지 영향을 미칠 수 있습니다. 귀를 뚫거나 문신을 하는 것과 같은 다른 유형의 신체 변형은 덜 위험하지만, 남편을 구하는 여성에게 사회가 강요하는 여성의 조건을 드러내는 것일 뿐입니다. 전사 동지 여러분, 남편을 얻기 위해 자신을 돌보십시오. 당신은 남성의 인정을 받기 위해 귀를 뚫고 자기 몸에 폭력을 행사하고 있습니다. 남성이 당신을 더 많이 해칠 수 있도록 자신을 해치고 있습니다!

나의 투쟁 동지 여성 여러분, 제가 하려는 이야기의 핵심우 바로 여러분입니다.

도시나 시골에서나 똑같이 비참한 삶을 살아가는 여러분.

시골에 사는 여러분, 여러분은 "정당하다"고 하고 "설명되었다"고 하는, 끔찍하게 착취하는 갖가지 무거운 짐들에 눌려 등골이 휩니다.

도시에 사는 여러분, 여러분도 행복해야 하지만, 일거리에 짓눌려 매일매일 마음 깊이 비참함을 느끼며 살아가고 있습니다. 침대에서 일어나자마자 옷장 앞을 빙빙 돌면서 무엇을 입을지 고민하기 때문입니다. 옷을 입고 자연환경에서 자신을 보호하기 위한 것이 아니라, 남자를 기쁘게 하기 위해서입니다. 매일 당신은 남자를 기쁘게 하도록 강요받기 때문입니다.

쉬는 시간이 되어도 휴식할 자격이 없는 사람처럼 슬픈 표정을 짓는 당신.

당신은 자신을 통제하고, 자제력을 발휘하고, 남자들이 원하는 몸매를 유지하기 위해 다이어트를 해야 합니다.

당신은 밤에 잠자리에 들기 전에 내키지 않는 수많은 화장품을 발라 자신을 가립니다. 우리는 당신이 그렇게 한다는 것을 알고 있습니다. 그러나 무분별한 주름, 너무 일찍 찾아온 나이의 징후, 또는 통통한 몸매를 숨기는 게 과연 누구를 위한 것입니까? 매일 밤 최고의 자질을 유지하기 위해 두 시간 동안의 의식을 치러야 하고, 무신경한 남편으로부터 제대로 보상받지도 못합니다. 그리고 새벽이 오면 이 모든 것을 다시 시작해야 합니다.

전투원 동지 여러분, 어제 여성 동원 및 조직 위원회의 연설에서 CDR의 일반 규정에 따라 CDR의 국가사무국은 UFB의 위원회, 소위원회, 부서를 성공리에 구성했습니다. 조직과 계획을 담당하는 정치위원회는 UFB의 국가 집행위원회를 구성하여 조직의 피라미드를 완성하는 책임을 맡게 됩니다.

우리는 여성의 삶을 관료적으로 관리하거나 부드러운 말솜씨를 가진 관리들이 여성의 삶에 대해 산발적으로 발언하는 여성화된 장치가 필요하지 않습니다. 우리에게 필요한 것은, 투쟁하지 않으면 구질서가 파괴되지 않고 새로운 질서가 구축되지 않는다는 것을 알고 투쟁할 여성들입니다. 우리는 기존의 것을 조직하는 것이 아니라 그것을 완전히 파괴하고 대체하는 것을 추구합니다.

UFB의 전국 집행위원회는 확신에 차 있고 결단력 있는 간부들로 구성되어야 하며, 그들은 항상 대응할 수 있어야 하므로, 수행해야 할 과제가 매우 큽니다. 그리고 투쟁은 가정에서 시작됩니다. 이 운동가들은 대중의 눈에 그들이 해방된 혁명적 여성의 이미지를 대표한다는 것을 인식하고 그에 따라 행동해야 합니다.

전투원 동지 여러분, 여성과 남성 여러분, 경험에 따르면, 기존의 질서를 바꾸는 과정에서 조직화된 사람들만이 민주적으로 권력을 행사할 수 있다는 사실이 점점 더 많이 드러나고 있습니다. 이러한 변화의 기본 원칙인 정의와 평등은 여성들이 정치 및 경제 수준에서 자신들을 신뢰하지 않는 사회가 잘못되었다는 것을 보여 주게 합니다. 국민의 일부로서 쟁취한 권력을 가진 여성들은 역사를 통해 비난받아 온 모든 여성을 구제할 수 있는 위치에 있습니다. 우리의 혁명은 우리 사회를 근본적이고 질적으로 변화시키기 시작했습니다. 이러한 변화는 반드시 부르키나파소 여성의 열망을 고려해야 합니다.

동지 여러분, 미래는 여성의 해방을 요구하고 있으며, 미래는 어디에서나 혁명을 가져옵니다. 우리가 여성 해방 투쟁에서 패배하면, 우리 사회가 긍정적이고 우월한 방향으로 변화할 희망을 잃게 될 것입니다. 그러면 우리의 혁명은 더 이상 의미가 없어질 것입니다. 우리 모두, 남녀 모두, 이 고귀한 투쟁에 동참해야 합니다.

여성들이 최전방으로 나아갈 수 있도록 합시다! 우리의 최종 승리는 근본적으로 그들의 능력, 투쟁에 대한 지혜, 승리하려는 의지에 달려 있습니다. 여성들이 각각 남성들로 하여금 잠재력을 최대한 발휘할 수 있게 합시다. 이를 위해 각 여성은 자신의 무한한 애정과 사랑의 샘에서 물을 끌어올 수 있도록 하고, 우리가 전진할 때 우리를 격려하고, 약해질 때 우리의 에너지를 보충할 힘과 방안을 찾도록 합시다. 각 여성이 남성을 지도하고, 각 여성이 각 남성의 어머니가 되게 하소서! 우리를 세상에 태어나게 하고, 우리를 교육하고 남자로 만들어 주신 분은 바로 당신입니다.

오늘날 우리가 있는 곳으로 우리를 인도해 주신 모든 여성이 어머니이자 지도자의 역할을 계속 수행하게 합시다. 여성들이 자신이 할 수 있는 일을 기억하게 합시다. 각 여성이 자신이 지구의 중심이라는 것을 기억하게 합시다. 각 여성이 자신이 세상에 살고 있으며 세상을 위해 살고 있다는 것을 기억하게 합시다. 남자를 위해 처음으로 울어주는 사람은 여자라는 것을 모든 여성이 기억해야 합니다. 죽음의 순간에 모든 남성은 마지막 숨을 내쉴 때 어머니, 자매, 혹은 동반자 등 여자의 이름을 부른다고 합니다.

여성은 남성의 승리를 필요로 합니다. 그리고 남성은 여성의 승리를 필요로 합니다. 모든 남성의 곁에는 항상 여성이 있습니다. 남자의 아이를 안은 여자의 손은 온 세상을 안을 것입니다. 우리의 어머니는 우리에게 생명을 주셨습니다. 우리의 아내는 아이를 낳고, 젖을 먹이고, 키우며, 책임감 있는 존재로 만들어 줍니다. 여성은 우리 민족의 연속성을 보장합니다. 여성은 인류의 운명을 보장합니다. 여성은 우리의 일이 계속될 수 있도록 보장합니다. 여성은 모든 남성의 자부심을 보장합니다.

어머니, 자매, 동반자 여러분:

자신 곁에 여성이 없다면 자랑스러운 남성이 될 수 없습니다. 모든 자랑스러운 남성, 모든 강한 남성은 여성에게서 에너지를 얻습니다. 남성나움의 끝없는 원전은 여성성입니다. 끝없는 원천, 승리의 열쇠는 언제나 여성의 손에 달려 있습니다. 우리 각자는 여성, 자매, 동반자 곁에서 명예와 존엄성을 발견합니다.

우리 각자가 위안을 얻고 용기를 얻고 다시 전투에 나설 수 있는 영감을 얻기 위해 돌아가는 곳은 언제나 여자의 곁입니다. 무모함이나 무책임한 태도를 다잡도록 조언을 들을 수 있는 곳도 언제나 여자의 곁입니다. 우리가 다시 남자가 되는 곳도 언제나 여자의 곁이고, 모든 남자는 모든 여자에게 아이와 같습니다.

여자를 사랑하지 않고, 여자를 존중하지 않고, 여자의 명예를 무시하는 자는 자기 어머니를 멸시한 것입니다. 그러므로 여자를 멸시하는 자는 자신이 태어난 곳을 멸시하고 파괴하는 것입니다. 즉, 여자의 관대한 자궁에서 태어난 자가 자신이 존재할 권리가 없다고 믿어 스스로를 죽이는 것입니다. 동지들이여, 여자를 멸시하는 자는 화를 당할 것이다! 여기나 다른 곳이나, 모든 사회 계층에 속한 모든 남성에게도 마찬가지다. 여자를 멸시하고 여자가 무엇인지 알지 못하고 잊어버리는 자들은 모두 화를 당할 것이다. "너는 바위에 부딪혔다. 돌덩이를 걷어냈다. 너는 으깨질 것이다."*

동지 여러분, 우리 자신부터 시작하는 혁명은 여성이 자유롭지 않은 한 승리할 수 없습니다. 우리가 해방이라는 것을 본질적으로 남성의 해방으로 이해하는 한, 우리의 투쟁과 혁명은 불완전할 것입니다. 프롤레타리아 해방 이후 남은 것은 여성의 해방입니다.

동지 여러분, 모든 여성이 남성의 어머니입니다. 저는 남자로서, 아들로서 여성에게 조언을 하거나 어떤 길을 택하라고 알려 주고 싶지 않습니다. 그것은 마치 자기 어머니에게 충고하는 것과 같습니다. 그러나 우리는 또한 어머니가 아들의 변덕, 꿈, 허영심에도 불구하고 아들의 말에 귀를 기울인다는 것을 알고 있습니다. 그리고 이것이 저를 위로하고,

---

* 흑인에게 항상 특별한 신분증을 소지하도록 강제하는 아파르트헤이트 정권의 악명 높은 신분증법에 항의하여 1956년 8월 9일 아프리카민족회의의 주도로 남아프리카공화국에서 2만 명의 여성이 모인 집회에서 유명해진 노래 가사의 한 귀절. 8월 9일은 오늘날 남아공 여성의 날로 기념되고 있다.

제가 여러분에게 이 말을 전할 수 있게 해 줍니다. 바로 이 때문에, 전우 여러분, 우리 모두의 진정한 해방을 이루기 위해서는 여러분의 도움이 필요합니다. 저는 여러분들이 우리 사회를 구하기 위해 항상 힘과 시간을 내주리라는 것을 알고 있습니다.

동지 여러분, 여성의 해방이 없는 진정한 사회혁명은 없습니다. 나의 눈과 발이 절대로 인구의 절반이 침묵에 갇혀 있는 곳을 목격하거나 들어가지 않기를. 침묵 속에 여성의 포효가 들립니다. 그들의 폭풍우가 몰아치는 소리가 들리고, 그들의 반란의 분노가 느껴집니다. 저는 그들이 억압받는 자궁에서 나오는 힘과 엄격한 정의를 전달할 수 있는 비옥한 혁명의 분출을 기다리며 희망합니다.

동지들이여, 미래를 정복하기 위해 전진합시다.

미래는 혁명적입니다.

미래는 투쟁하는 자들의 것입니다. 조국 아니면 죽음을, 우리는 승리할 것입니다!

1987년 3월 8일, 와가두구에서 열린 세계 여성의 날 연설. (ⓒErnest Harsch/*Militant*)

부채에 대항하는 단일 전선

이 연설은 에티오피아 아디스아바바에서 열린 제25차 아프리카단결기구
(OAU) 회원국 회의에서 행해졌다. 잠비아의 케네스 카운다Kenneth Kaunda 대
통령이 의장으로 회의를 주재했다. 상카라의 이 연설문은 1989년 2월 파리에
서 발간된 잡지 《Coumbite》에 실렸다.

의장님;

대표단 여러분:

저는 지금 우리가 고민하는 또 다른 문제, 즉 부채 문제와 아프리카
의 경제 상황에 관해 이야기하고 싶습니다. 평화와 마찬가지로, 이 문제
를 해결하는 것은 우리의 생존을 위한 중요한 조건입니다. 그래서 저는
이 문제를 논의할 수 있도록 여러분에게 몇 분을 더 할애받으려 합니다.

부르키나파소는 두려움을 표하는 것으로 시작하고 싶습니다. OAU
회의가 계속 열리지만, 모두 똑같고, 우리가 하는 일에 재정적 참여가
점점 줄어들고 있다는 두려움 말입니다.

의장님:

아프리카에서 아프리카에 대해 논의하기 위해 정식으로 초대받은 국가 원수들이 몇 명이나 참석했습니까?*

의장님:

파리, 런던, 워싱턴에서 열리는 회의에 참석하라는 요청을 받을 때 언제든 달려갈 준비가 되어 있는 정상 중에, 아프리카의 아디스아바바에서 열리는 회의에는 참석할 수 없는 국가 원수가 얼마나 될까요? 이것은 매우 중요한 문제입니다. [박수] 참석하지 못하는 데에는 타당한 이유가 있을 것입니다. 그래서 저는 의장님께, 참석 요청에 응답하지 않는 국가 원수들에 대한 제재 기준을 마련해 주실 것을 제안하고 싶습니다. 좋은 행동에 대해 일정 점수를 부여하고, 정기적으로 참석하는 사람들—예를 들어 우리 같은[웃음]—이 일부 프로젝트에 대한 지원을 받을 수 있도록 힙시다. 예를 들어, 우리가 아프리카 개발은행에 제출하는 제안서는 아프리카 정체성 계수의 영향을 받게 하는 겁니다. [박수] 아프리카 정체성이 가장 적을 경우 불이익을 받습니다. 그렇게 하면 모두가 회의에 참석할 것입니다.

의장님, 부채 문제는 우리가 놓칠 수 없는 문제입니다. 아시다시피, 의장님도 당신의 나라에서 용기 있는 결정을 내려야 했고, 심지어 위험한 결정을 내려야 했습니다. 그 결정들은 대통령님의 나이, 그리고 백발과는 전혀 어울리지 않는 것처럼 보입니다. [웃음] 참석하지는 않았지만 중요한 메시지를 보내주신 하비브 부르기바Habib Bourguiba 대통령 각하는 아프리카에 또 다른 사례를 보여 주었는데, 그 역시 튀니지에서 경제적, 사회적, 정치적 이유로 용기 있는 결정을 내려야 했기

---

*   당시 OAU 50개 회원국 중 16개국의 정상들만 회의에 참석했다.

때문입니다.*

1984년 1월 튀니지에서 며칠 동안 전국적으로 시위가 벌어진 후 부르기바 정부는 한 달 전에 발표한 빵과 곡물 가격의 두 배 인상을 취소했다.

그러나 의장님, 우리가 계속해서 국가 원수들이 부채 문제에 대한 개별적인 해결책을 모색하도록 허용해야 할까요? 그로 인해 각자의 나라에서 사회적 갈등이 야기되어 그 나라의 안정과 아프리카의 통합 구축에 위협이 될 수 있는 위험을 감수하면서까지? 제가 인용한 사례들은 —더 많은 사례가 있습니다만— 부채 문제에 대해 OAU 정상회의가 우리 각자에게 안심할 수 있는 답변을 제공하는 것이 충분히 가치가 있음을 보여 줍니다.

부채 분석은 근본부터 시작해야 한다고 생각합니다. 부채의 근본은 식민주의의 시작으로 거슬러 올라갑니다. 우리에게 돈을 빌려준 사람들은 우리를 식민지화한 사람들이었습니다. 그들은 우리의 국가와 경제를 운영한 바로 그 사람들이었습니다. 아프리카를 금융가들, 즉 그들의 형제들과 사촌들에게 빚을 지도록 만든 것은 바로 식민주의자들이었습니다. 이 부채는 우리와 아무 관련이 없습니다. 그래서 우리가 갚을 수 없는 것입니다.

부채는 신식민지주의의 또 다른 형태로, 식민지주의자들 자신이 기술적 조력자로 변신한 것입니다. 사실, 기술적 암살자라고 하는 것이 더 정확할 것입니다. 그들은 우리에게 자금 조달 방법과 대출 보증인에

---

* 1986년 잠비아에서 케네스 카운다 정부는 국제통화기금(IMF)의 요구를 충족시키기 위해 식량 보조금을 폐지했다. 이에 대한 대중의 반발이 이어졌고, 잠비아 경찰은 이를 잔인하게 진압했다. 1987년 5월 1일, 정부는 이 조치를 중단했다.

대해 조언을 해 주는 사람들입니다. 마치 다른 나라의 발전을 위해 넉넉히 대출을 해 주는 사람들이 있기라도 하다는 듯 말입니다. 이 대출 보증인들은 우리에게 추천되고 제안되었습니다. 그들은 우리에게 매력적인 재무 문서와 프레젠테이션을 제공했습니다. 우리는 50년, 60년, 심지어 그 이상 기간의 대출을 받았습니다. 즉, 우리는 50년 이상 동안 우리 국민을 희생시키도록 이끌려 갔습니다.

현재의 부채 형태는 우리의 성장과 발전이 우리에게 전혀 낯선 단계와 규범에 따라 규제되는 아프리카의 재정복이라는 교묘한 계획입니다. 그것은 우리가 상환할 의무를 진 나라의 자금을 투자할 기회, 교활함, 기만성을 가진 사람들에게 우리 각자를 재정적 노예 혹은 그저 노예로 만들뿐인 재정복입니다. 어떤 사람들은 우리에게 빚을 갚으라고 말합니다. 이깃은 도덕적 문제가 아닙니다. 빚을 갚거나 갚지 않는 것은 명예의 문제가 아닙니다.

의장님:

우리는 노르웨이 총리가 이 자리에서 연설할 때 경청하고 박수를 보냈습니다. 유럽인인 그녀는 부채의 전액 상환은 불가능하다고 말했습니다. 저는 그녀의 발언을 좀 더 발전시켜서 부채는 갚을 수 없다고 말하고 싶습니다. 무엇보다도 우리가 갚지 않더라도 대출 기관은 죽지 않기 때문에 부채는 갚을 수 없습니다. 그건 확실합니다. 반면에 우리가 돈을 지불한다면, 죽는 것은 우리입니다. 그것도 마찬가지로 확실합니다. 우리를 빚더미에 빠뜨린 사람들은 마치 카지노에서 하듯 도박을 했습니다. 그들이 이기고 있는 한, 문제는 없었습니다. 이제 그들은 내기에서 잃자, 상환을 요구하고 있습니다. 위기 상황이라는 말도 합니다. 아니요, 대통령님. 그들은 도박을 했습니다. 그들은 졌습니다. 그것이

게임의 규칙입니다. 인생은 계속됩니다. [박수]

우리는 갚을 것이 없기 때문에 빚을 갚을 수 없습니다. 그것은 우리의 책임이 아니기 때문에 빚을 갚을 수 없습니다. 반대로, 다른 사람들이 우리에게 가장 큰 부로도 갚을 수 없는 빚을 지고 있기 때문에 빚을 갚을 수 없습니다. 그것은 우리의 흥건한 피 값입니다.

사람들은 유럽의 경제를 재건한 마셜 플랜에 관해 이야기합니다.* 그러나 그들은 유럽이 경제가 포위되고 안정성이 위협받는 상황에서 히틀러의 무리에 맞설 수 있게 해 준 아프리카 플랜에 대해서는 언급하지 않습니다. 누가 유럽을 구했습니까? 아프리카였습니다. 이에 대한 이야기는 거의 없습니다. 그런 이야기가 너무 없어서 우리는 이 배은망덕한 침묵의 공범이 될 수 없습니다. 다른 사람들이 우리를 알아주지 않는다면, 우리는 최소한 우리 아버지가 용감했고, 우리 참전 용사들이 유럽을 구하고 궁극적으로 세계가 나치즘에서 벗어날 수 있게 했다는 사실을 지적할 의무가 있습니다.

부채는 또한 대립의 산물입니다. 오늘날 사람들이 경제 위기에 대해 이야기할 때, 그들은 위기가 하룻밤 사이에 나타난 것이 아니라는 사실을 언급하는 것을 잊습니다. 그것은 오랫동안 우리와 함께 있었으며, 착취자들에 맞서 대중이 자신의 권리를 점점 더 인식하게 됨에 따라 점점 더 심화될 것입니다.

오늘날 소수의 개인에게 부가 집중되는 것을 대중이 거부함으로써 일어나는 위기가 있습니다. 위기가 존재하는 이유는 소수의 개인이 아

---

*　1948년 4월 워싱턴에서 냉전 초기 조치의 하나로 시작된 마셜 플랜은 제2차 세계 대전으로 파괴된 자본주의 유럽의 재건과 재군사화에 자금을 지원했다.

프리카를 개발할 수 있을 정도의 막대한 돈을 외국 은행에 보유하고 있기 때문입니다. 이러한 개인적 부를 목도하는 대중이 빈민가와 슬럼가에 살기를 거부하기 때문에 위기가 있습니다. 요하네스버그가 바로 맞은편에 있는데도 불구하고 소웨토에 머물러야 한다는 것을 사람들이 거부하기 때문에 위기가 있습니다. 즉, 투쟁이 있고, 이 투쟁이 심화되면서 금융 권력자들의 걱정이 커지고 있습니다.

그들은 오늘 우리에게 안정성을 추구하는 데 협력해 달라고 요청합니다. 금융 권력자의 이익을 위한 안정성. 대중의 이익을 해치는 안정성. 아니, 우리는 이 일에 가담할 수 없습니다. 아니, 우리는 우리 국민의 피를 빨아먹고 우리 국민의 땀으로 살아가는 사람들과 함께할 수 없습니다. 우리는 그들의 살인적인 모험에 동참할 수 없습니다.

대통령 각하:

우리는 클럽에 대해 이야기를 듣습니다 — 로마 클럽, 파리 클럽, 어디에나 있는 클럽. 우리는 G5, G7, G10, 어쩌면 G100에 대한 이야기를 듣습니다. 또 누가 또 어떤 이야기를 들을까요? 우리도 우리만의 클럽, 우리만의 그룹을 갖는 것이 당연한 일입니다. 오늘부터 아디스아바바를 비슷한 자리로 만들어 보겠습니다. 그 중심에 신선한 공기가 불어오는 곳, 아디스아바바 클럽입니다. 우리는 부채에 맞서 아디스아바바의 단결된 전선을 만들어야 할 의무가 있습니다. 이것이 우리가 상환을 거부함으로써 전쟁의 길을 걷는 것이 아니라, 반대로 사실을 있는 그대로 설명하는 형제애의 길을 걷고 있다고 말할 수 있는 유일한 방법입니다.

더구나 유럽의 대중은 아프리카의 대중과 대립하지 않습니다. 아프리카를 착취하려는 자들은 유럽을 착취하는 자들과 같은 자들입니다. 우리에게는 공통의 적이 있습니다. 아디스아바바 클럽은 양측 모두에게 부채를 갚을 수 없다고 말해야 합니다. 우리가 부채를 갚을 수 없다고 말하는 것은 결코 도덕성, 존엄성, 또는 약속 존중에 반대되는 것이 아닙니다. 우리는 상대방과 동일한 도덕성을 가지고 있지 않다고 생각합니다. 부자와 가난한 사람은 같은 도덕성을 공유하지 않습니다. 성경과 코란은 사람들을 착취하는 사람들과 착취당하는 사람들 사이에서 같은 방식으로 사용될 수 없습니다. 성경과 코란은 두 가지 버전으로 존재해야 합니다. [박수]

우리는 그들의 도덕성을 받아들일 수 없습니다. 우리는 그들이 우리에게 존엄성에 관해 이야기하는 것을 받아들일 수 없습니다. 우리는 그들이 돈을 내는 사람들의 장점과 돈을 내지 않는 사람들에 대한 불신에 관해 이야기하는 것을 받아들일 수 없습니다. 오히려 우리는 요즘 가장 부유한 사람들이 가장 큰 도둑이라는 견해를 선호하는 것이 정상이라고 설명해야 합니다. 가난한 사람이 훔치는 것은 절도죄에 불과하며, 생존을 위해 어쩔 수 없이 저지르는 경범죄에 불과합니다. 부자들은 세수와 관세를 강탈하는 사람들입니다. 그들은 사람들을 착취하는 사람들입니다.

의장님:

제 제안은 단순히 자극을 주거나 스펙터클한 볼거리를 만드는 것을 목표로 하지 않습니다. 저는 우리 각자가 생각하고 바라는 바를 말하려고 합니다. 여기 계신 분 중 빚이 탕감되는 것을 보고 싶지 않은 분도 있나요? 그것을 원하지 않는 사람은 이 자리를 떠나 비행기를 타고 직접 세계은행에 가서 갚으십시오. [박수] 부르키나파소의 제안을 경험이 없는 미숙한 젊은이들이 하는 말이라고 생각하지 않기를 바랍니다. 또

한 혁명가들만이 이런 식으로 말한다고 생각하지 않기를 바랍니다. 저
는 이것이 단순히 객관성과 의무의 문제라는 것을 인정해 주셨으면 합
니다.

저는 빚을 갚지 말라고 주장한 혁명가와 비혁명가, 젊은이와 노인
양편의 예를 들 수 있습니다. 예를 들어, 피델 카스트로를 언급할 수 있
습니다. 그는 빚을 갚지 말라고 했습니다. 그는 혁명가이기는 하지만,
제 나이대 사람은 아닙니다. 프랑수아 미테랑도 아프리카 국가들은 빚
을 갚을 수 없고, 가난한 나라들은 빚을 갚을 수 없다고 말했습니다. 노
르웨이 총리도 예로 들 수 있습니다. 그녀의 나이는 모르지만, 물어보지
않을 것입니다. [웃음과 박수] 펠릭스 우푸에-부아니Felix Houphouet-
Boigny 대통령도 인용할 수 있습니다. 그는 제 나이대 사람이 아닙니다.
그러나 그는 적어도 그의 나라는 부채를 갚을 수 없다고 공식적으로 공
개적으로 선언했습니다. 현재, 코트디부아르는 적어도 프랑스어권 아
프리카에서 가장 부유한 나라 중 하나로 꼽힙니다. 그래서 더 이상 이 기
구에 회비를 내지 않는 것이 놀랍지도 않습니다. [박수]

대통령님:

이것은 도발이 아닙니다. 현명한 해결책을 제시해 주시기를 바랍
니다. 이 회의에서 우리가 부채를 갚을 수 없다는 것을 분명히 밝힐 필
요가 있음을 공언해 주시기 바랍니다. 전쟁을 부추기거나 전쟁을 일으
키려는 의도가 아닙니다. 우리가 차례차례 죽임을 당하는 것을 피하기
위한 것입니다. 만약 부르키나파소만 부채 상환을 거부한다면, 저는 다
음 회의에 참석하지 못할 것입니다. 그러나 여러분의 지원이 있다면[박
수], 부채 상환을 피할 수 있습니다. 그리고 부채 상환을 피할 수 있다면,
우리는 부족한 자원을 개발에 투자할 수 있습니다.

마지막으로, 우리가 부채를 갚지 않겠다고 말할 때, 우리가 절약한 돈이 국가 위신을 위한 프로젝트에 쓰이지 않을 것이라고 확언하고 싶습니다. 우리는 그런 일을 더 이상 원하지 않습니다. 절약한 돈은 개발에 사용될 것입니다. 특히, 우리는 무기를 사기 위해 빚을 지지는 않을 것입니다. 왜냐하면 무기를 사는 아프리카 국가는 그 무기를 다른 아프리카 국가에 사용할 수 있기 때문입니다. 핵폭탄에 대항하기 위해 스스로 무장할 수 있는 아프리카 국가가 어디 있겠습니까? 최강국부터 최약국까지 어느 나라도 그럴 능력이 없습니다. 아프리카 국가가 무기를 구매할 때마다, 그 무기는 다른 아프리카 국가를 상대로 사용됩니다. 유럽 국가를 상대로 사용되지 않습니다. 아시아 국가를 상대로 사용되지 않습니다. 따라서 부채에 관한 결의안을 준비할 때, 군비 문제의 해결책도 찾아야 합니다.

저는 군인이고, 총을 가지고 있습니다. 하지만 의장님, 저는 우리가 무장 해제되기를 바랍니다. 왜냐하면 저는 제가 가진 유일한 무기를 소지하고 있기 때문입니다. 다른 사람들은 그들이 가진 무기를 위장하고 있습니다. [웃음과 박수] 그러니 사랑하는 형제 여러분, 모든 분의 지지를 통해 우리는 자국 평화를 이룰 수 있습니다.

또한 우리는 아프리카의 막대한 잠재적 자원을 활용하여 대륙을 발전시킬 수 있습니다. 왜냐하면 우리의 표토와 심토가 비옥하기 때문입니다. 우리는 이를 위한 수단과 북쪽에서 남쪽, 동쪽에서 서쪽까지 광대한 시장을 가지고 있습니다. 우리는 기술과 과학을 창조하거나 적어도 그것을 발견하는 곳 어디서든지 이를 채택할 충분한 지적 능력을 갖추고 있습니다.

의장님:

부채에 맞서 아디스아바바 연합 전선을 구축합시다. 아디스아바바를 시작으로, 약하고 가난한 나라 사이의 무기 경쟁을 제한하는 결정을 내리도록 조직합시다. 우리가 구매하는 몽둥이와 칼은 쓸모가 없습니다. 아프리카 시장은 아프리카인들을 위한 시장이 되도록 합시다. 아프리카에서 생산하고, 아프리카에서 가공하고, 아프리카에서 소비합시다. 수입하는 대신, 필요한 것을 생산하고 생산한 것을 소비합시다.

부르키나파소는 부르키나파소에서 생산된 면화를 부르키나파소에서 직조하고, 부르키나파소에서 재봉하여, 부르키나파소 사람들이 입는 모습을 보여 주기 위해 왔습니다. 저와 우리 대표단은 우리 직조공, 우리 농민들이 만든 옷을 입었습니다. 유럽이나 미국에서 온 것은 실오라기 하나도 없습니다. [박수] 저는 패션쇼를 하려고 온 것이 아닙니다. 저는 단지 우리가 아프리카인으로서 살아야 한다고 말하고 싶습니다. 그것이 자유롭고 존엄하게 사는 유일한 방법입니다.

감사합니다, 의장님.

조국 아니면 죽음을, 우리는 승리할 것입니다!

[환호]

믿음직한 쿠바

라디오 하바나(Radio Havana)와 인터뷰
1987년 8월

라디오 하바나 특파원 클로드 해킨Claude Hackin이 와가두구에서 이 인터뷰를 진행했다. 이 인터뷰는 쿠바 공산당 일간지 <그란마>(*Granma*) 1987년 8월 4일 자에 실렸다.

라디오 하바나: 토마 상카라 동지, 당신은 피델 카스트로 대통령을 여러 번 만났습니다. 당신이 부르키나파소 혁명의 지도자가 되기 전인 1983년 3월 뉴델리에서 열린 제7차 비동맹 국가 정상회의에서 카스트로 대통령을 처음 만난 이야기를 들려주실 수 있을까요?

토마 상카라: 저에게 이 만남은 잊을 수 없는 기억으로 남아있습니다. 돌이켜 떠올려 보면 그는 매우 바빴습니다. 그의 주변에는 많은 사람들이 있었고, 저는 그와 대화를 나누는 것이 불가능할 것이라 생각했습니다. 왜냐하면 그는 저를 알지 못했기 때문입니다. 그러나 저는 피델을 만날 기회를 얻었습니다.

첫 대화에서 저는 피델이 훌륭한 인간적 감수성과 예리한 직관력을 가지고 있으며, 우리의 투쟁과 우리나라 문제의 중요성을 이해하고 있다는 것을 깨달았습니다. 이 모든 것을 어제 일처럼 생생하게 기억합니다. 그리고 그 이후로 그를 만날 때마다 기쁜 마음으로 그때를 떠올립니다. 부르키나파소와 쿠바를 이끄는 혁명 덕분에 우리는 좋은 친구가 되었습니다.

라디오 하바나: 1983년 8월 4일 이후, 쿠바와 부르키나파소 사이에 새로운 관계가 형성되었습니다. 이러한 협력 관계의 발전을 어떻게 바라보시나요?

상카라: 쿠바와 부르키나파소 간의 협력은 매우 높은 수준에 이르렀습니다. 우리는 이것을 매우 중요하게 생각합니다. 왜냐하면 이로써 우리는 자매 혁명과 만날 수 있기 때문입니다. 우리는 서로 편안하게 지내는 것을 좋아합니다. 누구도 혼자 있는 것을 좋아하지 않습니다. 쿠바에 의지할 수 있다는 것은 우리에게 중요한 힘의 원천입니다.

쿠바의 특산품인 사탕수수 생산과 도자기 등 다양한 경제 협력 프로그램이 수립되었습니다. 또한, 쿠바 전문가들은 철도 운송, 철도 연결 건설, 주택 건설을 위한 조립식 주택 생산 등의 분야에서 연구를 수행했습니다. 그리고 사회 분야인 보건과 교육도 있습니다. 많은 쿠바인이 이곳에서 기술 간부 양성에 참여하고 있습니다. 그리고 쿠바에는 많은 우리 학생들이 있습니다. 쿠바는 오늘날 우리와 매우 가깝습니다.

라디오 하바나: 부르키나파소에 전위 정당을 건설하는 것이 필요하다고 생각하십니까?

상카라: 우리는 전위 정당을 구축해야 합니다. 우리는 조직을 기반으로 한 구조를 만들어야 합니다. 우리의 성과는, 방어할 것도 없고 대중을 교육하여 새로운 승리를 거둘 수 있는 것도 없다면, 취약한 상태로 남을 것이기 때문입니다.

당의 구성을 먼 미래의 일이거나 불가능한 일로 보지 않습니다. 우리는 이 목표에 아주 근접해 있습니다. 그러나 여전히 수많은 소그룹 개념이 존재하고 있으며, 이와 관련하여 우리는 합의, 재편성, 단결을 위한 진지한 노력을 기울여야 합니다.

당에 대한 인식과 당의 구성 방식은 우리가 집권하기 전에 당을 만들었을 때와는 확실히 다를 것입니다. 우리는 좌파의 기회주의에 빠지지 않도록 많은 예방 조치를 취해야 합니다. 대중을 실망시킬 수 없습니다. 우리는 매우 신중하고, 선택적이며, 까다로워야 합니다.

라디오 하바나: 여러 연설에서 당신은 자국 내의 계급투쟁을 언급했습니다. 오늘날, 이 투쟁의 요소는 무엇입니까?

상카라: 우리나라에서 계급투쟁에 관한 질문은 유럽과는 다른 방식으로 제기됩니다. 우리 노동 계급은 수적으로 약하고 충분히 조직되지 않은 상태입니다. 그리고 우리는 적대적인 노동 계급을 일으킬 수 있는 강력한 국가 부르주아도 없습니다. 그래서 우리가 집중해야 할 것은 계급투쟁의 본질입니다. 부르키나파소에서는 내부 동맹에 의존하는 제국주의에 대한 투쟁으로 표현됩니다.

라디오 하바나: 혁명에 반대하는 사회 집단은 어떤 집단입니까?

상카라: 그들은 특권의 소멸을 환영하지 못하는 봉건적 세력입니다. 또한 여전히 여기에 숨어 있는 관료적 부르주아 세력이 있습니다. 그들은 국가 기관의 행정 업무에 대한 경험이 있습니다. 국가 행정의 여러 곳에서 발견할 수 있으며, 제국주의의 지원을 받아 우리를 괴롭히고 어려움을 야기합니다. 그리고 그 수가 많지는 않지만, 대지주들과 혁명에 어느 정도 공개적으로 반대하는 종교 계층의 일부도 있습니다.

라디오 하바나: 민주주의란 무엇이라 생각하나요?

상카라: 민주주의는 모든 힘과 잠재력을 가진 국민입니다. 투표함과 선거 제도가 그 자체로 민주주의가 존재함을 의미하지 않습니다. 선거에 자주 등장하지만, 선거가 다가올 때만 국민을 걱정하는 사람들은 진정한 민주주의를 이해하지 못합니다. 그러나 사람들이 매일 자기의 생각을 말할 수 있는 곳이라면 어디든 진정한 민주주의가 존재합니다. 왜냐하면 사람들의 신뢰를 매일 얻어야 하기 때문입니다. 민주주의는 경제적, 군사적, 정치적, 사회적, 문화적인 힘을 포함한 모든 권력이 국민의 손에 달려 있지 않고서는 상상할 수 없습니다.

라디오 하바나: 어떻게 마르크스주의에 입문하게 되었습니까?

상카라: 그것은 매우 간단했습니다. — 토론을 통해, 몇몇 사람들과의 우정을 통해. 그것은 또한 저의 사회 경험의 결과이기도 했습니다. 저는 이 사람들이 토론하고 사회 문제의 해결책을 명확하고 논리적으로 제안하는 것을 들었습니다. 점진적으로, 독서를 통해, 그러나 무엇보다도 우리나라의 현실에 대해 마르크스주의자들과 토론한 덕분에 저는 마르크스주의에 도달하게 되었습니다.

라디오 하바나: 와가두구에 에르네스토 체 게바라의 이름을 딴 거리가 있습니다. 이 저명한 라틴 아메리카의 애국자는 여러분에게 어떤 의미입니까?

상카라: 혁명에 전적으로 헌신했던 이 사람은 영원한 젊음을 가진 하나의 본보기입니다. 저에게 가장 중요한 승리는 내면의 깊은 곳에서 승리하는 것입니다. 저는 체 게바라가 모범적인 방식으로 이것을 해냈다는 점에서 그를 존경합니다.

라디오 하바나: 아프리카의 맥락에서, 파트리스 루뭄바Patrice Lumumba는 당신에게 어떤 의미인가요?

상카라: 파트리스 루뭄바는 하나의 상징이지요. 이 영웅의 동시대인이었던 아프리카의 반동들이 그를 만나고도 조금도 발전하지 못한 모습을 볼 때, 저는 그들을 예술 작품 앞에서 감상조차 하지 못한 불쌍하고 비열한 사람들로 생각합니다.

루뭄바는 매우 불리한 상황에 처해 있었습니다. 그는 아프리카인들이 사실상 아무런 권리도 없는 환경에서 자랐습니다. 대부분 독학으로 배운 파트리스 루뭄바는 글을 어느 정도 읽을 줄 알고, 자기 민족과 아프리카의 상황을 인식할 수 있었던 몇 안 되는 사람 중 한 명입니다.

루뭄바가 아내에게 쓴 마지막 편지를 읽으면, 여러분은 스스로에게 이렇게 자문하게 됩니다: 이 사람이 내면 깊은 곳에서 온 마음을 다해 경험해 보지 않았다면 어떻게 이 많은 진리를 깨달을 수 있었을까?

일부 사람들이 그의 이미지와 이름을 사용하는 것을 보면 매우 슬퍼집니다. 파트리스 루뭄바의 이름을 감히 사용하여 그들이 추진하는 저급하고 사악한 명분에 봉사하는 사람들을 심판할 법원이 있어야 합니다.

라디오 하바나: 대통령 동지, 4년 전으로 돌아가도 같은 일을 하고 같은 길을 갈 것입니까?

상카라: 저는 지금까지 한 것보다 훨씬 더 많은 것을 이루기 위해 다른 길을 택할 것입니다. 왜냐하면 지금까지 해 온 것이 충분하지 않다고 생각하기 때문입니다. 많은 실수가 진행 과정을 지연시켰는데, 더 빨리 더 큰 발전을 이룰 수도 있었을 것입니다. 그래서 지금 우리가 가진 경험을 바탕으로 모든 것을 다시 할 수 있다면, 많은 것들을 고칠 수 있을 것입니다. 그러나 우리가 결코 혁명을 포기하지는 않을 것입니다. 우리는 그것을 더 깊고, 더 강하고, 더 아름답게 만들 것입니다.

우리의 혁명은 정복당한 자가 아니라
확신하는 사람이 필요합니다

혁명 4주년 기념일

1987년 8월 4일

다음은 우에 주(Houet province)의 수도인 보보-디울라소에서 열린 혁명 4주년 기념행사에서 발표된 내용이다.

이 연설과 이 연설집의 다음 연설인 10월 2일 연설에서 상카라는 혁명이 진행되는 동안 자신과 국가혁명평의회(CNR)의 다수 위원들, 그리고 혁명에 참여한 정치 조직들 사이에 점점 커지는 이견을 언급한다. 여기에는 부르키나베 공산주의자 연합, 공산주의 투쟁 연합, 부르키나베 공산당 그룹이 포함되는데, 이들 모두 마오주의적 성향을 보이고 있었다. CNR 대부분의 구성원과 이들 정치 단체의 지도자들은 블레즈 콩파오레가 주도한 10월 15일 쿠데타를 지지했고, 이 쿠데타로 인해 상카라는 암살당했다.

CNR을 분열시킨 의견 불일치 중에는 이 연설 후반에 나온 "정치적, 이념적 조직의 과제에 우리의 에너지를 집중하기 위해 몇 가지 프로젝트의 추진을 잠시 중단하자"는 제안이 있었다. 또한 상카라는 8월 21일 CNR에 "혁명에 반하는 행위와 발언"을 이유로 해고된 교사와 공무원들을 재고용하는 것을 고려해 보자고 제안했으며, 나아가 그는 대중의 마음 깊숙이 파고들기 위해 그가 10월 2일 연설에서 다시 언급한 "경제, 사회, 보건, 문화적 투쟁에 적극적으로 참여하는 모든 사람을 한데 묶을 수 있는" 단결된 혁명적 조직을 만들 것을 결심했다.

이 연설은 1987년 8월 21일자 《까르푸 아프리깽》에 게재되었다.

소련, 토고, 베냉, 니제르, 코트디부아르, 기니비사우, 카보베르데, 앙골라, 에티오피아, 사하라위 아랍 민주공화국, 리비아, 알제리, 이란, 쿠바, 프랑스, 이탈리아에서 오신 귀빈 여러분; 세네갈, 벨기에, 스페인에서 오신 부르키나파소의 친애하는 친구 여러분; 민주적이고 대중적인 혁명의 전우 여러분:

오늘, 1987년 8월 4일, 우리는 혁명, 8월 혁명, 민주적이고 대중적인 혁명의 4주년을 기념하고 있습니다. 우리는 마음이 이끄는 대로 기쁨과 환희의 이 모임에 모였습니다. 우리의 마음은 반식민 투쟁의 아프리카, 단결의 아프리카, 연방의 아프리카, 한마디로 범아프리카주의에 생기를 불어넣는 아프리카와 뗄 수 없는 이름을 지닌 이 역사적이고 활기찬 도시 보보-디울라소로 우리를 인도했습니다.*

모두 참석해 주셔서 감사합니다. 하루 동안 부르키나파소 사람이 되어 주신 분들과 평생 부르키나파소 사람으로 살아가실 모든 분들에게 감사드립니다. 보보-디울라소를 직접 방문하지는 못했지만, 마음만은 우리와 함께 계신 모든 분께도 감사드립니다. 선택에 의해, 혹은 필요에 의해 겸손하고 눈에 띄지 않게 우리와 함께하고 계시지만, 엄숙함과 위엄을 지키고 계십니다.

또한, 질병이나 다른 어려움으로 오늘 우리와 함께 축하할 수 없는

---

*　보보-디울라소는 19세기 말부터 반식민지 저항과 독립 투쟁의 중심지였다.

모든 분께 감사드립니다. 더 나은 날이 올 것이라는 희망을 굳건히 간직하고 있는 분들께도 감사드립니다. 더 이상 우리와 함께 있지는 않지만, 우리 승리의 기쁨을 함께 맛볼 수 있었던 분들께도 감사드립니다. 우리 곁을 일찍 떠난 모든 전사를 추모하며, 잠시 묵념의 시간을 갖겠습니다.

감사합니다.

동지 여러분, 우리 혁명 4주년은 역동적인 농민들의 깃발 아래에서 진행됩니다. 농민은 매일 모든 사람을 위해 구체적인 식량 문제를 해결하는 사람들의 공동체입니다.

그렇습니다. 중세 시대의 그림자와 후진성에서 벗어나 가장 불안정한 조건 속에서 해마다 어떤 식으로든 역경을 이겨내는 것은 바로 이 농민들입니다. 농민은 우리 인구의 가장 큰 부분을 차지합니다. 이 농민층은 봉건적 세력의 잔재와 제국주의의 손에 의해 가장 심하게 착취를 당해 왔고, 지금도 계속해서 착취당하고 있습니다. 이 농민층은 문맹, 무지, 빈곤화, 다양한 형태의 잔혹성, 풍토병, 기근 등 식민지 사회로부터 물려받은 해악들의 피해를 가장 크게 당한 계층입니다.

따라서 오늘날 농민들이 변화를, 혁명적인 변화를 원한다는 것은 놀라운 일이 아닙니다. 왜냐하면 혁명만이 낡은 질서를 뒤집음으로써 농민들의 정당한 열망을 충족시킬 수 있기 때문입니다. 이러한 정당한 열망에 부응하고 모든 가용 에너지를 동원하기 위해, 민주적이고 대중적인 혁명은 부르키나파소 전국 농민 연합을 창설함으로써 농민들을 조직적인 정치 세력으로 탈바꿈시켰습니다.*

이 정치 세력의 축은 모든 가난한 농민들이 혁명에 대한 의식적인

---

* 부르키나파소 전국 농민 연합은 1987년 4월에 창설되었다.

헌신을 통해 혁명 과정을 강화하는 것이어야 합니다. 지난 1년간 이 작업을 수행하기 위한 많은 훌륭한 계획이 세워졌습니다. 매우 중요하고 복잡한 작업입니다. 혁명 5년 차에 이 작업으로 다시 돌아와 더 완벽하고 심도 있게 정의해야 할 것입니다.

농민에게 초점을 맞춘 4주년 축제는 건설되고 있는 새로운 사회와 조화를 이루는 새로운 유형의 농민이 탄생되는 것을 의미해야 합니다. 우리는 자신의 운명에 순응하고, 순진하고, 어둠에 사로잡혀 있으며, 극도로 보수적인 후진 농민을 찬양하지 않습니다. 우리는 새로운 농민의 탄생을 축하하고 있습니다. 진지하고 자신의 책임을 인식하는 사람, 새로운 기술로 무장하여 미래를 향해 나아가는 사람. 더욱이, "부르키나파소에서 생산하고 소비하자"라는 구호가 점점 더 널리 사용되면서 부르키나파소 혁명수호위원회 제2차 전국 회의에서 제시된 바와 같이, 독립적인 국가 경제를 구축하는 정책의 주요 주체이자 수혜자로서 농민의 새로운 이미지가 만들어지고 있습니다.[*]

따라서 이 새로운 경제 정책의 일부인 첫 5개년 대중 개발 프로그램의 시행은 우리 모두에게 필요한 것을 스스로 생산하는 방법을 배우고 계속하여 작업의 질을 향상할 수 있는 기회를 제공해야 합니다. 따라서 5개년 계획은 언젠가 통계를 작성하는 것만을 목적으로 실행되어서는 안 됩니다.

이 포괄적인 변화와 그 결과로 인해, 농민이라는 용어는 오늘날 우리가 알고 있는 경멸적인 용어가 아니라 존경의 대명사가 되어야 합니다. 즉, 정당한 대의를 수호하고 사회 생산의 일원으로서 자신의 역할을

[*]   CDR의 제2차 전국 회의는 1987년 3월 30일부터 4월 3일까지 개최되었다.

성공적으로 수행하는 자랑스럽고 가치 있는 전투원에게 주어지는 존경의 대명사가 되어야 합니다.

농민에게만 이 싸움을 맡겨서는 안 됩니다. 노동자 계급과 혁명적이고 지적인 소부르주아는 역사적 책임을 짊어지고 이타심과 희생을 통해 도시와 시골 사이의 격차를 줄이기 위해 노력해야 합니다. 노동자 계급과 혁명적, 지적 소부르주아는 이 축제를 농민과 전략적 동맹을 강화하는 과정의 중요한 이정표로 간주해야 합니다. 오늘은 우리의 휘장, 민주적-대중적 혁명의 휘장이 상징하는 농민과 그 동맹 세력의 축제입니다.*

동지 여러분, 오늘 우리는 우리의 희생을 기계적으로 찬양하기 위해서가 아니라 ─물론 정당한 자부심이 우리를 그렇게 만들지만─ 우리가 나아갈 길을 더 밝히는 데 필요한 교훈을 얻기 위해 지난 4년간의 혁명을 살펴봐야 합니다.

우리는 대중의 이익을 위해 많은 구체적인 변화를 시작했고 성취했습니다. 우리는 이러한 결과를 더 풍부하거나 뛰어난 장비 덕분이라고 생각하지 않습니다. 이 결과는 사람들의 행동 덕분이라고 생각합니다. 어제만 해도 이 사람들은 포기하고, 침묵하고, 운명론적이며, 수동적이었습니다. 그러나 오늘날 그들은 당당하게 서서 다양한 프로젝트에서 구체적인 혁명적 투쟁에 참여하고 있습니다. 우리가 기록한 승리는 그들의 노력의 결실이며, 그들의 창조적 천재성과 혁명적 열정이 현실에 투영된 결과입니다.

이 결과는 우리의 혁명이 민중의 혁명이라는 것을 증명합니다. 민

---

*   이 책 160쪽 각주 **참조.

중의 혁명은 민중으로부터 그 풍부함과 힘, 그리고 불패를 끌어내기 때문입니다. 이것이 바로 우리가 민주적이고 대중적인 혁명 투사들의 모든 용기와 이타심, 모든 희생과 헌신에 경의를 표해야 하는 이유입니다.

우리는 단지 친절하게 보이기 위해 그들에게 경의를 표하는 것이 아닙니다. 우리가 달성한 결과는 과학적으로 설명할 수 있습니다. 힘은 근육에서 나오는 것이든 기계에서 나오는 것이든 측정하고 비교할 수 있으므로 대체할 수 있습니다. 우리보다 먼저 다른 사람들이 이를 증명해 왔고, 우리는 그것을 우리의 구체적인 현실에 적용하기만 하면 됩니다. 그러기 위해서는 부르키나의 정신이 신생 독립 국가에서 제국주의 지배를 영속시키기 위해 만들어진 문화적으로 소외되고 정치적으로 종속된 사람의 재생산을 중단해야 했습니다.

이러한 사고방식의 변화는 아직 완전히 이루어지지 않았습니다. 우리 중에는 여전히 사회, 경제, 문화생활의 수준을 판단할 때 외국 규범을 기준으로 삼는 사람들이 많습니다. 그들은 부르키나파소에 있으면서도 우리나라의 구체적인 현실 속에서 살기를 거부합니다. 새로운 사회를 이루기 위해서는 새로운 사람들이 필요합니다. 자신만의 정체성을 가지고 있고, 자신이 원하는 것이 무엇인지 알고, 자신을 주장하는 방법을 알고, 스스로 설정한 목표를 달성하는 데 무엇이 필요한지 아는 사람들이 필요합니다.

4년간의 혁명 끝에 우리 인민들은 새로운 인민으로 거듭나기 시작했습니다. 우리 인민들 사이에서 수동적인 퇴직이 기록적인 감소세로 돌아선 것은 이를 실체적으로 보여 주는 표시입니다. 부르키나파소 인민들은 더 나은 미래가 가능하다고 믿습니다. 이 점에서 우리는 과거의 반동들까지도 설득하는 데 성공했습니다. 그들은 오늘 역사의 진보 과정에 이끌려 낙관적인 미래에 대한 비전을 공유합니다. 그들은 다만 어제까지만 해도 제국주의에 대한 복종과 국가 발전을 위한 수단으로 영속적인 구걸을 설교했다는 사실을 잊고 있습니다. 우리 조국의 건설은 우리 자신의 자원에 의존해야 한다는 집단적인 의식을 강화했고, 맹목적이고 노예적인 모방이나, 굴욕스럽고 타락한 비굴함에 의존하는 것을 단호하게 거부해야 한다는 의식을 단단하게 만들었습니다.

동지 여러분, 4주년을 맞이하여 정치적으로 격동의 한 해를 보냈습니다. 발생한 갈등에 대한 세부 사항이나 이를 해결하기 위해 찾은 해결책의 수준에 대해 다시 돌아볼 게 아니라, 이 경험에서 얻은 주요 교훈을 받아들여야 합니다.

민주적이고 대중적인 혁명은 정복당한 인민이 아니라 확고한 신념을 가진 인민, 즉 자신의 운명을 수동적으로 견디는 복종적인 인민이 아닌 신념을 가진 인민이 필요합니다.

1983년 8월 4일 이후, 혁명적인 부르키나파소는 아프리카와 국제무대에서 두각을 나타냈습니다. 무엇보다도 특히, 지적인 천재성과 지도자와 조직화한 대중의 도덕적, 인간적 덕목 덕분입니다. 우리는 역경을 극복하고, 무장을 갖춘 결연한 자세로 맞서는 적을 물리쳤습니다. 우리는 분노에 굴복하지 않고 원칙을 굳건히 지켜내는 데 성공했습니다. 우리는 증오 없이 타인의 존엄성을 존중하는 가운데 자신을 방어했습니다. 부르키나파소에서 존엄성은 신성하기 때문입니다.

지금 우리가 해야 할 가장 중요한 일은 적대 세력이 취할 수 있는 다양한 수단을 기억하고, 이를 통해 자신을 강화하는 것입니다. 내일의 전투는 의심할 여지 없이 더 힘들고 복잡할 것이기 때문입니다.

지난 4년 동안의 혁명 과정에서 우리는 끊임없이 반동과 제국주의에 맞서야 했습니다. 그들은 우리의 일을 방해하거나 더 심하게는 우리의 혁명을 전복시키려는 가장 사악한 음모를 꾸몄습니다. 제국주의와 반동은 우리나라에서 매일 일어나는 자기들 이익에 위협이 되는 변화에 극렬하게 반대하고 있습니다.

그러나 지난 4년 동안 우리 인민들은 혁명을 통해, 착취를 종식하고, 불행을 없애며, 손과 마음의 힘을 통해 모든 이들을 행복하게 만들 수 있다는 사실을 끊임없이 증명해 왔습니다. 타인에 대한 착취를 기반으로 사치스럽게 살고 있는 사람들은 우리의 투쟁에 반대해 왔고, 내일도 그럴 것입니다.

그들이 우리의 전진을 막기 위해 지금까지 해 온 일, 그리고 지금도 하고 있는 일은 무엇인가요? 경제적 방해, 비방, 부패, 온갖 종류의 도발, 협박, 위협이 지난 4년 동안 우리가 겪어 왔고 맞서 싸워 온 수많은 적의 책략 중 하나입니다.

우리는 또한 사랑하는 부르키나파소, 우리 조직 내부, 혁명 진영 내에서 역경을 겪었습니다. 대중과 혁명가들 사이에서 잘못된 생각과 관행이 실제로 무르익었고, 혁명을 해치는 결과를 낳았습니다. 우리는 우리 조직의 상대적 취약성에도 불구하고 이러한 문제들과 싸워야 했습니다. 우리는 몇 가지 충격적인 변신을 목격했습니다. 도발에 대한 대립이 이어졌습니다. 갈등이 있었지만, 영원한 것은 없습니다.

우리는 기회주의에 맞서고, 그것이 작동하는 것을 지켜봤습니다. 그것은 다양한 방식으로 작동하여 우리가 혁명적 투쟁을 유기하고, 또 인민의 이익을 단호히 방어하기를 포기하며, 이기적인 개인적 이익을 광적으로 추구하도록 만듭니다. 우리의 혁명적 방향을 체계적으로 방어하기 위해서는 혁명의 심화에 역행하는 생각이나 행동에 맞서 싸워야 합니다.

선동이라는 더 쉬운 길을 택하지 않고 이 길을 택한 결과, 우리는 전통적인 적들과 혁명 자체의 계급에서 생긴 부류로부터 양쪽에서 더욱 악의적인 공격을 받았습니다. 초심자의 미숙한 열정에 감염된 참을성이 없는 사람들로부터 공격을 받았습니다.*

기회주의는 반혁명과 마찬가지로 혁명의 길에서 습관적으로 발견되는 가시덤불과도 같은 존재입니다. 그리고 혁명이 최종 목표에 도달할 때까지, 즉 인간이 인간을 착취하지 않는 새로운 사회가 만들어질 때까지, 기회주의는 다양한 순간, 다양한 상황에서, 그리고 극도로 다양한 형태로 계속하여 모습을 드러낼 것입니다. 가장 우익적인 표현에서 가장 좌파적이고 급진적인 표현에 이르기까지 말입니다.

투쟁의 어려움, 정치 활동의 요청, 계급투쟁의 가혹함─이러한 모든 요인들은 일부 동지들을, 우리 조직을 별 뜻 없이 탈퇴하거나, 설익은 주도력을 취하거나, 심지어 잘못된 목표를 별 뜻 없이 추구하도록 끌고 갔습니다.

다른 사람들은 포기하는 것을 꿈꾸면서도 어찌해야 할지 고민합니다. 그들은 또한 혁명적 투쟁을 포기하는 것을 미리 정당화하려고 합니다. 이것이 바로 기회주의로 철저하게 물든 수많은 이론과 사상들이 지금까지 유포되었고, 또 여전히 돌아다니고 있는 이유입니다.

이 모든 것이 우리가 전진하기 위해서 싸워야 할 장애물들로 떠올

랐습니다. 그러나 우리는 계속해서 생각하고 또 믿습니다. 다른 혁명들만이 좌절, 실패, 부르주아의 선거개입, 치명적인 교착 상태, 배신을 겪었고 또 겪는다고 말입니다.

우리의 혁명도 다른 혁명과 마찬가지로 모든 종류의 반혁명적 위험에 끊임없이 위협받고 있습니다. 우리는 이 점을 염두에 두고, 높은 의식을 가지고, 궁극적인 목표를 향해 우리를 이끌어 줄 올바른 관점을 영구적으로 지키기 위해 확고한 의지를 다져야 합니다. 무엇보다도, 우리는 이러한 문제들이 계급투쟁이 예리해질수록 변증법적으로 생성된다는 것을 인식해야 합니다. 반대로, 그러한 문제가 없다면, 그것은 계급 협력을 위해 혁명 투쟁을 은밀하게 억압하고 있음을 의미할 것입니다.

동지 여러분, 우리는 과거의 활동에서 교훈을 얻고 배우기 위해 시간을 내야 합니다. 그래야만 우리의 혁명 이론과 실천을 풍부하게 하고, 조직적이고, 더 과학적이며, 더 단호한 방식으로 투쟁에 대한 우리의 헌신을 심화할 수 있습니다.

우리 앞에 많은 과제가 놓여 있습니다. 복잡한 과제들 말입니다. 국민과 혁명의 적들은 우리의 앞길을 막기 위해 그들의 에너지와 기발한 노력을 배가시키고 있습니다. 그리고 앞으로 나아가기 위해서는 더 많은 용기, 더 많은 신념, 더 많은 결단력이 필요합니다. 이러한 결단력과 신념은 부분적으로 4년간의 투쟁에서 얻을 수 있는 교훈에서 비롯될 것입니다. 이것이 바로 혁명의 5년 차를 평가의 해로 삼아야 하는 이유입니다. 과학적으로 조직된 이념적, 정치적 작업의 해로 삼아야 합니다. 그렇습니다. 우리는 그러한 평가가 필요합니다.

혁명을 이룬 4년 동안 많은 중요한 혁명적 변화를 이루어 냈습니다. 우리는 인민들이 마주한 수많은 문제를 해결하기 위한 기반을 마련했습니다. 우리는 이 사회의 다양한 분야에서 매우 적극적으로 활동해 왔습니다. 우리는 모든 것을 바꾸고 즉시 실행에 옮기려 한다는 인상을 주었습니다. 우리는 때때로 비판받았고, 그 점을 잘 알고 있습니다. 또한, 우리 스스로도 다른 중요한 과제들이 소홀히 다루어지거나 경시되고 있다는 점을 깨달았습니다. 5년 차에는 정치, 이념, 조직적 특성을 가진 과제들을 수행하는 데 전념해야 합니다.

우리 혁명의 심화와 앞날의 정치 활동 성공 여부는 우리나라의 조직과 이념적 방향에 대한 문제들을 얼마나 잘 해결하느냐에 달려 있습니다. 모든 전투와 전선에서 국민을 이끌 수 있는 선봉 조직이 없다면, 혁명은 전진할 수 없고 목표를 달성할 수 없습니다. 그러한 조직을 구축하기 위해서는 지금부터 모든 부문의 큰 헌신이 필요합니다.

조직의 문제에 대한 해결책을 찾기 위해 그동안 이미 수행한 작업을 바탕으로, 우리나라의 혁명가들은 모두가 지닌 결함과 부족함을 극복하기 위해 힘을 합쳐야 합니다. 혁명가들 간의 단결은 의심할 여지 없이 전위 조직 구축을 향해 더 나아가기 위해 거쳐야 할 단계입니다. 저는 우리나라의 모든 혁명 세력의 전투적인 단결을 이루는 이 혁명 4주년 기념일에 진정한 단결을 구축할 수 있는 기반이 마련되었다는 사실에 기쁩니다.

그러나 우리의 단합을 건조하고, 무감각하고, 살균된 단조로운 것으로 만들지 않도록 주의해야 합니다. 오히려 우리는 다양한 생각과 사업, 수천 가지의 뉘앙스로 풍부하게 표현된 아이디어와 활동, 차이점을 수용하고 비판과 자기비판을 존중하며 용기 있고 진지하게 제출되는 모든 것들을 보고 싶습니다. 이들은 모두 우리 국민의 행복이라는 동일한 빛나는 목표를 향해 나아가는 것입니다.

동지 여러분, 우리가 완수해야 할 이념적, 정치적, 조직적 과제는 우리 혁명을 강화하고, 또 우리가 계속해서 실천할 혁명적 정책에 대한 인민의 압도적인 의식적 지지를 유지하는 데 매우 중요합니다. 대중을 설득하고 새로운 사회 건설에 대한 그들의 전폭적인 헌신을 방해하는 온갖 중세적 개념에서 벗어나게 하려면, 끈기 있고 철저한 정치적, 이념적 노력이 필요합니다. 혁명은 착취자, 우리의 적을 억압하는 것을 의미하기도 하지만, 그것은 오로지 대중을 설득하는 것, 즉 의식적이고 단호한 결의를 다짐하도록 설득하는 것을 의미해야 합니다.

우리 혁명의 이념적, 정치적 과제는 모든 혁명가의 의무이며, 무엇보다도 정치적 리더십의 의무입니다. 우리 혁명의 정치적 리더십은 자신을 강화하고, 또 그 사명을 달성하는 데 더욱더 효율적이고 엄격해져야 합니다. 5년 차에 접어든 우리는 조직적 투쟁, 정치적, 이념적 통합, 정치적 리더십의 중요성을 최우선에 놓고 모든 에너지를 쏟아부어야 합니다.

그러나 구조화된 정치 조직의 관점에서 볼 때, 우리가 여기서 말하는 것은, 이론적 체계나 지적으로 매력적이기는 하지만 대중의 일상생활과 아무 관련 없는 구조에 우리가 성급하게 뛰어들어서는 안 된다는 것을 의미합니다. 인류 역사가 우리에게 주는 교훈을 통해 다른 혁명의 경험을 활용합시다. 특히, 우리와 같은 사람들의 경험을—그리고 그 수는 많습니다— 고려해 보십시오. 그들은 다양한 조직을 하나로 통합하거나, 다양성이 넘치는 하나의 통합된 조직을 갖추어야 했습니다. 그 과정에서 그들은 치열한 투쟁을 통해 존엄하게 쟁취한 국가 권력을 조직하고 방어해야 했습니다. 그러니 대중의 관심을 끌지 못하고, 소수의 몽상가와 자기만족에 빠진 광신자만이 고민할 쓸모없는 이론적 설계도를 만들어내는 공허한 잡설은 피합시다.

반대로, 우리의 혁명은 무엇보다도 질적 혁명, 즉 새로운 부르키나파소 사회의 실질적인 구축으로 이어지는 마음의 질적 변화입니다. 부르키나파소에서 변화하고 있는 것은 삶의 질이며, 그것은 마음의 질적 진화의 결과입니다.

전후에 자본주의 정글에서 벌어진 일들에 근거한 약육강식의 신화는 부르키나파소에서 영원히 사라졌습니다. 우리의 조국은 하나의 거대한 건설 현장이 되었습니다. 그곳에서 도덕성의 기준, 사회 정의에 대한 관심의 기준, 그리고 모든 사람이 더 나은 삶을 살고 또 더 나은 삶을 누릴 수 있는 기본적인 권리를 존중하는 기준이, 그저 빈말이 아니라 우리 각자의 사회 활동을 통해 물질적으로 표현됩니다.

우리의 혁명이 특별한 성격을 가지게 하고, 모범이 되고, 영향력을 확대하게 만드는 것은 지금까지 치열하게 지켜온 근본적인 가치들입니다. 우리는 계속해서 혁명가가 되어야 합니다. 즉, 무엇보다도 육체와 피를 가진 사람, 감정과 순수한 정서를 가진 사람이 되어야 합니다.

사실, 최근에 우리는 때때로 실수를 저질렀습니다. 부르키나파소의 신성한 땅에서는 다시는 이런 일이 일어나지 않아야 합니다. 우리는 모두 정치방침과 5개년 계획의 목표에 아직 완전히 동의하지 않는 사람들을 위하는 마음을 가져야 합니다. 그들에게 다가가서 인민의 혁명적 대의에 동참하도록 설득하는 것은 우리 자신에게 달려 있습니다.

혁명은 지름길을 찾지 않습니다. 혁명은 모두가 함께 행동하고, 생각과 행동이 일치할 것을 요구합니다. 그러려면 혁명가는 끊임없는 교사이자 끊임없는 물음표가 되어야 합니다. 대중이 아직 이해하지 못한다면 그것은 우리의 잘못입니다. 우리는 대중을 설득할 시간을 갖고, 대중과 함께 행동하고 대중의 이익을 위해 행동할 수 있도록 대중을 설득할 시간을 가져야 합니다.

대중이 이해하는 데 어려움을 겪는다면, 그것은 여전히 우리의 잘못입니다. 우리는 오류를 수정하고, 더 정확해야 하며, 대중에게 적응해야 합니다. 대중을 우리의 욕망과 꿈에 맞추려고 하지 말고, 대중을 우리 자신에게 맞추려고 하지 말아야 합니다. 혁명가는 자신의 실수를 두려워하지 않습니다. 그들은 공개적으로 실수를 인정할 수 있는 정치적 용기를 가지고 있습니다. 그렇게 하는 것이 실수를 바로잡고 더 잘하려는 노력을 의미하기 때문입니다. 우리는 대중없이 열 걸음 나아가는 것보다 대중과 함께 한 걸음 나아가는 것을 선택해야 합니다.

우리에게는 여전히 남성, 여성 전투원의 수를 늘리기 위해 해야 할 정치적 작업이 많이 남아있습니다. 동원하고, 재조직하고, 혁명적 행동을 위해 정치화해야 할 동지들이 여전히 수천 명 있습니다. 이 행동은 우리 혁명의 확실한 성과를 더욱 공고히 하고 심화시킬 것입니다.

4년 이후에는, 성취된 것을 비판적으로 성찰하기 위해서 우리의 노력을 10배로 늘려야 합니다. 우리는 모든 승리주의와 피상적인 대차대조표를 거부해야 합니다. 그것들은 시간이 갈수록 아주 위험해지기 때문입니다. 인내, 관용, 타인에 대한 비판, 자기비판 —이것은 힘든 싸움이고, 혁명적인 싸움입니다.

혁명가로서 우리는 힘든 길을 선택했습니다. 그것은 자신을 뛰어넘어야 한다는 것을 의미합니다. 우리는 개인적으로나 집단적으로나 우리 자신을 뛰어넘어야 합니다. 더 쉽고 빠른 길이 있지만, 그것은 환상일 뿐이고 내일은 더 힘들어질 뿐입니다. 우리는 일터와 마을, 그리고 혁명 수호 위원회, 전국 파이오니아 운동, 부르키나파소 전국 장로 연합, 전국 농민 연합의 혁명적 구조 덕분에 성공할 수 있었습니다. 이러한 구조는 완벽해지고 완성되어야 합니다. 건설에 더 큰 노력이 필요한 사람들, 우리의 일상적인 노력이 가장 필요한 사람들에게 혁명 5년 차를 맞으며 관심을 기울일 것입니다.

아프리카, 유럽, 미국, 아시아의 동지들과 친애하는 친구들:

우리 국민과 국가혁명평의회의 이름으로, 이 투쟁에 보내주신 지원에 대해 다시 한번 감사드리며, 여러분 나라의 국민과 가장 우호적인 관계를 유지하고자 하는 우리의 진심 어린 바람과 소망을 다시 한번 전하고자 합니다. 평화와 존엄의 땅인 부르키나파소는 형제애와 투쟁적이고 적극적인 연대가 지켜지는 곳에 항상 동참할 것입니다.

우에(Houet) 주의 전사 동지 여러분, 여러분의 열정적인 노력과 동원 덕분에 우리의 혁명 4주년은 빛나는 미래를 위한 인민 투쟁의 긴 여정에서 중요한 이정표가 되었습니다. 저는 여러분을 축하하며, 더욱더 눈부신 성공을 거둘 수 있도록 경계와 투지를 배가할 것을 권합니다.

민주적이고 대중적인 혁명의 전사 동지 여러분:

혁명은 슬픔도, 괴로움도 아닙니다. 오히려, 혁명은 스스로에 대한 책임을 지고, 그로 인해 자신의 존엄성을 발견하는 전체 국민의 열정과 자부심이 구체화된 것입니다. 이것이 제가 여러분들을 잘 수행된 작업의 논리적 결론이자, 약속으로 가득 찬, 새롭고 까다로운 전투의 시작을 알리는 축제에 초대하는 이유입니다.

동지 여러분, 저는 여러분이 5년 차 사업에 전념할 것을 권합니다. 저는 우리가 시작한 행보를 더욱 가속하기 위해 함께 굳건히 서면서, 동시에 정치 및 이념적 조직의 과제에 에너지를 집중하기 위해 일부 프로젝트의 진행을 잠시 멈춰야 할 때라고 생각합니다.

여러분, 앞으로 나가시기를 요청합니다. 이제 시작되는 새해로, 투쟁의 해가 될 한 해로 한 걸음 더 나가기를 요청합니다. 우리가 혁명을 더욱 확고하게 뿌리내리고, 전 세계 인민의 자리에 우리를 배치하여 인민의 적들에게 부정당한 행복을 추구하는 인간성을 회복하기 위해 공헌하는 한 해입니다. 그래서 우리 인민은 오늘, 지금, 여기서, 한 사람 한 사람을 위해서 그것을 건설해야 할 의무가 있습니다.

가나와의 단결을 위하여! ["앞으로!" 함성]

의식 있고 조직적이며 동원된 농민을 위하여! ["앞으로!" 함성]

부르키나파소 전국 농민 연합의 강화를 위하여! ["앞으로!" 함성]

도시와 시골의 격차를 줄이기 위하여! ["앞으로!" 함성]

생산하자! ["부르키나파소!" 함성]

소비하자! ["부르키나파소!"의 함성]

대중과 함께 살자!

대중과 함께 승리하자!

조국 아니면 죽음을, 우리는 승리한다!

감사합니다.

800만의 부르키나파소인, 800만의 혁명가들

정치방침연설 4주년 기념일을 맞아

1987년 10월 2일

다음 연설은 불구 주(Boulgou province)의 수도 텐코도고에서 열린 정치방침연설(DOP: Political Orentation Speech) 발표 4주년 기념일에 행해진 연설이다. 이 연설문은 1987년 10월 8일자 <시드와야>에 게재되었다.

민주적이고 대중적인 혁명의 전사, 여성과 남성 동지 여러분;

부르키나파소의 친애하는 친구 여러분:

오늘은 우리의 지침서, 혁명적 행동의 지침서이자 이념적 지침서인 정치방침연설(DOP)의 4주년을 기념하는 날입니다.

텐코도고(Tenkodogo)는 이러한 행사를 주최하고, 부르키나파소 사람들의 생각을 모으며, 우리 친구들의 인사와 축복을 받을 장소로 선정되었습니다. 텐코도고는 4년 동안의 혁명적 진취성과 투쟁에 담긴 모든 이상을 실현하기 위해 선택되었습니다. 저는 DOP의 4주년을 그 중요성에 걸맞은 웅장함으로 축하하기 위해 밤낮으로 함께 모인 불구 주(Boulgou province)의 투사들께 축하를 전하고 싶습니다. 그들의 노력은 또한 기념일 축하 행사를 통해 우리 인민의 행복을 향한 영광스러운 행보가 나타나게 해 주었습니다.

불구 주의 전투원은 여러 가지 면에서 칭찬받을 만합니다. 특히 그들의 계획을 방해하는 모든 음모를 고려할 때, 그들의 노력을 가로막고, 그들의 희생을 꺾고, 정치방침 발표 4주년을 기념하는 이 인상적인 행사를 실패로 돌아가게 하려는 모든 음모를 고려할 때 더욱 그렇습니다.

불구 주에 있는 우리의 동료들과 그들이 만든 혁명적 구조는 우리에게 희망을 주고, 믿음을 주고, 미래에 대한 확신을 주고, 지리적으로 어디에 있든지 우리 대중에 대한 확신을 줍니다. 불구 주는 또한, 인민과 함께, 항상 인민들과 함께 있으며, 성급하게 앞서 나가지 않으면서, 기적적 변화의 도약을 보여 줍니다. 불구 주는 여러 가지 면에서 모범적인 주, 여러 가지 면에서 자격을 가진 주로서 우리를 환영합니다. 사회적, 경제적 성취뿐만 아니라 무엇보다도 정치적으로 일관성 있고, 자신감 있고, 단호한 태도로 결집했기 때문입니다.

텐코도고에서 좌절이 있었다면, 불구 주에서 좌절이 있었다면, 그것은 혁명 과정을 방해하기 위해 어떤 식으로든 노력한 좌파와 우파 양쪽에게 좌절이었습니다. 그들은 대중을 오도하고, 전투원들을 속이고, 자신들이 인위적으로 만든 혼란을 이용해 그들을 통제할 수 있다고 믿었습니다.

혁명은 부석입니다. 그것은 도시와 시골을 모두 정복할 것입니다. 부르키나파소에서도 승리할 것인데, 왜냐하면 불구에서 이미 이겼기 때문입니다.

동지 여러분:

불구 지방의 대중들께 저는 그저 감사하다고 말할 뿐입니다. 열렬한 환영에 감사하고, 생명을 주는 이 빗속에서 축하 행사를 시작하게 해

준 것에 감사드립니다. 한 노인이 조금 전에 DOP의 1주년 기념식도 빗속에서 열렸다고 상기시켜 주었습니다. 오늘도 우리는 빗속에서 4주년을 맞이합니다. 이건 축하의 한 징표로 환영할 만한 일입니다. 우리가 의지하는 농민 대중, 비를 농업 시스템의 기본 물질적 요소로 여기는 농민 대중은 이 점에 대해 분명히 이의가 없을 것입니다.

혁명적인 문구를 뒤틀고 비꼬는 사람들은 안타깝게도 비를 이 행사의 중단, 즉 밤불라(bamboula)가 무산되었다는 상징으로만 볼 것입니다.* 농민에게 비는 기쁨, 희망, 승리, 행복을 의미합니다. 우리는 우리 인민과 함께 있고, 우리 인민과 함께 싸우며, 모든 그릇된 생각과 거리를 둡니다. 그래서 우리는 DOP 4주년 기념일인 덴코도고에서 비를 맞으며 행복합니다.

동지 여러분:

혁명 행동의 지침인 정치방침연설은 부르키나파소 사람은 누구나 자유롭게 활용할 수 있습니다. 그것은 모든 혁명가의 용도에 달려 있습니다. 우리 지침은 인류가 큰 행복을 얻고, 지배 세력과 싸우고, 억압 세력에 맞서 싸우려는 노력에 동참합니다. 이것이 우리의 전망이 국제적인 이유입니다. 이것이 DOP를 모든 인류의 집단 투쟁, 인류 대중, 투쟁하는 인민에 속한다는 사실에 대한 연결고리이자 확증으로 보는 이유입니다.

그래서 우리는 이웃 나라 사람들의 수준 높은 지원, 형제애와 우호적 지원에 경의를 표합니다. 어떤 식으로든 우리와 함께하고, 우리를 분리하는 인위적인 경계를 넘어 부르키나파소의 용기라는 구체적인 현실

---

* 반투(Bantu)어로 "대중적인 축제"라는 뜻.

에 손을 내밀어 준 사람들, 토고에서 온 부르키나파소의 친구들이 있습니다. 그들에게 감사드립니다. 아프리카 혁명을 위해 함께 싸우고 있는 가나인들도 왔습니다. 전투에서 형제처럼 함께 싸우고, 승리도 함께 나눴던 그들은 우리와 함께 좌절도 기꺼이 나눴습니다. 이는 우리 모두에게 끊임없이 전진해야 한다는 것을 일깨워 주는 신호에 불과합니다. 우리는 이 친구들에게 인사를 전합니다. 이름 하나하나를 다 언급할 수 없을 정도로 많은 다른 모든 친구에게도 인사를 전합니다.

정치방침연설은 우리의 지침이 됩니다. 그것은 부르키나파소의 집단적 성과입니다. 그것은 민주적이고 대중적인 혁명을 의식적으로 이루어 가는 데 참여하는 모든 사람의 집단적 사유물입니다. 그러려면 정치적 성향 연설은 기준점, 우리의 북극성이 되어 우리를 인도하고 앞으로 나아갈 길을 가리켜야 합니다. 길을 잃지 않도록 해 주는 별입니다. 정치적 성향 연설은 단순한 반란을 넘어 과학적인 과정, 즉 우리가 어디에서 왔고 어디로 가고 있는지 정확하게 말하기 위해 엄격하고 체계적인 과정을 계획해야 한다는 것을 가르쳐 줍니다. 그렇지 않다면, 우리의 혁명은 주관적인 폭발에 불과할 것입니다. 반란군의 폭발은 장작불에 불과할 것입니다. 숨이 막히고, 혁명의 지속적 전진이나 길을 밝히며 스스로 계속 타오르게 할 호흡이 불가능할 것이므로 느린 죽음을 맞이하게 될 것입니다.

혁명적 행동 지침은 우리를 하나로 묶고, 교육하며, 혁명가로서 규율에 따라 행동할 것을 촉구합니다. 정치방침연설을 활용함으로써 우리는 길을 잃고 방황하는 사람들을 올바른 길로 돌아오도록 도울 수 있습니다.

정치방침연설은 우리를 다시 일깨우고 따뜻함을 가져다줍니다. 두려움에 떨던 사람들이 투쟁의 발판을 다시 찾고, 혁명에 대한 확신을 가질 수 있게 해 주는 따뜻함 말입니다. 그래서 우리는 정치방침연설을 계속해서 되짚어 봐야 합니다. 그 내용을 끊임없이 열어보고, 읽고, 이해해야 합니다. 무엇보다도, 물질적 존재이기 때문에 진화하고 변화하며 변형되는 우리 주변의 구체적인 현실에 이를 적용해야 합니다. 현실은 허공에 떠다니는 아이디어가 아닙니다. 꿈이나 비전에 따라 해석할 수 있는 아이디어가 아닙니다.

정치방침연설에는 과거가 있습니다. 벌써 4년이나 되었습니다. 우리나라로서는 긴 시간입니다. 그러나 정치방침연설에 과거가 있었다면, 현재도 있습니다. 오늘날 모든 혁명가를 하나로 묶는 것이 정치방침연설의 임무입니다. 무엇보다도 정치방침연설에는 미래가 있습니다. 정치방침연설의 미래는 무엇일까요?

정치방침연설의 미래는 혁명가들의 노력에 달려 있습니다. 정치방침연설을 심화시키기 위한 노력, 직면한 전투에 맞설 수 있도록 자신을 계속 단련하는 노력, 오늘날의 전투에서 정치방침연설을 최우선 과제로 삼아 우리를 둘러싼 수많은 문제가 제기하는 이론적, 실제적 질문에 혁명가들이 답을 제시하게 하는 노력. 정치방침연설의 목적은 또한 혁명가들을 하나로 묶어 그들을 하나로 만드는 것입니다. 정치방침연설을 꾸준히 다듬고 책임감 있게 심화시켜 나감으로써 혁명가들은 부르키나파소 인민을 위해 부르키나파소의 현실을 변화시킬 수 있습니다.

우리의 혁명은 대중 연설 대회도, 세련된 표현의 경쟁도 아닙니다. 우리의 혁명은 단순히 조작자들이 자신들의 표어를 외치기 위해 사용하는 신호, 암호, 자기 과시용으로 사용하는 구호에 불과한 슬로건을 내세우는 것이 아닙니다. 우리의 혁명은 현실을 변화시키고 우리나라 대중의 구체적인 상황을 개선하기 위한 혁명가들 공동의 노력이며, 앞으로도 계속 그래야 합니다. 우리의 혁명은 뒤돌아보고, 둘러보고, 앞을 내다볼 때, 혁명 덕분에 부르키나파소 사람들이 조금 더 행복해졌다고 말할 수 있을 때만 가치가 있을 것입니다. 그들은 깨끗한 물을 마실 수 있고, 풍부하고 충분한 음식을 먹을 수 있고, 건강하며, 교육을 받을 수 있고, 적절한 주거를 가질 수 있고, 더 나은 옷을 입을 수 있고, 여가를 즐길 권리와 더 많은 자유와 더 많은 민주주의, 더 많은 존엄성을 누릴 수 있기 때문에 더 행복합니다. 우리의 혁명은 이러한 질문에 구체적으로 답할 수 있을 때만 존재할 이유가 있습니다.

혁명이 우리 국민에게 물질적, 정신적 행복이 가져다주지 않는다면, 그것은 단지 한 무리 사람들이 벌이는 활동에 불과할 것입니다. 어떤 이점을 가진 사람들의 집합일 뿐인 무리입니다. 그러나 그것은 생명이 없는 썩어 가는 가치의 집합일 뿐이며, 앞으로 나아갈 수도 없고, 우리가 직면한 현실을 변화시킬 수도 없는 미라 무리일 뿐입니다. 혁명은 행복입니다. 행복이 없이는 성공에 관해 이야기할 수 없습니다. 우리의 혁명은 이러한 질문에 구체적으로 답해야 합니다.

그래서 정치방침연설을 모든 사람에게 알리는 것이 매우 중요합니다. 그래야 우리의 힘을 북돋우고 결집하는 역할을 할 수 있기 때문입니다. 물론 우리가 행동을 취할 때마다 어려움에 부딪힙니다. 우리는 이미 내부와 외부에서 어려움을 겪었습니다. 이러한 어려움 때문에 멈춰서는 안 됩니다. 이러한 어려움 때문에 낙담해서는 안 됩니다. 이러한 어려움들이 제동을 걸거나 극복할 수 없는 걸림돌이 되어서는 안 됩니다. 반대로, 그것은 우리가 실제로 혁명적인 투쟁에 참여하고 있음을 가르쳐 줍니다. 즉, 그것은 그들이 약속했던 행복을 얻지 못하게 다른 이들을 막는 장애물과 매일 맞서 싸우도록 가르쳐 줍니다. 왜냐하면 그들은 말만 하고 인민들과 함께 행동하지 않았기 때문입니다.

우리는 정치방침연설을 중심으로 단결할 것입니다. 우리는 그것을 활용하여 우리 사이의 유대를 강화합니다. 그리고 우리는 그것을 설명하고, 의견 충돌과 차이, 관점을 논의하는 출발점으로 사용합니다. 왜냐하면 우리는 하나의 목표를 공유하고 있으며, 그 목표는 변하지 않기 때문입니다. 오늘날 부르키나파소에서 정치방침연설의 틀 안에서 해결할 수 없는 의견 충돌은 단지 목표가 다르다는 점에서 오는 의견 충돌일 뿐입니다. 목표가 같다면 정치방침연설은 우리의 행동 방식을 수렴할 방법을 제시할 것입니다.

우리의 단결은 우리 인민들의 이익을 위해 만들어질 것입니다. 우리의 단결은 축구 경기처럼 훌륭하고, 확실히 뛰어나지만, 연장전을 포함해 90분 동안 쇼만 제공하고, 심지어 페널티 킥으로 끝날 수도 있는 팀과 함께하는 것이 아닙니다. 아니요, 우리의 단결은 민중들과 함께 투쟁하고 그들의 감시를 받으며 만들어질 것입니다. 즉, 우리는 혁명가로서 단결하고, 오직 혁명가만이 이 단결에 반응할 것입니다.

그렇다면 누가 혁명가가 될 수 있을까요? 혁명가는 행동으로, 실천으로, 그리고 의식적으로, 구체적이고 확실한 투쟁 과정에 효과적이고, 확실하며, 의심할 여지가 없는 태도를 보이는 데 성공하는 사람들입니다. 예를 들어, 수백, 수천 개의 댐과 저수지를 건설하는 투쟁이 바로 그것입니다. 철도 쟁탈전에서 승리하기 위해, 성공하기 위해 우리 손으로 길을 닦는 것이 바로 그 투쟁입니다. 도로를 개척하고, 보건소를 짓고, 배운 일부를 교육의 기회를 얻지 못한 형제들과 동료들에게 전수하는 것이 바로 그 투쟁입니다.

그곳에서 혁명가를 찾을 수 있습니다. 경제, 사회, 위생, 문화 전선의 투쟁에서 그들을 찾을 수 있습니다. 다른 곳에서 투쟁을 시작하는 것은 도움이 되지 않습니다. 우리에게 도움이 되는 투쟁과 그렇지 않은 투쟁의 차이를 구분해야 합니다. 우리가 관심 갖는 투쟁은 매일 우리를 더 행복하게 만들고, 제국주의와 치열하게 맞서면서 우리 국민을 독립적으로 만드는 투쟁입니다.

우리는 자본주의의 지배를 위해 제국주의가 우리 국민에게 강요하는 상품을 거부하는 사람들 가운데 혁명을 일으킬 사람들을 찾을 것입니다. 지금 겪고 있는 변화의 엄격한 요구를 받아들이고, 대중과 함께 살기 위해 소비 생활의 습관을 포기하는 것을 의무로 선택하는 사람들, 바로 그 사람들이 혁명을 일으킬 사람들입니다. 모든 사람이 "부르키나파소 것을 소비하자"라는 슬로건에 부응할 수 있는 것은 아닙니다. "부르키나파소 것을 소비하자"라는 슬로건을 입술에 달고 살면서도 혀와 입은 제국주의적 소비의 진정한 즐거움에 바치는 사람들이 많습니다. 그들은 혁명가가 아닙니다. 우리는 그런 사람들을 밝혀낼 것입니다. 그런 사람들을 밀어내야 합니다.

우리가 도시 소비자로서 부르키나파소 농민의 수확물로 만든 음료를 마실 준비가 되어 있지 않은 한, 그들은 결코 스스로 해방될 수 없습니다. 왜 사람들은 우리에게 멀리 떨어진 곳에서 생산된 제품을 소비하게 하려고 하는 걸까요?

이것은 매우 심각하고 용납할 수 없는 일입니다. 동지, 혁명가들이 이러한 압력의 전달자이자 지배의 전달자 역할을 자행하는 것은 더욱 범죄적인 일입니다. 그것은 이 동료들이 자신들의 수준 높은, 수준 높은 연설의 깊이와 의미를 이해하지 못했다는 것을 의미합니다. 그것은 우리가 토론이 필요하다는 것을 의미합니다. 정치방침연설로 돌아가 봅시다. 정치방침연설을 다시 살펴봅시다. 그것은 우리에게 길을 보여 줄 것입니다. 그것은 뛰어나며, 우리를 하나의 목표, 즉 우리 국민의 행복으로 이끕니다.

우리의 단결은 조직의 규약과 작업 방식을 철저히 존중하면서 투쟁과 전투 속에서 이루어질 것입니다. 우리는 조직의 규약에 따라 단단히 조직되어야 합니다. 명확한 규약은 음모와 책략을 드러내고, 일관된 혁명가들은 합법적인 분노로 그것에 맞서 싸울 것입니다. 우리의 단결은 부르키나파소 혁명가들의 프로그램에 따라 혁명적 윤리를 적용하고 혁명적 도덕적 가치를 적용함으로써 이루어질 것입니다.

혁명적 도덕적 가치는 우리의 권리를 알려줄 뿐만 아니라 의무 또한 알려줄 것입니다. 혁명적인 도덕적 가치는 대중이 우리를 긍정적으로 혹은 부정적으로 평가할 수 있도록 사회에서 어떻게 행동해야 할지를 알려줍니다. 대중이 우리에게 계속 다가오는 이유는 우리가 그들을 정복했기 때문이 아니라 우리의 모범을 통해 설득했기 때문입니다. 정치적 성향 연설은 이 문을 여는 데 사용되어야 합니다. 그 문은 이미 DOP의 각 행과 각 페이지에 있습니다. 그것을 최대한 활용합시다.

우리의 혁명은 모든 혁명을 지배하는 기존의 과학적 법칙에서 면제된다고 스스로 선언할 수 없는 혁명입니다. 사실, 이러한 과학적 법칙을 적용하지 못할 때 우리는 길을 잃게 됩니다. 혁명적 이론이 없다면 혁명도 있을 수 없습니다. 아무리 발전하더라도 언젠가는 우리의 혁명은 혁명적 이론의 적용과 정치방침연설의 심화를 통해 다른 혁명과 만나게 될 것입니다.

우리는 어려움을 겪었습니다. ―그것을 숨길 필요는 없습니다―

여기저기서 대립을 일으킨 어려움, 혁명적인 과정에 헌신적이고 가치 있고 유능한 개인들 간의 대립을 겪었습니다. 우리는 이 사람들을 신뢰해야 합니다. 특정한 핵심 집단, 특정한 그룹만이 가치가 있고, 다른 모든 사람은 불평만 하고 실패자라는 생각에 사로잡히면, 스스로를 고립시킵니다. 즉, 혁명을 위태롭게 하는 것입니다.

혁명의 목표는 혁명가를 흩어놓는 것이 아닙니다. 혁명의 목표는 우리의 대열을 강화하는 것입니다. 우리는 800만 명의 부르키나파소 국민입니다. 우리의 목표는 800만 명의 혁명가를 만드는 것입니다. 그리고 부르키나파소의 마지막 반동마저 정치방침연설을 능숙하게 설명할 수 있을 때까지 잠을 잘 권리가 있는 혁명가는 없습니다. 연설을 이해하기 위해 노력해야 하는 것은 반동들이 아닙니다. 그들을 이해시키기 위해 노력해야 하는 것은 혁명가들입니다. 반동주의자는 자신의 반동적 입장을 선택했습니다. 혁명가는 혁명적 입장을 선택했습니다. 즉, 다른 사람들을 설득하여 그들을 끌어들이는 것입니다. 그가 혁명에 반동주의자들을 끌어들일 수 없다면, 반동 세력은 전 세계를 통해 성장할 것입니다.

그러므로 모든 혁명가의 의무는 혁명이 저 혼자 굴러가는 것을 막고, 혁명이 굳어지지 않도록 하며, 혁명이 마른 무화과처럼 쪼그라드는 것을 막는 것입니다. 그렇지 않으면 우리 1,000명은 500명으로 줄어들고, 500명은 200명으로 줄어들 것입니다. 우리의 민주적이고 대중적인 혁명은 모든 분파와 종파 집단과는 차별화됩니다. 파이오니아 운동에서 UNAB에 이르기까지 매일 점점 더 많은 전투원이 생긴다고 말할 수 있어야 합니다.

물론 모든 사람이 같은 수준에 있을 수는 없습니다. 모든 사람이 같은 수준의 헌신과 이해를 할 수 있다고 생각하는 것은 유토피아적이고, 꿈에 불과합니다. 매일 낙담하지 않고, 지치지 않으며, 다른 사람들에게 다가가기 위해 육체적, 도덕적, 지적 노력을 기울이는 것이 혁명가의 몫입니다. 이를 위해서는 종종 스스로에게 엄격해야 합니다. 설명하고 또 설명해야 합니다. 레닌은 우리가 자주 잊곤 하는 말을 했습니다. "모든 혁명의 뿌리에는 교육학이 있다." 이 말을 잊지 맙시다. 가르치는 기술은 반복입니다. 우리는 반복하고 또 반복해야 합니다.

정치방침연설은 또한 우리가 직면한 계급 투쟁에서 그 책임을 완수하기 위해 단호해야 할 필요성을 분명히 설명합니다. 1987년 8월 4일 보보-디울라소에서 저는 우리 혁명에 더 많은 혁명가를 영입하기 위해 혁명 투쟁을 강화할 것을 여러분에게 요청했습니다. 저는 정복당한 사람들이 아니라 확고한 신념을 가진 사람들이 필요하나는 점을 여러분이 이해해달라고 했습니다. 정복당한 민족은 끝없는 감옥의 연속을 의미합니다. 즉, 끝없이 많은 간수들을 찾아야 한다는 뜻입니다. 400만 명의 부르키나파소인을 감옥에 가두면, 그 감옥을 지키기 위해 두 배의 간수가 필요할 것입니다.

그렇다고 해서 혁명이 유약함과 동의어라고 믿는 사람들, 우리에게 필요한 민주적 토론을 겸손과 감상주의로 혼동하는 사람들을 무자비하게 다루는 방법을 잊자는 의미는 아닙니다. 그런 사람들은 뿌린 대로 거두게 될 것입니다. 그들이 처벌받아야 한다면, 부르키나파소 안팎에서 처벌을 받게 될 것입니다. 우리는 때때로 이해받지 못할 때가 있다는 것을 알고 있습니다. 그러나 제재가 교육적일 수도 있다는 것도 알고 있습니다. 우리는 혁명을 방해하는 잘못된 행동을 하는 사람들에 대해 조치를 취해야 합니다.

시간이 허락하는 대로 그들에 대해 다시 이야기하겠습니다. 나아가, 우리는 단 한 사람도 확실한 적으로 선언한 적이 없습니다. 우리는 항상 되돌릴 수 있는 사람들을 되돌리려고 노력했습니다. 그리고 상황이 허락하는 한 계속 그렇게 할 것입니다. 달리면서 가려운 곳을 긁으라고 하지 마십시오. 이미 앞서 나가는 사람들에게 우리를 집중하라고 요구하지 마십시오. 그리고 동시에, 뒤로 끌어당기는 사람들에게, 발목을 잡는 고집 센 사람들에게 주의를 기울이느라 멈추지도 마십시오.

우리는 이 모든 것을 차분하게 직시할 수 있는 용기를 가져야 합니다. 그러므로 모든 투사는 모든 부르키나파소 인민이 철저한 정치 교육을 받아야 한다는 것을 이해해야 합니다. 정치 교육은 무엇보다도, 사람들을 설득하려 하지는 않고 처벌만을 선호하는 모든 사람이 자기의 접근 방식을 체계적으로 재고해야 한다는 것을 의미합니다. 우리는 처벌받은 사람에게 그들의 행동 방식, 그들의 단점에 관해 이야기하고, 그들이 자기를 개선하는 데 도움이 될 수 있는 조언을 제공하도록 설득해야 합니다.

우리 인민을 교육합시다. 민주적 토론을 통해 처벌 대상자를 교육합시다. 일단 우리가 그 과정을 거치고 나면, 혁명가로서 처벌받은 사람이 명예롭게 보상하고 속죄할 수 있는지 알아낼 수 있을 것입니다. 가장 좋은 속죄는, 다른 사람한테서 얻어지는 어떤 것이 아니라, 자기가 자신을 책임지는 과정입니다. 그것은 자기 잘못을 인정하고, 다시는 반복하지 않겠다고 엄숙히 맹세하는 것을 의미합니다. 그것은 또한 자신의 잘못을 인정하는 혁명가의 삶을 매일 매일 살아간다는 것을 의미합니다. 이러한 조건에서 혁명가들은 처벌받은 사람들을 소중히 여기고, 그들에게 유리한 결정을 내릴 것입니다.

그러나 우선, 어느 정도 조직화된 곳이라면, 이러한 구조를 활용하여 모든 혁명가에 대해 질문해야 합니다. 1987년 10월 2일 오늘부터 우리는 부르키나 민중, 부르키나 전투원들에게 국가혁명평의회가 모든 혁명가들의 업적을 검토하도록 요청하는 데 따라 스스로 조직화할 것을 권유합니다. 각 전투원의 직장이나 지역에서 사회 및 혁명적 행동에 대해 보고하는 것은 CDR의 책임이 될 것입니다.

동지 여러분:

혁명은 국가 권력을 부여할 수 없을 뿐만 아니라 어떤 종류의 권력도 부여할 수 없으며, 우리 인민의 이익을 위해 기꺼이 행동하려는 사람들 외에는 그 어떤 행동의 가능성조차 부여할 수 없습니다. 우리는 우리 인민에게 반하는 사람들에게는 어떤 수준의 책임도 부여할 수 없습니다. 지금부터는 CDR이니 다른 조직이 해당 동지에 대한 평가를 먼지 하지 않는 한, 누구에게도 어떤 수준의 책임도 부여할 수 없습니다.

때때로 우리는 어떤 동지가 좋은 전투원인지, 그 계급으로 확인합니다. 이 동지에 대해 어떻게 생각하십니까? 그는 좋은 전투원입니까? 그는 저녁 토론에 참여합니까?* 그는 회의에서 구체적인 역할을 합니까? 그는 커뮤니티 프로젝트에 참여합니까? 그는 자신의 업무 영역이나 부문의 문제 해결을 돕습니까? 그는 좋은 본보기가 됩니까? 그는 시간을 잘 지킵니까? 그는 국가혁명평의회가 정한 지침을 존중합니까? 말하자면, 그는 제국주의에 일관되게 맞서 싸웁니까? 지금부터는 우리 인민의 눈과 귀, 즉 정확하고 오류 없는 감각을 통해 결정될 것입니다.

---

* 　혁명수호위원회가 주관하는 행사로, 보통 특정 주제에 대한 발표와 질의응답 및 토론의 형태로 진행되었다.

평가는 민주적이고 대중적일 것입니다. 그러면 우리는 각 개인에게 —소장, 직장 책임자, 또는 공무원에게— "동지여, 올해 한 해 동안 당신의 행동은 정치 방향성 연설, 조직 규정, 프로그램, 혁명적 윤리에 부합했습니다"라고 말할 수 있습니다. 또는 "동지여, 유감스럽게도 당신은 당신의 혁명적 약속과 상반되는 행동을 하고 있습니다"라고 말할 수도 있습니다. 그리고 필요한 조치를 취할 것입니다.

이는 지금부터 처벌을 받은 — 해고되고, 면직되고, 정직된 — 모든 사람들이 CDR에 소환되어 그들의 처지가 어떻게 되었는지, 혁명을 위해 무엇을 하고 있는지 확인해야 한다는 것을 의미합니다. 아무것도 하지 않는 사람들은 실제로 혁명에 반하는 일을 하는 것입니다. 혁명에 동참하려면 각 개인이 대중 조직에 응답해야 합니다. 어떤 사람들은 일단 제재를 당하면 혁명에 반대하는 사람이 되어 버리기 때문에, 혁명의 적으로 행동해야 한다고 잘못되게 믿는 사람들이 있기 때문입니다. 그래요, 제재는 내려집니다만, 혁명은 여전히 그들을 필요로 합니다. 왜냐하면 가장 큰 제재는 적을 완전히 제거하는 것이기 때문입니다. 그러나 혁명은 제재를 받은 사람들에게 우리와 함께 머물면서 보고, 듣고, 이해함으로써 자신을 구제할 수 있는 기회를 제공합니다. 그래서 그들에게는 반드시 후속 조치가 필요한데, 그들을 힘들게 하려는 것이 아니라 그들이 혁명을 위해 무엇을 하고 있는지 정확히 알기 위해서입니다.[*]

정치방침연설은 우리 모두를 위한 것입니다. 누구도 자신이 주변부로 밀려났다는 평계로 우리 인민들의 뒤만 따라가며 살아갈 수는 없

---

[*] 1987년 8월 21일, 상카라 대통령은 정부 장관들에게 혁명에 반대했다는 이유로 해고된 교사와 공무원의 복직을 검토해 달라고 요청했다. 상카라의 제안은 국가혁명평의회와 그 내부 대부분의 정치 조직으로부터 강한 반대에 부딪혔다.

습니다. 갓길을 찾아 나선 사람들은 인민들에게 발견될 것입니다. 민중들은 행동하고, 구덩이 같은 곳에 자신을 묻으려고 했던 모든 사람을 찾아내 교육하는 임무를 부여받았습니다. 그렇게 해야만 우리가 정말로 교육하려고 노력했음을 확신할 수 있습니다. 왜냐하면 처벌받은 사람 중 일부는 단순히 자신이 방관자로 밀려난 탓이라 말하기 때문입니다. 그렇다면 그들 중 얼마나 많은 사람들이 지역 공동체 사업에 기꺼이 참여할 의향이 있을까요? 얼마나 많은 사람들이 혁명을 진전시키기 위해 이바지할 의향이 있을까요?

동지 여러분:

혁명은 끊임없이 승리합니다. 혁명이 상황을 장악하면, 일부 사람들은 스스로를 구제할 수 있게 됩니다. 그래서 정치방침 발표 4주년을 맞이하여 두 가지 조치를 발표하고자 합니다.

첫째는 우리 국민에게 피해를 입힌 사회적 행위를 한 수감자, 즉 우리 남녀 인민, 재화에 대한 행위, 범죄, 관습법 위반을 저지른 수감자를 석방하는 것입니다. 우리는 그들이 사회에 다시 통합되는 과정을 지켜봤기 때문에 그들을 석방할 것입니다. 이러한 재통합은 모든 곳에서 일어나고 있으며, 계속되어야 합니다. 혁명가들에게 승리는 감옥이 사라지는 것입니다.

반동의 입장에서, 승리는 최대한 많은 교도소를 건설하는 데 있습니다. 이것이 그들과 우리의 차이점입니다. 모두 88명을 석방할 것입니다. 법무부 장관은 건설 현장에서 노역을 잘 수행한 88명의 이름을 발표할 것입니다. 매일 그들은 자신이 저지른 실수를 더 깊이 반성하고, 노동이 우리를 자유롭게 한다는 것을 이해하게 될 것입니다. 물론, 혁명의 관용을 활용할 줄 모르는 개인들은 항상 있습니다. 그리고 그들은 당연히 원래 있던 곳으로 돌아갈 것입니다. 그러나 대다수, 어쩌면 모든 사람이 이 관용의 행위를 이용할 것이라고 확신합니다. 그러면 다른 사람들도 석방될 수 있을 것입니다.

둘째 조치는 축산업에 관한 것입니다. 오랫동안 축산업에 큰 부담을 주는 세금이 있었습니다. 국가혁명평의회는 이 세금을 폐지하기로 결정했습니다. 국가 재정이 넉넉해서가 아니라, 우리에게 해롭고 국민에게 불필요한 고통을 주기 때문에 이 세금을 폐지하기로 한 것입니다. 이 세금은 가축을 기르는 농민들의 활동을 위축시킵니다. 이 세금은 가축 사육을 방해함으로써 우리 경제에 타격을 줍니다. 그래서 우리는 이 세금을 폐지하기로 했습니다.

우리는 농림축산식품부, 축산식품부, 농민문제부, 그리고 그 밖의 모든 관련 기관에 이 세금을 폐지함으로써 얻을 수 있는 최대의 혜택을 누릴 수 있도록 도와달라고 요청합니다. 행정과 자금 조달이 더 어려워졌다는 사실을 그저 받아들이는 것은 넘어서 말입니다. 예를 들면, 세무서 직원들을 초청, 그들이 상상력을 발휘하여 자원을 동원하는 다른 방법을 고안하도록 하여 부르키나파소를 더 잘 건설할 수 있도록 하려 합니다.

어떤 이에게는 기쁨이 다른 이에게는 슬픔이 되어서는 안 됩니다. 축산업에 직접 종사하는 사람들, 축산업으로 생계를 유지하거나 이익을 얻는 사람들, 상류든 하류든, 가축 뒤에서든 앞에서든, 가축 아래에서든, 이 법안의 혜택을 받습니다. 그리고 저는 이 법안에 대한 여러분의 지원에 감사드립니다.

동지 여러분, 드디어 풀풀데(Fulfulde)어, 디울라(Diula)어, 무어(Moore)어로 번역된 정치방침연설이 공개되었습니다. 더 많은 부르키나파소 사람에게 다가갈 수 있는 길입니다. 이 작업에 도움을 주신 모든 분께 감사드립니다. 우리 주변에서 자주 접하는 개념을 새로운 개념으로 적용하고 번역하여, 그 개념에 똑같이 접근할 수 있게 만들고, 까다롭지 않게 만드는 것은 분명히 큰 노력과 많은 작업, 그리고 많은 생각이 필요한 지적 작업이었습니다. 유용한 무언가를 만들어 낸 관계자 여러분께 축하를 드립니다. 또한 DOP 번역 프로젝트에 주도적으로 참여한 분들께도 축하를 드립니다.

저는 국가 교육부, 고등 교육 및 과학 연구부, 농민문제부 등 국민의 문해력 향상을 위해 매일 노력하는 분들께 미리 축하드립니다. 이분들은 DOP를 풍요롭게 하는 데 직접 기여하고 있습니다. 농민들이 ―읽는 법을 배운 적이 없기 때문에― 연설문을 읽을 줄 모른다면 DOP가 자국어로 번역되었다는 사실에도 거의 관심이 없을 것입니다. 그들은 계속해서 앞이 보이지 않을 것입니다. 번역되지 않은 DOP를 읽을 수 없는 사람에게 주는 것은 시각장애인에게 손전등을 주는 것처럼 모욕적인 일입니다. 시각장애인은 우선 볼 수 있어야 하고, 그다음에 더 잘 볼 수 있도록 손전등이 필요합니다. 먼저 문맹인 모두가 글을 읽을 수 있도록 도와야 합니다. 그런 다음, 그들에게 읽을 수 있는 건전한 자료, 즉 DOP를 자기 언어로 번역한 유용한 자료를 제공해야 합니다.

불구 주 동료 여러분:

저는 다시 한번 고등 판무관과 지방 혁명 정부에 축하를 전합니다.[*] 저는 다시 한번 지방 혁명수호위원회에 축하를 전합니다. 저는 다시 한

---

[*] 지방 혁명 정부(PRP)는 모든 지방에서 혁명의 힘을 관장하는 기관이었다. 각 지방은 국가혁명평의회가 임명한 고위 위원장이 관장했다. PRP는 지방의 모든 행정 서비스 담당자로 구성되었다.

번 부르키나파소 전국 장로 연합의 지방 지부에 축하를 전합니다. 저는 다시 한번 부르키나파소 여성 연합의 지방 지부에 축하를 전합니다. 불구 주의 농민 연합에 다시 한번 축하를 보냅니다. 그리고 이 축하 행사에서 우리에게 큰 기쁨을 선사하고 미래가 희망으로 가득 차 있음을 보여준 개척자들도 잊지 않을 것입니다.

텐코도고에 10월 2일 기념비를 세우는 과정에서 심각한 부상을 입은 엔지니어 등 노동자들을 잊지 않을 것입니다. 부상을 당했지만, 그는 치료받은 직후 바로 작업에 복귀하여 기념비 완성을 위해 마무리 작업을 진행했습니다. 기적이 일어났습니다. 기념비는 며칠 만에 세워졌습니다. 그리고 적들의 갈라진 혀는 산산조각이 났습니다. 이제부터는, 방금처럼 메달을 수여함으로써 업무에서 탁월한 성과를 거둔 사람들을 더 자주 축하할 것입니다.

동지 여러분, 오늘 아침 10월 2일 기념비 제막식에서 국무장관 동지*가 이 상징의 의미에 대해 말씀하셨습니다. 저는 그가 여러분 각자에게 앞으로 더 나아가도록 격려할 감정의 씨앗을 심었다고 확신합니다. 그래서 오늘 제가 여러분에게 자연스럽게, 쉽게, 그리고 기쁘게 말할 수 있었습니다.

동지 여러분, DOP 1,000주년을 향해 전진합시다!

우리를 분열시키려는 모든 시도에도 불구하고 우리를 더욱 깊이, 더욱 강력하게 하나로 묶어줄 DOP를 향해 나아갑시다!

우리 인민의 도덕적, 물질적 행복의 구체적 기반이 될 DOP를 향해 나아갑시다!

*   블레즈 콩파오레Blaise Compaore.

1987년 10월 2일 텐코도고에서 연설 직전 모습

우리 인민과 다른 사람들을 우리가 믿는 행복으로 인도하는 등불
이 될 DOP를 향해 나아갑시다!

조국 아니면 죽음을, 우리는 승리할 것이다!

고맙습니다.

사상을 죽일 수는 없습니다

체 게바라에게 바치는 헌사

1987년 10월 8일

혁명 정부의 전복과 상카라의 암살 1주일 전, 그는 정확히 20년 전 사망한 쿠바 혁명 지도자 에르네스토 체 게바라의 삶을 기려 와가두구에서 열린 전시회 개막식에서 연설했다. 이날 참석한 쿠바 대표단에는 게바라의 아들인 카밀리오 게바라 마르치Camilio Guevara March도 있었다. 연설 녹음테이프에서 들리지 않는 부분은 말줄임표로 표시되었다.

우리는 오늘 아침 체 게바라의 삶과 업적을 추구하고 따라가는 이 조촐한 전시회를 개막하기 위해 이 자리에 모였습니다. 동시에, 우리는 오늘 전 세계에 체 게바라는 죽지 않았음을 알리고자 합니다. 전 세계 곳곳에 더 많은 자유, 더 많은 존엄성, 더 많은 정의, 더 많은 행복을 희구하는 투쟁의 중심이 생겼기 때문입니다. 전 세계의 민중들은 억압과 지배, 식민주의, 신식민주의, 제국주의, 계급 착취에 맞서 싸우고 있습니다.

친애하는 친구 여러분, 우리는 언젠가 체 게바라라는 사람이 있었다는 것을 기억하는 세계 모든 사람과 함께 목소리를 … 그의 마음은 믿음으로 가득 차 있었고, 다른 사람들과 함께 투쟁을 시작했고, 그렇게 함으로써 전 세계의 점령 세력을 강력하게 저지하는 불꽃을 일으키는 데 성공했습니다.

우리는 그저 부르키나파소에 새로운 시대가 도래했고, 우리나라에 새로운 현실이 도래하고 있다고 말하려 합니다. 이것이 바로 전 세계에 투쟁의 불씨를 지피고 싶었던 체 게바라의 행동 촉구 메시지를 이해하는 길입니다.

체 게바라는 볼리비아의 하늘 아래에서 제국주의자들의 총탄에 쓰러졌습니다. 그런데 우리에게는 체 게바라가 죽지 않았다고 말하렵니다.

혁명가들이 자주 인용하는 아름다운 문구 중 하나, 위대한 쿠바 혁명가이며 체 게바라의 친구이자 투쟁의 동반자, 동지, 형제인 피델 카스트로가 자주 빈복했던 말이 있습니다. 그는 투쟁 중 어느 날 한 평범한 사람의 입에서 이 말을 들었습니다. 그는 바티스타의 장교 중 한 명으로, 반동적이고 억압적인 군대의 일원이었음에도 쿠바 국민의 안녕을 위해 싸우는 세력과 연결될 수 있었던 사람입니다. 몬카다 수비대 공격 작전이 실패로 돌아가고, 이를 시도했던 사람들이 바티스타 군대의 총에 맞아 죽을 위기에 처했는데, 사살되려던 바로 그 순간, 그 장교는 이렇게 말했습니다. "쏘지 마십시오. 사상을 죽일 수는 없습니다."*

그렇습니다, 사상을 죽일 수는 없습니다. 사상은 죽지 않습니다. 그

* 1953년 7월 26일, 피델 카스트로가 이끄는 약 160명의 무장세력이 미국의 지원을 받는 풀헨시오 바티스타Fulgencio Batista 독재에 대항하여 민중 봉기를 일으킬 목적으로 쿠바 산티아고에 있는 몬카다 수비대와 인근 마을인 바야모에 있는 수비대를 공격했다. 공격 후, 바티스타의 군대는 체포된 혁명가 50여 명을 학살했다. 몬카다 공격은 실패로 끝났지만, 혁명 투쟁의 시작을 알리는 신호탄이 되었고, 그로부터 6년 후인 1959년 1월 독재 정권이 무너지는 결과를 낳았다.

래서 혁명적 사상과 자기희생의 화신인 체 게바라는 죽지 않은 것입니다. 여러분은 오늘 [쿠바에서] 이곳으로 왔고, 우리는 여러분에게서 영감을 얻습니다.

여권에 아르헨티나인으로 기재되어 있는 체 게바라는 쿠바 사람들을 위해 흘린 피와 땀을 통해 쿠바인으로 입양되었습니다. 그는 무엇보다도 우리가 함께 만들고 있는 자유세계의 시민이 되었습니다. 그래서 우리는 체 게바라가 아프리카인이자 부르키나파소인이라고도 말합니다.

체 게바라는 자기의 베레모를 라 보이나(la boina)라고 불렀습니다. 그의 이 베레모와 그 별은 아프리카의 전역에서 유명해졌습니다. 아프리카의 북쪽에서 남쪽까지, 아프리카는 체 게바라를 기억합니다.

존엄성을 갈망하고, 용기를 갈망하고, 사상과 그가 아프리카에서 상징했던 활력을 갈망하는 대담한 젊은이들이 그 원천으로부터 목을 축이려고 체 게바라를 찾았습니다. 체 게바라가 상징하는 원천은 전 세계에 활력을 불어넣는 원천입니다. 체 게바라와 함께 있는 기회와 영광을 누렸고 또 아직 살아 있는 사람들 소수가 오늘 우리와 함께 있습니다.

체(Che)는 부르키나파소 사람입니다. 그가 우리의 투쟁에 동참하고 있기 때문에 부르키나파소 사람입니다. 그의 사상이 우리에게 영감을 주고 우리의 정치방침연설에 새겨져 있기 때문에 부르키나파소 사람입니다. 그의 별이 우리의 깃발에 찍혀 있기 때문에 부르키나파소 사람입니다. 그의 사상 중 일부가 우리가 매일 벌이는 투쟁 속에서 우리 각자의 삶 속에 살아 있기 때문에 그는 부르키나파소 사람입니다.

체는 한 인간이지만, 자신과 스스로의 능력에 자신감을 가질 수 있다는 것을 우리에게 보여 주고 가르쳐 줄 수 있는 사람입니다. 체는 우리와 함께 있습니다.

체는 무엇입니까? 저는 체가 무엇인지를 묻고 싶습니다. 체는 무엇보다도 확신, 혁명적인 확신, 자신이 하는 일에 대한 혁명적인 믿음, 승리는 우리 것이어야 한다는 확신, 그리고 투쟁이 우리의 유일한 수단이라는 확신입니다.

체 게바라는 또한 인간미의 상징입니다. 인간미 —관대함과 자기희생으로 표상되는 이 표현은 체 게바라를 단순히 아르헨티나인, 쿠바인, 국제주의자 전투원을 넘어선 인간미 넘치는 사람으로 만들었습니다.

체는 역시 무엇보다도 까다롭습니다. 부유한 가정에서 태어나는 행운을 누린 사람의 까다로운 성격… 그러나 그는 그러한 유혹을 뿌리치고, 쉬운 길을 외면하고, 오히려 자신을 민중의 사람, 민중과 함께 있는 사람, 다른 사람들의 고통과 함께 있는 사람으로 세울 수 있었습니다. 체 게바라의 까다로운 성격은 우리에게 가장 큰 영감을 주는 요소입니다.

신념, 인간성, 까다로운 성격 —이 모든 것이 그를 체 게바라로 만들어 줍니다. 이러한 미덕을 스스로 발휘할 수 있는 사람, 이러한 자질을 스스로 발휘할 수 있는 사람— 신념, 인간성, 까다로운 성격—그들은 자신들이 체 게바라와 같다고 말할 수 있습니다 —인간 중의 인간, 그러나 무엇보다도 혁명가 중의 혁명가.

우리는 체 게바라의 삶을 가능한 한 잘 묘사한 이 사진들을 살펴보았습니다. 이 사진들은 강렬한 모습에도 불구하고, 체 게바라라는 인물의 가장 중요한 부분, 즉 제국주의가 겨냥한 바로 그 부분에 대해서는 침묵하고 있습니다. 총알은 체 게바라의 이미지보다는 그의 정신에 훨씬 더 겨냥되었습니다. 그의 사진은 전 세계에서 발견됩니다. 그의 사진은 모든 사람의 마음속에 있으며, 그의 실루엣은 가장 잘 알려졌습니다. 이제 체에 대해 더 잘 알아가도록 노력합시다.

체에게 더 가까이 다가가 봅시다. 그를 신처럼, 인간 위에 놓인 어떤 이미지처럼 대하지 말고, 오히려 말을 걸어주고 말을 걸 수 있는, 우리의 형제로서 다가가는 느낌으로 그를 대합시다. 우리는 혁명가들이 체의 정신에서 영감을 얻고, 함께 그들도 국제주의자가 되고, 다른 사람들과 함께 변화를 위한 투쟁과 제국주의와 자본주의에 맞서 싸우는 투쟁에서 믿음을 구축하는 방법을 배우도록 해야 합니다.

카밀로 게바라 동지, 우리는 당신을 고아라고 말할 수 없습니다. 체는 우리 모두의 것입니다. 그는 모든 혁명가의 유산으로서 우리 모두의 것입니다. 따라서 당신은 외롭거나 버림받았다고 느끼지 마시고, 우리들 속에서 형제, 자매, 친구, 동지를 찾을 수 있기를 바랍니다. 여러분은 오늘 우리와 함께 부르키나파소의 시민이 되었습니다. 왜냐하면 여러분은 우리의 아버지이자 우리 모두가 속해있는 체의 발자취를 굳건하게 따라왔기 때문입니다.

마지막으로, 우리는 심오한 사람, 마음이 따뜻한 사람만이 가질 수 있는 명석함, 지혜, 헌신의 화신임과 동시에 단순히 영원한 낭만주의자, 신선하고 활기찬 젊음의 화신인 그를 기억해야 합니다. 그는 열일곱 살의 청년이었습니다. 그러나 그는 일흔일곱 살의 지혜로운 사람이기도 했습니다. 이 현명한 조합은 항상 우리가 성취하려 해야 할 모습입니다. 체는 마음으로 말하고 대담하고 활기찬 손으로 행동에 옮겼습니다.

동지 여러분, 우리와 함께 있기 위해 노력해 주신 쿠바 친구들에게 감사의 말씀을 전합니다. 수천 킬로미터를 여행하고, 바다를 건너 부르키나파소에서 체를 추모하기 위해 이곳에 오신 모든 분께도 감사의 말씀을 전합니다.

또한 이 날짜가 달력상의 한 날짜에 그치지 않고, 무엇보다도 1년 중 많은 날, 수 년, 수 세기에 걸쳐 체의 정신이 영원히 살아 숨 쉴 수 있도록 개인적으로 기여해 주신 모든 분들께도 감사의 말씀을 전합니다.

동지 여러분, 저는 마침내 우리가 체 게바라의 이름을 딴 이 거리를 통해 와가두구에서 체의 사상을 영원히 기억할 수 있게 되었다는 사실에 기쁨을 표하고 싶습니다.

우리가 체를 생각할 때마다 그와 같이 되려고 노력하고, 이 투사를 다시 살려내도록 합시다. 그리고 특히, 우리가 자기희생의 정신으로 행동할 때마다, 우리를 소외시키려는 물질적 재화를 거부하고, 쉬운 길을 거부하고, 교육과 혁신적인 도덕규범으로 엄격한 전환을 이룰 때마다, 우리는 체의 사상을 더 잘 실천하고, 더 효과적으로 전파할 것입니다.

조국 아니면 죽음을, 우리는 승리할 것입니다!

용어집

5개년 계획(Five-year plan)– 1986년 농민들의 생활 여건을 개선하고 농업 생산을 발전시키기 위해 시작되었다. 대중 개발 프로그램(PPD)으로 교체됨.

77그룹(Group of 77)– 1964년 77개 반(半)식민지 유엔 회원국이 경제 개발에 관한 유엔 회의에서 공동전선을 펴기 위해 결성한 위원회. 2007년 현재 130개 이상의 회원국을 보유하고 있다.

간디, 인디라(Gandhi, Indira. 1917-1984)– 1966-77년까지, 그리고 1980년부터 암살당할 때까지 인도 총리.

게바라, 에르네스토 체(Guevara, Ernesto Che. 1928-1967)– 아르헨티나 태생의 쿠바 혁명 지도자. 1956-58년 혁명전쟁에서 사령관으로 승진. 1959년 이후 국립은행장, 산업부 장관 역임. 1965년 4월부터 콩고와 볼리비아에서 쿠바의 국제주의 자원봉사자들을 이끌었다. 1967년 10월 8일 볼리비아 군대에 의해 부상을 입고 체포됨. 다음날 워싱턴의 명령에 따라 살해됨.

국가혁명평의회(CNR: National Council of the Revolution)– 1983년 8월 4일 토마 상카라와 그의 동료들이 집권하면서 설립한 최고 정부 기관. 1987년 10월 15일 쿠데타로 해산되었다.

국제통화기금(IMF: International Monetary Fund)– 1945년 설립된 제국주의 금융 기구. 대출과 "구조 조정 정책"을 통해 반식민지 국가에 부채와 이자 상환을 강요, 사회 지출을 삭감하고 국영 기업을 민간 자본가에게 매각하도록 압박했다.

군정 및 국가 진보 군사 위원회(CMRPN: Military Committee for Redressment and National Progress)- 1980년 11월 25일부터 1982년 11월 7일까지 상굴레 라미자나 대통령에 대한 쿠데타 이후 사예 제르보 대령의 오트볼타 정권하 최고 정부 기구.

기 펜(Penne, Guy. 1925-2010)- 1981-86년 프랑스 대통령 미테랑의 아프리카 문제 고문. 1983년 5월 제국주의 쿠데타 당시 와가두구에서 활동 중이었음.

기-제르보, 조셉(Ki-Zerbo, Joseph. 1922-2006)- 부르키나베 역사가. 1958년 민족 해방 운동 창립자, 1980년 볼타 진보 전선 창립자. 1980년 11월 25일 쿠데타 지지. 1983년 8월 이후 국가혁명평의회에 반대. 혁명 기간 망명 생활을 선택함.

까르띠에주의(Cartierism)- 1950년대와 60년대에 프랑스 정부의 아프리카 식민지에 대한 모든 원조가 신생 독립 정권의 부패만 심화시킨다는 구실로 반대 캠페인을 벌인 언론인 레이몬드 까르띠에(1904~1975)의 이름을 따서 명명된 입장.

까르푸 아프리껭(Carrefour africain)- 1960년부터 2000년대 초까지 와가두구에서 발행된 프랑스어 정기 간행물.

나미비아(Namibia)- 남아프리카의 공화국으로, 남아프리카공화국의 식민지 지배에 맞서 남서아프리카 인민기구(SWAPO)가 수십 년에 걸친 투쟁 끝에 1990년 독립을 쟁취했다.

나세르, 가말 압델(Nasser, Gamal Abdel. 1918-1970)- 1952년 군주제 전복을 주도한 이집트 육군 장교. 1954-56년 총리, 1956-70년 대통령. 1956년 영국과 프랑스 소유의 수에즈 운하 국유화. 비동맹 운동의 창시자.

남서아프리카 인민기구(SWAPO: South West African People's Organisation)- 남아프리카 식민 통치에서 나미비아의 독립을 위해 1960년에 결성된 민족 해방 운동. 앙골라 남부에서 쿠바-앙골라 군과 함께 싸웠다. 1990년 독립 이후 나미비아의 여당이 됨.

네루, 자와할랄(Nehru, Jawaharlal. 1889-1964)- 1947년 독립 후부터 사망할 때까지 인도 총리. 비동맹 운동의 창시자.

대중 개발 프로그램(PPD: Popular Development Program)- 1984년 10월 국가혁명평의회에 의해 시작되어 15개월 동안 지속되었으며, 혁명수호위원회를 통해 인구를 동원하여 도로 건설, 저수지 건설, 스포츠 시설, 농촌 보건소 건설 등 소규모 프로젝트를 수행했다.

대중 투자 협력(EPI: Popular Investment Effort)- 개발 프로그램에 자금을 지원하기 위해 근로자와 공무원의 급여에서 공제하는 프로그램.

디아와라, 모하메드(Diawara, Mohamed)- 사업가, 전 코트디부아르 환경계획부 장관. 서아프리카 경제공동체로부터 60억 CFA 프랑을 가로챈 혐의로 인민혁명법원 재판에 회부됨. 1986년 징역 15년 선고.

디아키테, 무사(Diakite, Moussa)- 말리 출신, 서아프리카 경제공동체의 연대, 개발 및 보상 기금 이사. 1986년 인민혁명법원에서 60억 CFA 프랑 상당의 횡령 혐의로 재판을 받고 유죄 판결을 받아 15년 징역형 선고받음.

디알로, 하마 아르바(Diallo, Hama Arba. 1939-2014)- 1983년 8월 새 정부를 지원한 조직인 애국 개발 연맹(Lipad)의 지도자. 1983년 8월부터 1984년 8월 국가혁명평의회 제1기 내각이 해산될 때까지 외무부 장관 역임. 1984년 말 체포, 1985년 초 석방됨. 1987년 10월 혁명 이후 신정권 지지 집회 조직.

투레, 수마네(Toure, Soumane. 1948-)- 애국 개발 연맹(Lipad) 지도자; 볼타 노조 연맹(1985년 부르키나베 노조 연맹이 됨) 사무총장 1976-84. 정부와의 일련의 충돌 이후 1985년 1월 ~ 1986년 10월 기소나 재판 없이 수감됨.

라미자나, 아부바카르 상굴레(Lamizana, Aboubakar Sangoule. 1916-2005)- 군 장교, 1966년 쿠데타로 모리스 야메오고 정부 전복 후 권력을 잡았다. 1978년 대통령에 당선되었으나 1980년 11월 사예 제르보가 주도한 쿠데타에 의해 축출됨. 1984년 인민혁명법원에 의해 사기 혐의로 기소되어 사퇴. 1986년 부르키나베 장로 연합의 지도자.

레닌, V.I.(Lenin, V.I. 1870-1924)- 볼셰비키당 창시자. 1917년 10월 러시아 혁명의 중심 지도자. 1917-24년 소비에트 정부 인민위원회 위원장, 1919-24년 국제공산당 집행위원회 위원.

롤링스, 제리(Rawlings, Jerry (1947-2020)- 가나 군대의 공군 중위. 1981년 하급 육군 장교와 민간인이 구성한 가나 국가 비전 국방위원회 회장 취임. 1993-2001년까지 가나 대통령.

루뭄바, 파트리스(Lumumba, Patrice. 1925-1961)- 벨기에 통치로부터 독립을 위한 콩고의 투쟁을 이끈 지도자. 1960년 6월 콩고 초대 총리 취임. 9월 조셉 모부투가 주도한 쿠데타로 전복, 1961년 1월 미국 및 기타 제국주의 정부의 지원과 원조 아래 유엔군의 공모로 살해됨.

링가니, 장-밥티스트 부카리(Lingani, Jean-Baptiste Boukary. 1989년 사망)- 군사령관, 1982년 11월 7일 쿠데타 이후 인민보호평의회 사무총장이 되었다. 1983년 5월 쿠데타 당시에는 상카라와 동시에 체포됨. 8월 4일 쿠데타 이후 CNR 위원 겸 육군 참모총장이 됨. 상가라 암살 후 블레즈 콩파오레 정부에 참여. 1989년 9월 재판 없이 처형됨.

마르크스, 칼(Marx, Karl. 1818-1883)- 프레드릭 엥겔스와 함께 현대 공산주의 노동자 운동의 창시자이자 실제적 기초를 설계한 인물

마르티, 호세(Marti, Jose (1853-1895)- 쿠바의 국민적 영웅. 혁명가, 시인, 작가, 연설가, 언론인, 전투원. 1892년 쿠바 혁명당을 창당하여 스페인 식민 통치에 맞서 싸우고 쿠바에 대한 미국의 계획에 반대. 1895년 독립전쟁을 조직하고 계획했으며 전투 중 사망.

마셸, 사모라(Machel, Samora. 1933-1986)- 1966-75년 모잠비크 프렐리모 해방 운동의 군사령관. 1970년 프렐리모 대통령 취임. 1975년 독립 이후부터 1986년 10월 남아공 영토 상공에서 많은 아프리카와 반아파르트헤이트 지도자들이 정치적 암살로 보고 있는 비행기 추락 사고로 사망할 때까지 대통령 역임.

만델라, 넬슨(Mandela, Nelson. 1918-2013)- 남아공의 반아파르트헤이트 투쟁과 아프리카민족회의의 지도자. 1962년 체포되어 1990년까지 수감되었

다가 국제적인 캠페인과 혁명 투쟁의 확대로 석방됨. 1994년 최초의 비인종 선거에서 남아공 대통령으로 선출되어 1999년까지 재임했다.

모부투 세세 세코(Mobutu Sese Seko. 1930-1997)- 육군 대령, 1960년 9월 콩고에서 파트리스 루뭄바에 대항하는 쿠데타를 조직. 1961년 벨기에 및 미국 제국주의와 협력하여 루뭄바 살해 사건에 직접 가담. 1965-97년 그는 콩고를 자이르로 이름을 바꾸고 대통령 역임. 1997년 정부 전복, 망명 중 사망.

모잠비크 해방 전선/프렐리모(Frelimo: Mozambique Liberation Front)- 1962년 수립, 1964년 포르투갈 식민 통치에 맞서 무장 투쟁을 시작했다. 1975년 모잠비크가 독립하면서 집권당이 되었다.

몬들라느, 에두아르도(Mondlane, Eduardo. 1920-1969)- 포르투갈 식민 통치에 맞서 모잠비크에서 독립 투쟁을 벌인 프렐리모 해방 운동의 창립자이자 초대 대통령. 1969년 2월 다레스살람에서 포르투갈 제국주의 세력에 의해 암살됨.

무가베, 로버트(Mugabe, Robert. 1924-2019)- 1960년대 초부터 로디지아에서 백인 소수 정권에 대항한 투쟁의 지도자. 총리(1980-87); 대통령(1987-2017).

미테랑, 프랑수아(Mitterrand, Francois (1916-1996)- 2차 세계대전 후 프랑스 사회당의 지도자. 1954년 알제리 독립 투쟁이 시작될 때 내무장관으로 탄압을 주도했으며 베트남과 다른 프랑스 식민지의 독립을 반대했다. 1971년 사회당 제1 서기, 1981-95년 프랑스 대통령 역임.

바티스타, 풀헨시오(Batista, Fulgencio. 1901-1973)- 쿠바의 군부 실세(1934-44). 1952년 3월 10일 쿠데타 주도, 군-경찰 폭정 수립. 1959년 1월 1일 반군의 진격과 민중 봉기에 직면하여 쿠바를 탈출.

보타, 피터(Botha, Pieter. 1916-2006)- 남아프리카공화국 아파르트헤이트 정권의 총리(1978-84), 대통령(1984-89).

볼타 진보 전선(FPV: Voltaic Progressive Front)- 조셉 기-제르보가 이끄는 친자본주의, 제국주의 조직. 1958년 민족해방운동으로 설립되어 1980년 FPV

가 되었다. 1983년 국가혁명평의회에 의해 금지됨.

부르귀바, 하비브(Bourguiba, Habib. 1903-2000)- 튀니지 총리(1956), 대통령 (1957-87).

부르키나 여성 연합(UFB: Women's Union of Burkina)- 1986년에 설립된 대중 조직.

부르키나 전국 장로 연합(UNAB: National Union of Elders of Burkina)- 1986년 11월에 노인들을 혁명에 참여시키기 위해 설립되었다.

부르키나 전국 농민 연합(UNPB: National Union of Peasants of Burkina)- 농민을 혁명에 참여시키는 목적으로 1987년 4월에 설립되었으며, 특히 토지 개혁에 농민을 참여시켰다.

비동맹 국가 운동(Nonaligned Countries, Movement of)- 1961년 이집트, 가나, 인도, 유고슬라비아 정부의 주도로 식민지와 반식민지의 25개 정부 대표와 민족 해방 운동 단체가 모여 설립한 기구. 1986년 짐바브웨 하라레에서 열린 8차 회의에는 100개 이상의 회원국 정부와 민속 해방 운동 단체가 참가했다.

비숍, 모리스(Bishop, Maurice. 1944-1983)- 그레나다의 새로운 보석 운동 (New Jewel Movement)의 중심 지도자. 1979년 3월 미국의 지원을 받은 독재 정권을 전복한 후 집권한 대중 혁명 정부의 총리. 1983년 10월 버나드 코드가 주도한 쿠데타가 정부를 전복하고 비숍을 살해할 때까지 노동자·농민 정부를 이끌었으며, 그 사건은 며칠 후 미국의 섬 침공의 문을 열어주었다.

사빔비, 조나스(Savimbi, Jonas. 1934-2002)- 포르투갈의 앙골라 통치에 맞서 싸우기 위해 1966년 앙골라의 완전한 독립을 위한 국민연합(UNITA)을 설립했다. 1975년 독립을 쟁취한 후에는 남아공 아파르트헤이트 정권과 미 제국주의의 동맹국이 되어 새 정부에 대항. 앙골라 군대의 매복 공격으로 사망함.

사수 응게소, 드니(Sassou Nguesso, Denis. 1943-)- 육군 대령; 브라자빌 콩고의 대통령(1979-92 및 1997년 이후).

사하라위 아랍 민주 공화국(SADR: Saharawi Arab Democratic Republic)- 1976년 폴리사리오 전선이 모로코와 모리타니의 침략에 대항하기 위해 서사하라의 옛 스페인 식민지에 설립했으며, 모리타니는 1979년 철수했다. 1984년 아프리카단결기구의 정회원이 되었다. 미국과 프랑스가 지원하는 모로코의 점령에 계속 맞서 싸우고 있다.

사헬(Sahel)- 사하라 사막의 남쪽 가장자리를 따라 위치한 아프리카의 반건조 지역. 부르키나파소, 차드, 에티오피아, 말리, 모리타니, 니제르, 나이지리아, 세네갈, 수단의 일부를 포함한다. 1960년대 말부터 사막화가 심화되고 대규모 가뭄이 반복되고 있다.

산디노, 아우구스토 세자르(Sandino, Augusto Cesar. 1895-1934)- 1927-33년 동안 니카라과에서 미 해병대와 친제국주의 세력에 맞서 6년간 게릴라 투쟁을 이끌었다. 미국의 지원을 받는 독재자 아나스타시오 소모자의 명령으로 살해됨.

산디니스타 민족해방전선(FSLN: Sandinista National Liberation Front)- 1961년 카를로스 폰세카가 미국의 지원을 받는 소모자 독재에 대항하는 투쟁을 조직하기 위해 설립한 단체. 1979년 혁명 승리 후 노동자·농민 정부를 이끌었다. 1980년대 후반에 이르러 FSLN이 처음에 따랐던 혁명적 노선이 역전되어 노동자 농민 정부가 몰락하고 1990년 선거에서 FSLN은 패배했다.

서아프리카 경제 공동체(CEAO: West African Economic Community)- 1974년 1월 서아프리카 관세 및 경제 연합을 대체하여 탄생. 회원국은 코트디부아르, 말리, 모리타니아, 니제르, 세네갈, 오트볼타이다.

소메 요리얀, 가브리엘(Some Yoryan, Gabriel. 1983년 사망)- 육군 대령, 1982년 11월 쿠데타를 일으켜 인민보호평의회를 장악했다. 1983년 5월 당시 총리 토마 상카라에 대한 쿠데타를 조직. 1983년 8월 4일 혁명 이후 체포됨. 8월 9일 총살.

소모자 데바예, 아나스타시오(Somoza Debayle, Anastasio. 1925-1980)- 1936년부터 니카라과를 통치한 마지막 독재자 일가. 1967년부터 1979년까지 대통령을 지냈으나 산디니스타 혁명으로 전복됨.

시드와야(Sidwaya)- 1984년부터 와가두구에서 발행되는 프랑스어 일간지.

아옌데, 살바도르(Allende, Salvador. 1908-1973)- 칠레 사회당 지도자. 1970년 9월 칠레 대통령으로 선출됨. 1973년 9월 군사 쿠데타로 사망.

아파르트헤이트(Apartheid)- 1948년 이후 백인 소수의 지배를 유지하기 위해 제도화된 인종 분리에 기반한 남아프리카공화국의 사회 및 정치 체제. 수십 년에 걸친 투쟁 끝에 타도되었으며, 1994년 최초의 비인종 선거를 통해 넬슨 만델라를 대통령으로 배출한 아프리카민족회의가 집권했다.

아프리카 개발 은행(African Development Bank)- 아프리카의 사회, 경제 프로젝트에 대한 대출과 지원을 제공하기 위해 1964년 신생 아프리카 정부들에 의해 설립되었다. 코트디부아르 아비장에 본사가 있다.

아프리카 단결 기구(OAU: Organization of African Unity)- 1963년 에티오피아 아디스아바바에서 설립. 1983년 남아프리카공화국을 제외한 모든 독립 국가와 아프리카 해방 운동을 포함하게 된다. 2002년에 아프리카 연합(African Union)이 되었다.

아프리카 독립당/애국 개발 연맹(African Independence Party/Patriotic Development League: PAI/Lipad)- 구소련을 지향하는 정치 단체. 혁명 이전에 여러 노조를 이끌었다. 1983-84년 국가혁명평의회의 일부가 됨. 1987년 10월 쿠데타 이후 블레즈 콩파오레 정권에 앞장섬.

아프리카민족회의(ANC: African National Congress)- 1912년에 결성되어 남아공의 반아파르트헤이트 투쟁을 주도했다. 30년간의 금지 끝에 1990년 합법화. 1994년 백인으로 제한되지 않은 첫 선거를 통해 집권당이 되었다.

앙골라 완전 독립을 위한 전국 연합(UNITA: National Union for the Total Independence of Angola)- 포르투갈 식민 통치에 맞서 싸우기 위해 1966년에 설립. 1975년 독립을 쟁취하자 남아공 아파르트헤이트 정권 및 미국 제국주의와 동맹을 맺고 새 정부에 대항했다. 이후 25년 동안 테러 전쟁을 벌여 수십만 명이 사망했다.

앙탕트 위원회(Entente Council)- 1959년 파리의 지배하에 설립되었다. 베냉, 부르키나파소, 코트디부아르, 니제르, 토고를 포함한다. 주로 기술 및 경제 문제를 다룬다.

애국 개발 연맹(Patriotic Development League/League for Patriotic Development (Lipad)- 아프리카 독립당/애국 개발 연맹 참조.

에야데마, 그나싱베 (Eyadema, Gnassingbe (1935-2005)- 토고 대통령 1967-2005.

엥겔스, 프레드리히(Engels, Frederick (1820-1895)- 칼 마르크스의 평생 협력자이자 그와 함께 현대 공산주의 노동자 운동을 공동 창시한 인물.

오르테가, 다니엘(Ortega, Daniel. 1945-)- 산디니스타 민족 해방 전선 및 1979년에 수립된 노동자 농민 정부의 지도자. 1984-90년 니카라과 대통령. 혁명 정부 붕괴 후 거의 20년이 지난 2006년 대통령에 당선됨.

오트볼타 아프리카 교사 전국 연합(SNEAHV: National Union of African Teachers of Upper Volta)- 초등학교 교사 연합. 이 연합의 지도부는 주로 볼타 진보 전선의 영향을 받았다.

우웨드하우구, 장-밥티스트(Ouedraogo, Jean-Baptiste (1942-)- 군사령관. 1982년 11월 쿠데타 이후 오트볼타 대통령, 인민보호평의회 창설. 1983년 5월 쿠데타에 가담. 1983년 8월 4일 혁명으로 전복.

우푸에-부아니, 펠릭스(Houphouet-Boigny, Felix. 1905-1993)- 1960년 독립 이후부터 사망할 때까지 코트디부아르 대통령 재임. 프랑스 제국주의의 충실한 동맹.

응곰, 무사(Ngom, Moussa)- 세네갈 정치인, 1976년부터 서아프리카 경제 공동체 사무총장. 1986년 4월 부르키나파소 인민 혁명법원에서 사기 혐의로 재판받음. 15년 징역형 선고.

응크루마, 크와메(Nkrumah, Kwame. 1909-1972)- 1957년 영국으로부터 가나의 독립을 이끌었으며, 1966년 2월 미국의 지원을 받은 군사 쿠데타로 대통령직에서 물러날 때까지 대통령을 역임. 범아프리카주의 지지자. 비동맹 운동의 창시자. 망명 중 사망.

인민보호평의회(CSP: Council of Popular Salvation)- 1982년 11월 7일 가브리엘

소메 요얀의 쿠데타 이후 정부 수립되었다. 장-밥티스트 우웨드하우구가 의장에, 장-밥티스트 링가니가 사무총장이 되었다. 1983년 1월 10일 상카라가 총리로 임명되었다. 1983년 5월 17일 쿠데타로 상카라와 링가니가 체포된 후 해산됨.

인민 조정 법원(TPC: Popular Courts of Conciliation)- 가정 또는 지역 사회 갈등을 다루는 근린 법원. 구성원은 대중 집회에서 선출된다.

인민혁명법원(TPRs: People's Revolutionary Courts)- 1983년 10월 국가혁명평의회에 의해 설립되었다. 정부 명령에 따라 소집된 각 법원은 각료 회의가 지명하는 판사, 군인 또는 경찰관 1명과 CDR 위원 5명 등 총 7명의 위원으로 구성되었다. 주로 반혁명 활동과 심각한 부패 사건을 다루었다.

전국 개척자 운동(MNP: National Movement of Pioneers)- 6~12세 어린이를 대상으로 1985년 5월에 창설된 대중 운동.

제르보, 사예(Zerbo, Saye (1932-2013)- 육군 대령, 1980년 상굴레 라미자나 정권을 전복시켰고 1982년 11월 소메 요얀에 의해 자신이 전복되었나. 1984년 5월 인민혁명법 원에서 부정부패 혐의로 15년 징역형을 선고받음.

종고, 앙리(Zongo, Henri 1989년 사망)- 육군 대위, 1983년 5월 제국주의 쿠데타 이후 와가두구에서 저항을 조직. 1983년 8월 4일 이후 국가혁명평의회에서 경제 개 발부 장관이 됨. 1987년 10월 반혁명으로 탄생한 정권에 참여했다. 1989년 9월 재판 없이 처형됨.

최전선 국가(Frontline States)- 남아프리카공화국 아파르트헤이트 국가와 지리적으로 인접한 아프리카 국가 그룹: 앙골라, 보츠와나, 모잠비크, 탄자니아, 잠비아, 짐바브웨. 아파르트헤이트 정권의 반복적인 군사 공격과 경제적 압박의 표적이었다.

카다피, 무아마르 알 카다피(Qaddafi, Muammar al-. 1942-2011)- 1969년 군주제를 전복한 군사 쿠데타를 주도한 리비아 육군 장교, 1973년 석유 국유화, 1969년부터 사망할 때까지 리비아의 국가 원수.

카브랄, 아밀카르(Cabral, Amilcar. 1924-1973)- 1956년 기니-비사우 및 카보베르데 독립을 위한 아프리카당(PAIGC)을 창당, 1963년 포르투갈 통치에 대항하여 무장 투쟁을 일으켰다. 1973년 1월 13일 코나크리에서 포르투갈 제국주의 세력에 의해 암살됨.

카스트로, 라울(Castro, Raul. 1931-)- 쿠바 혁명의 중심 지도자. 1959년부터 혁명무력부 장관 역임. 1959-76년 부총리, 국가평의회 및 각료 회의 부의장 역임. 1965년부터 쿠바 공산당 제2서기.

카스트로, 피델(Castro, Fidel. 1926-2016)- 미국의 지원을 받는 바티스타 독재에 맞서 쿠바에서 혁명전쟁을 이끌었다. 1959년부터 1976년까지 총리, 1976년부터 2008년까지 국가평의회 의장 및 각료 회의 의장, 1959년부터 2008년까지 혁명군 총사령관, 1965년부터 2011년까지 쿠바 공산당 제1서기.

카운다, 케네스(Kaunda, Kenneth. 1924-)- 독립 잠비아 초대 대통령 1964-91.

케레쿠, 마티외(Kerekou, Mathieu. 1933-2015)- 베냉 대통령 1972-91, 1996-2006.

콘타도라 그룹(Contadora Group)- 1983년 멕시코, 베네수엘라, 콜롬비아, 파나마에 의해 설립. 니카라과 내전 및 엘살바도르 내전에서 충돌하는 세력 간의 협상을 조직하기 위해 설립되었다. 산디니스타가 이끄는 정부가 콘트라를 물리치자 1987년 8월 코스타리카, 엘살바도르, 과테말라, 온두라스, 니카라과가 협정에 서명했다.

콘타도라 지원 그룹(Contadora Support Group)- 1985년 아르헨티나, 브라질, 페루, 우루과이 정부가 콘타도라 그룹을 지원하기 위해 결성한 단체.

콘트라스(Contras)- 1980년대 니카라과에서 산디니스타가 이끄는 정부에 맞서 싸우는 반혁명군. 미국과 지역 내 친미 정권에 의해 자금 지원, 조직화, 훈련, 무장을 받았다. 1987년 초에 군사적으로 패배.

콩파오레, 블레즈(Compaore, Blaise. 1951-)- 1987년 쿠데타로 혁명 정부가 전복되고 상카라가 암살된 후 부르키나파소의 국가 원수. 포(Po) 군사 기지의 국립 특공대 훈련 센터 사령관으로서 1983년 8월 4일 와가두구 행진을 주도하여 혁명의 승리를 이끌었다. 국가혁명평의회 위원 겸 법무부 장관 취임.

쿤체, 세이니(Kountche, Seyni. 1931-1987)- 니제르 대통령 1974-87.

트라오레, 무사(Traore, Moussa. 1936-)- 1968년 쿠데타로 말리 대통령에 취임, 1991년 쿠데타로 전복됨.

티토, 요십 브로즈(Tito, Josip Broz. 1892-1980)- 제2차 세계대전 중 나치의 유고슬라비아 점령에 맞서 파르티잔 투쟁을 주도했다. 1945-53년 유고슬라비아 총리, 1953년부터 사망할 때까지 대통령 역임. 비동맹 운동의 창시자.

팔레스타인 해방 기구(PLO: Palestine Liberation Organization)- 식민지 정착 국가인 이스라엘에 맞서 팔레스타인 민족의 권리를 위해 싸우는 단체들의 포괄적인 조직으로 1964년에 설립.

포카르, 자크(Foccart, Jacques. 1913-1997)- 1958-74년 프랑스 대통령 샤를 드골과 조르주 퐁피두의 아프리카 및 말라가시 문제 담당자. 아프리카에 정치, 군사, 금융 네트워크를 구축하여 파리가 옛 프랑스 식민지에 정부를 세우고, 전복하고, 통제할 수 있도록 지원했다.

폰세카, 카를로스(Fonseca, Carlos. 1936-1976)- 1961년 니카라과의 산디니스타 민족해방전선(FSLN)을 창설. 미국의 지원을 받는 소모자 독재에 맞서 싸우다 사망할 때까지 핵심 지도자였다.

폴리사리오 전선(Polisario Front)- 사하라위 아랍 민주공화국 참조

피노체트, 아우구스토(Pinochet, Augusto. 1915-2006)- 칠레의 장군으로 1973년 미국의 지원을 받아 유혈 쿠데타를 주도했으며 1990년까지 칠레의 독재자였다.

하트, 아르만도(Hart, Armando. 1930-2017)- 쿠바 7.26 운동 창립의 일원이자 혁명전쟁 중 비밀 도시 게릴라 지도자. 1976-97년 문화부 장관, 1965년부터 사망할 때까지 쿠바 공산당 중앙위원회 위원. 정치국 위원(1965-91년).

혁명 연대 기금(CSR: Revolutionary Solidarity Fund)- 가뭄과 기근으로 위협받는 농촌 인구를 돕기 위해 1983년 11월에 설립. 자발적인 기부로 재원을 마련했으며, 1985년 중반까지 약 5억 프랑을 모금했다.

혁명수호위원회(CDRs: Committees for the Defense of the Revolution)- 혁명
승리 후 이웃, 마을, 직장, 학교 등을 거점으로 조직된 대중 조직 또는 단
체. 전국 군부대와 해외 부르키나인들 사이에서 혁명 정부의 사회 프로그
램에 대한 참여를 동원하고 사람들을 정치 활동으로 끌어들였다. 그들의
계급체계를 벗어난 민병대를 조직했다. 1988년 3월 콩파오레 정권에 의
해 해산됨.

찾아보기

찾아보기

ㄱ

모잠비크(Mozambique) 33, 39, 42-4, 46, 126, 136-7, 181, 369, 371-3, 492-3, 498

→ 마셸, 사모라 참조

모호한 모험(L'Aventure ambiguë), 세이크 하미두 카네(Cheikh Hamidou Kane) 301

목재(Wood) 245-8, 293

→ 주방 화덕; 숲 참조

몬들라느, 에두아르두(Mondlane, Eduardo) 493

몬카다 공격〈쿠바, 1953〉(Moncada attack, 〈Cuba, 1953〉) 34, 484

무가베, 로버트(Mugabe, Robert) 363, 372, 493

문맹(Illiteracy) 10, 11, 23, 46, 110, 170, 255, 410, 415, 421, 450, 480

문화(Culture) 84, 90, 97, 102, 104, 151, 161, 168, 206, 284, 307, 422, 471

아프리카 문화 전통 168

미국 사회주의 노동자당(Socialist Workers Party〈U.S.〉) 18

미 제국주의(U.S. imperialism) 35, 39, 130, 213-4, 494

→ 미국 참조

미국(United States) 13-5, 17-8, 23, 35, 37, 43, 48, 61, 142, 149, 176, 182, 214-6, 225-6, 341, 386, 462, 492

→ 미국 제국주의 참조

미국의 소리(Voice of America) 212

미테랑, 프랑수아(Mitterrand, François) 25, 42, 47, 68, 292, 380, 382, 384, 493

대통령 당선/선출 41, 139

민족해방운동/진보전선(National Liberation Movement/Progressive Front) 35, 43, 494

민주주의, 부르주아 vs. 인민(Democracy, bourgeois vs. popular) 70, 117-21, 445-6, 53, 57, 66, 69, 70, 84, 86, 96, 98, 116, 119, 120, 124, 424, 445-6

밀리탄트(Militant) 18-9, 202, 376

ㅅ

사막(Desert) 16, 186, 245, 247, 291-2, 295, 297, 495

　사막화 45, 168, 298,

　　→사헬 참조

사바, 크리스토프(Saba, Christophe) 48

사빔비, 조나스(Savimbi, Jonas) 384, 494

사수 응게소, 드니(Sassou Nguesso, Denis) 135, 495

사하라위 아랍 민주공화국〈SADR〉(Saharawi Arab Democratic Republic〈SADR〉) 43-5, 131-2, 385, 449, 495, 500

사헬(Sahel) 22, 45, 128, 169-71, 173, 186, 234, 291-2, 294, 296, 495

　　→사막 참조

산디노, 아우구스토 세자르(Sandino, Augusto César) 495

산디니스타 민족해방전선〈FSLN〉(Sandinista National Liberation Front〈FSLN〉) 18, 23, 32, 40, 47, 340, 376, 379, 495, 497

산모 사망(Maternal mortality) 409

삼대륙 회의〈1966〉(Tricontinental Conference〈1966〉) 254

상카라, 토마(Sankara, Thomas)

　어린 시절과 청년기 20-21, 34, 38, 220-23, 227, 300

　공산주의적 연속성 11-12, 142, 176, 299

　혁명 노선 투쟁 48, 448, 455-62, 469-80

　혁명정부의 수장 20, 21, 42, 68

　국제주의적 연대 17-18, 23-24, 114, 147-48, 166, 180-81, 213-16, 362

　지도력 12-13, 146-147, 217-19, 220-21, 248-50

　마다가스카르 및 프랑스 시기 20-21, 138-41, 38, 302

　마르크스주의와의 관계 10-12, 21, 285, 299, 302, 446

　암살 18, 24, 48, 448

시드와야(Sidwaya) 231-2, 267, 304, 311-2, 337, 464, 496

시리아(Syria) 38

시오니즘(Zionism) 163, 338

신국제경제질서(New International Economic Order) 359

신식민주의(Neocolonialism) 55, 69, 88, 90, 114, 147,156, 163, 276, 278, 338, 356, 358, 377, 379, 411, 412, 483

　　아프리카의 신식민주의 84, 90, 114

　　부르키나의 적 55, 57, 69, 206, 222, 275, 477

　　계급 재편 85

　　유산 24, 25, 84, 90, 121, 150, 285, 487

　　사고방식 91, 107, 203, 226, 230, 232, 233, 402, 405, 412, 415, 422, 423, 453

　　국가 기구 57, 86, 92, 97, 98, 118, 173, 422

　　전략 48, 74, 136, 171, 227, 274, 275, 279, 281, 282, 283, 286, 452

　　→ **제국주의** 참조

실업(Unemployment) 88

ㅇ

아그라몬테, 마누엘(Agramonte, Manuel) 9

아리스토텔레스(Aristotle) 397

아옌데, 살바도르(Allende, Salvador) 275, 496

아이보리코스트(Ivory Coast) → **코트디부아르** 참조

아일랜드(Ireland) 175

아파르트헤이트(Apartheid) 17, 23, 36, 40, 43, 46, 49, 136, 182, 306, 361, 371, 377, 430, 493, 494, 496, 498

　　→ **남아프리카공화국** 참조

ㅌ

포사이드, 프레드릭(Forsyth, Frederick) 302

포카르, 자크(Foccart, Jacques) 280, 500

폰세카, 카를로스(Fonseca, Carlos) 47, 376, 500

폴 포트(Pol Pot) 284

폴리사리오 전선(Polisario Front) 33, 181, 495, 500

푸에르토리코(Puerto Rico) 225

프랑스 혁명〈1789〉(French Revolution〈1789〉) 142, 176

프랑스(France) 12, 25, 28, 34, 34-6, 35-8, 40-2, 42, 46, 47, 68, 78, 168, 198, 212, 219, 237, 274, 279-81, 280-2, 298, 304-7, 325, 331, 371, 380, 382-91, 389-90, 440, 490, 497, 501

    알제리와 프랑스 35, 37, 84-5, 493

    부르키나와 프랑스 36, 138-140, 233, 286, 386-90

    차드와 프랑스 133, 135, 280, 286, 385-6

    식민 제국 16, 34-5, 45, 61, 84, 85, 93, 189, 495

    아프리카 내 제국주의 권력으로서 17, 35, 86, 176, 181, 204, 226, 242, 500

    이주 노동자 15, 305, 389

    이란-이라크 전쟁과 14, 40, 130, 175, 384

    1968년 5월(5월 혁명) 21, 142, 176

    미테랑 대통령 당선(1981) 41, 139, 493

    남아프리카공화국과 프랑스(1981) 128

프랑스어(French language) 267, 304, 490, 496

    불어권 정상회의 46

프렐리모(Frelimo) 368, 492-3

프로스페로(Prospero) 167

피노체트, 아우구스토(Pinochet, Augusto) 500

피타고라스(Pythagoras) 397

상카라 검은 대륙 혁명의 목소리

2025년 11월 6일 1판 1쇄

지은이 토마 상카라
옮긴이 김하범
편집 정진라, 전영수 **디자인** 조민희
인쇄·제책 혜윰나래

발행인 김영종 **펴낸곳** (주)도서출판 진지
등록 제2023-000075호 **주소** (우) 03176 서울특별시 종로구 경희궁 1가길 7
전화 070-5157-5994 **전자우편** z@zinji.co.kr
블로그 blog.naver.com/zinjibook **페이스북** facebook.com/zinji.co.kr

ISBN 979-11-984766-8-5 03300